新时代历史

中国史学思想史教程

汪高鑫◎著

Tutorial on the History
of Chinese
Historical Thought

北京师范大学出版集团
BEIJING NORMAL UNIVERSITY PUBLISHING GROUP
北京师范大学出版社

北京师范大学自主科研基金项目经费资助

目　录

导　言

　　将史学思想史作为史学史的分支学科提出来,并且对其作出初步论述的,当数早期马克思主义史家李大钊。1920 年,李大钊编印《史学思想史讲义》,并分别在北京大学、朝阳大学、北京女子高等师范学校、北京师范大学和中国大学等学校讲授了史学思想史课程。白寿彝先生认为,"李大钊同志著《史学思想史》,这是属于史学史范围,阐述历史观的第一部专著"[①]。继李大钊之后对史学思想史研究作出突出贡献的当属白寿彝先生。早在 20世纪 50 年代末,白先生就为侯外庐先生主编出版的《中国思想通史》第四卷撰写了《刘知幾的进步的史学思想》《元代马端临进步的史学思想》[②]两文,虽然没有从理论上对史学思想的内涵作出具体阐述,却是通过治史实践对中国史学思想的研究对象与基本方法作出了很好的示范。从 20 世纪 60 年代开始,白先生先后发表了一系列论著,主要有《谈史学遗产》(1961 年)、四篇《谈史学遗产答客问》(1981 年、1982 年),以及《中国史学史》第一册(1986年),对史学思想史的若干理论问题作了进一步明确论述,包括史学思想史研究的对象和意义,史学思想史与史学史的关系,史学思想史与史学史其他分支学科如历史文献学、历史编纂学、历史文学之间的关系等。20 世纪90 年代以后至 21 世纪,史学思想史的学科研究进入了一个新的发展时期。其中,吴怀祺先生主编的十六卷本《中国史学思想会通》(2018 年),堪称该学科研究的标志性成果;撰写出版的普通高等教育"十一五"国家级规划教

　　[①]　白寿彝:《中国史学史》第 1 册,167 页,上海,上海人民出版社,1986。
　　[②]　两文分属侯外庐主编《中国思想通史》第 4 卷上册第 5 章和下册第 19 章,分别由人民出版社于 1959 年 12 月和 1960 年 4 月出版。

1

材《中国史学思想史》(2007 年)，为中国史学思想史学科建设与研究作出了重要贡献。

本教程的撰述宗旨，是系统反映中国史学思想史的发展历程。为此，我们需要对史学史与史学思想史、中国史学思想史的发展历程作出具体说明与梳理。

一、史学史与史学思想史

史学史是历史学的分支学科。历史学以客观历史为研究对象，史学史则以史学本身为研究对象。因此，白寿彝先生认为史学史是相较于历史学更高一个层次的研究。他说："史学只是研究历史，史学史要研究人们如何研究历史，它比一般的史学工作要高一个层次，它是从总结一般史学工作而产生的。说较高层次，不是说研究史学史的人比别的史学家要高，而是指学科性质来说的。"①这就对史学史学科的属性作出了解说。在中国史学发展史上，史学史作为历史学的分支学科开始于 20 世纪 20 年代，至今已有百年历史。梁启超最早对中国史学史研究对象作出了界定，他在《中国历史研究法补编》中作如是说："中国史学史，最少应对于下列各部分特别注意：一、史官；二、史家；三、史学的成立及发展；四、最近史学的趋势。"②值得注意的是，梁氏并没有将史学史作为历史学的分支学科看待，而是将其作为"文化专史"中"学术思想史"的一个分支。金毓黻于 1944 年出版的《中国史学史》一书，堪为按照梁氏中国史学史的做法而成就的早期代表性著作。后来的中国史学史的撰写，基本上是沿着这样的路子。这种局面的改变，应该要到 20 世纪 80 年代，以 1986 年白寿彝先生的《中国史学史》第一册的出版为标志。白先生认为，中国史学史的研究任务是"对于中国史学发展的过程及其规律的论述"。具体来讲，其范围包括："中国史学本身的发展，中国史学在发展中跟其它学科的关系，中国史学在发展中所反映的时代特

---

① 白寿彝：《在第一次全国史学史座谈会上的讲话》，见《中国史学史论集》，406 页，北京，中华书局，1999。
② 梁启超：《中国历史研究法补编》，见《中国历史研究法》，318 页，北京，东方出版社，1996。

点，以及中国史学的各种成果在社会上的影响。"①这里所谓"中国史学本身的发展"，旨在运用唯物史观揭示史学发展的规律性；"其它学科"，包括生产知识、自然科学以及哲学、地理学、民族学、考古学、艺术等姊妹学科②；"反映的时代特点"和"对社会的影响"，"这是中国史学史上社会存在和社会意识的关系问题，是史学对于社会的反作用的问题"③。很显然，白先生关于中国史学史研究对象的叙述，着重强调了唯物史观的指导，以及史学与社会的关系，是将史学史当作历史学分支学科来看待的。

史学思想史则是史学史的分支学科。相较于史学史以史学本身为研究对象，史学思想史的研究对象主要集中于两个方面，一是关于史学思想自身发生、发展的历史，二是对影响史学思想发生、发展的诸多因素所作出的理论解说。

要了解史学思想史，首先就必须要对"史学思想"的内涵作出界定。我们认为，史学思想的内涵虽然丰富多彩，但概括起来主要是两个方面，一是指对客观历史的认识，二是指对史学本身的认识。对客观历史的认识是指历史观，其认识主体主要是史学家和思想家；对史学本身的认识是指史学观，其认识主体主要是史学家。历史观与史学观二者之间密不可分，历史观是灵魂，直接影响着史学观；史学观则是历史观的具体体现。

历史观在史学思想史中具有重要地位。白寿彝先生对历史观特别是唯物史观产生之前的历史观之研究意义作如是说："中国历代的史学家、历代的思想家，有不少的人都有他们的历史思想、历史观点。他们讲到社会发展、社会思想的时候，讲到政治思想的时候，离不开史学思想。过去我们讲史学思想，很简单地认为，没有什么可以讲的。如果要讲史学思想，讲马克思主义理论就行了。这个话有道理，但不完全对，至少不全面。马克思主义没传入中国之前，中国历史学不可能有一个历史唯物主义的思想体系，这是没有问题。但这并不等于说，我们过去没有正确的历史观点。对具体历史问题、具体历史现象、具体历史人物、具体历史事件，过去也曾经有过不同程度的正确看法，这些看法不可能都写在马克思主义经典里面，

---

① 白寿彝：《中国史学史》第 1 册，29 页，上海，上海人民出版社，1986。
② 同上书，39 页。
③ 同上书，41 页。

但是它们是正确的。……对于这些前人所做的成果，我们不要一脚踢开，应该吸收过来做我们的营养。这样做，可以丰富我们的史学思想。"①那么，历史观研究的具体内容是什么？简言之，即考察历史的变易，以及历史变易的动因与规律等。对这些问题的不同回答，表现出了史学家、思想家们不同的历史观点。如关于历史是怎样变易的，是否存在着规律性，就有历史倒退论、历史循环论、历史停滞论、历史进化论、历史螺旋式发展论，等等；关于历史变易的动因问题，则有神意史观、英雄史观、经济史观、文化史观、种族优越论、地理环境论，等等。作为具体的史学家、思想家，他的历史观往往不是单一纯粹的，也不是固定不变的。因此，我们对历史上史学家、思想家的史学思想需要有一个全面的认识。

史学观是史学思想史的重要内涵。人们对客观历史的认识，必须借助于历史记录，这是历史认识一去不复返性的特点所决定的。因此，史学家对史学本身的认识，是史学思想的重要内涵。那么，史学认识的内容又有哪些呢？首先是对史学功能或价值的认识。研究历史究竟有何作用，这是史学家必须回答的问题。从史学思想史来看，史学家们对史学功能的认识，主要包括两个方面，一是史学的学术功能，二是史学的社会功能，也就是"求真"与"求义"的问题。作为一门科学，或者叫学问，史学必须要"求真"，否则就没有任何学术意义，同时也无法发挥它的社会功能；而作为一种社会意识形态，史学又必须要"求义"，要经世致用，服务于社会，像史学思想史上提出的借鉴垂训、经世致用、爱国主义等思想，便是这种"求义"意识的具体表现。因此，在史学思想史上，史学的"求真"与"求义"从来就是一种对立统一的关系。当然，史学家们对史学功能的认识是不尽相同的，有时即使是相同的命题，也有着不同的思想内涵，对此要多作具体分析。其次是对史学方法的认识。史学家关于史学方法的认识，主要体现在史料的搜集与整理、史书的编纂以及历史叙事等诸多方面。史学方法问题由于相对具有纯学术的意味，因而也是史学家们最为普遍重视的问题。史学家对这些问题发表不同的见解，进行思想总结，作出有益的尝试，从而推动

---

① 白寿彝：《关于建设有中国民族特点的马克思主义史学的几个问题——1983年4月6日在陕西师范大学历史系的讲话》，见《白寿彝史学论集》，311页，北京，北京师范大学出版社，1994。

了史学方法的改进和史学研究的提高。

影响史学思想诸因素是史学思想史的应有内涵。中国传统文化是以经史子集"四部学"的面貌呈现出来的，四部之间有时存在着密切关联。从史学史的角度来讲，经学、子学对于史学发展的意义，"一是提供了对历史运动解释的思维路径，包括历史变动的三统说、五行运转说等。二是成为历史编纂学思想的依据，如春秋笔法、史体史例的规定等。三是提供评论历史兴亡与历史人物和事件的尺度"①。从史学思想史的角度来讲也是一样的，史学思想史的发展从来都不是孤立进行的，它同样要受到诸多因素的影响和制约，其中就有经学、子学的因素。经学作为指导思想，对史学思想发展的各个历史阶段都产生了非常重要的影响，宗经尊圣从来都是中国古代史学思想的主流；经史关系作为史学思想史的重要论题，千百年来一直被持续地加以探讨。子学主要表现为时代哲学思潮对史学思想产生影响。从史学思想史来看，一定时代哲学的发展水平，会直接影响到人们对历史的认识与解释，影响到史学研究方法的运用。同时，史学思想中包含的历史观，本身就是时代哲学的组成部分。此外，随着自然科学的发展，它的某些理论也往往通过上升为哲学理论，再对史学思想发生影响。当然，影响史学思想史的诸要素还不止这些。从唯物主义的观点来看，一定时代的史学思想自然离不开时代政治的影响，这是由思想上层建筑往往受制于政治上层建筑所决定的。因此，一定时代的政治格局、政治制度、政治斗争和政治思潮等，都必然会对一定时代的史学思想起着重要影响。如果离开时代政治去探讨时代史学思想，史学思想的内涵与实质将不会得到科学的说明。当然，史学思想还有一个传承与发展的问题。历史总是在有所借鉴中向前发展的，史学思想史的发展也是如此。任何时代的史学思想，都是在总结、继承和发展前人史学思想的基础上形成的，这是史学思想史发展的源头活水。

二、中国史学思想史的发展历程

本教程讲述的中国史学思想史，上起先秦史学思想的起源，下至近代

---

① 吴怀祺：《中国史学思想通论·总论卷 历史思维卷》，53 页，福州，福建人民出版社，2011。

史学思想的转型。现将各时期的史学思想发展状况简述如下。

先秦：史学思想的起源。中国古代史学思想萌芽于传说时代的原始历史意识，这种原始的历史意识主要表现为对"过往行动经验的积累和教训的总结"和"对自身来源的追寻，对自己部落、氏族起源的追溯"①。随着殷商甲骨文的出现，历史叙事能力已经有了明确的提高，进而有了明确的时间观念和世系观念。到了"六经"时代，中国古代的史学思想得到了较为系统的展示，《周易》的天人、古今思想，《尚书》的历史忧患意识与借鉴思想，《诗经》的原始察终思想与天命王权学说，"三礼"的典制变易观与历史发展观，以及《春秋》的史义与史法，对此后中国古代史学思想的发展产生了重要影响。之后的诸子时代，通过诸子百家相互争鸣，人们围绕着历史变易特点与历史变易动因作出了进一步深入探讨，从而对历史之"势"与"因"、法先王与法后王、君民关系与人神关系等诸多问题有了进一步的认识。

秦汉：大一统时代的史学思想。秦汉是中国大一统政治的建立和巩固时期，这种大一统政治反映在史学思想上，突出表现为史家们一方面重视颂扬政治大一统，班固的"宣汉"思想即是具体体现；另一方面致力于学术思想的大一统工作，司马迁的"成一家之言"即为代表。秦亡汉兴的历史巨变给予汉代史学思想以巨大的冲击，以神意史观论证王权的合法性成为时代主题，表现在史学思想上，就是既讲直书又重神意的二重性特征凸显。面对如何巩固汉朝大一统政治，人们着重于天人关系的探讨，董仲舒的《天人三策》对天人感应学说作了系统阐发。此外，随着两汉大一统的长期稳定，史学家、思想家们得以冷静地对古往今来的历史变易作出思考，从而在先秦邹衍提出五德终始说后，这一时期又出现了董仲舒的"三统"说、司马迁的"通古今之变"思想、刘歆的五德相生说和何休的"三世"说等，使古代历史变易学说得到了极大的丰富。

魏晋南北朝：国家分裂格局下的史学思想。魏晋南北朝是中国经历秦汉统一之后再度出现的国家分裂、政权并立、王朝更替频繁的历史时期，反映在史学思想上，则是史家重视治乱兴衰的探讨，发表历史兴亡论。这一时期政治的显著特点是门阀士族把持政权，表现在史学思想上，则是史

---

① 吴怀祺：《中国史学思想史》，4页，合肥，安徽人民出版社，1996。

家注重对人物的品评和谱牒的编修。从时代思潮而言，这一时期是传统经学衰落、玄学与佛学盛行时期，表现在史学思想上，则是出现了援玄、佛入史的倾向，同时也出现了像范晔这样的反佛斗士。这也是一个民族交往交流频繁、民族矛盾激化，同时民族交融得到加强的时代，反映在史学思想上则是民族认同意识得到加强。

隋唐：盛世恢宏气象下的史学思想。隋唐是继秦汉之后又一个政治大一统时期。隋亡唐兴的历史巨变，促使唐初史学家、统治者高度重视修史工作，唐初三篇修史诏书的颁布、史馆的成立和八部正史的修撰便是具体表现。唐初大规模修史，既是以史为鉴、以隋为鉴的需要，也彰显了唐代史学建设的恢宏气象。史学发展离不开史学批评，史评家刘知幾撰成的我国史学史上第一部史学评论专著《史通》，在刘勰《文心雕龙·史传》的基础上对此前中国史学的发展进行了系统总结与评论。中唐以后的统治危机，促使中晚唐史学思想重视提倡经世致用，史家杜佑"征诸人事，将施有政"之"经邦致用"史学思想的提出，标志着传统史学对史学作用问题的认识有了显著的提高。

宋元：史学思想的异彩纷呈。宋元是中国传统史学最为辉煌的时期，在史学发达背景下，史学思想也呈现出多姿多彩的态势。宋代社会的积贫积弱，民族矛盾与社会矛盾异常激化，促使史家具有强烈的忧患意识，以史资政的史学思想彰显；宋元理学成为时代主要哲学思潮，反映在史学思想上则是出现了明显的义理化倾向，史家普遍重视宣扬天理史观，提倡贯通古今以明天理的通识思想，倡导春秋笔法以维护正统，以及为宣扬理学道统而创立了学术史新体裁，等等。同时，与这种义理化主流史学思想不同，这一时期也出现了像郑樵这样的贬斥褒贬与灾祥的批评史学，以及以陈亮、叶适为代表的讲究事功、经世的史学思潮。此外，随着社会的发展和史学的进步，这一时期的历史编纂学思想得到了很大的发展。

明与清前中期：史学思想的总结和反思。明与清前中期作为传统史学思想发展的最后阶段，表现出总结和反思的特点。在史学思想的总结上，有清初以黄宗羲、顾炎武和王夫之等人为代表掀起的实学思潮，对传统经世致用史学思想进行了继承与总结；有乾嘉考证史学在总结前人历史考证理论与方法基础上提出的系统的历史考证学思想，《十七史商榷》《廿二史札记》《廿二史考异》三大考史名著即是代表；有史学评论家章学诚从史义与史德、历史编纂、方志学理论等多方面，对传统史学理论进行的系统总结，《文史通义》便是这一总结的结晶。在史学思想的反思上，有持续不断的关于"六经皆史"的讨论，有史学评论家胡应麟反思刘知幾史家"三长"说而提出的"公心""直笔"之"二善"说，有李贽充满独立己见、具有鲜明反理学主流思潮的历史评论等。

近代：史学思想的嬗变与转向。近代以来史学思想的发展，呈现出明显的嬗变与转向的特点，嬗变体现了新的史学思想不断涌现，转向体现了传统史学思想向近代新史学思想的转变。近代史学思想的嬗变与转向，是以嘉道社会危机的加深和近代资本主义的侵略为背景的。在整个近代史学思想的嬗变与转向过程中，先后出现了以救亡图存为主题的新型的经世致用史学思潮，以西方进化论为指导思想而产生的近代中国资产阶级"新史学"思潮，乾嘉考据学与西方实证主义相结合的新的历史考据学思潮，特别是新文化运动和俄国十月革命后出现了马克思主义史学理论，从而将中国史学思想的发展领向了新时代。

第一章　先秦史学思想

绪　言

中国史学的起源，应该追溯到古老的传说，因为这些人神混杂的传说反映了先民的一种历史记忆，保存了先民历史的一些影子；而古代最初的史学思想，便是这种远古传说中内蕴的一种历史意识。因此可以说，史学思想的产生与史学的产生是同步的。从流传的传说（或称口述史）来看，原始时代先民的历史意识，一方面表现为一种经验意识，人们口述和传播历史的目的，是让他们的后人能够从中学到过往的生产生活等经验和教训；另一方面则表现为一种崇拜意识，因为在这些口述史中，人们常常因为对自身来历和种种自然现象的不解，从而附会和编造出各种神意的观点，由此产生了图腾崇拜、祖先崇拜、天神崇拜与英雄崇拜等崇拜意识。

到了商周时代，开始有了文字记载，同时也就有了记事、记言的史官。商代的甲骨文是商代史官留给后人的占卜问事的史册，是关于殷商历史的重要史料。甲骨卜事所体现的历史意识，一方面反映了历史记载的严肃性、神圣性和简洁性等特点；另一方面则反映了历史记载的时间观念、世系观念的加强，特别是这种甲骨卜事往往是现实与虚幻交织在一起，成为后世史学真实性与神意性之史学二重特性的滥觞。甲骨文之后是铭文（又称钟鼎文、金文），它起源于商末，盛行于西周。西周的铭文，是西周史官所作，内容主要是颂辞以及训诰、册命等，也有一些记事之作。郭沫若在《青铜时代》附录的《周代彝铭进化观》一文中就提出，《尚书》的周代诸篇和《诗经》的

《雅》《颂》，就有为孔子所辑录的"金石盘盂之文"。铭文所蕴含的历史意识，集中表现为人们对历史记载的目的性和重要性有了一定的认识，表现在历史记载上，则是内容包含量更大了，记事时间更加清晰了。不过，这毕竟还是一个"后神话时代"，历史记载中人神杂糅的现象还是很普遍的。

甲骨文、铭文之后的历史记载，便进入了"五经"时代。"五经"包括《周易》《尚书》《诗经》《春秋》和"三礼"，它们是上古三代文献，也是后世诸子百家之学的共同源头。"五经"并非一时之作，却与孔子有着密不可分的关系。作为中华民族的"元典"，"五经"内蕴了丰富的史学思想，主要包括《周易》的天人合一与历史变通思想、《尚书》的以史为鉴思想、《诗经》的历史盛衰与天命王权思想、"三礼"的因革损益史观和《春秋》的史义史法论。这些历史观与史学观对后世中国史学与史学思想的发展以及民族特性的形成，都产生了巨大的影响。

春秋战国时代是诸子百家兴起与百家争鸣的时代。面对当时社会的大动荡、大分裂和大改组，儒、墨、法、名、阴阳等诸子百家纷纷发表自己的看法，提出各种政治主张。当时史学尚未形成家派，然自从孔子作《春秋》之后，历史记载的"学在官府"局面开始被打破，出现了私家修史的局面，并且诞生了《左传》《国语》《战国策》《世本》《竹书纪年》等一批私家史书。值得注意的是，这一时期无论是诸子百家学说，还是私家所修史书，都非常重视关于历史变易及其动因的探讨，纷纷发表自己的历史观点。如关于历史变易特点的认识，就出现了朴素进化史观、历史循环史观和历史复古史观等不同历史观点；关于历史动因的探讨，则有圣王史观和重民史观；等等。而这些形形色色的历史观，都对后世史学思想的发展和演变产生了重要影响。

第一节　中国古代历史意识的萌生

中国古代历史意识萌生于远古的传说时代。白寿彝先生说："中国史学的历史，可以从远古的传说说起。所谓远古，是指有文字记载以前的遥远的时期。"①而史学思想的最初形态，便是这种远古传说内蕴的一种历史意识。商周时代出现了我国已知最早的文字甲骨文、金文，不但有了明确的记事，而且有了明确的时间观念、世系观念，对历史记录的作用有了更加明确的认识，其历史意识较之于远古传说时代有了明显的进步。

一、远古时代的历史意识

远古时代的历史意识，表现在文字尚未产生之前的原始时代"口述史"当中。从远古时代"口述史"的讲授形式而言，通常是口耳相传的方式。《说文解字·古部》释"古"曰："故也。从十、口。识前言者也。"所谓"故也""前言"即是历史，历史是代代相传而形成的。梁启超对口述史的起源有一个详细的描绘，他说："最初之史乌乎起？当人类之渐进而形成一族属或一部落也，其族部之长老，每当游猎斗战之隙暇，或值佳辰令节，辄聚其子姓，三三五五，围炉藉草，纵谈己身或其先代所经之恐怖，所演之勇武……听者则娓娓忘倦，与会飙举，其间有格外奇特之情节可歌可泣者，则蟠镂于听众之脑中，湔拔不去，展转作谈料，历数代而未已，其事迹遂取得史的性质。所谓'十口相传为古'也。史迹之起原罔不由是。"②这是一种合乎情理的推测。

口耳相传的过程中，"传唱"无疑是一种重要的形式。梁启超说："最初之史，用何种体裁以记述耶？据吾侪所臆推，盖以诗歌。"③这一说法是很有道理的，因为远古时代没有文字，为了便于史事传颂，人们往往用韵语、用整齐的语句来传唱，因此，传唱是先民传播自己历史的一种最普遍的方式。世界上各民族，似乎都程度不同地经历过一个"史诗时代"。如藏族的英雄史诗《格萨尔王》、纳西族的《创世纪》等，古希腊的《伊利亚特》《奥德赛》，古印度的《罗摩衍那》《摩诃婆罗多》，等等，这些都是被人们传唱的著名史诗。一些少数民族地区流传的歌谣，也反映了这样一种口传历史的形式。如侗歌就这样唱道："古人讲，老人谈，一代一代往下传；树有根，水

---

① 白寿彝：《中国史学史》第 1 册，197 页，上海，上海人民出版社，1986。

② 梁启超：《中国历史研究法》，9 页，北京，东方出版社，1996。

③ 同上书，9 页。

有源，好听的话儿有歌篇；没有文字好记载，侗家无文靠口传。"①侗歌唱词告诉我们，侗家没有文字，却能通过歌篇来口传下自己民族的历史。

当然，口耳相传往往需要辅之以凭借物，否则年代过于久远，传说的内容很容易被人们忘却。远古口述历史的凭借物通常是结绳、刻木等物，这些堪称远古人们讲史的"史册"。从文献记载来看，《易传》就说："上古结绳而治，后世圣人易之以书契，百官以理，万民以察。"《周易正义》郑玄注也说："事大大结其绳，事小小结其绳。"而民族学材料也告诉我们，直到新中国成立初期，我国西南一些少数民族如佤族等，还是依靠刻木记事。他们遇到大事，便在记事木棍上刻一长划；发生小事，则刻一短划。循着这一道道划痕，便可讲述一部生动的本民族的历史。又如，云南贡山地区独龙族的石柱诅盟，上面刻画的点线符号，叙述的内容"上溯洪水故事，人类起源根苗；下迄树上战争，惨痛罹难缘由"。独龙人订立诅盟是为了"和睦相处，互不侵扰"，如果"背叛盟辞，定将咎由自取"。很显然，这些点线符号，反映的是独龙族的历史。② 中国如此，外国也如此。据美国人类学家摩尔根《古代社会》一书的记述，直到19世纪末，美洲印第安易洛魁部落还依靠穿贝珠带来记载本部族的历史。"他们把紫贝珠串和白贝珠串合股编成一条绳，或者用各种颜色不同的贝珠织成有图案的带子，其运用的原则就是把某一件特殊的事情同某一串特殊的贝珠或某一个特殊的图案联系起来；这样，就能对事件作出有系统的排列，也能记得准确了。这种贝珠绳是易洛魁人唯一可以目睹的史册。"③由此可见，刻木、结绳、穿贝珠带等原始记事的方法，是世界各民族都经历过的阶段。

原始时代"口述史"是原始人在生产生活和与自然作斗争中产生的，其主要内容包括四个方面。

一是原始人的生产、生活。原始人的生活情况，在原始传说中有较多的反映，如有巢氏"构木为巢，以避群害"，改变了原始人的穴居野处生活

---

① 转引自朱崇先主编：《中国少数民族古典文献学》，6页，北京，民族出版社，2005。
② 王钧：《独龙族的石柱诅盟》，载《史前研究》，1986(Z2)。
③ ［美］路易斯·亨利·摩尔根著，杨东莼等译：《古代社会》，138页，北京，商务印书馆，1977。

方式；燧人氏"钻燧取火，以化腥臊"，人民因此熟食养生。① 反映原始人生产状况的传说，则如包牺氏"作结绳而为网罟，以佃以渔"；神农氏"斫木为耜，揉木为耒，耒耨之利，以教天下"。② 它们主要反映了原始渔猎业和原始农业的产生情况。

二是同自然灾害的斗争。在远古时代，人类抗争自然的能力有限，他们的生存受到了自然灾害的严重威胁，由此却留下了许多英雄传说。如后羿射日，说的是在尧的时候，出现了严重的干旱，当时天上"十日并出，焦禾稼，杀草木，而民无所食"③，尧便命羿为民除害，羿于是"上射十日"，结果射下了九日，为百姓解除了干旱之苦。如大禹治水，他三过家门而不入，终于用疏导的办法消除了洪水之灾。他们的事迹，至今还深受着中华民族的普遍敬仰与怀念。

三是始祖传说。原始人重视追寻部落、氏族的起源，却又受到认识的限制，从而总是对始祖的出生附会以种种迷信的传说。如关于商部族的起源，《诗经·商颂·玄鸟》就有"天命玄鸟，降而生商"的说法。据《鲁诗》载，商人的始祖契是他的母亲简狄吞了玄鸟蛋后有孕而生的，后来尧因其贤能而立为司徒。又如周的始祖后稷，《诗经·大雅·生民》也有其母姜嫄"履迹感孕"而生的说法。据《鲁诗》载，后来后稷因为贤能而被立为大农，成为中国农业的始祖。④

四是部落战争。据《史记·五帝本纪》载，中华民族的始祖黄帝就是当初北方部落的一个能征善战的首领，他曾经与同一部落的炎帝战于阪泉（相传在今河北怀来县）之野，三战而胜之；后来又与东方部落首领蚩尤战于涿鹿（相传在今河北）之野，蚩尤战败被杀。当然，在远古传说中，黄帝的征伐是"修德振兵"，因而是为民除暴的义举。

原始时代"口述史"的基本特点是人神合一。原始时代"口述史"的内容集中到一点，其实就是对远古时代英雄的颂扬。而这个英雄，当然是人，却又不尽是人，他带有很多虚构的、人神混杂的成分。在这些原始英雄传

---

① 《韩非子集解·五蠹》，483 页，新编诸子集成本，北京，中华书局，2018。
② 《周易正义·系辞下》，见《十三经注疏》，86 页，上海，上海古籍出版社，1997。
③ 《淮南鸿烈集解·本经训》，305 页，新编诸子集成本，北京，中华书局，2018。
④ 参见《史记》卷十三《三代世表》附录褚先生引《诗传》说，505 页，北京，中华书局，1959。

说中，英雄们往往被说成是天神之子，如契、后稷等，也正因此，他们才有着与生俱来的、与众不同的大智大勇和奇才异能，才能成为为民造福和为民除害的英雄。由于原始时代"口述史"具有人神合一的特点，因此，我们不应该计较于具体英雄人物与史事的考实，而应该将这些英雄传说看作某个历史时代的化身。如有巢氏与燧人氏的传说，反映的是原始人定居与取火熟食的出现；包牺氏与神农氏的传说，反映的是原始渔猎业和原始农业的产生；后羿与大禹的故事，反映了原始社会人们与自然作斗争的情形；黄帝战炎帝、蚩尤的故事，反映原始军事民族制时代部落战争的情况；如此等等，不一而足。

原始时代"口述史"尽管具有人神混杂的特点，却充分反映了原始人的一种重视历史的意识。这种原始历史意识主要表现在：一是重视对过往经验的积累和教训的总结。原始人的过往经验与教训，主要反映在原始人的生产、生活以及与大自然作斗争的过程中。在这个过程中，原始人通过不断地总结和积累经验、吸取教训，从而不断地获取各种生产、生活的技能和经验，不断地提高战胜自然的能力。原始时代"口述史"的很大一部分内容，就是反映原始人生产、生活及其变化，以及原始人与大自然作斗争的情况的。这些传说的出现，说明原始人的历史意识出自原始人的生产、生活和与大自然的抗争当中；同时，这种历史意识又反过来促进了原始人生产的发展、生活的进步和与大自然作斗争能力的提高。也正是依靠对过往经验的积累和教训的不断总结，人类的历史才最终由野蛮进入文明，由原始人过渡到现代人。二是重视对祖族源流的追寻。原始人在改造客观世界的同时，也必然会对自身的来历和部族的起源作出思考，进行追寻，这似乎是人类与生俱来的一种本能。由于当时生产力水平低下，原始人的认识能力受到了很大的限制，他们无法对这些问题作出正确的回答，于是便有了种种被后人看作迷信的始祖传说。其实，原始时代"口述史"中的始祖传说，并不只是简单的对始祖出生的迷信说法，它还内蕴有一种原始人的图腾崇拜的观念。如《诗经·商颂·玄鸟》所言"天命玄鸟，降而生商"，它既创造了一段关于商始祖契的出生说，也明示了商部族是一个以玄鸟为图腾的部族。而图腾，它是部族的族徽，是部族的崇拜对象，是部族凝聚力之源。因此，原始人的图腾崇拜与始祖崇拜往往是合而为一的。原始人的图腾观念的产生，主要与他们的生产、生活环境有关，当然还有某些历史传说的影子。因此，生产、生活环境不同，部族历史传说不同，他们的图腾当然也不相同。图腾崇拜与始祖崇拜的最初形态是幻化的，因为人不可能是某种动物、植物或自然界其他现象直接生产的。但是，图腾崇拜与始祖崇拜一经产生，便很自然地演绎成一种部族延续的世系，这种虚幻的图腾与始祖便和真实的部族血缘世系紧紧地联系在了一起。从对祖族源流的追寻到图腾与始祖崇拜，再到血缘世系的出现，一种历史传统因此而产生了。正是这种历史传统，反过来又在以后的历史发展中，指导和约束着部族的后人不断地传承着他们祖先的历史，同时又不断地创造着他们自己的历史，血缘家族的历史就是在这样一种借鉴中不断延续的。

二、甲骨文、金文的历史意识

从口述史事到历史记载，这是进入文明时代后传承历史的重大进步。伴随着历史记载的出现，人们不但可以明确地书写历史、传承历史，而且历史意识也更加丰富了。

一般认为我国有文字记录的历史，开始于殷商时代。《尚书·多士》说："惟殷先人，有册有典。"这种册、典便是文字记录成熟的标志，而殷商的册、典文字也就是甲骨文①，它是我国已知的最早的成熟文字，也是我国历史记载的真正开始。甲骨文是刻在龟甲或兽骨上的上古文字，殷商时代已经大量出现。甲骨卜辞已经形成较为完整的书写结构，由前辞、命辞、占辞、验辞等部分组成，其中的史事内容主要见诸验辞当中。值得注意的是，甲骨文中已经出现"史"字，而且有多种不同的书写形式。《说文解字·史部》解说"史"的含义说："记事者也。从又持中。中，正也。"意思是右手持中的人。然而对于《说文解字》的解说，特别是"中"字的含义，学者们却有不同的理解。不过，"史"既然是"记事者也"，自然也就是指史官。白寿彝先生说："'史'字的初意，是指一种官职和任这种官的人。后来，用以称呼历史记载。""从用以称史官的'史'，到用以称历史记载的'史'，不知要经过

---

① 傅修延认为商周常用文字是简牍文字，而不是甲骨文字，只是竹木简容易腐朽，而甲骨坚硬耐久，才使甲骨文得以被后人发现，而简牍至今未有发现。这种说法是有一定道理的。参见傅修延：《先秦叙事研究：关于中国叙事传统的形成》，39页，北京，东方出版社，1999。

多少年代。"①通观甲骨文可知，商代史官已有史、作册、贞人、大史、上史、西史、北史、东史、小史、御史等名目。② 其职责除去记事之外，还有作战、占卜、保藏文献、谏诤等。

由于甲骨卜辞旨在卜问，是人神之间的一种交流，因而与通常意义上的叙事还有一定的距离。不过，作为我国最早的历史记载，与原始口述史事相比，其历史意识还是有了明显的进步，具体表现如下。

第一，从历史记载形式而言。甲骨卜辞的叙事特点具体表现为四个方面：一是作为一种人神交通，甲骨卜辞赋予了叙事以高度的严肃性乃至神圣性；二是作为一种比较成熟的文字，甲骨文具备了一种能够容纳基本叙事因素的文字组织形式，为书面形态的叙事提供了发展基础；三是因书写材料的局限，甲骨卜辞开创了一种简洁经济的叙事风格；四是甲骨卜辞的叙事形式开启了一种从问答导入正文的叙事程式。③

第二，从历史记载内容而言。首先是有了明确的时间观念和世系观念。侯外庐先生说："殷代世系称号可以说是意识生产的最有特征的符号。""时间观念的发现是人类最初的意识生产。"④这里的意识当然是指历史意识。时间观念与世系观念是历史记载的第一要义，因而也是重要的历史意识。甲骨文有着明晰的时间观念和世系观念，这是商周时代人们历史意识有了重大发展的具体表现。其次是既重视对现实历史活动的记载，又重视对虚幻世界的反映，"用虚幻的上帝说明自身统治的合理，又密切关注现实的问题，关心未来的命运"⑤，表现出历史意识二重性的发展。甲骨问事，立足的是现实，关心的是未来，因此，它要对真实世界中的生产、生活以及部落之间的交往与战争作出记载；同时，它又需要通过卜问上帝，以上帝的意志来决定社会人事活动，因此，决定历史命运的最终还是上帝。

甲骨文之后有金文，又称铭文、钟鼎文，指的是铸造或刻凿在青铜器

---

① 白寿彝：《中国史学史》第1册，3、6页，上海，上海人民出版社，1986。

② 也有观点不认为卿史、御史是官职。参见董莲池：《甲骨刻辞"卿史""御史"辨》，载《松辽学刊（社会科学版）》，1992（4）。

③ 参见傅修延：《先秦叙事研究：关于中国叙事传统的形成》，42～50页，北京，东方出版社，1999。

④ 侯外庐：《中国思想通史》第一卷，59、61页，北京，人民出版社，1957。

⑤ 吴怀祺：《中国史学思想史》，12页，合肥，安徽人民出版社，1996。

上的文字。至今所发现的青铜器上的金文，也都属于商周两代，其中以周代的金文篇幅更大，内容更为充实。金文的记事内容与甲骨文相比，神意色彩明显淡化，主要记载兵戎祀典、朝廷封赏、贵族纠纷、财产关系等事。其中，涉及征伐、俘获、锡臣仆、锡土田、锡车马旌旗、锡金贝等史事，记载尤为具体。如大盂鼎、小盂鼎铭记载了战争情况、锡臣仆的数目，大克鼎铭记述了王家锡克田之事，毛公鼎铭则记载了周王的讲话，具有明显的官文书的性质，等等。金文记事多为散文体，也有少数韵文体，如虢季子白盘铭即是韵文，内容记述周宣王时作器者同猃狁作战立功受赏的事迹。甲骨文因书写材料的局限，每片记事少则几字，多则百余字，金文虽然也没有摆脱书写材料的局限，有些记事也仅有几个字，但是百余字乃至数百字的记事已经占有相当大的比重，说明金文的书写内容更为丰富。金文记事具有追述祖上功德、显示家族荣耀、期盼"子子孙孙永宝用"的目的。

与甲骨文相比，金文的历史记载更为成熟，其具体表现：一是叙事文体的正规化和多样化，出现了诸如训诰、记事、祭辞、徽记等十余种格式；二是叙事内容扩大了，信息增多了，从而比较容易保证叙事的连续性；三是对时间、空间的表述更为清晰，注重对事情过程的描述；四是对历史记载的目的开始有了一定的认识，金文中所谓"子子孙孙永宝用"，说的就是如何记忆和传承先祖的事业。金文历史记载的进步，说明这一时期人们对历史记载的重要性又有了新的认识，历史意识又有了新的发展。然而，青铜时代毕竟还处于"后神话阶段"，西周人还没有摆脱天与上帝对他们的笼罩，表现在历史记载上，人神杂糅、人神合一的现象依然存在，这些都说明这一时期的历史意识还处在一种朦胧的原始阶段。

第二节　"五经"的史学思想

"五经"指《周易》《尚书》《诗经》《礼经》和《春秋》这五部上古三代经典，由于它是春秋战国时期诸子学说共同的源头，有的学者又将它们称为"元典"。"五经"与"六经"提法的不同，主要涉及《乐经》的存亡问题。[①] 关于"五经"的作者，历代今古文家总是纠缠于孔子还是周公的争论。其实，"五经"决非一时一人之作，却一定又是经过孔子整理过的上古三代历史文化典籍，如果没有孔子的整理，也就不可能有我们今天所谓"五经"和经学。从司马迁的"考信于六艺"到章学诚的"六经皆史"论，都肯定"五经"与史学之间存在着密不可分的关系。"五经"当中的《周易》《诗经》和"三礼"不但具有史料价值，而且蕴含了丰富的历史思维；《尚书》和《春秋》则属于真正意义上的史书，内蕴的史学思想非常丰富。

一、"五经"的历史观

历史观是指对客观历史的认识。"五经"中的《周易》《诗经》和"三礼"虽非严格意义上的史书，却非常重视探究历史发展及其规律，具有丰富的历史观。其中《周易》的天人合一思维与变通思维、《诗经》的历史盛衰观与天命王权思想、"三礼"的改制思想与历史发展观等，都对后世中国史学与史学思想产生了重要影响。

（一）《周易》的天人合一与变通思维

《周易》是我国一部古老的典籍，它的流传已经有三千年的历史。关于它的作者，历来众说纷纭。传统的说法是"《易》历三圣"，所谓伏羲画卦，文王系辞，孔子作《传》（即《十翼》），如果说这些圣人是作为一个时代的代表，这种说法是可以说得通的。历代学者多数认为，《周易》的卦、爻辞形成于西周前期，而《易传》的主要内容则成于战国时期。

《周易》最初是用于占筮的迷信书，后来又演变成经书、哲学书、政论书。《周易》之所以在我国思想学术发展史上有着巨大的影响，主要不在于它的占术以及卦爻象与卦爻辞的思想表现形式，而在于其理论思维的内容。《周易》的理论思维十分丰富，"有形式逻辑思维，如演绎思维，类推思维，形式化思维；有辩证思维，如整体思维，变易思维，阴阳互补思维，和谐与均衡思维；有直观思维，如模拟思维，功能思维；有形象思维，如意象

---

① 周予同说："《乐经》的有无，今古文学的主张完全不同。依今文学说，《乐》本无经，乐即在《诗》与《礼》之中。依古文学说，《乐》本有经，因秦焚书而亡失。"参见朱维铮编：《周予同经学史论著选集》，209 页，上海，上海人民出版社，1983。

合一，象数合一等。其中最为突出的是观察世界的辩证思维"①。

《周易》与史学的关系，一方面从形式而言，古代史官与《周易》的撰述、保存与流传有着密不可分的关系。《周易》本来就是卜筮之书，而卜筮却又是先秦史官职掌所在。如《左传》定公四年载："祝宗卜史，备物典册，官司彝器。"像这样将史与祝、卜相提并论的历史记载，在先秦文献中屡见不鲜，说明他们在职能上有相同的一面。由此推论，在《周易》的产生过程中，史官们一定是其中的重要撰述者。史官不但写《易》、知《易》，而且是《周易》的保存者。据《左传》记载，鲁庄公二十二年，"周史有以《周易》见陈侯者，陈侯使筮之"；又鲁昭公二年，晋国韩宣子到鲁国，"观书于大史氏，见《易象》与《鲁春秋》"。另一方面从思想内容而言，《周易》占卜问事，旨在标示人事的吉凶祸福，自然也就包含着商周的零碎史影和巫史们的人生与社会历史经验于其中。《周易》内蕴的历史思维是很丰富的，其中的天人合一和变通思维，对我国民族史学的形成与发展有着深远的影响。

1. 天人合一思维

所谓天人合一思维，是一种认识世界与历史的思维方法。《周易》并没有提出天人合一的命题，然而《周易》通篇都体现了天人合一的思维。这种天人合一的思维有如下表现。

第一，卦画构成的天人一体原理。《系辞下》说："《易》之为书也，广大悉备。有天道焉，有人道焉，有地道焉，兼三才而两之，故六。六者非它也，三才之道也。"《说卦》也说："昔者圣人之作易也，将以顺性命之理，是以立天之道曰阴与阳，立地之道曰柔与刚，立人之道曰仁与义。兼三才而两之，故易六画而成卦。分阴分阳，迭用柔刚，故易六位而成章。"从《易传》的叙述可知，《易经》六十四卦，每一卦六爻的符号体系，其中上二爻是天位，下二爻是地位，中二爻是人位，其实就是天、地、人三才之统一整体的体现。天、地、人三才共同构成了宇宙万物的整体，也一同遵循着宇宙万物共同的变易法则。

第二，人道效仿天地之道。《易传》认为，天、地、人三才既是构成宇宙的整体，又存在着相互区别。张岱年先生说，三才之道"分开来说，天

① 朱伯崑：《易学哲学史·前言》，39页，北京，华夏出版社，1995。

道、地道、人道有一定的区别；总起来说，'一阴一阳之谓道'是普遍性的"①。在"有一定的区别"的三才关系当中，人道是处于效仿天地的地位的。《系辞上》说："崇效天，卑法地。"意思是说，人的崇高的智慧是效仿上天，谦卑的礼节是效仿大地。《周易》中的"人"，有大人、君子、圣人、小人、百姓之分，能够效仿天地的人当然是指前三者，因为"《易》为君子谋，不为小人谋"②。《易传》对人法天地的叙述很多，如《乾·文言》记曰："夫大人者，与天地合其德，与日月合其明，与四时合其序，与鬼神合其吉凶，先天而天弗违，后天而奉天时。天且弗违，而况于人乎，况于鬼神乎。"这里的"合"字，是配合、一致的意思，即要求大人奉天行事，与天一致。如《坎·彖辞》说："天险，不可升也；地险，山川丘陵也。王公设险以守其国，险之时用大矣哉。"这是指王公大人要懂得效仿天地自然之险，从而设险以守卫国家。又如，《恒·彖辞》说："日月得天而能久照，四时变化而能久成，圣人久于其道，而天下化成。"这是指圣人应该效仿自然变化，从而恒久地坚持人文化成的正道。如此等等。

第三，人道具有主观能动性。《易传》主张人道效仿天地之道，但这种效仿并不是被动的，而是积极主动的。《系辞下》说："天地设位，圣人成能。"意思是说天地确定了一定的秩序，圣人促成天地的造化。就是认为人可以顺应天道，发挥主观能动性，以成就天地生化万物的功能，促成事物的发展和变化。《易传》关于人通过发挥主观能动性以成就事业的论述很多，如《系辞上》肯定圣人作《易》便是"成能"的重要表现："圣人有以见天下之赜，而拟诸其形容，象其物宜，是故谓之象。圣人有以见天下之动，而观其会通，以行其典礼，系辞焉以断其吉凶，是故谓之爻。……拟之而后言，议之而后动，拟议以成其变化。"这段话说的是圣人通过观象、画卦、系辞，来探求纷繁复杂的事物及其变化情况。又如，《系辞下》所谓"作《易》者，其有忧患乎？""明于忧患之故"，则体现了圣人因忧患而作《易》的思想。至于《象辞》《彖辞》中这方面的论说则更多，如《乾·象辞》"天行健，君子以自强不息"，《坤·象辞》"地势坤，君子以厚德载物"，《贲·彖辞》"关乎人文，

---

① 张岱年：《中国古典哲学概念范畴要论》，见《张岱年全集》第四卷，478 页，石家庄，河北人民出版社，1996。

② 张载：《正蒙·大易》，见《张载集》，48 页，北京，中华书局，1978。

以化成天下"，如此等等，不一而足。诚如学者所言："《易传》特别重视人的忧患意识，迁善改过意识，与时偕行意识，穷理尽性意识等，都分明是要人以自己特有的价值、能力，来呼应天道。"[①]

天人合一思维是传统史学的重要思维之一。古代史家探究人类历史，往往会将天与人作为一个不可分割的整体来进行思考，探究其关系。西汉史家司马迁以"究天人之际"作为《史记》的撰述旨趣之一，由此肇端了传统史学的天人合一思维。然而从理论渊源来讲，《周易》的天人合一思维无疑是传统史学这一思维的先导。

2. 变通思维

《周易》的变通思维贯穿于经传各篇之中，内容非常丰富。

第一，强调"变"。《易经》卦爻象普遍体现出变的特点，《系辞下》关于卦爻象的变化作如是说："八卦成列，象在其中矣。因而重之，爻在其中矣。刚柔相推，变在其中矣。系辞焉而命之，动在其中矣。吉凶悔吝者，生乎动者也。"这就清楚地说明，卦爻的本质特征即是变，"爻者，言乎变者也"[②]，"爻也者，效天下之动者也"[③]，卦象的变化取决于爻象的变动。卦爻象变化的内在根因，则是阴阳二爻的相互推移，所谓"刚柔相推，变在其中矣"。而所谓"相推"，则不只是阴阳二爻相互推移，也指上下往复之消长。《系辞上》说："刚柔相摩，八卦相荡。鼓之以雷霆，润之以风雨。日月运行，一寒一暑。"所以司马迁说："《易》著天地阴阳四时五行，故长于变。"[④]孔颖达也说："夫《易》者，变化之总名，改换之殊称。"[⑤]对于《周易》的变易思想，后人将其总结为三个基本观点：简易、变易、不易。《易纬·乾凿度》云："易一名而含三义，所谓易也，变易也，不易也。……郑玄依此义作《易赞》及《易论》云，易一名而含三义，易简一也，变易二也，不易三也。"[⑥]这里所谓"变易"，就是阴阳的相互依存和相互变化；所谓"不易"，是

① 杨庆中：《周易经传研究》，273页，北京，商务印书馆，2005。
② 《周易正义·系辞上》，见《十三经注疏》，77页，上海，上海古籍出版社，1997。
③ 《周易正义·系辞下》，见《十三经注疏》，78页，上海，上海古籍出版社，1997。
④ 《史记》卷一百三十《太史公自序》，3297页，北京，中华书局，1959。
⑤ 孔颖达：《周易正义》卷首序，见《十三经注疏》，6页，上海，上海古籍出版社，1997。
⑥ 孔颖达：《周易正义·论易之三名》，见《十三经注疏》，7页，上海，上海古籍出版社，1997。

指阴阳变化中的阴阳地位和位置是不变的，阳刚君父永远处于统治地位；所谓"简易"，是指无论阴阳变化多么复杂曲折，都不过是"一阴一阳之谓道"。很显然，三易就是一个生生不息的变化过程。

第二，肯定变易的法则乃为盈虚消长。《象辞》认为，乾卦六爻即是一个从初爻到上爻的变化发展过程。以人生相对照，初爻"潜龙勿用"，乃隐居未仕，所谓"阳在下"；二爻"见龙在田"，乃入仕为官，开始施展才德，所谓"德施普"；三爻"终日乾乾"，努力事业，不离中道，所谓"反复道"；四爻"或跃在渊"，事业继续进步，所谓"进无咎"；五爻"飞龙在天"，地位高贵，事业大有作为，所谓"大人造"；上爻"亢龙有悔"，事业到达顶点，开始走向反面，所谓"盈不可久"。《周易正义》以《象辞》解释上爻爻辞说："上居天位，久而亢极，物极则反，故有悔也。"很显然，《周易》揭示了事物发展所存在的一种普遍法则：盈虚消长，或者说物极必反。所以《丰·象辞》所说"日中则昃，月盈则食，天地虚盈，与时消息"，也是要表述这样一种事物发展的规律。正因此，《文言》解释上爻爻辞说："亢之为言也，知进而不知退，知存而不知亡，知得而不知丧，其惟圣人乎？知进退存亡而不失其正者，其惟圣人乎！"在《文言》作者看来，只有懂得事物进退、存亡两面特性，从而持守中道的人，才可称作圣人。

第三，提出了"变通"的变易价值论。在《易传》作者看来，事物发展到尽头就需要加以改变，从而使事物的发展因此畅通起来，经过变通之后的事物才能够发展得久远。《系辞下》将这一思想概括为"《易》穷则变，变则通，通则久"。这便是《周易》变通思想最为经典的三阶段说。《周易》的变通思想非常丰富，其一是关于"变通"的含义。《系辞上》说："是故阖户谓之坤，辟户谓之乾，一阖一辟谓之变，往来不穷谓之通。"这里是以《乾》《坤》两卦的性能来解释变与通的，所谓"一阖一辟谓之变"，是指筮法上的二爻互变，亦即事物上的开合互易；所谓"往来不穷谓之通"，则是指对立面的相互推移，循环反复，便是通顺。《系辞上》也说："化而裁之谓之变，推而行之谓之通。"所谓"化而裁之"，指阴阳二爻的互变；所谓"推而行之"，指爻象顺畅地上下推移。其二是关于"变通"的作用。《系辞上》说："圣人立象以尽意，设卦以尽情伪，系辞焉以尽其言，变而通之以尽利，鼓之舞之以尽神。"这就是说，爻象的变化有变有通，爻象的变通在于显示事物的变化趋势，而目的则是要指导人们趋利避害。《易传》认为，变通之义非常广大，故而《系辞上》说："广大配天地，变通配四时，阴阳之义配日月，易简之善配至德。""法象莫大乎天地，变通莫大乎四时，悬象莫大乎日月，崇高莫大乎富贵。"人们"通其变，遂成天地之文；极其数，遂定天下之象"。

《周易》的变通思维既是对自然界的一种认识，更是用来解说社会人事与历史的，因而也是一种历史思维。在《易传》看来，人类社会的历史与自然界一样，都是处在不断变动中的。《贲·彖辞》说："关乎天文，以察四时；观乎人文，以化成天下。"《恒·彖辞》说："日月得天而能久照，四时变化而能久成，圣人久于其道而天下化成。"《革·彖辞》说："天地革而四时成，汤武革命，顺乎天而应乎人。"《丰·彖辞》说："日中则昃，月盈则食，天地盈虚，与时消息，而况于人乎，况于鬼神乎？"这些说法，都是将天与人、自然与社会作为一个整体来看待的，说明变易的普遍存在性。《易传》认为，圣人只有懂得通变的道理，才能成就自己的事业，所谓"举而措之天下之民谓之事业"。《易传·系辞下》对远古社会进化的过程有一个详尽的描述：

　　古者包牺氏之王天下也，仰则观象于天，俯则观法于地，观鸟兽之文与地之宜，近取诸身，远取诸物，于是始作八卦，以通神明之德，以类万物之情。作结绳而为网罟，以佃以渔，盖取诸《离》。包牺氏没，神农氏作，斫木为耜，揉木为耒，耒耨之利，以教天下，盖取诸《益》。日中为市，致天下之民，聚天下之货，交易而退，各得其所，盖取诸《噬嗑》。神农氏没，黄帝、尧、舜氏作，通其变，使民不倦，神而化之，使民宜之。《易》穷则变，变则通，通则久。是以"自天佑之，吉无不利"。黄帝、尧、舜垂衣裳而天下治，盖取诸《乾》《坤》。刳木为舟，剡木为楫，舟楫之利，以济不通，致远以利天下，盖取诸《涣》。服牛乘马，引重致远，以利天下，盖取诸《随》。重门击柝，以待暴客，盖取诸《豫》。断木为杵，掘地为臼，臼杵之利，万民以济，盖取诸《小过》。弦木为弧，剡木为矢，弧矢之利，以威天下，盖取诸《睽》。上古穴居而野处，后世圣人易之以宫室，上栋下宇，以待风雨，盖取诸《大壮》。古之葬者，厚衣之以薪，葬之中野，不封不树，丧期无数。后世圣人易之以棺椁，盖取诸《大过》。上古结绳而治，后世圣人易之以书契，百官以治，万民以察，盖取诸《夬》。①

《系辞下》认为，远古时代的历史经历了一个从"作结绳而为网罟，以佃以渔"的原始社会逐步发展到"百官以治，万民以察"的文明社会的过程。这个过程的历史发展经历了一个从原始渔猎业到原始农业、商业，从"垂衣裳而天下治"到"重门击柝，以待暴客"，从穴居野处到宫室的发明，从厚衣野葬到棺椁树封，从结绳而治到文字的产生，一言以蔽之，即是从野蛮到文明、从低级到高级的不断进化或发展的过程。促成这种进化或发展的根本原因不是别的，正是古代圣贤们的"通其变"。所谓包牺氏取诸《离》，神农氏取诸《益》，黄帝、尧、舜取诸《乾》《坤》等，都是按照"使民不倦""使民宜之"的原则所进行的变通。在作者看来，远古社会的进化史，即是一部圣王的创制史、变通史，在这种不断创制、不断变通，从而"使民宜之"的过程中，人类社会的历史得以不断向前发展。

（二）《诗经》的历史盛衰观与天命王权思想

《诗经》是我国上古三代时期的一部诗歌总集，共收诗 305 篇，包括《国风》160 篇、《小雅》74 篇、《大雅》31 篇、《周颂》31 篇、《鲁颂》4 篇和《商颂》5 篇②，都是西周到春秋时期的作品。据司马迁《史记·孔子世家》载，古《诗》原有三千余篇，经孔子删定后而成 305 篇，"皆弦歌之，以求合《绍》《武》《雅》《颂》之音"。班固据刘歆《七略》而成的《汉书·艺文志》赞同司马迁的孔子删诗说。由此可见，孔子删诗是汉人的一种共识。不过此说也颇有一些疑点，比如《论语》就未记载孔子删诗之事；《左传》襄公二十九年载吴公子季札在鲁国观周乐，所见诗乐编次已与今本《诗经》大体相同，而此时的孔子只有 8 岁；先秦文献所引诗句大多见于今本《诗经》；等等。不过，这些怀疑并不能否定孔子与《诗经》的关系。更重要的是，在经学兴起的汉代，人们是普遍持孔子删诗说的，也正因此，《诗经》才成为经学的重要文献而为人们普遍研习。

---

① 《周易正义·系辞下》，见《十三经注疏》，86~87 页，上海，上海古籍出版社，1997。

② 如果按时间来排列，大致是以《周颂》《大雅》《小雅》《商颂》《鲁颂》《国风》为序，其中各部分又有交叉。

　　《诗经》内蕴有丰富的古代社会生活、风俗习惯以及典章制度、阶级状况等史料，是用诗歌的语言表述的历史，故而《诗经》又被称为"史诗"。《诗经》中史料价值最高者，当数《大雅》，它比较完整地勾勒出了周人兴衰的大致轮廓。如《生民》篇记载了周的始祖后稷降生时的神异传说和以农立国的情况，《公刘》篇写了周人先王公刘自邰迁豳的事迹，《绵》篇写了先王古公亶父自豳迁岐和文王受业的情况，《皇矣》篇写了王季经营先王事业和文王伐密伐崇的胜利过程，《大明》篇写了文武相承和武王灭商的过程。此外，尚有《下武》《假乐》等篇咏成康以下的太平之世，《崧高》《江汉》等篇咏宣王复兴，《桑柔》《召旻》等篇刺厉、幽衰政。可以说，从周的发祥、创业、立国、拓疆、翦商、兴盛到式微，《大雅》都作了记述，它本身就是一部完整的周人和周朝的发展史。

　　《诗经》中的其他部分内容，也有一定的史料价值。如《周颂》，其中的《思文》对后稷以农养天下的功绩作了歌颂，《清庙》《维天之命》《我将》等篇对文王的德教作了歌颂，《武》《酌》《桓》《执竞》等篇对周翦商之事有一定的反映；如《鲁颂》，其中的《閟宫》篇叙事连贯，篇幅较长，从周人发迹一直叙述到鲁侯的分封和御侮，是一部系统反映鲁国历史的长篇史诗；如《商颂》，其中的《长发》《玄鸟》《殷武》等篇，大致反映了商人的发迹、兴盛与式微的过程；如《小雅》，其中的《甫田》《大田》等篇记载了周人立国的一些情况，《出车》《采芑》《六月》等篇记载了周人征伐御侮的情况，《节南山》《正月》《十月之交》《雨无正》等篇对周的衰政作了揭露。

　　《诗经》的历史观非常丰富，其中最具代表性的是历史盛衰观和天命王权思想，分述如下。

　　1. 历史盛衰观

　　《诗经》对商周历史的叙述，蕴含了历史盛衰的思想。按照司马迁《史记·孔子世家》的说法，孔子当年删诗，是"上采契、后稷，中述殷、周之盛，至幽、厉之缺"。司马迁在此告诉人们，经孔子删裁后的《诗经》，要体现一种从契、后稷，到殷、周之盛，再到幽、厉之缺的商周历史发展全程。这既是孔子历史盛衰观的体现，也说明《诗经》本身就蕴含了历史盛衰的思想。比如上述《大雅》篇的内容，就非常关注周人的终始、盛衰之变，它不但记述了周人的发祥、创业和兴盛，也反映了周人的衰败；又比如《商颂》

篇，则对商人的起源、发展与衰亡作了详细记述；等等。通过原始察终，人们可以从中认识商周历史发展的盛衰之变，从而更好地总结和吸取历史的经验教训。

《诗经》的历史盛衰思想还体现了见盛观衰的意识。如为刺周康王而作的《关雎》，《鲁诗》认为其中便蕴含了见盛观衰的历史思想。何以见得？据《史记·周本纪》载，"康王即位，遍告诸侯，宣告以文武之业以申之，作《康诰》。故成康之际，天下安宁，刑错四十余年不用"。既然成康之时是盛世，那么为何会出现讽刺康王的《关雎》呢？合理的解释是，这体现了作者的一种见盛观衰的历史意识。实际上，虽然康王时期是盛世，但康王却沉溺女色而晏朝，周朝后期政治衰败的征兆在此时已有所显露。因此，《关雎》所刺，是诗家历史忧患意识的一种表现。《诗经》的见盛观衰思想，与诗家所具有的深沉的历史忧患意识是分不开的。如在《小雅·十月之交》中，诗人以其亲身感受叙述了这样一个"百川沸腾，山冢崒崩，高岸为谷，深谷为陵"的动荡之世，斥责了权臣皇父之流的自私自利，从而表达了诗人的一种忧国忧民情怀："悠悠我里，亦孔之痗。四方有羡，我独居忧。民莫不逸，我独不敢休。天命不彻，我不敢效我友自逸。"而诸如《王风·黍离》中的诗句"行迈靡靡，中心如醉。知我者，谓我心忧。不知我者，谓我何求。悠悠苍天，此何人哉"，《魏风·园有桃》中的诗句"心之忧矣，聊以行国。不知我者，谓我士也罔极。彼人是哉，子曰何其？心之忧矣，其谁知之？其谁知之，盖亦勿思"，则更是反映了清醒的诗人对于国家陷入危机之中的深深痛苦和极度忧虑。同时，《诗经》见盛观衰的意识也反映在那些即使是以歌功颂德为宗旨的颂诗当中。如《周颂》的制作，按照《毛诗序》的说法，它是要"美盛德之形容，以其成功告于神明者也"。然而，我们诵读这些诗篇时，感受到的却是诗人的忧患与惊惧。如《昊天有成命》说"成王不敢康，夙夜基命宥密"；《我将》说"我其夙夜，畏天之威"；《闵予小子》说"维予小子，夙夜敬止"；《敬之》说"敬之敬之，天维显思，命不易哉。无曰高高在上，陟降厥士，日监在兹。维予小子，不聪敬止"。周初统治者深深感受到天命无常的严酷现实，只有畏之敬之，才能保有周朝的统治。

2. 天命王权思想

一方面，《诗经》在一定程度上表现出疑天命、反暴政的思想。如《小雅·节南山》说："昊天不佣，降此鞠讻。昊天不惠，降此大戾。"这是对上天不公，降祸于民的不满。《小雅·雨无正》也说："浩浩昊天，不骏其德。降丧饥馑，斩伐四国。"这是对上天不充其德，各地民众因此遭受饥荒的不满。诸如此类对上天的不满，在《诗经》的很多篇章中有所反映。有的诗篇还直接将民众疾苦与社会人事联系起来。如《小雅·十月之交》说："下民之孽，匪降自天；噂沓背憎，职竞由人。"

另一方面，《诗经》在疑天命甚至反天命的同时，却又大力宣扬天命思想。其中对后世历史观影响最大者，当数其天命王权思想。《诗经》的天命王权思想，主要表现为"圣人感生"说。在《商颂·玄鸟》《商颂·长发》《大雅·生民》《鲁颂·閟宫》等诗篇中，作者为商、周始祖的降生都缔造了感天而生的神话传说。如《商颂·玄鸟》与《商颂·长发》说："天命玄鸟，降而生商"，"帝立子生商"，认为商人乃天命、上帝所生。《大雅·生民》说："厥初生民，时维姜嫄。生民如何？克禋克祀，以弗无子。履帝武敏歆，攸介攸止，载震载夙。载生载育，时维后稷。……诞寘之隘巷，牛羊腓字之。诞寘之平林，会伐平林。诞寘之寒冰，鸟覆翼之。鸟乃去矣，后稷呱矣。"《鲁颂·閟宫》也说："赫赫姜嫄，其德不回，上帝是依。无灾无害，弥月不迟。是生后稷，降之百福。"这两段话记述了姜嫄履迹有孕而生后稷，以及后稷出生后的种种神异传说。

关于周始祖降生的神话传说，《鲁诗》与《史记》皆持如是说。[1] 至于商始祖契的降生神话，《鲁诗》的描述要比《诗经》更为详细。《史记·三代世表》附录褚先生引《诗传》说："汤之先为契，无父而生。契母与姊妹浴于玄丘水，有燕衔卵堕之，契母得，故含之，误吞之，即生契。契生而贤，尧立为司徒，姓之曰子氏。"毫无疑问，《鲁诗》的《玄鸟》诗说，大大丰富了《诗经》片言只语的记载，使得商始祖诞生的神话传说更加丰满了。司马迁作《殷本纪》，正是依据《鲁诗》的说法而叙述了商人的起源。

由上可知，从《诗经》到《鲁诗》再到《史记》，关于商、周始祖诞生的神话传说就这样流传下来了。这种神话传说的缔造，一方面是对圣人与王朝诞生的过度迷信，另一方面也是有意凸显王权的神圣性。前者属于认识水

---

[1] 参见《史记》卷四《周本纪》和《史记》卷十三《三代世表》附录褚先生引《诗传》语。

平问题，后者则是神意史观在作祟。何以见得？这从《史记·三代世表》附录张夫子与褚先生的问答即知。张夫子问："《诗》言契、后稷皆无父而生。今案诸传记咸言有父，父皆黄帝子也，得无与《诗》谬乎？"褚先生回答说："不然。《诗》言契生于卵、后稷人迹者，欲见其有天命精诚之意耳。鬼神不能自成，须人而生，奈何无父而生乎！一言有父，一言无父，信以传信，疑以传疑，故两言之。尧知契、稷皆贤人，天之所生，故封之契七十里，后十余世至汤，王天下。尧知后稷子孙之后王也，故益封之百里，其后世且千岁，至文王而有天下。"《鲁诗》家褚先生的这番话寓意深长，他认为《诗》家当然知道连鬼神都须人而生的道理，之所以要强调圣人无父感天而生，目的就是要突出"天命精诚之意"，突出契、后稷乃"天之所生"。当契与后稷的母亲感天而生下他们时，就已经注定了他们的后人必然会王天下，这是一种典型的天命王权思想。当然，我们今天无法从《诗经》的简略记述来了解其作者的本意是否在宣传天命王权思想，不过从先秦两汉起，传《诗》家却都是这么认为的。而被传《诗》家所认为的《诗经》的"圣人无父感天而生"说，经过他们的大力提倡，对汉代及其以后史学家与思想家的历史思想无疑产生了很大的影响。如史家司马迁就接受了《鲁诗》的"信以传信，疑以传疑"的"两言"说，在《史记》的《五帝本纪》、三代《本纪》、《三代世表》及秦汉诸《本纪》等篇章中，既宣扬了"圣人无父"，又肯定了"圣人有父"。与司马迁同时代的思想家董仲舒，作为汉代今文学家的重要代表，则更是大力宣扬了从《诗经》到《鲁诗》的"圣人无父"的思想，使之成为其天命王权思想的重要组成部分。

（三）"三礼"的改制思想与历史发展观

"三礼"是指《仪礼》《礼记》《周礼》。"三礼"有今古文之分，其中的《仪礼》是今文经，《周礼》是古文经，而《礼记》则是今、古文相兼（这里是就内容而言的，若从学派而言，《礼记》则属今文）。汉代立于学官的"五经"之《礼》是指《仪礼》，共17篇。不过，汉代没有《仪礼》之名，当时只称《礼》或《士礼》《礼经》，《仪礼》之名始于晋代。《礼记》是对《仪礼》经文的解释，可以看作后者的"传"。《礼记》有大戴《礼记》和小戴《礼记》之分，《十三经注疏》中的《礼记》是小戴《礼记》，也是通常所说的《礼记》，共有49篇。《周礼》在汉代称作《周官》，刘歆开始将其改称《周礼》，凡6篇。将"三礼"合称，始于郑玄。清人皮锡瑞说:"郑君(玄)并注三书,后世盛行郑注,于是三书有三礼之名,非汉初之所有也。"①从"三礼"的地位而言,由于西汉人所谓《礼经》是指《仪礼》,当然它在其中的地位最高。《十三经注疏》列《周礼》于《仪礼》之前,这是东汉以后的排列次序。

关于"三礼"成书的时代问题,历来颇有纷争。如《仪礼》,古文家认为是周公所作,流传的 17 篇为秦火之后的残本,另还有"逸礼"39 篇;今文家认为是孔子所作,17 篇为全本。如《礼记》,对其 49 篇来源颇有争论。《汉书·艺文志》只说"《记》百三十一篇,七十子后学者所记也",没有著录大、小戴《记》。汉末郑玄著《六艺论》,始分戴德《传记》85 篇为《大戴记》,戴圣《传记》49 篇为《礼记》。唐陆德明《经典释文·叙录》引晋陈邵《周礼论序》说,小戴《礼》49 篇乃删大戴《礼》85 篇而成。《隋书·经籍志》又有小戴删大戴《礼》而成 46 篇《小戴记》,汉末马融增益 3 篇而成 49 篇之说。如《周礼》,古文发起者刘歆认为是周公所作,今文家则认为是刘歆伪造。

究竟应如何看待"三礼"及其成书时代? 皮锡瑞认为:"'三礼'皆周时之礼,不必聚讼,当观其通。"②这一说法是很有见地的。说它们是"周时之礼",是就其主要内容而言的。如《仪礼》的作者,尽管有周公和孔子之不同说法,但基本上可以将它看作反映周代礼制的作品。《礼记》是《仪礼》的"传",由于是孔门后学所作,自然会加入后来儒家的一些思想,我们可以视它为先秦至汉初儒家思想的资料汇编。《周礼》的问题最大,从其内容来看,说它是周公所作固然很荒唐,而说它是刘歆伪造也是没有根据的。《周礼》中的制度当然不能与西周的政治制度完全等同,却也不是儒家的一种幻想,它是后儒以三代周礼为基础而创造的,因而自然是我们研究周代文化与制度的重要参考文献。皮锡瑞认为对此"不必聚讼",就是要人们不要纠缠于"三礼"研究的这些枝节问题。特别是他主张要对"三礼""观其通",而"三礼"的"通",其实就是指历史发展中礼制的因革损益,吴怀祺先生认为这是"从其基本的精神、基本的思想倾向上认识《三礼》"③。基于这样一种认识,本书论述"三礼",便是采取一种超越今古文界限,不纠缠于具体真假

---

① 皮锡瑞:《经学通论·论汉初无三礼之名》,北京,中华书局,1954。
② 皮锡瑞:《经学通论·论三礼皆周时之礼不必聚讼当观其通》,北京,中华书局,1954。
③ 吴怀祺:《中国史学思想史》,30 页,合肥,安徽人民出版社,1996。

是非的研究态度。

"三礼"关乎礼制及其沿革,与王朝政治休戚相关。在"十三经"当中,"礼"书便占去了三种,可见其分量之重,而这也正好说明了历代统治者对它们的高度重视。实际情况也是这样,在中国历史上,"三礼"不但被历代统治者奉为统治和经世大典,也成为其推行政治变革的重要依据。如《仪礼》的礼仪规范,是维系社会安定的重要依据;《周礼》则与历代改制颇有机缘,西汉末年的王莽改制、北宋的王安石变法等,都是以此为依据的;《礼记》主要表现为一种思想影响,如其中的《大学》《中庸》,被宋人摘出与《论语》《孟子》合称为"四书",对封建社会后期的思想统治发生过重要影响,近代康有为也通过作《礼运注》,来寄托他的大同理想。

"三礼"在历史观上的突出表现,是注重从历史发展的观点来看待礼制的产生,肯定礼制演变的因革损益特性。换言之,就是注重礼制的历史感和时代感。由于"三礼"中的《仪礼》记录的只是社会生活的礼仪,而《周礼》主要叙述的是政治制度与组织结构之"礼",它们共同构成了"礼"的基本内容,提供了一套等级礼制模式,却没有对"礼"的产生、发展、演变及其原因和实质作出历史的考察,因此,这里所论"三礼"的历史观,虽然无法抛开"礼经"的基本"礼目",却主要是依据作为"礼经"的"传"——《礼记》来加以考察的。

首先,"三礼"肯定礼制是社会历史发展的产物。《礼记·礼运》说:

> 昔者先王未有宫室,冬则居营窟,夏则居橧巢。未有火化,食草木之实、鸟兽之肉,饮其血,茹其毛。未有麻丝,衣其羽皮。后圣有作,然后修火之利,范金合土,以为台榭宫室牖户。以炮以燔,以亨以炙,以为醴酪。治其麻丝,以为布帛,以养生送死,以事鬼神上帝,皆从其朔。

这段话指出远古时代是一个没有宫室、饮血茹毛和衣鸟兽羽皮的原始落后的时代,因而也不可能有什么礼义制度。进入"后圣"时代后,随着火的发明和宫室的出现,也就有了祭祀的"醴酪";而麻丝衣帛的出现,也使养生送死和敬事鬼神成为可能。由此来看,礼义制度的出现,是以社会发展和物质进步为前提条件的。《礼运》篇还有一段经典话语，具体讲到了社会的发展与礼义刑政的建立之间的关系：

> 大道之行也，天下为公。选贤与能，讲信修睦，故人不独亲其亲，不独子其子，使老有所终，壮有所用，幼有所长，矜寡孤独废疾者，皆有所养。男有分，女有归。货恶其弃于地也，不必藏于己；力恶其不出于身也，不必为己。是故谋闭而不兴，盗窃乱贼而不作，故外户而不闭，是谓大同。
>
> 今大道既隐，天下为家，各亲其亲，各子其子，货力为己。大人世及以为礼，城郭沟池以为固，礼义以为纪；以正君臣，以笃父子，以睦兄弟，以和夫妇，以设制度，以立田里，以贤勇知，以功为己。故谋用是作，而兵由此起。禹、汤、文、武、成王、周公，由此其选也。此六君子者，未有不谨于礼者也。以著其义，以考其信，著有过，刑仁讲让，示民有常。如有不由此者，在执者去，众以为殃，是谓小康。

从"大同"到"小康"，从"大道之行"到"大道既隐"，貌似一种倒退，后人多以此作为儒家持倒退史观的重要证据。我们这里无意对儒家的历史观问题作出整体评价，只是就《礼运》篇这段话语作出自己的论断。第一，《礼记》肯定礼义刑政是"大道既隐"时代的产物，如果我们承认礼义刑政的出现是社会文明的标志，那么我们就不能简单地将从"大同"到"小康"说成是一种历史的倒退。第二，从"大同"到"小康"，从"大道之行"到"大道既隐"，这是历史发展的一种必然，即使如禹、汤、文、武、成王、周公这些古圣人，也只能顺应这种历史发展趋势，而"谨于礼"，以此成就他们的事业。如果我们否定礼义刑政，也就等于否定了这些古圣王赖以建立事业的基础。

其次，"三礼"肯定礼制是维系社会统治的基本制度。《礼运》篇的这段关于"大同""小康"社会的文字，其实已经对礼义的制度功能作了论述。在作者看来，正是由于有了礼义制度，从而表现在人伦道德上则是君臣正、父子笃、兄弟睦、夫妇和，表现在政治治理上则是设制度、立田里、贤勇知、功为己。反之，如果不讲礼义，其结果则必然是"在执者去，众以为殃",这是圣君所不为的。作者还以史为证,肯定三代圣王政治的出现,都是"谨于礼"的结果。很显然,这段"大同""小康"之论,对礼义制度在治国安邦中的重要作用已经作了充分的肯定。"三礼"善于运用种种比喻来阐述礼义与治国之间的关系。如《礼运》篇以种地为例,说:"治国不以礼,犹无耜而耕也;为礼不本于义,犹耕而弗种也。"这就是说,治国必须从"礼"入手,而"礼"的本质是"义"。因此,礼与义都是治国所不可或缺的。《经解》篇以度量衡为例,说:"礼之于正国也,犹衡之于轻重也,绳墨之于曲直也,规矩之于方圆也。故衡诚县,不可欺以轻重;绳墨诚陈,不可欺以曲直;规矩诚设,不可欺以方圆;君子审礼,不可诬以奸诈。"在"三礼"的作者看来,礼的重要性与衡之于轻重、绳墨之于曲直、规矩之于方圆一样重要,因而是治国所不可或缺的。总之,"三礼"中像这样的比喻可谓在在皆是,不一而足。"三礼"还从节制人的情性角度肯定了礼义制度的重要性。《礼运》篇说:"何谓人情?喜、怒、哀、惧、爱、恶、欲七者,弗学而能。何谓人义?父慈、子孝、兄良、弟弟、夫义、妇听、长惠、幼顺、君仁、臣忠十者,谓人之义。讲信修睦,谓之人利;争夺相杀,谓之人患。故圣人之所以治人七情,修十义,讲信修睦,尚辞让,去争夺,舍礼何以治之?""三礼"认为,人的性情有善恶两端,只有修人以义,才能治人之情,从而最终达到人人和睦相处这样一个目的。

最后,"三礼"肯定礼义制度的因革损益性。肯定礼义制度的因革损益,这是一种历史发展的观点。"三礼"认为,时代变动,制度也必须随之而变动;而制度的变动,需要有因有革、有损有益。"三礼"关于礼义制度需要因革损益的论述,最为经典的当数《礼记·表记》篇。其曰:

> 子曰:"夏道尊命,事鬼敬神而远之,近人而忠焉,先禄而后威,先赏而后罚,亲而不尊,其民之敝,蠢而愚,乔而野,朴而不文。殷人尊神,率民以事鬼,先鬼而后礼,先罚而后赏,尊而不亲,其民之敝,荡而不静,胜而无耻。周人尊礼尚施,事鬼敬神而远之,近人而忠焉,其赏罚用爵列,亲而不尊,其民之敝,利而巧,文而不惭,贼而蔽。"
>
> 子曰:"虞夏之质,殷周之文,至矣。虞夏之文不胜其质,殷周之

质不胜其文。"

在此，"三礼"借用了孔子的话语来表达自己关于礼义制度的因革损益观点：一则，"三礼"肯定随着历史的发展和王朝的更替，各项礼义制度也会随之而出现变化。"三礼"通过纵观上古三代以来的历史，认为这种礼义制度的变化之最为显著的特点，是有因有革、有损有益。如夏代礼义制度出现了弊端，继起的商代便会对其进行因革损益；商代的礼义制度出现了弊端，继起的周代就会对其进行因革损益。历史上的礼义制度便是依此而不断变易和发展的。二则，"三礼"揭示了礼义制度因革损益的变易趋势，那就是忠、敬、文循环与质、文互变。这里的"忠"与"质"的含义相近，《荀子·臣道》说"忠信以为质"，结合上古三代礼义制度的推行来看，"三礼"认为夏代以"忠"，商代以"敬"，周代以"文"；又说虞夏以质，殷周以文。质、文政治的风格当然是不相同的，忠质之道讲究质朴，而文道注重文致。如果走向极端，它们都会出现弊端，从而给民众带来不便。而解决礼义制度弊端的方法又从来不出文、质二途，所谓文敝而质，质敝而文。"三礼"的这种忠、敬、文循环与质、文互变思想，在汉代颇有市场。董仲舒著《春秋繁露》，就将忠、敬、文三道循环与质、文互变作为其"三统"历史变易思想的重要组成部分；而司马迁作《史记》，也接受了忠、敬、文循环变易史观。三则，"三礼"认为礼义制度的因革损益，其根本目的是救"民之敝"，即是要消除给民众带来不便的政治弊端，从而体现了一种重民的历史思想。

二、"五经"的史学观

史学观是关于史学本身的认识。"五经"当中的《尚书》和《春秋》是中国古代最早的史籍，它们不但是研究夏、商、西周和春秋历史的基本史料，蕴含有对历史盛衰之变的深刻认识，而且重视对史学本身的探讨，含有非常丰富的史学思想。其中《尚书》的以史为鉴思想、《春秋》的史义与史法，对此后中国史学与史学思想的发展影响深远。

（一）《尚书》的以史为鉴思想

《尚书》因系上古之书（"尚"即"上"），故得名。后世奉为儒家经典，又尊称《书经》。它是我国最早的政治历史文献汇编。通行的《十三经注疏》本中的《尚书》共有 58 篇，是今古文合编本。其中今文 33 篇，为西汉初年伏生所传《今文尚书》28 篇析分而成；古文 25 篇，已经被前人考订为伪书，称为《伪古文尚书》。这里所述《尚书》的历史借鉴思想，只是就最早出现的、先秦文献普遍引述的《今文尚书》28 篇而论。

《今文尚书》包括虞书、夏书、商书和周书四个部分，其中虞书有《尧典》《皋陶谟》2 篇，夏书有《禹贡》《甘誓》2 篇，商书有《汤誓》《盘庚》《高宗肜日》《西伯戡黎》《微子》5 篇，周书有《牧誓》《洪范》《金縢》《大诰》《康诰》《酒诰》《梓材》《召诰》《洛诰》《多士》《多方》《无逸》《君奭》《立政》《顾命》《费誓》《吕刑》《文侯之命》《秦誓》19 篇，共成 28 篇。关于《尚书》28 篇的撰述年代，一般认为虞、夏书 4 篇是春秋战国时人根据旧说整理而成；商书 5 篇，以《盘庚》篇写成最早，约在小辛在位时，史料价值最高；周书 19 篇，除去《文侯之命》和《秦誓》为东迁后的作品、《洪范》为战国时作品、《吕刑》时间待考外，其余 15 篇都是宗周时期的作品，其中《大诰》《康诰》《酒诰》《梓材》《召诰》《洛诰》《多士》《多方》8 篇成于周初，称"周初八诰"。

《尚书》作为上古三代政治历史文献汇编，其史学价值一方面表现为对后世史书撰述的影响——《尚书》已经具有了记言、记事和言事相兼等写作形式，记言如训、诰、命、誓，不但为后世的令、格、式、敕和大诰、诏令集等类别史书的问世开了先河，也启发了其他类别的史书重视于诏令奏章的载录。另一方面，《尚书》通过比较系统地反映上古三代以来的历史，已经有意识地去重视运用历史知识来观察历史动向，提出自己对未来社会的构想。《礼记·经解》所谓"疏通知远，《书》教也"，说的就是这个意思。《尚书》的"疏通知远"，最为集中的表现，便是它的以史为鉴思想。

《尚书》以史为鉴思想的形成，与其饱含的历史忧患意识有着密切的关系。从《尚书》中的《大诰》《康诰》《召诰》《多士》等篇记载来看，周朝取代商朝是以弱代强，因为在这些周初统治者发布的文诰中，周初统治者依然将商朝称为"大国殷""大邦殷""大邑商"，而自称为"小邦周""小国"。周初的历史现实是，由于机缘巧合，"小邦周"取代了"大邑商"，这种历史的巨变，促使周初统治者不得不去思考一个十分严峻的现实问题：如何才能保住这个"小邦周"的政权统治呢？正是出于维护新生政权统治的需要，周初统治者不但把这种忧患的历史思维转换为各种具体的忧国忧民的政治举措，如分封先王之后、减免殷民赋税等，而且作为周初统治者的文诰汇编，《尚书》的言辞充满了忧患意识，并且将这种忧患意识转化为以史为鉴的历史思想。纵观《尚书》的以史为鉴思想，主要有以下表现。

1. 天命无常，惟德是敬

在历史发展的过程中，最为激烈的变动莫过于王朝的更替。《尚书》以史为鉴，尤其重视对王朝更替时期的历史经验教训的总结。《尚书》所体现的历史观，当然是一种神意史观，它从来就没有否定过天命的存在。在它看来，历史王朝的建立是天命所归。如《多方》篇说"天惟时求民主，乃大降显休命于成汤"，"乃惟成汤，克以尔多方，简代夏作民主"；《多士》篇说"有周佑命，将天明威，致王罚，敕殷命终于帝"。这就是说，无论是成汤还是武王，他们之所以能够君临天下，为民之主，都是由天命所决定的。同样，历史王朝的更替也是天命使然，三代的革代都是替天行道。如《甘誓》篇记载夏启征伐有扈氏说"天用剿绝其命，令予惟恭行天之罚"；《汤誓》篇记载商汤灭夏桀时说"格尔众庶，悉听朕言，非台小子，敢行称乱！有夏多罪，天命殛之"。而《牧誓》篇记载武王灭纣时，更是历数纣王种种罪行，说："今商王受惟妇言是用，昏弃厥肆祀弗答，昏弃厥遗王父母弟不迪，乃惟四方之多罪逋逃，是崇是长，是信是使，是以为大夫卿士。俾暴虐于百姓，以奸宄于商邑。今予发惟恭行天之罚。"在此，有扈氏和夏桀、商纣被讨伐，是因为他们违背天意，罪孽深重；而夏启征伐与汤武革命，则是"恭行天之罚"，是替天行道。

上述《尚书》的"有道伐无道"论，集中反映了一个思想，那就是天命无常却又有常。说天命无常，夏、商、周嬗代的历史事实已经作了证明。也正是依据这样一种历史事实，《尚书》的作者表现出了一种忧患的历史意识，进而提出了"天命不易""天不可信"的思想。如《大诰》说"天非忱辞"，《康诰》说"天畏（威）非忱"，意思都是说天不可信。《君奭》则更是直接说"天命不易""天不可信"。这里所谓"天命不易"，不是说天命不可改易，而是说天命不易保持。同时，天命又是有常的。《尚书》认为，天命的转移绝不是随心所欲的，而是"皇天无亲，惟德是辅"①。也就是说，上天本着一颗公正之

---

① 杨伯峻：《春秋左传注》（修订本）僖公五年引《周书》语，338 页，北京，中华书局，2016。

心，将天命转移给那些有德的人。如《康诰》认为周人之所以能代商，是因为周人有德，"惟乃丕显考文王，克明德慎罚，不敢侮鳏寡。庸庸，祇祇，威威，显民，用肇造我区夏"。意思是说，由于英明的祖先文王崇德慎罚，不敢欺侮那些无依无靠的老少，用可用，敬可敬，威可威，使民明白其道理，上天才使我小邦周兴盛起来，取代商人的统治。既然天命会转移给有德的人，君王要想保住天命，就必须要惟德是敬；惟德是敬，无常的天命就会成为有常的天命。

既然天命无常与有常皆取决于"德"，那么"敬德"可以得天下，"丧德"则必然失天下。从这样一种忧患意识出发，《尚书》强调以史为鉴的重要性。《召诰》篇说：

> 我不可不监于有夏，亦不可不监于有殷。我不敢知曰，有夏服天命，惟有历年；我不敢知曰，不其延。惟不敬厥德，乃早坠厥命。我不敢知曰，有殷受天命，惟有历年；我不敢知曰，不其延。惟不敬厥德，乃早坠厥命。今王嗣受厥命，我亦惟兹二国命，嗣若功。……王其德之用，祈天永命。……上下勤恤，其曰我受天命，丕若有夏历年，式勿替有殷历年。欲王以小民受天永命。①

《召诰》一般认为是召公所作诰词，由周公转达于成王。这段话集中反映了周初统治者重视以历史为鉴的思想，文中一再言"不敢知曰"，表明周初统治者对天命的诚惶诚恐；而"惟不敬厥德，乃早坠厥命"，则是他们对夏、商灭亡的一种清醒的认识；为了"受天永命"，避免重蹈夏、商灭亡的覆辙，召公、周公劝告成王一定要"其德之用""上下勤恤"。

2. 敬德永命，惟在保民

周初统治者强调"敬德"，主张唯德是从，以此永保天命，这说明人们的历史意识已经逐渐摆脱了神意的束缚。当然，"敬德"不是一种空泛的意志或道德说教，而是以"保民"为其实质内容的。《尚书》的"敬德"，是一种"君德"，是对君主提出的一种行为规范，它不包括"民德"在内。道理很简

---

① 《尚书正义·召诰》，见《十三经注疏》，213页，上海，上海古籍出版社，1997。

单，在《尚书》的作者看来，"惟王位在德元，小民乃惟刑"①，百姓的行为规范只能靠"刑"。

那么，君主究竟如何"保民"呢？《尚书》认为，第一，要"知小人之依"和"迪民康"。《无逸》篇载周公说祖甲言："爰知小人之依，能保惠于庶民，不敢侮鳏寡。"这里所谓"知小人之依"，就是说要知道民众的隐痛和疾苦，从而施惠于民众，体恤于鳏寡，祖甲正是因此而能享国长久。又说殷中宗、高宗之所以分别享国 75 年和 59 年，也是因为他们都敬畏天命，"治民祗惧，不敢荒宁"。在分析商朝后期的统治者短祚的原因时，该篇明确指出："自时厥后立王，生则逸，生则逸，不知稼穑之艰难，不闻小人之劳，惟耽乐之从。自时厥后，亦罔或克寿。或十年，或七八年，或五六年，或四三年。"在这里，《尚书》对商朝后期的统治者贪图享乐，不闻民众疾苦，"不知稼穑之艰难"，提出了批评，认为这正是他们统治短命的原因所在。"知小人之依"还必须要"迪民康"②，这是一种更为积极进取的态度。在《尚书》看来，知晓稼穑之艰难，了解和关心民众疾苦，这是善治的前提条件。而要想真正做到保民，还必须要将民众引向安康的道路，让他们过上好的生活，这才是更为重要的。《尚书》认为，商朝的先贤圣哲们都是"用康乂(治)民"③的，这种保民政治应该为后世君主所效仿。正是基于对"小民"与政治统治关系的这样一种认识，《尚书》直截了当地指出，所谓夏鉴、殷鉴，其实就是民鉴，所以《酒诰》说"人无于水监(鉴)，当于民监(鉴)"，这是一种清醒和正确的历史认识。

第二，"君子所其无逸"。语出《无逸》篇。这里的"君子"，当然是指统治者；"所"，指君子处位为政；"无逸"，是指不能贪图安逸享乐。这是对君主治政在个人道德上提出的要求。《无逸》篇出自周公之手，周公要君子无逸，是要成王不可贪图安逸。他告诫成王说："天降丧于殷，罔爱于殷，惟逸。"这就是说，商王朝之所以会灭亡，就是因为它贪图安逸。所以周公要成王吸取商朝后期的君王"惟耽乐之从"结果导致国家灭亡的教训，并向他提出要"无淫于观、于逸、于游、于田，以万民惟正之供"，即不能放纵

①《尚书正义·召诰》，见《十三经注疏》，213 页，上海，上海古籍出版社，1997。
②《尚书正义·大诰》，见《十三经注疏》，198 页，上海，上海古籍出版社，1997。
③《尚书正义·康诰》，见《十三经注疏》，205 页，上海，上海古籍出版社，1997。

于寻欢作乐、安逸勿劳、四处游玩和打猎，由此加重人民的负担。《酒诰》篇则认为滥饮是统治者"淫逸"的突出表现，它直接关系到政治的兴衰和国家的存亡。在周公看来，商朝前期的统治之所以强盛，是因为自成汤至帝乙"惟御事厥棐恭，不敢自暇自逸，矧曰其敢崇饮"。他们战战兢兢，不敢自我放纵，更不要说"崇饮"了；商朝最终之所以灭亡，是因为商纣王"惟荒腆于酒，不惟自息乃逸"；而周之所以能克殷受命，也在于它"不腆于酒"，"文王诰教小子：有正有事，无彝酒"。在以周公为代表的周初统治者看来，只要君主能够做到"无逸"，那他就一定能够勤勉于政事，从而也就可以"以小民受天永命"，永远保住天命不转移。

第三，用人"惟吉士"。推行保民的德政，需要依靠有德的人才。《尚书》的很多篇章体现了其重视用人的思想，在它看来，用人是否得当，直接关系到政治的兴衰和国家的存亡。比如商朝前期的兴盛，就与时君重用人才分不开："成汤既受命，时则有若伊尹，格于皇天。在太甲，时则有若保衡。在太戊，时则有若伊陟、臣扈，格于上帝；巫咸乂王家。在祖乙，时则有若巫贤。在武丁，时则有若甘盘。"[1]而夏桀、商纣的暴亡，则是他们不用贤才的结果。如夏桀"弗作往任，是惟暴德，罔后"[2]。意思是说，夏桀不用过去的任贤之法，而一味推行暴政，结果国亡世绝。又如商纣，他"惟妇言是用，昏弃厥肆祀弗答，昏弃厥遗王父母弟不迪……俾暴虐于百姓，以奸宄于商邑"[3]，其结果也是自取灭亡。《尚书》在用人上的一个基本观点，是主张重用有美德的人，即所谓"吉士"（又称"常人"）。《立政》篇说："继自今立政，其勿以憸（佞）人，其惟吉士，用劢相我国家。"问题是如何衡量吉士与佞人，这就必须要通过实际任职与考核才能断定。为此，该篇主张应该让官员们"宅乃事，宅乃牧，宅乃准，兹惟后矣。谋面，用丕训德，则乃宅人，兹乃三宅无义民"。这里的"宅"是"居"的意思，指居其职守。选拔与考核人才，必须要通过这种具体任职的实践来检验。这里所谓事、牧、准三宅，有人释为天、地、人三种职守。《尚书》主张应该将这些经过实践检验的吉士、贤才"立为长伯"，勉励他们尽心治理国家。

---

① 《尚书正义·君奭》，见《十三经注疏》，223 页，上海，上海古籍出版社，1997。
② 《尚书正义·立政》，见《十三经注疏》，230 页，上海，上海古籍出版社，1997。
③ 《尚书正义·牧誓》，见《十三经注疏》，183 页，上海，上海古籍出版社，1997。

（二）《春秋》的史义与史法

《春秋》本为东周以来各诸侯国所修国史的通称，这一时期只有少数史书有专称，如晋史称《乘》，楚史称《梼杌》等。但是，自从孔子依据鲁国国史《春秋》而成《春秋经》之后，《春秋》遂成专名。《春秋经》原有单行本，现在则分载在所谓"《春秋》三传"《左传》《公羊传》《穀梁传》各传的前面。《春秋经》原来还有今古文本，《汉书·艺文志》载有《春秋古经》十二篇，又有《春秋经》十一卷。所谓十二篇是将鲁国十二公各为一篇，而十一卷则是合闵公于庄公而成（清儒沈钦韩《汉书疏证》说："闵公事短，不足成卷"）。从经学史的角度而言，人们认为《左传》是依据古文经（《春秋古经》）而成的，而《公羊传》和《穀梁传》则是依据今文经（《春秋经》）而成的。作为"五经"（或称"六经"）之一的《春秋》，是今文经本，也就是《公羊传》和《穀梁传》所依据的本子。

《春秋》亦经亦史。从史的角度而言，《春秋》主在记事，是我国古代记事史书的代表。人们常常将《春秋》与《尚书》对举，以《尚书》为古代记言史书的代表，以《春秋》为古代记事史书的代表。《文心雕龙·史传》说："左史记事者，右史记言者。言经则《尚书》，事经则《春秋》。"《汉书·艺文志》说："左史记言，右史记事；事为《春秋》，言为《尚书》。"二书所论左右史职责相左，却都以记言之《尚书》与记事之《春秋》对举。其实，《尚书》与《春秋》并非同时代的作品，如果真有与言经《尚书》对称的事经《春秋》，那也一定不是孔子所编的《春秋》。不过，这与《春秋》的古代记事史书的地位无涉。

孔子并非史官，其家族与史职也无渊源，在那个历史记述还属于官学行为的时代，孔子为何要打破官学的藩篱而从事私家修史工作？孔子是一位具有忧患意识的思想家，当他游说诸侯失败、政治抱负无法得以施展之后，晚年便退而作《春秋》，以此寄托自己的政治理想。因此，《春秋》既是一部史书，也是一部政治书，其中内蕴了丰富而深刻的"史义"。为了彰显这一史义，《春秋》重视"史法"，即是要运用特定的书法形式（后人称作"春秋笔法"）来反映和褒贬具体的史事，以表现特定的史义。总而言之，所谓《春秋》的"史义"与"史法"，其实就是孔子在客观事实的基础上进行主观发挥，以此展现历史记述的社会功能。

1.《春秋》的史义

"史义"，就是通过历史记述（史文与史事）来表达一种社会政治理想。《春秋》是否讲史义？所言史义又是什么？儒家代表人物之一孟子最早对此作了揭示，他说：

> 王者之迹熄而《诗》亡，《诗》亡而后《春秋》作。晋之《乘》、楚之《梼杌》、鲁之《春秋》，一也。其事则齐桓、晋文，其文则史，孔子曰："其义则丘窃取之矣。"①

> 世衰道微，邪说暴行有作，臣弑其君者有之，子弑其父者有之。孔子惧，作《春秋》。《春秋》，天子之事也。是故孔子曰："知我者其惟《春秋》乎！罪我者其惟《春秋》乎！"……昔者禹抑洪水而天下平，周公兼夷狄，驱猛兽而百姓宁，孔子成《春秋》而乱臣贼子惧。②

这两段话分别载于《孟子》之《离娄下》与《滕文公下》。它们所表述的基本思想，其一是肯定《春秋》之作，旨在借助于对齐桓、晋文之史事的记述，而赋予其中以史义，因而《春秋》是史事、史文与史义的统一；其二是具体阐述了《春秋》史义的内容，那就是通过书乱世之史，使乱臣贼子感到惧怕，从而发挥史书的教化功能；其三是高度赞扬了孔子作《春秋》的作用，将其与大禹治水、周公兼夷狄等量齐观。孟子认为，由于孔子以私家身份修撰鲁国《春秋》，这在当时是一种违反社会传统的做法，可是面对乱世孔子又不得不然，所以孔子说知我罪我者其惟《春秋》，可以想见其用心良苦。

史学家司马迁对《春秋》之义也颇有体会。在谈到《春秋》的撰述原因、目的和意义时，司马迁是这样说的：

> 是以孔子明王道，干七十余君，莫能用，故西观周室，论史记旧闻，兴于鲁而次《春秋》，上记隐，下至哀之获麟，约其辞文，去其烦重，以制义法，王道备，人事浃。③

---

① 《孟子正义·离娄下》，617～619 页，新编诸子集成本，北京，中华书局，2018。
② 《孟子正义·滕文公下》，487～495 页，新编诸子集成本，北京，中华书局，2018。
③ 《史记》卷十四《十二诸侯年表》，509 页，北京，中华书局，1959。

余闻董生曰："周道衰微，孔子为鲁司寇，诸侯害之，大夫壅之。孔子知言之不用，道之不行也，是非二百四十二年之中，以为天下仪表，贬天子，退诸侯，讨大夫，以达王事而已矣。"子曰："我欲载之空言，不如见之于行事之深切著明也。"夫《春秋》，上明三王之道，下辨人事之纪，别嫌疑，明是非，定犹豫，善善恶恶，贤贤贱不肖，存亡国，继绝世，补敝起废，王道之大者也。……《春秋》文成数万，其指数千。万物之散聚皆在《春秋》。《春秋》之中，弑君三十六，亡国五十二，诸侯奔走不得保其社稷者不可胜数。察其所以，皆失其本已。故《易》曰"失之毫厘，差以千里"。故曰"臣弑君，子弑父，非一旦一夕之故也。其渐久矣"。故有国者不可以不知《春秋》，前有谗而弗见，后有贼而不知。为人臣者不可以不知《春秋》，守经事而不知其宜，遭变事而不知其权。为人君父而不通于《春秋》之义者，必蒙首恶之名。为人臣子而不通于《春秋》之义者，必陷篡弑之诛，死罪之名。……故《春秋》者，礼义之大宗也。①

这两段话主要表述了三层含义：其一，指出了孔子据鲁史而作《春秋》的原因和目的，是孔子周游列国，游说诸侯，最终还是"言之不用，道之不行"，只好退而作《春秋》，通过备载 242 年王道与人事，从而"以达王事"，"以制义法"；其二，认为《春秋》为乱世之史，因而其"达王事""制义法"的具体做法或内涵，则是通过书善恶之事，特别注重详明历史上乱臣贼子的无道行为及其产生的原因，以使后世君臣父子都能从中得到劝诫；其三，正由于《春秋》是通过明王道、辨人事而仪表天下后世，是"礼义之大宗"，因此，司马迁认为这是为人君父与为人臣子者都必须要通晓的，否则就会蒙受首恶之名和篡弑之诛。

由上可见，孔子作《春秋》，是希望通过书乱世之史，以为天下后世立定仪法、作出劝诫，从而建立起新的有序的王道社会理想。这便是《春秋》的史义之所在。因此，《春秋》的历史纪实只是手段，而政治教化才是目的。

---

① 《史记》卷一百三十《太史公自序》，3297～3298 页，北京，中华书局，1959。

2. 《春秋》的史法

所谓史法，是指在史事陈述的过程中，同时展现出史家的道德规范和是非标准。换言之，就是史家通过一定的道德规范与是非标准，来衡量、褒贬客观史事与历史人物。那么，《春秋》究竟是如何展现其史法旨意的呢？《礼记·经解》将其概括为四个字，叫作"属辞比事"。孔《疏》说："属辞比事，《春秋》教也者。属，合也；比，近也。《春秋》聚合会同之辞，是属辞；比次褒贬之事，是比事也。"这就是说，《春秋》要通过遣词造句与比次史事，来对史事、人物进行褒贬与夺，人们通常将此称作春秋笔法（或书法）。

对于春秋笔法的具体内涵，《春秋》经传中皆有论述，《左传》成公十四年将其概括为"微而显，志而晦，婉而成章，尽而不污，惩恶而劝善"。晋人杜预在《春秋经传集解·序》中对这一概括作了详细阐发。[①] 当然，后人对此的研究更是不一而足。以下对《春秋》的史法内涵（叙事规则）进行具体阐述。

第一，褒贬与夺，扬善隐恶。善恶褒贬是《春秋》基本书法，旨在扬善惩恶，为尊亲贤者避讳。这一书法的基本特征可举例如下：一是"称爵不一"。周代有公、侯、伯、子、男五等爵位，《春秋》在称呼各诸侯王爵位时，内蕴了褒贬之义。如春秋时吴、楚都是大国，都曾当过霸主，它们的国君都自称为王，但是，《春秋》以它们为蛮夷之国而贬称其为"子"；齐国国君自称为"公"，而《春秋》称其为"侯"；像弱小的宋国因是殷商之后，为中原正统国家，《春秋》便称其为"公"。二是"称弑不一"。《春秋》称臣杀君为"弑"，但有时又称"杀"或"及"。如隐公四年曰"卫人杀州吁于濮"，《公羊传》解释说："其称人何？讨贼之辞也。"《穀梁传》解释说："称人以杀，杀有罪也。"显然，如同二传所说，孔子在此说"杀州吁"而不说"弑君"，以明州吁有"不君"之罪；又只说卫人杀之，而不说具体杀君之人，以明此君乃举国共弃之君。又桓公二年说"宋督弑其君与夷，及其大夫孔父"，这里一方

---

① 杜预《春秋经传集解·序》说："一曰微而显，文见于此而起义在彼，称族尊君命、舍族尊夫人、梁亡、城缘陵之类是也。二曰志而晦，约言示制，推以知例，参会不地、与谋曰及之类是也。三曰婉而成章，曲从义训以示大顺，诸所讳辟、璧假许田之类是也。四曰尽而不污，直书其事，具文见意，丹楹、刻桷、天王求车、齐侯献捷之类是也。五曰惩恶而劝善，求名而亡，欲盖而章，书齐豹盗、三叛人名之类是也。"四部丛刊本。

面表明弑者宋督有罪，一方面褒奖了与君同死的孔父嘉。三是"据鲁亲周"。以鲁国为本位，尊崇周天子，这是《春秋》书法之一。如《春秋》所书鲁国242年历史上共有四名国君（隐公、闵公、子般、子恶）被弑，但《春秋》出于为亲者讳的书法宗旨而俱不书。又如"公在乾侯"书法，说的是鲁国季氏掌权时，迫使鲁昭公逃亡至乾侯（在晋国境内），最终客死他乡一事。孔子在书写这段鲁国历史时，皆以"公在乾侯"书于每年之首，以示国人不忘旧君，同时表示对专权的季氏不予承认。又如闵公二年"狄灭卫"，《春秋》为掩饰齐桓公之耻而书"狄入卫"。又如晋文公温之盟传见周天子，《春秋》因不愿损天子之尊以及为了表晋文公之恶，便改书曰"天王狩于河阳"。如此等等，足见《春秋》善恶褒贬之书法及其用意。

　　第二，尽而不污，直书其事。有人将《春秋》书法完全等同于曲笔，甚至视其为曲笔的代名词，这种观点并不正确。其实，《春秋》既讲避讳，又倡直书，二者都是《春秋》书法的应有之义。不过，孔子所谓直书，是具有两重含义或两重标准的。其一是史义的标准，即是说，凡是符合纲常伦理道德的历史记述，即使它与历史真实不相符合，也是直书。如《左传》宣公二年载，孔子曾对晋国史臣董狐书"赵盾弑其君"的做法大加赞赏，称赞说："董狐，古之良史也，书法不隐。"其实，当时历史的真实是赵穿弑其君，赵盾只是因为是晋国正卿而代赵穿受过，孔子许董狐以古之良史，称他书法不隐，显然是赞赏董狐以"文"记"事"而直探史"义"的笔法。上述"公在乾侯""狄入卫""天王狩于河阳"等书法，在孔子看来都是直书，这是我们认识孔子直书思想时所要注意的。其二是史实的标准。这是一种真正意义上的直书。《春秋》重在劝诫，当然不会对历史上统治者的腐朽一面避而不论，那样就不可能真正达到垂训的目的。也正因此，《春秋》一书从总体上看，基本上还是一部纪实史书。如鲁隐公元年，《春秋》记"郑伯克段于鄢"，如实反映了郑庄公与其弟段兄弟骨肉之间争权夺利的情况。又如上述桓公二年记"宋督弑其君与夷，及其大夫孔父"一事，其用意是表彰大夫孔父嘉，却也对统治集团内部的残酷斗争作了描述。《春秋》尤其运用大量篇幅对统治阶级的各种违礼之事作了揭露，如在鲁桓公特别是鲁庄公的相关记事中，《春秋》反复多次提到了由齐国嫁到鲁国的姜氏的淫乱之事，以及如何利用其姿色干预鲁国政治的情况。姜氏非礼却能得到鲁君的宠爱、干预鲁国的朝政，这只能说明鲁君的昏庸。正如吴怀祺先生所说，"《春秋》把 242 年的历史展现在读者面前决不是在讴歌封建礼义道德，相反地，它把 200 余年的臣弑君、子弑父的场景淋漓尽致展现给后世的人们。如果不是歪曲《春秋》，那么这部书确实反映了这一段历史的真实"①。

第三，编年纪事，文辞简约。编年纪事是一种古老的方法，王国维认为始于殷周时期，但如今所能看到的最早编年体史书只有孔子删定的《春秋》，因而它也就成了后世编年体史书的鼻祖。《春秋》书名本身就已经显示了时间的纽带作用。作为一部反映春秋时期鲁国国史的史书，该书的记事始于鲁隐公元年（公元前 722 年），止于鲁哀公十四年（公元前 481 年），一共记载了 242 年的鲁国历史。它所采用的记事方法是"以事系日，以日系月，以月系时，以时系年"②。同时又以日、月、时、年与鲁国十二公相配，构成两套时间链条。毫无疑问，这种重视依从时序的有条不紊的记事方法，与《尚书》的无序叙事是很不相同的，它反映了历史记述的一种进步。

《春秋》编年纪事的显著特点是文辞简约。《春秋》记述鲁国 242 年历史，只用了 18000 余字③，平均每年不足 100 字。对此，有人讥之为断烂朝报，有人美之曰辞约义隐，有人认为是字字寓褒贬，可谓见仁见智。其实，讥之为断烂朝报，是无视了《春秋》的遣词用心和用晦之义；而认为《春秋》字字寓褒贬，又显然是夸大了事实，历代有识史家对此多有批评，称《春秋》辞约义隐，比较符合实际。《春秋》用心遣词，所谓"微而显，志而晦，婉而成章"，确实在一定程度上反映了《春秋》的叙事特点。对于《春秋》的叙事简约，唐代史评家刘知幾给予了充分肯定。他说：

> 夫国史之美者，以叙事为工；而叙事之工者，以简要为主。简之时义大矣哉！历观自古，作者权舆，《尚书》发踪，所载务于寡事；《春秋》变体，其言贵于省文。④

① 吴怀祺：《中国史学思想史》，37 页，合肥，安徽人民出版社，1996。
② 杜预：《春秋经传集解·序》，四部丛刊本。
③ 今本《春秋》共 16500 余字，流传中脱漏 1400 余字。参见杨伯峻：《春秋左传注·前言》，25 页，北京，中华书局，2016。
④ 刘知幾：《史通》卷二十二《叙事》，156 页，浦起龙通释本，上海，上海古籍出版社，2009。

我们认为，史书记事追求简练，这是中国古代史学的优良传统。但是，就《春秋》的简约而言，确实有过当之嫌。它的记事，每条经文最多 40 余字，少者甚至只有一个字，经常不书人名、地名，有时甚至忽略整个事件，人们因此很难了解其中的含义。如果没有《左传》对春秋史事的记载，《春秋》的用晦，只能给人以"雾里看花"的感觉；而《春秋》的简约，也只能是造成大量史实的遗漏，从而使后人根本无法据此去了解春秋时代与鲁国十二公历史的原貌。

第三节　诸子与私家史书的历史观

春秋战国是一个社会大动荡的时代，同时也是一个思想活跃的时期。在这个时期，随着人们认识活动的日趋活跃，产生了儒、墨、名、法、道等诸子百家；诸子百家纷纷对社会政治与历史发表自己的见解，由此而形成了百家争鸣的局面。诸子百家的争鸣中，就包括了历史观的争鸣，这是诸子百家学术思想的重要组成部分。史学，在这一时期还没有形成为一"家"。但是，随着"学在官府"局面被打破，私家史书开始出现，《春秋》便是孔子所修的第一部私家史书。自此以后，私家史书纷纷涌现，主要有《左传》《国语》《战国策》《竹书纪年》《世本》等。这些私家史书不但在历史编纂上取得了长足的进步，而且内蕴着丰富的史学观和历史观。下文着重对这一时期诸子与私家史书的历史观作出论述。

一、关于历史变易特点的认识

历史变易有何特点，对此，诸子百家与私家史书所作出的回答是不同的，由此反映了他们的历史观的不同。概言之，有肯定进化的，有认为是循环的，也有主张复古的，等等。以下对这些不同的历史观点作出具体论述。

（一）朴素进化史观

前已述及，"五经"中的《易传》和《礼记》就有明确的历史变易史观，《周易》的历史变通思想，是一种典型的朴素进化史观；《礼记》的"大同""小康"

之论，阐述了礼义刑政的产生过程，也是一种貌似倒退、其实进化的历史观。对此已有专论，不再赘言。春秋战国诸子百家的历史观中，法家、杂家①的历史观中就有明显的朴素进化思想。

法家代表人物韩非子，继承了《易传》以来的朴素进化史观，而提出了更为系统、更为明显的历史变易阶段理论，对先秦朴素进化史观作了重要发展。韩非子的朴素进化史观，集中见诸《韩非子·五蠹》，其曰：

> 上古之世，人民少而禽兽众，人民不胜禽兽虫蛇。有圣人作，构木为巢，以避群害，而民悦之，使王天下，号之曰有巢氏。民食果蓏蚌蛤，腥臊恶臭而伤害腹胃，民多疾病。有圣人作，钻燧取火，以化腥臊，而民说之，使王天下，号之曰燧人氏。中古之世，天下大水，而鲧禹决渎。近古之世，桀、纣暴乱，而汤、武征伐。今有构木钻燧于夏后氏之世者，必为鲧禹笑矣；有决渎于殷周之世者，必为汤、武笑矣；然则今有美尧、舜、汤、武、禹道于当今之世者，必为新圣笑矣。是以圣人不期修古，不法常可，论世之事，因为之备。……故曰："事异则备变。"上古竞于道德，中世逐于智谋，当今争于气力。②

韩非子这段话集中表述的重要思想是：其一，历史的变易具有必然性。自上古以来的历史已经经历了上古、中古、近古和当今四个发展阶段。其二，历史的变易具有阶段性。从上古的构木为巢、钻燧取火到中古的鲧禹决渎再到近古的汤、武征伐，历史是在不断地朝着文明的方向发展的。其三，各历史阶段都有其历史使命。在历史发展的各个阶段，"圣人"都会应运而生，他们为民兴利除害，从而受到人民的拥戴；当今时代也一定有当今的历史使命，也会出现当今的"圣人"，即"新圣"。由于时代的使命不同，后世"圣人"不需要效法前世"圣人"的做法，否则，便是不知变易，从而贻笑后人。其四，各历史阶段都有各自的政治特点。"上古竞于道德，中世逐于智谋，当今争于气力"，这里不存在政治优劣之分，当今"新圣"如果顺应

---

① 《汉书·艺文志》将《吕氏春秋》列为杂家著作，其实应属于黄老道家。

② 《韩非子集解·五蠹》，483～487 页，新编诸子集成本，北京，中华书局，2018。

时代，也可以超过五帝、三王这些"古圣"。

战国末期秦相吕不韦组织门客编写了一部体现黄老道家学术思想的著作《吕氏春秋》（也叫《吕览》），这既是一部政治著作，也是一部历史著作，它在古史观上也提出了一些独到的见解。其中的《恃君》篇说：

> 昔太古尝无君矣。其民聚生群处，知母不知父，无亲戚兄弟夫妻男女之别，无上下长幼之道，无进退揖让之礼，无衣服履带宫室畜积之便，无器械舟车城郭险阻之备。[①]

这段古史之论，肯定了人类历史的太古时代是一个无君、无父、无礼仪制度与文明器物的时代，因而是一个古朴时代。并进而指出，这样一个古朴的社会并不是一个美好的社会，"其民麋鹿禽兽，少者使长，长者畏壮，有力者贤，暴傲者尊，日夜相残，无时休息，以尽其类"。它是一个人与人相互争斗不休的乱世。作者还对造成太古乱世的原因作了分析，认为是没有君主的结果。《谨听》篇说："乱莫大于无天子，无天子，则强者胜弱，众者暴寡，以兵相残，不得休息。"为了禁止人与人无休止的相残相斗，为了使人类得以延续下去，就必须要选立君主，故而《恃君》篇说："为天下长虑，莫如置天子也；为一国长虑，莫如置君也。"因此，君主的产生是"出于众"而利于众的，是人类社会得以存在和延续的一种需要，也是社会历史发展与进步的一种表现和必然结果。很显然，《吕氏春秋》的太古之论，蕴含了一种朴素的进化思想。

（二）历史循环史观

春秋战国时期持历史循环史观的代表人物是儒家孟子和阴阳家邹衍。

孟子关于历史变易的论述，有两个经典表述，一个是"五百年必有王者兴"，一个是"天下一治一乱"。这显然是一种历史循环论。孟子的"五百年必有王者兴"见于《孟子·公孙丑下》，该篇说："五百年必有王者兴，其间必有名世者。"在孟子看来，人类历史变易，以五百年为一个周期，每过五百年必然要有圣王出现，以开创太平盛世；在此期间，也必然会出现辅佐

[①]　《吕氏春秋集解·恃君览》，544 页，新编诸子集成本，北京，中华书局，2018。

圣王的大贤。那么，历史的变易为什么会出现这种现象呢？孟子没有回答，其实，他靠的也只是一种信仰而已。不过，孟子这种带有神秘色彩的历史循环论调，对后世人们的历史观还是产生了重大而不良的影响。孟子"天下一治一乱"论主要见诸《孟子·滕文公下》。他以史为证说："当尧之时，水逆行，泛滥于中国，蛇龙居之，民无所定"，于是，舜"使禹治之"，结果"人得平土而居之"。"尧舜既没，圣人之道衰，暴君代作，坏宫室以为污池，民无所安息；弃田以为园囿，使民不得衣食。……及纣之身，天下又大乱"，于是出现周公辅佐武王伐纣，人民大悦，天下大治。到了春秋战国之时，"世道衰微，邪说暴行有作，臣弑其君者有之，子弑其父者有之"，天下再次大乱。于是，又有孔子起来作《春秋》，从而使乱臣贼子有所畏惧。孟子关于上古三代历史变易之"势"的分析，多少与历史的真实有所符合，不过这种"一治一乱"的循环意味还是很明显的。

战国阴阳家的代表人物邹衍，则提出了一套系统的历史循环变易理论——五德终始说。由于《汉书·艺文志》著录的《邹子》49篇和《邹子终始》56篇均已失传，我们这里所论邹衍的五德终始说，主要依据的是《吕氏春秋·应同》的记载，这也是我们所能见到的关于邹衍五德终始说的最完整的记录。《应同》篇说：

> 凡帝王者之将兴也，天必先见祥乎下民。黄帝之时，天先见大螾大蝼，黄帝曰："土气胜"，土气胜，故其色尚黄，其事则土。及禹之时，天先见草木秋冬不杀，禹曰："木气胜"，木气胜，故其色尚青，其事则木。及汤之时，天先见金刃生于水，汤曰："金气胜"，金气胜，故其色尚白，其事则金。及文王之时，天先见火，赤乌衔丹书集于周社，文王曰："火气胜"，火气胜，故其色尚赤，其事则火。代火者必将水，天且先见水气胜，水气胜，故其色尚黑，其事则水。水气至而不知，数备将徙于土。[1]

这段话集中阐述了这样一些观点：其一，五德相胜。认为自上古黄帝以来

---

[1] 《吕氏春秋集解·有始览》，284页，新编诸子集成本，北京，中华书局，2018。

至周朝的历史，是依循五德相胜之序不断演进的；而与土、木、金、火四德相对应的历史王朝，则分别为黄帝、夏禹、商汤和周文王四个时期。至于周朝以后的历史演进情况，《吕氏春秋》代邹衍立言道"代火者必将水"，认为接续周朝而建的王朝将是一个以水为德的王朝。不过，《吕氏春秋》并没有明确指出得水德的王朝就是秦，它甚至警告说"水气至而不知，数备将徙于土"。对此，顾颉刚先生的解释是："一，《吕氏春秋》钞录《邹子终始》之文，未加润色。二，那时六国未灭，秦虽灭周，尚未成一统之功……故《吕氏春秋》不即以灭周的秦为水德，亦不为秦寻出水德的符应。"[1]顾氏的推测是有道理的。其二，祥瑞符应。由于天人是合一的，新的帝王兴起之时，上天必然会降下与之相应的瑞物，这叫作"符应"。如黄帝时的"大螾大蝼"、夏禹时的"草木秋冬不杀"、商汤时的"金刃生于水"和文王时的"赤乌衔丹书集于周社"，都是这些帝王将要兴起时上天为他们所降下的各种符应。其三，治各有宜。新兴的帝王在依据上天的符应改德建朝的同时，还必须要依据自己所禀的德属来建立起与之相应的各项文物制度。也就是说，新朝建立后，首要的任务是要变更前朝的文物制度和旌旗服色，这就叫作"治各有宜"。

从历史观而言，邹衍的五德终始说毫无疑问宣扬的是一种历史循环变易论，在作者看来，历史总是依循着土、木、金、火、水五行相胜之序周而复始地循环反复的。"水气至而不知，数备将徙于土"，新的一轮循环又将开始。这种循环的观点虽然能体现出历史的变易，却无法体现出历史的发展。邹衍的五德终始说以固定不变的五行相胜之序来排定历史王朝统绪，也是一种机械的命定论。顾颉刚认为，"五德终始说是一种命定论"，"是一种极具体的天命的律法"[2]。邹衍的五德终始说宣扬天有意志，天人相互感应，而这种天人感应的具体表征就是符瑞。这无疑又是一种神秘主义的天命观。邹衍所宣扬的历史循环变易论、机械的历史命定论和神秘主义的天人感应论，对后世的历史思想和政治理论都产生了重要影响。

---

① 顾颉刚：《五德终始说下的政治和历史》，见顾颉刚编著：《古史辨》第5册，421页，上海，上海古籍出版社，1982。

② 同上书，415页。

（三）历史复古史观

在春秋战国诸子历史观当中，还有一股复古的论调，主要以老、庄为代表。

老子寄希望于"小国寡人"的社会，《老子》一书中对此有不少零星的论述，而最为集中的阐述见诸《老子》第八十章：

> 小国寡人，使有什佰之器而不用，使人重死而不远徙。虽有舟舆，无所乘之；虽有甲兵，无所陈之。使民复结绳而用之。甘其食，美其服，安其居，乐其俗，邻国相望，鸡狗之声相闻，民至老死不相往来。①

在此，老子描绘了一个"小国寡人"②社会的蓝图。从中可知，"小国寡人"社会的基本特点是漠视一切物质生产与发明创造，使人们回复到"结绳而用""民至老死不相往来"的古朴的社会中去。但是，漠视一切物质生产，并不等于不顾人民死活。在老子的"小国寡人"社会里，人民却是食甘、服美、居安、俗乐的。老子生当春秋末世战乱年代，作为周室的史臣，他"历记成败存亡祸福古今之道"，深深感受到当时社会的动荡与人民的苦难都是统治者有为的结果，他的"小国寡人"社会理想，其实就是对现实中广土众民有为政治的反思和对无为政治的向往。

庄子的古史观与老子颇有相似之处。他的理想社会称作"至德之世"，也是以孤立隔绝、绝圣弃智、万物一体和不尚贤使能为其特征的。《庄子》说：

> 夫至德之世，同与禽兽居，族与万物并，恶乎知君子与小人哉！同乎无知，其德不离；同乎无欲，是谓素朴。素朴而民性得矣。③
>
> 至德之世，不尚贤，不使能，上如枝标，民如野鹿。端正而不知以为义，相爱而不知以为仁，实而不知以为忠，当而不知以为信，蠢

---

① 《老子校释》第八十章，320～323 页，新编诸子集成本，北京，中华书局，2018。
② 今本《老子》（王弼本）作"小国寡人"，帛书甲本《老子》作"小国寡民"。
③ 《庄子集释·马蹄》，347 页，新编诸子集成本，北京，中华书局，2018。

动而相使，不知以为赐。①

　　当是时也，民结绳而用之，甘其食，乐其俗，安其居，邻国相望，鸡狗之音相闻，民至老死而不相往来。若此之时，则至治已。②

以上三段话对"至德之世"的社会理想进行了详尽的描述，从中可知，庄子的"至德之世"除了具有老子"小国寡人"社会的基本特征之外，还有三点更为突出：其一，庄子强调人类的"素朴"本性，而对约束、桎梏人类自然本性的各种社会关系与社会观念一概反对，由此推向极端，对一切人类文明给予了全盘否定；其二，庄子对诸子所标榜的所谓仁义忠信（如儒家等）不屑一顾，认为"至德之世"人们的行为规范体现的就是仁义忠信，只是他们"不知"如此而已；其三，庄子蔑视权威，反对"尚贤"和"使能"（如墨家等），强调人人"同德"，具有了后世民主平等思想的萌芽。

二、关于历史变易动因的探讨

　　春秋战国时期人们关于历史变易动因的认识，较之于上古三代时期的"天命"史观已有了明显的进步。这当然不是说人们已经彻底摆脱了天命鬼神思想，实际上天命史观是与传统史学相始终的，而是说这一时期人们更加认识到了"人"对于历史变易的重要作用。而这个对于历史变易起着重要作用的"人"，便是"圣王"，历史的治乱兴衰，都是由这些"圣王"所决定的。因而这是一种圣王史观，亦即英雄史观。与此同时，周初的重民思想在这一时期也得到了一定的发展，随着时代的变动，人们更加清醒地认识到了民众对于历史变易的重要作用，由此出现了一股重民思潮，我们称之为重民史观。值得注意的是，就思想家本身而言，圣王史观与重民史观可能往往是集于一身的。虽然其中有主次之分，但是为了便于讲述，我们只能对这两种史观分别作出论述。

（一）圣王史观

　　圣王史观普遍存在于春秋战国时期诸子百家以及私家史书当中，因而

---

① 《庄子集释·天地》，454 页，新编诸子集成本，北京，中华书局，2018。
② 《庄子集释·胠箧》，369 页，新编诸子集成本，北京，中华书局，2018。

是一种非常普遍的历史观，其中又以儒家和墨家的思想最具有代表性。这种圣贤史观对后世史学与史学思想的发展有深远的影响。

儒家心目中的古圣王是尧、舜、禹、汤、文、武等人，"祖述尧、舜，宪章文、武"，这是儒家学派的基本思想特点。孔子在《论语·泰伯》中，对这些圣王作了无限的颂扬，如称赞尧说："大哉，尧之为君也！巍巍乎，唯天为大，唯尧则之。荡荡乎，民无能名焉。巍巍乎，其有成功也。焕乎，其有文章。"对尧所建立的伟大的功业和制定的灿烂的礼乐制度赞叹不已。称赞舜说："舜有臣五人，而天下治。"肯定舜善用人才治国。称赞禹说："禹，吾无间然矣！菲饮食而致孝乎鬼神，恶衣服而致美乎黻冕，卑宫室而尽力乎沟洫。禹，吾无间然矣！"认为大禹如此诚敬事神、勤俭治国，实在没有什么可说的了。对于文、武之王，则称赞他们善于重用人才，说："才难，不其难乎？唐、虞之际，于斯为盛。"孟子对于这些圣王，也极尽虔诚之能事。《孟子·公孙丑下》说："我非尧、舜之道，不敢以陈于王前。"孟子所谓尧、舜之道，也就是他所宣扬的那套仁政学说。孟子称赞商汤仁者"无敌于天下"，《滕文公下》说他的征伐是"诛其君，吊其民，如时雨降，民大悦"，"民之望之，若大旱之望雨也"。称赞武王伐纣是"救民于水火之中，取其残而已矣"。

墨家与儒家一样，都主张尊先王，都认为先王是可以转乱为治的。相比较而言，儒家更尊尧、舜、文、武，而墨子则更尊禹、汤、文、武，他们的侧重点略有不同。表现在思想意识上，前者重道德，后者更重事功。墨子说：

> 故昔者三代圣王禹汤文武方为政乎天下之时，曰：必务举孝子而劝之事亲，尊贤良之人而教之为善。是故出政施教，赏善罚暴，且以为若此，则天下之乱也将属可得而治也，社稷之危也将属可得而定也。若以为不然，昔桀之所乱汤治之，纣之所乱武王治之。当此之时，世不渝而民不易，上变政而民改俗。存乎桀纣而天下乱，存乎汤武而天下治。天下之治也，汤武之力也。天下之乱也，桀纣之罪也。[①]

[①] 《墨子校注·非命下》，416页，新编诸子集成本，北京，中华书局，2018。

这段话集中表述的一个中心思想，就是"存乎桀纣而天下乱，存乎汤武而天下治"。在墨子看来，同样的一个天下，桀、纣为政就天下乱，而汤、武为政就天下治。因此，天下能否得到治理，关键在于能否有圣王为政。

（二）民本史观

刘家和先生认为，"'民本思想'所重视的是君民之间的张力或'拔河'关系，并在这种关系中强调民作为'本'的重要性"①。民本作为一种历史观，最早发端于周初的保民思想。春秋战国时期诸子百家与史家史著对民为邦本的认识有了进一步的提高，形成了较为系统的民本史观，《左传》和孟子堪为代表。

先秦编年体史书《左传》在记载春秋史实的过程中，表现出了浓厚的民本思想。首先，肯定国家兴亡不在于神而在于民。《左传》庄公三十二年记载了这样两件事：其一是周惠王问内史过降神之事，内史过回答说："国之将兴，明神降之，监其德也；将亡，神又降之，观其恶也。故有得神以兴，亦有以亡，虞、夏、商、周皆有之。"其二是虢国国君派史嚚去祭神，史嚚对虢国国君说："虢其亡乎！吾闻之，国将兴，听于民；将亡，听于神。神，聪明正直而壹者也，依人而行。"这两位史官都承认有神的存在，但是都认为神只是观察国君的善恶，并不按照自己的主观意志行事，历史上既有得神以兴，也有得神以亡的，因此，说到底还是"听于民"，才能使国家兴旺。其次，认为国家兴衰、战争成败取决于民心向背。《左传》以历史事实为依据，认为晋文公之所以能成就霸业，是因为他善于"教其民"，让人民知义、知信、知礼，"民听不惑，而后用之"，结果"一战而霸"②；晋悼公之所以能重新称霸，也是因为他执政后采取了一系列利民、便民的措施，"民无谤言，所以复霸"③。鲁庄公十年，齐国大军入侵鲁国，《左传》记载了曹刿与鲁庄公的一段对话。曹刿指出，鲁国要想取得对大国齐国的战争胜利，不能靠衣食分人这样的小恩小惠，也不能靠"牺牲玉帛"来求神保佑，而应该要靠忠于职守、据实断狱、取信于民。鲁昭公三十二年，昭公经过十余年的流亡生活之后客死乾侯。关于鲁昭公出逃与季氏执掌鲁国国政，

---

① 刘家和：《〈左传〉中的人本思想与民本思想》，载《历史研究》，1995(6)。
② 杨伯峻：《春秋左传注》(修订本)，489页，北京，中华书局，2016。
③ 同上书，997~998页。

孔子作《春秋》，曾以"公在乾侯"例来贬抑季氏，而《左传》对这件事则持截然不同的态度。它借史墨答赵简子的话说："天生季氏，以贰鲁侯，为日久矣。民之服焉，不亦宜乎！鲁君世从其失，季氏世修其勤，民忘君矣。虽死于外，其谁矜之？社稷无常奉，君臣无常位，自古以然。故《诗》曰：'高岸为谷，深谷为陵。'三后之姓，于今为庶。"在《左传》看来，季氏之所以能执掌鲁政，是因为"世修其勤"，深得民众的拥护；而国君客死他乡，则是其"世从其失"的结果，因而是咎由自取。由此可见，《左传》肯定季氏，其理由就是"民之服焉"。《左传》甚至以"社稷无常奉，君臣无常位"这样的历史事实来说明季氏掌政的合理性。毫无疑问，《左传》的民本思想是颇有闪光点的。

孟子是春秋战国时期民本史观的杰出代表。他的民本史观内涵丰富，思想深邃，主要观点如下：第一，"民为贵，社稷次之，君为轻"。这是孟子民本史观的经典表述。在孟子看来，民众、国家、君主三者之间，民众是根本，国家在其次，而君主为最末。进而他说"是故得乎丘民而为天子，得乎天子为诸侯，得乎诸侯为大夫"①。第二，得民心者得天下。《孟子·离娄上》说："桀纣之失天下也，失其民也；失其民者，失其心也。得天下有道：得其民，斯得天下矣；得其民有道：得其心，斯得民矣；得其心有道：所欲与之聚之，所恶勿施，尔也。"孟子认为，桀纣之所以失天下，是因为失去民心。因此，要想得天下，就得得民；要想得民，就得得民心；要想得民心，就得满足民众之"欲"。第三，战争的胜败取决于民心的向背。孟子反对战争，他曾对梁惠王说"不嗜杀人者能一之"，意思是说不杀人成性就能统一天下；又说"善战者服上刑"。但是，孟子又主张汤武革命这样的除暴战争。故而当谈到战争的胜败问题时，孟子认为取决于天、地、人三种因素，而在这三者间，"天时不如地利，地利不如人和"，即战争胜利的决定因素在于人和。所以他说："得道者多助，失道者寡助。寡助之至，亲戚畔之；多助之至，天下顺之。以天下之所顺，攻亲戚之所畔，故君子有不战，战必胜矣。"②第四，"有恒产者有恒心"。孟子从"民为贵"的思想出

---

① 《孟子正义·尽心下》，1049页，新编诸子集成本，北京，中华书局，2018。
② 《孟子正义·公孙丑下》，275页，新编诸子集成本，北京，中华书局，2018。

发，肯定统治者要想得民心以得天下，那就必须要制民之产，让民众有一份固定的产业。他说："民之为道也，有恒产者有恒心，无恒产者无恒心。"①孟子还具体规定了"恒产"的基本标准，那就是："仰足以事父母，俯足以畜妻子，乐岁终身饱，凶年免于死亡。"②很显然，这其实就是孟子心目中的仁政理想社会。

① 《孟子正义·滕文公上》，359 页，新编诸子集成本，北京，中华书局，2018。
② 《孟子正义·梁惠王上》，103 页，新编诸子集成本，北京，中华书局，2018。

第二章　秦汉史学思想

绪　言

秦汉是中国封建社会的成长时期。这一时期的社会特点主要表现为：封建等级制度在社会经济和政治当中普遍地成长起来；在政治大一统的形成和民族融合的过程中，诞生了作为中国主体民族的汉族；为适应封建政治统治的需要，由秦的法治到汉初的黄老政治，再到汉武帝的"罢黜百家，独尊儒术"，从而最终确立了儒家思想作为封建国家的统治思想。秦汉社会所呈现出的种种社会特点，要求秦汉的史学和史学思想适应这一社会历史发展变化的需要。为此，史学家们一方面要积极主动地对这一伟大历史时期的伟大变革及时地加以记录、作出反映；另一方面还要对这一伟大时期的历史变革进行历史思考，作出历史解说。秦汉封建史学的全面开创和封建史学思想的系统阐发，便是以此为时代背景的。

秦汉时期的历史撰述，可谓成就斐然。首先从史书撰述而言。据《汉书·艺文志》记载，属于秦皇朝的，有《奏事》20 篇；属于西汉人撰述的则有陆贾《楚汉春秋》、司马迁《太史公书》（即《史记》）等六家著作共 343 篇。而东汉时期的史书，根据清人的考证，总数不下百部。其次从编纂成就而言。这一时期历史编撰的最大成就，是纪传体的创立。西汉史家司马迁作《史记》，首创纪传体通史体裁，以本纪、世家、列传、书、表五种体例记述自黄帝至汉武帝三千年的历史。之后，东汉班固撰述《汉书》，通过改通史纪传为断代纪传，又整齐划一纪传体为本纪、列传、志和表四种体例，对纪传体体裁作了进一步的发展。纪传体的创立，对中国古代史学无疑有着巨大的影响。这一时期历史编纂上所取得的成就，还表现在荀悦《汉纪》对编年体的进一步完善上。《汉纪》采用连类列举的记载方法，不但使编年体的记述范围得到了扩充，还使记述内容更为集中，从而在很大程度上弥补了以往编年体的记述缺陷。

这一时期史学思想的发展，大致可以分为秦与西汉前期、西汉中后期和东汉三个历史阶段，在不同的阶段，史学思想明显地表现出了不同的特点。

第一个阶段是秦与西汉前期（公元前221—前141年）。这一时期社会发展的总体特征是封建政治大一统局面的形成和初步巩固，封建政治等级秩序的建立，以及对封建统治思想的抉择。适应这一时代需要，这一时期史学思想的主要特点是：(1)重视议古论今。如秦皇朝各项封建制度的建立，便是秦朝君臣议古论今的产物。(2)重视对治乱兴衰的探讨。秦皇朝的速兴速亡引起了汉初史学家们的深思，以陆贾、贾谊为代表，汉初史家纷纷发表了自己的"过秦"之论。(3)重视对历史发展趋势的认识。如《淮南鸿烈》注重对历史阶段的划分，以期把握历史发展的大势和基本脉络。(4)重视对以民为本思想的阐发。从陆贾到贾谊再到《淮南鸿烈》，都强调以民为本的治国思想。在陆贾、贾谊看来，不施仁义，实行"举措太众"的苦民政策，无疑是"秦过"之一，也是直接导致秦皇朝二世而亡的重要原因；而《淮南鸿烈》作为汉初黄老道家学派的著作，其学术思想的特点，就是重视与民休息。(5)重视对学术史的研究。司马谈撰《论六家要指》，一方面将先秦以来的诸子学术用道、法、儒、墨、名、阴阳六家加以涵盖，这在当时无疑是最为科学的学术分类，从此以后，诸子百家的学术都有了自己的家名；另一方面则站在秦汉新道家的立场上对六家学术进行了系统的评论，体现了司马谈这位新道家学者对诸家学术思想兼容并蓄的态度。

第二阶段是西汉中后期（公元前140年—西汉灭亡）。西汉中后期社会政治截然分成汉武帝时期和汉武帝之后两个阶段。汉武帝时期的主要特点，从政治治理而言，是通过一系列内外政策，使大一统政治得到了空前巩固；从统治思想而言，则是确立了儒家思想作为封建社会的统治思想，儒家学术进入了经学的时代。汉武帝之后的政治，虽然出现了昭宣中兴，但只是昙花一现，历史很快便步入了西汉后期的衰世时代；与此同时，儒家经学开始走向神学化。与西汉中后期的封建政治和统治思想相适应，这一时期的史学思想也呈现出了具体的时代特点：(1)重视从天道观上去论证封建统治的合理性。董仲舒著《春秋繁露》，构建了一整套系统的天人感应学说。这一学说的基本内涵，一是宣扬天有意志，天命皇权；二是宣扬天变灾祥，天人谴告。但是，董仲舒天人感应论的精神实质，是"言天道而归于人道"，因而是"神道设教"。司马迁著《史记》，提出要"究天人之际"。他一方面受董仲舒天人感应思想的影响而宣扬神意史观，另一方面更强调人为的作用。(2)重视颂扬大一统政治。董仲舒在《公羊传》"大一统"的思想基础上，对"大一统"之义作了形上、形下的阐发，肯定立王正始和夷夏一统的必要性，鼓吹政治大一统必须思想大一统，提出"罢黜百家，独尊儒术"的学术思想大一统主张。(3)重视对历史变易规律的认识。西汉中期以后，人们信仰五德终始说的同时，又出现了一种"三统"学说，最早对这一学说进行系统阐述的是董仲舒。董仲舒的"三统"说从表面上看宣扬的是一种历史循环论，本质上却是讲变道改制，因而是一种改制学说。司马迁也重视"通古今之变"，《史记》以原始察终、见盛观衰的方法来观察历史，并且积极宣传历史发展与变革思想。西汉末年，刘歆提出了一套以五行相生为特征的新五德终始说，不但对他以前的古史作了重新划分和解说，而且对此后人们的历史观念产生了重要影响。(4)重视对历史学自身的研究。司马迁撰写《史记》，创立了以包容量大而见长的纪传体，这无疑是中国古代史学编纂的重大收获。刘向、刘歆父子通过对历史文献的大规模整理，不但创立了一整套校理文献的方法，还辨章学术、考镜源流，撰成了我国最早的目录学专著《别录》和《七略》。班固通过对《七略》"删其要"而成《汉志》，不但继承和发展了刘歆的目录学思想，而且开创了正史编纂艺文志的先河。

　　第三阶段是东汉。这一时期的历史以和帝初年作为前后两个阶段的分界线，前期政治清明、经济繁荣、社会稳定，而后期则是政治统治长期处于危机当中。从作为统治思想的经学而言，一方面是今文经学由盛转衰，古文经学逐渐兴盛；另一方面则是谶纬神学一直盛行。与这种政治和思想状况相适应，东汉的史学思想所呈现出的特点是：(1)重视宣扬神意史观。东汉史家所宣扬的神意史观主要表现为两个方面：其一是宣扬天命皇权思想，为刘汉政权的合法性作出说明。如班彪著《王命论》，公开宣扬"汉德承尧"；班固的《汉书》更是彻头彻尾地贯穿了这种天命皇权的思想。其二是通过宣扬天人感应说，承袭了西汉"言天道而归于人道"的传统。如《汉书·五行志》大量载录了董仲舒、刘向等人的灾异论，尤其是何休结合东汉末年的衰政，着力阐发灾异由人事招致的思想。(2)积极"宣汉"和颂扬大一统。班固著《汉书》，公开宣称要使当代君主"扬名于后世，冠德于百王"；何休在《春秋公羊传解诂》中，着力阐发《公羊传》"大一统"之义，向往"夷狄进至于爵，天下远近小大若一"的王者一统政治理想。(3)强调直书不隐的作史书法。直书不隐，这是中国古代史学一贯到底的优良传统，同时也是封建史学二重性的一种客观要求。封建统治者一方面希望史家能从天命王权角度对皇朝统治的合法性作出说明；另一方面也希望史家能认真总结历史经验教训，以便使其政治统治有所借鉴。东汉时期的史家无疑很好地贯彻了统治者的这一治史要求，他们在致力于"宣汉"和宣扬天命皇权的同时，并没有忘记去认真总结历史的经验教训，如实地记载客观的历史，尤其是暴露封建统治的阴暗面。班固的《汉书》，无疑是自觉贯彻封建史学二重性的代表之作。

第一节　秦朝君臣的历史意识

秦皇朝是中国历史上第一个大一统的封建王朝。从中国史学发展史的角度来看，秦皇朝虽然短祚，却并未忽视历史记录；秦朝君臣尤其了解史学的经世致用功能，不但注意借鉴历史来确定国家的制度或政策，而且重视政治对史学的干预和利用。这些举措无疑都反映了秦朝君臣的一种历史意识。

一、以历史作借鉴，议定皇朝制度

秦的大统一是前无古人的事业，因此，对于秦朝君臣而言，统一之后面临的首要问题，便是创建封建王朝的各项制度。而秦皇朝的一系列创制当中，无不蕴含了秦朝君臣的一种历史意识。

（一）立尊号、废谥法

秦统一后，秦始皇就立即命令群臣议定尊号，他的理由是："名号不更，无以称成功，传后世。"更名号，是秦始皇历史意识的一种体现。他一方面把自己与过去的帝王们联系在一起，将之看作历史的一种连续和整体；一方面又将自己与过去的帝王作比，认为自己完成了统一天下的大业，历史功绩已经超越了任何过去的帝王，因此必须改变尊号，以此显名于后代。根据秦始皇的旨意，丞相王绾、御史大夫冯劫、廷尉李斯和博士们进行了商议，他们认为秦始皇"平定天下，海内为郡县，法令由一统，自上古以来未尝有，五帝所不及"，因此，应以古代三皇之至尊"泰皇"作为尊号。对于群臣所上尊号，秦始皇并未完全采纳，他用了"皇"字，而除去"泰"字，另外又"采上古'帝'位号，号曰'皇帝'"①。

与立尊号相对应的还有除谥法。秦始皇除谥法的依据仍然是历史。他说：

> 朕闻太古有号毋谥，中古有号，死而以行为谥。如此，则子议父，臣议君也，甚无谓，朕弗取焉。自今以来，除谥法。朕为始皇帝。后世以计数，二世三世至于万世，传之无穷。②

这段话含义有三：一是认为太古有号无谥，中古有号有谥；二是认为定谥号，以子议父、以臣议君是无谓的；三是仿效太古除去谥号，并决定以后以世计数。由此可知，更立尊号的本意是凸显秦始皇所成就的大一统功业，而除谥法则是为了维护皇权的至高无上性和永恒性。

（二）建立德运制度

秦皇朝建立德运制度的理论依据，是邹衍的五德终始历史哲学。《史记·封禅书》详细记载了齐人向秦始皇所献的这套德运理论的具体内容，其文字大致同于《吕氏春秋·应同》，只是关于秦朝德属问题的表述不一样。《吕氏春秋》编成时，秦尚未统一全国，因此《吕氏春秋》只是说"代火者必将

---

① 《史记》卷六《秦始皇本纪》，236 页，北京，中华书局，1959。
② 同上书，236 页。

水"，肯定继周而建的王朝是以水为德的王朝，并没有说就是秦。而且它也未给这个水德王朝规定具体的祥瑞之物。而齐人所上的这套德属理论则说："今秦变周，水德之时。昔秦文公出猎，获黑龙，此其水德之瑞。"不但明确指出秦为水德，而且为秦朝找到了水德之瑞——黑龙。秦始皇有了这套邹衍发明的、被齐人加以发挥的五德终始理论，便开始着手建立起秦皇朝的水德制度来。《史记·秦始皇本纪》对此作了记载：

> 始皇推终始五德之传，以为周得火德，秦代周德，从所不胜。方今水德之始，改年始，朝贺皆自十月朔。衣服旄旌节旗皆上黑。数以六为纪，符、法冠皆六寸，而舆六尺，六尺为步，乘六马。更名河曰德水，以为水德之始。刚毅戾深，事皆决于法，刻削毋仁恩和义，然后合五德之数。①

秦始皇利用邹衍以五德终始为内容的历史哲学，一方面为秦皇朝这个大一统政权的合法性作了论证，另一方面也为秦皇朝建立起了一整套具体的水德制度。如果说邹衍是五德终始历史哲学的创立者，那么秦始皇就是这一历史哲学的第一个实践者。邹衍所创立的五德终始历史哲学和秦始皇对这一学说的政治实践，对以后的中国政治史产生了巨大影响。

（三）确立政治体制

从历史来看，无论是三王时代，还是远古的五帝时代，政治体制的基本形式都是既有天下共主之天子，又有同时并存之诸侯。因此，分封制是人们心目中的一种当然的政治体制。从当时社会的普遍心理来看，人民渴望着国家的统一，但这并不等于说他们希望用一种新的体制来代替过去的分封体制；已经亡国的六国贵族当然希望秦始皇能够继续推行以往的"继绝世，兴亡国"这一传统法则，让他们继续得以分封建国；以博士官为代表的秦朝知识分子，则是分封制的主要代言人。然而，秦始皇并没有简单地去迎合这一主流思潮，而是下令让群臣就此进行议论。廷尉李斯以周朝历史为借鉴，明确表示反对分封体制，而主张实行郡县制度。他说：

---

① 《史记》卷六《秦始皇本纪》，237～238页，北京，中华书局，1959。

> 周文武所封子弟同姓甚众，然后属疏远，相攻击如仇雠，诸侯更
> 相诛伐，周天子弗能禁止。今海内赖陛下神灵一统，皆为郡县，诸子
> 功臣以公赋税重赏赐之，甚足易制。天下无异意，则安宁之术也。置
> 诸侯不便。①

李斯的观点与秦始皇不谋而合，后者也从历史的角度肯定了分封制的危害。
秦始皇说：

> 天下共苦战斗不休，以有侯王。赖宗庙，天下初定，又复立国，
> 是树兵也，而求其宁息，岂不难哉！②

在此，秦始皇不仅认为过去天下战斗不休是分封侯王导致的，而且明确认
为统一之后再实行分封，无疑是重蹈周代历史的覆辙，将使天下重新陷入
混乱之中。因此，他明确表态"廷尉议是"③。从这次秦皇朝议论政治体制的
过程来看，正是秦始皇、李斯君臣本着强烈的历史意识，以周朝分封导致
诸侯相争这一历史事实为前车之鉴，从而正式确立秦皇朝的郡县体制的。

当然，郡县制度在秦皇朝得以大力推行，并不等于说它已经为当时朝
内外人士所普遍认可。直到始皇三十四年(公元前213年)，博士淳于越还力
陈郡县之弊，他说：

> 臣闻之，殷周之王千余岁，封子弟功臣自为支辅。今陛下有海内，
> 而子弟为匹夫，卒有田常、六卿之患，臣无辅弼，何以相救哉？事不
> 师古而能长久者，非所闻也。④

在此，淳于越从儒家"师古"的历史观来看问题，认为只有仿效殷周进行分
封，秦朝的政治统治才能长久。针对淳于越的"师古"论，李斯本着历史变

---

① 《史记》卷六《秦始皇本纪》，239页，北京，中华书局，1959。
② 同上书，239页。
③ 同上书，239页。
④ 《史记》卷八十七《李斯列传》，2546页，北京，中华书局，1959。

易的观点进行了驳斥，他明确指出："五帝不相复，三代不相袭，各以治，非其相反，时变异也。"①充分肯定了当今实行郡县制的必要性。当然，这一次交锋的结果，不但主张分封的观点再一次被秦始皇否定，而且引发了一场大规模的焚书运动，秦始皇开始用暴力来压制博士儒生的是古非今思想。应该说，秦始皇用焚书的办法来禁止人们主要是博士儒生们对政治体制的议论，这种做法无疑是极端残暴的。但是，秦始皇、李斯君臣重视以史为鉴，肯定历史的变易性，这种历史观比起一味只知师古的博士儒生们无疑要进步。

（四）议定封禅仪式

封禅说出于何人何派学说已不得而知，但就其内容而言，它与邹衍创立的五德终始说很相似。五德终始说讲祥瑞符命，讲真命天子应运建朝；封禅说也讲祥瑞符命，讲真命天子要举行封禅活动。五德终始说编排了自黄帝以来五德转移的历史，封禅说则编造了上古七十二帝王封禅之史。由此看来，封禅说很可能是出自阴阳家。按照封禅说，凡秉德受命的帝王，都必须要进行封禅。《史记·封禅书》说："自古受命帝王，曷尝不封禅？"而秉德受命的标识则是祥瑞的出现。据《史记·封禅书》记载，当年齐桓公称霸诸侯之后，也想仿效古圣王进行封禅活动，管仲则以祥瑞不至不能封禅为由，居然劝阻了齐桓公的封禅念头。由此可见，古代君王是相信只有祥瑞出现才可进行封禅的。封禅的目的则是报答于天地。

秦始皇统一天下以后，儒生博士们积极鼓吹封禅说，勾起了秦始皇对封禅的兴趣。根据《史记·封禅书》记载，始皇二十八年（公元前219年），秦始皇征从齐、鲁儒生博士七十人巡游泰山，准备举行封禅大典。然而，封禅之说虽然由来已久，可究竟如何进行封禅人们却并不知晓，司马迁说："厥旷远者千有余载，近者数百载，故其仪阙然堙灭，其详不可得而记闻云。"②当时随从的儒生对如何进行封禅论说不一。于是，秦始皇撇开这些儒生，独自进行封禅活动，"而遂除车道，上自泰山阳至颠，立石颂秦始皇帝德，明其得封也。从阴道下，禅于梁父。其礼颇采太祝之祀雍上帝所用，而封藏皆秘之，世不得而记也"③。秦始皇封泰山后返回途中，不巧遇到暴

①　《史记》卷六《秦始皇本纪》，254页，北京，中华书局，1959。
②　《史记》卷二十八《封禅书》，1355页，北京，中华书局，1959。
③　同上书，1365～1367页。

风雨，只好到一棵大树下躲雨。那些未得如愿参加封禅的儒生们听说之后，都讥笑秦始皇无德而封，该遭此报应。

如果说古帝王们的封禅还只是一种传说的话（从礼仪不详可知，起码秦统一以前封禅之事已是久废），那么秦始皇举行的封禅大典则已被《史记》所确载。与借用五德终始说建立秦皇朝水德制度一样，秦始皇举行封禅大典也是借用了封禅说的结果。自从秦始皇首行封禅大典后，举行封禅大典便成了封建帝王们的一项重要国事活动。

二、刻石与焚书：政治对史学的利用和干预

秦始皇善于借鉴以往的历史来建立皇朝的各项具体政治制度，同时又重视控制现实的历史学来为巩固政治统治服务。出于"颂今"的需要，他重视历史记录，利用历史学；而当历史学不利于秦皇朝统治时，他会非常残酷地加以扼杀。刻石与焚书，充分反映了秦始皇既重视利用历史学为其封建政治统治服务，又惧怕历史学会不利于甚至威胁他的封建政治统治这一矛盾心理。

（一）刻石

秦皇朝是重视历史和历史记录的。据《汉书·百官公卿表》载，秦御史中丞"在殿中兰台，掌图籍秘书"，秦博士"掌通古今"。上述御史中丞和博士应该说就是史官，或是兼具史官身份的官员。从后来萧何入咸阳"收秦丞相御史律令图书藏之"，可知秦皇朝的史官是重视史料保存工作的。秦史官在修史上也有一定的成就，《秦记》记述自秦襄公至秦二世五百余年历史，为秦国与秦朝史官所撰；《奏事》记述秦朝大臣奏事，属于秦朝当代史。

相比于图书档案管理、朝事记注和修撰《秦记》《奏事》，刻石则无疑是秦皇朝的一种特殊的历史记录。秦始皇称帝总共才十二年，却先后五次巡游天下，七次刻石纪功颂德（碑文主要由李斯等随从大臣撰写），这在历代帝王当中可谓是绝无仅有的。频繁地巡游刻石纪功颂德，无疑反映了秦朝统治者对"颂今"工作的高度重视。他要以这种特殊的历史记录方式，为后人留下一篇篇歌颂始皇帝、美化秦政的史文。

从碑文的内容来看，所体现的历史思想主要包括两个方面：其一是歌颂大一统。如琅邪刻石云："六合之内，皇帝之土。西涉流沙，南尽北户。

东有东海，北过大夏。人迹所至，无不臣者。功盖五帝，泽及牛马。"之罘东观刻石云："武威旁畅，振动四极，禽灭六王。"碣石刻石云："皇帝奋威，德并诸侯，初一泰平。"会稽刻石云："皇帝修烈，平一宇内，德惠修长。"①从这些刻石所云可知，秦始皇对他所完成的统一大业是感到无比自豪的，认为这是一个前无古人的功业。其二是宣传"顺承勿革"的历史不变论。如泰山刻石云："治道运行，诸产得宜，皆有法式。大义修明，垂于后世，顺承勿革。"之罘刻石云："普施明法，经纬天下，永为仪则。"②从这些刻石内容来看，秦始皇是要为后代定立法式，并训诫后人要"永为仪则"，"顺承勿革"。众所周知，秦国是一个具有变革传统的诸侯国，秦始皇则是一位具有变革思想的帝王。然而，秦始皇重视变革旧有的制度，却不愿后人变革他所创下的各项制度。如果说面对过去而言，秦始皇是一位历史变易论者的话，那么面向未来而言，秦始皇则又是一位历史不变论者。

　　（二）焚书

秦始皇对待历史学的态度是既重视又恐惧。他重视历史学，是因为历史学能为他的政治统治服务；他恐惧历史学，是怕人们借古论今，不利于甚至威胁到他的政治统治。在他看来，消除对历史的恐惧感的最好办法，莫过于推行愚民政策，使民众没有历史知识。而焚书，则是推行愚民政策的一种必然结果。秦的焚书，发生在始皇三十四年（公元前213年）。事因博士淳于越议封建而起，丞相李斯由驳封建之议转而对"私学"道古害今进行发难，进而提出了焚书的建议。李斯禁私学的理由是：

　　　　古者天下散乱，莫能相一，是以诸侯并作，语皆道古以害今，饰虚言以乱实，人善其所私学，以非上所建立。今陛下并有天下，别黑白而定一尊；而私学乃相与非法教之制，闻令下，即各以其私学议之，入则心非，出则巷议，非主以为名，异趣以为高，率群下以造谤。如此不禁，则主势降乎上，党与成乎下。③

---

①　《史记》卷六《秦始皇本纪》，245、250、252、261页，北京，中华书局，1959。
②　同上书，243、249页。
③　《史记》卷八十七《李斯列传》，2546页，北京，中华书局，1959。

这段话主要说明了这样几层意思：一是认为过去"诸侯并作，语皆道古以害今"是"天下散乱"导致的；二是认为现在天下已经统一，应该"别黑白而定一尊"，不应该允许议政非主的私学继续存在；三是指出不禁止私学的后果将是"主势降乎上，党与成乎下"。在李斯看来，禁止私学的最好办法就是焚书。于是他又提出了焚书以禁私学的具体主张：

> 臣请史官非秦记皆烧之。非博士官所职，天下敢有藏《诗》、《书》、百家语者，悉诣守、尉杂烧之。有敢偶语《诗》《书》者弃市。以古非今者族。吏见知不举者与同罪。令下三十日不烧，黥为城旦。所不去者，医药卜筮种树之书。[①]

在此，李斯一方面规定了要焚哪些书和保留哪些书，一方面则对违反者制定了种种处罚。值得注意的是，这次所焚之书一是六国史书，即所谓灭人之国还要灭人之史；一是《诗》《书》和百家语，这些都是具有重要史料价值的先秦典籍。由此不难看出，李斯的焚书，其实就是灭史。从上述李斯提出的禁私学的理由和焚书的具体主张来看，都是与秦始皇推行的愚民政策完全吻合的。也正因此，李斯的建议立即得到了秦始皇的采纳。

不过，历史事实告诉我们，秦始皇推行愚民和文化专制政策，以政治的力量来灭绝以往的史籍，并没有达到巩固皇权统治的目的。当秦皇朝二世而亡时，他的毁史的文化专制政策也随之被埋葬了。

第二节　司马迁的"成一家之言"

"成一家之言"是司马迁撰述《史记》的旨趣。这里的"家"，指的是史家。先秦学术已有诸子百家的称说，却只有史学而没有史家，所以司马谈《论六家要指》没有标立"史家"名目。司马迁"成一家之言"，白寿彝先生认为这

---

① 《史记》卷六《秦始皇本纪》，255页，北京，中华书局，1959。

"是在史学领域里第一次提出了'家'的概念"①。它体现了司马迁远大的人生抱负。那么，司马迁所成史家之"言"又是什么呢？首先是就历史编纂而言。司马迁取众家之长而成一家，创立本纪、世家、列传、书和表五种体例，而成纪传体通史体裁，综罗百代，使几千年史实脉络清晰，从而为后人提供了一种重要的历史编纂范式。其次是就撰述旨趣而言。《报任安书》说："究天人之际，通古今之变，成一家之言。"②再次是就学术思想而言。《太史公自序》说："以拾遗补艺，成一家之言，厥协六经异传，整齐百家杂语。"最后是从史学目的论而言，即是要"稽其成败兴坏之理"③。

一、历史编纂体裁"成一家之言"

司马迁在历史编纂体裁上的"成一家之言"，具体体现在纪传体通史体裁的创立。司马迁创立的纪传体通史体裁，具有两个显著特点。

其一，通史撰述。《史记》的记述内容上起黄帝，下迄汉武帝，前后三千年历史。《史记》通过《五帝本纪》，夏、商、周"三代《本纪》"，以及《秦本纪》《秦始皇本纪》《高祖本纪》等，确定了中国历史的五帝—三王—秦汉历史王朝统绪，奠定了中国历史治统认同的基础。毫无疑问，《史记》的通史撰述是一个伟大的创举。在《史记》之前，虽然先秦时期就已经有了通史撰述，如《竹书纪年》《世本》，但是前者长期埋没，后者久佚，且都属于创制起始阶段，内容不完备，影响很有限。至于其他史书，则皆非通史性质。诚如梁启超所言："从前的史，或属于一件事的关系文书——如《尚书》；或属于各地方的记载——如《国语》、《战国策》；或属于一时代的记载——如《春秋》及《左传》。《史记》则举其时所及知之人类全体自有文化以来数千年之总活动冶为一炉。自此始认识历史为整个浑一的，为永久相续的。非至秦汉统一后，且文化发展至相当程度，则此观念不能发生。而太史公实应运而生，《史记》实为中国通史之创始者。"④此论甚是。

---

① 白寿彝：《中国史学史论集》，99 页，北京，中华书局，1999。

② 《汉书》卷六十二《司马迁传》，2735 页，北京，中华书局，1962。

③ 同上书，2735 页。

④ 梁启超：《要籍解题及其读法·史记》，见《饮冰室合集·专集》第 15 册，8409～8410 页，北京，中华书局，2015。

其二，五体配合。《史记》被称作纪传体史书，人物传记无疑是全书的主要部分。然而，作为纪传体的《史记》，实际包含了本纪、世家、列传、书、表五种体例。这五种体例合而言之，它们是融为一体的；分而言之，却又能自成体系。故而白寿彝先生认为："纪传体的本身，就是一种综合体。"①从历史编纂学史来看，先秦有些史书就已经具有了综合体的特点。比如《尚书》，白寿彝先生认为："《尚书》就已经是一部多体裁的书。书中，如《金縢》、《顾命》，都是纪事本末体，《禹贡》是地志，《尧典》则近于本纪。"又说："《国语》的情形也是这样，既记言，又记事，还记一事的始末及历史发展的趋势。"②只是二书乃后人所编，尚非原作者有意为之。在先秦史著中，战国末年问世的《世本》则是一部颇具综合体特点的史书。该书包含了帝系、本纪、世家、传、谱、氏姓、居、作等多种体例，表明先秦史书的历史编撰体例已由单一逐渐向综合发展。

作为纪传体史书的《史记》，之所以说具有综合体的特点，是因为它所包含的五种体例，各自具有不同的史体特点。其中，本纪记载帝王事迹，为编年体；列传写历史人物，世家记诸侯、贵族的历史，大致属于人物传记；书记典章制度，为典制体；表为明晰复杂史事，属于史表体。正是通过这样一种编纂结构，"《史记》把多种体裁综合起来，形成一个相互配合的整体，能从多方面反映社会生活，构成一个时代的全史，并且容量很大，有很大的伸缩性"③。如果追根溯源，《史记》五体大多并非司马迁始创；换言之，《史记》的五种体例多有所本。如本纪，刘知幾认为："昔汲冢竹书是曰《纪年》，《吕氏春秋》肇立纪号。"④所谓"肇立纪号"，是指该书有"十二纪"。赵翼说："古有《禹本纪》、《尚书》、《世纪》等书，迁用其体以叙述帝王。"⑤范文澜也说："本纪十二，实效法《春秋》十二公而作。"⑥如世家，赵翼认为：

---

① 白寿彝主编：《中国通史》第一卷，302页，上海，上海人民出版社，1989。
② 同上书，302页。
③ 同上书，303页。
④ 刘知幾：《史通》卷二《本纪》，33页，浦起龙通释本，上海，上海古籍出版社，2009。
⑤ 赵翼：《廿二史札记》卷一《各史例目异同》，3页，王树民校证本，北京，中华书局，1984。
⑥ 范文澜：《正史考略·史记》，见《范文澜全集》第二卷，16页，石家庄，河北教育出版社，2002。

"古来本有世家一体，迁用之以记王侯诸国。"①如列传，范文澜认为："晋太康中，汲冢得《穆天子传》一卷，是战国史官固有专为一人作传之例矣。《伯夷列传》有其传曰，是古有伯夷、叔齐传。"②不过对此也有不同看法，刘知幾就说："夫纪传之兴，肇于《史》、《汉》。"③赵翼也说："古书凡记事立论及解经者，皆谓之传，非专记一人事迹也。其专记一人为一传者，则自迁始。"④都肯定了《史记》对传记体有开创之功。如书，范文澜认为"八书"之名本于《尚书》，主要是取自《尧典》和《禹贡》。⑤ 不过赵翼却认为"八书乃史迁所创，以纪朝章国典"⑥。如表，赵翼认为司马迁"十表"仿于"周之谱牒"⑦，范文澜赞同赵翼"表"之义例当起于周代的观点⑧。上述关于《史记》五种体例的来源的看法虽然有一些分歧，但大多认为是皆有所本的，这应该是一个事实。

　　说《史记》五体大致皆有所本，并没有否定其在历史编纂体裁上的创新之功。一则，《史记》编纂体裁的创新是以综合各种史书编纂体裁为基础的。史书体裁的创新并不是也不可能凭空而来，而是也只能是对已有历史编纂进行总结、借鉴、发展而来。司马迁在充分汲取先秦史书历史编纂所取得的成果的基础上，别出心裁，匠心独具，打破旧有史书的体例格局，其通史纪传的编纂方法无疑是一个创举。二则，做到五体相互配合是《史记》体裁创新的具体体现。白寿彝先生说："这五种体裁都是过去曾经有过的。但有意识地使它们互相配合并在一部书里形成一个完整的体系，这是《史记》的创举。"⑨白先生所谓"创举"，自然包含了创新的意蕴。对于司马迁以五种体例相互配合而创立的纪传体史书体裁，历代学者都给予了高度评价。刘知幾说："纪以包举大端，传以委曲细事，表以谱列年爵，志以总括遗漏，

① 赵翼：《廿二史札记》卷一《各史例目异同》，3页，王树民校证本，北京，中华书局，1984。
② 范文澜：《正史考略·史记》，见《范文澜全集》第二卷，20页，石家庄，河北教育出版社，2002。
③ 刘知幾：《史通》卷二《列传》，41页，浦起龙通释本，上海，上海古籍出版社，2009。
④ 赵翼：《廿二史札记》卷一《各史例目异同》，5页，王树民校证本，北京，中华书局，1984。
⑤ 范文澜：《正史考略·史记》，见《范文澜全集》第二卷，18页，石家庄，河北教育出版社，2002。
⑥ 赵翼：《廿二史札记》卷一《各史例目异同》，5页，王树民校证本，北京，中华书局，1984。
⑦ 同上书，4页。
⑧ 范文澜：《正史考略·史记》，见《范文澜全集》第二卷，17页，石家庄，河北教育出版社，2002。
⑨ 白寿彝：《中国史学史论集》，63页，北京，中华书局，1999。

逮于天文、地理、国典、朝章，显隐必该，洪纤靡失，此其所以为长也。"①充分肯定了纪传体史书包容量大的特点。王鸣盛说："司马迁创立本纪、表、书、世家、列传体例，后之作史者递相祖述，莫能出其范围。"②赵翼说："司马迁参酌古今，发凡起例，创为全史。本纪以序帝王，世家以纪侯国，十表以系时事，八书以详制度，列传以志人物，然后一代君臣政事，贤否得失，总汇于一编之中。自此例一定，历代作史者遂不能出其范围，信史家之极则也。"③对于司马迁创立的纪传体，王、赵二氏都给予了极高的评价。当然，任何一种史书体裁都不可能是尽善尽美的，司马迁创立的纪传体史书体裁也是如此。刘知幾在肯定纪传体的同时，也指出其所存在的不足，一是"若乃同为一事，分在数篇，断续相离，前后屡出"；二是"编次同类，不求年月，后生而擢居首帙，先辈而抑归末章"④。

二、历史撰述旨趣"成一家之言"

《史记》明确将"究天人之际，通古今之变"作为历史撰述旨趣。纵观《史记》全书，司马迁通过对天人关系的探究，表现出了明显的重人事的思想，同时由于时代和学术渊源关系，也流露出了一定的天命王权思想。司马迁通过对黄帝至汉武帝三千年历史的记述，旨在贯通古今之变，来认识和把握历史变易及其规律。

（一）重人事又言天命的天人思想

1. 重人事思想

《史记》具有明显的重人事思想。其一，以纪传体论载历史，即是重人事的体现。根据《太史公自序》可知，从司马谈到司马迁，都是将论载"明主贤君忠臣死义之士"作为《史记》撰述目的之一的。他们创立以论载人物为中心的纪传体体裁，显然也是服务于这一目的的一种需要。司马迁在说明其作世家和列传二体的原因时就说得很清楚："二十八宿环北辰，三十辐共一毂，运行无穷，辅拂股肱之臣配焉，忠信行道，以奉主上，作三十世家。

---

① 刘知幾：《史通》卷二《二体》，25页，浦起龙通释本，上海，上海古籍出版社，2009。
② 王鸣盛：《十七史商榷》卷一《史记创立体例》，6页，上海，上海古籍出版社，2013。
③ 赵翼：《廿二史札记》卷一《各史例目异同》，3页，王树民校证本，北京，中华书局，1984。
④ 刘知幾：《史通》卷二《二体》，25页，浦起龙通释本，上海，上海古籍出版社，2009。

扶义俶傥，不令己失时，立功名于天下，作七十列传。"①此外，本纪虽然是全书大纲，但其实也是以人物为中心的。

其二，历史叙事体现了重人事思想。在谈论夏、商、周、秦相继更替这一历史发展大势时，司马迁充分肯定了夏、商、周、秦之王天下，都是"以德若彼，用力如此"②的结果，是人为而非天意。同样，夏、商、周、秦的灭亡也是人为的结果。夏桀的灭亡在于"不务德而武伤百姓，百姓弗堪"③。商纣的灭亡是亲小人、远贤臣，"淫乱不止"④的结果。正是周厉王的"暴虐侈傲"⑤和周幽王的荒淫无度，才导致了犬戎破镐京惨剧的发生。秦皇朝"以六合为家，崤函为宫"，结果却二世而亡，是"仁义不施"⑥所致。司马迁肯定诸侯霸业的建立也是人为的结果，如《齐太公世家》称"桓公之盛，修善政，以为诸侯会盟，称伯，不亦宜乎"。《越王勾践世家》称赞"苗裔勾践，苦身焦思，终灭强吴，北观兵中国，以尊周室，好称霸王。勾践可不谓贤哉！盖有禹之遗烈焉"。而历史人物个人功业的建立也是人为，如《孔子世家》称赞"孔子布衣，传十余世，学者宗之。自天子王侯，中国言'六艺'者折中于夫子，可谓至圣矣"。《陈涉世家》将陈涉发迹与汤武革命、孔子作《春秋》相提并论。司马迁对历史上那些将人事的成败归之于天的做法持否定态度。如《项羽本纪》否定项羽"天之亡我"的说法，《蒙恬列传》对蒙恬将自己的死因归于绝地脉而违忤天意提出批评，等等。

其三，《史记》还在一定程度上对天道表示出怀疑。董仲舒宣扬天人感应论，认为"礼无不答，施无不报，天之数也"⑦。对于董仲舒这种天道"报善乐施"的说法，司马迁明确表示了自己的怀疑。他作《伯夷列传》，用事实对这种天道观提出质问。他说：

> 或曰："天道无亲，常与善人。"若伯夷、叔齐，可谓善人者非邪？

---

① 《史记》卷一百三十《太史公自序》，3319 页，北京，中华书局，1959。
② 《史记》卷十六《秦楚之际月表》，759 页，北京，中华书局，1959。
③ 《史记》卷二《夏本纪》，88 页，北京，中华书局，1959。
④ 《史记》卷三《殷本纪》，108 页，北京，中华书局，1959。
⑤ 《史记》卷四《周本纪》，142 页，北京，中华书局，1959。
⑥ 《史记》卷六《秦始皇本纪》，282 页，北京，中华书局，1959。
⑦ 董仲舒：《春秋繁露》卷一《楚庄王》，6 页，苏舆义证本，北京，中华书局，1992。

积仁洁行如此而饿死！且七十子之徒，仲尼独荐颜渊为好学。然回也屡空，糟糠不厌，而卒蚤夭。天之报施善人，其何如哉？盗跖日杀不辜，肝人之肉，暴戾恣睢，聚党数千人横行天下，竟以寿终，是遵何德哉？[①]

关于《天官书》，司马迁指出这种"星气之书，多杂机祥，不经"[②]，认为"孔子论六经，纪异而说不书。至天道命，不传"[③]。这其实也是司马迁自己作史论及天道时所奉行的一个基本原则。在《封禅书》中，司马迁用了大量篇幅对秦始皇、汉武帝求仙长生的荒唐行为作了揭露，并予以批评和刺讥。而司马迁之所以要"论次自古以来用事于鬼神者，具见其表里"[④]，其目的显然是要以此来劝谕后来者。

2. 天命王权思想

《史记》也在一定程度上对天命王权思想作了宣扬。司马迁的天命王权思想，主要表现在接受《诗经》以及汉代今文经学家宣扬的"圣人感生"说上。如《殷本纪》关于商部族起源接受了简狄吞卵说："殷契，母曰简狄，有娀氏之女，为帝喾次妃。三人行浴，见玄鸟堕其卵，简狄取吞之，因孕生契。"[⑤]《周本纪》关于周始祖后稷降生接受了姜原（亦作姜嫄）履迹说："周后稷，名弃。其母有邰氏女，曰姜原。姜原为帝喾元妃。姜原出野，见巨人迹，心忻然说，欲践之，践之而身动如孕者。居期而生子……初欲弃之，因名曰弃。"[⑥]这与《诗经》《诗传》和公羊家的说法如出一辙，显然是对后者的因袭。《史记》的《秦本纪》和《高祖本纪》关于秦人始祖和汉高祖刘邦之出生的记载，则是对这一说法的套用和发展。《秦本纪》说："秦之先，帝颛顼之苗裔孙曰女修。女修织，玄鸟陨卵，女修吞之，生子大业。"[⑦]显然是模仿前述商人起源的说法。所不同的是，今文学家只主张"圣人感生"，在他们的心目中，

① 《史记》卷六十一《伯夷列传》，2124～2125 页，北京，中华书局，1959。
② 《史记》卷一百三十《太史公自序》，3306 页，北京，中华书局，1959。
③ 《史记》卷二十七《天官书》，1343 页，北京，中华书局，1959。
④ 《史记》卷二十八《封禅书》，1404 页，北京，中华书局，1959。
⑤ 《史记》卷三《殷本纪》，91 页，北京，中华书局，1959。
⑥ 《史记》卷四《周本纪》，111 页，北京，中华书局，1959。
⑦ 《史记》卷五《秦本纪》，173 页，北京，中华书局，1959。

秦皇朝的建立者秦始皇以及秦的始祖大业显然不是圣人或圣王，因此，今文学家们并未为赢秦制造感天而生的神话。《高祖本纪》关于汉高祖刘邦出生的描述，与上述商、周、秦三族的起源说不同。《高祖本纪》说：

> 高祖，沛丰邑中阳里人，姓刘氏，字季。父曰太公，母曰刘媪。其先刘媪尝息大泽之陂，梦与神遇。是时雷电晦冥，太公往视，则见蛟龙于其上，已而有身，遂产高祖。①

这里的不同，其一是刘邦的出生，乃刘母与蛟龙直接相交的结果，而非吞卵、履迹；其二是刘媪与蛟龙相交，乃刘父太公亲眼所见，更具真实性；其三是第一次将龙与帝王的出生联系在一起，真龙天子的说法大概由此开始。

值得注意的是，司马迁并不是一个彻底的"圣人感生"论者。《史记》一方面宣扬"圣人无父"，一方面又说"圣人有父"，同祖于黄帝。《五帝本纪》就明确记载黄帝乃少典之子，并且明确了其他四帝以及大禹的血缘关系，认为"自黄帝至舜、禹，皆同姓而异其国号"②，即黄帝之后的帝王都是黄帝的后代。《三代世表》则排出了商、周具体世系，其中商朝世系为："黄帝生玄嚣，玄嚣生蟜极，蟜极生高辛，高辛生禼，禼为殷祖。"这里的禼即是契。周朝世系："黄帝生玄嚣，玄嚣生蟜极，蟜极生高辛，高辛生后稷，为周祖。"对于这种"无父""有父"的矛盾说法，《鲁诗》学者褚少孙的解释是"信以传信，疑以传疑，故两言之"③。从思想深层而言，圣人无父感天而生说是一种天命论，而圣人有父、同祖黄帝说也是一种天命论，因为黄帝后人之所以能成为天子，是"黄帝策天命而治天下，德泽深后世，故其子孙皆复立为天子，是天之报有德也"④。

（二）"原始察终，见盛观衰"与"承敝通变"

首先，"通古今之变"的方法是"原始察终，见盛观衰"。《太史公自序》

---

① 《史记》卷八《高祖本纪》，341页，北京，中华书局，1959。
② 《史记》卷一《五帝本纪》，45页，北京，中华书局，1959。
③ 《史记》卷十三《三代世表》，505页，北京，中华书局，1959。
④ 同上书，505页。

说："网罗天下放失旧闻，王迹所兴，原始察终，见盛观衰。""通古今之变"的基本方法是"原始察终，见盛观衰"。所谓"原始察终"，就是要对历史追溯其原始，察究其终结。这种方法要求人们要把历史当作一个整体和过程来加以考察，以把握历史发展变化的各种因果关系。所谓"见盛观衰"，就是要注意考察历史的发展变化是一种盛衰之变，是盛中有衰，衰中有盛，因此要注意历史发展兴盛之时可能会出现的向衰的方向的转变。

先说"原始察终"。《史记》撰述的整体构思，充分体现了"原始察终"的原则。十二本纪的撰述主旨是考察王迹的兴衰，它通过对黄帝以来历史发展大势的记述，集中表述了一种德力转换的思想。其中《五帝本纪》和"三代《本纪》"主要表述的是先王德政的兴衰，《秦本纪》《秦始皇本纪》《项羽本纪》则主要表述了诸侯霸政的兴衰，而刘邦以下汉朝诸帝本纪又集中表述了汉皇朝无为而治的盛德政治。因此，自黄帝以来的政治史，实际上就是一个从德政到力政又到德政的历史。十表与十二本纪是一种经与纬的关系，它已比较明确地将历史划分为上古、近古和今世三个阶段，五帝三王、东周、战国、秦汉之际、汉兴以来五个时期。其中《三代世表》表述的是五帝三王如何积善累德而得天下的历史，《十二诸侯年表》表述的是王权衰微、诸侯更替称霸的历史，《六国年表》表述的是"陪臣秉政，强国相王"的历史，《秦楚之际月表》表述的是秦汉之际从陈胜作难到项氏灭秦再到刘邦建汉"五年之间，天下三嬗"的剧烈变革的历史，汉兴以来六表表述的是"诸侯废立分削"、海内混为一统的历史。十表分开来看，各表表述的是一个历史时期的历史变化及其特点；合起来看，则整体反映了自黄帝以来三千年历史发展变化之大势。八书记述的是历代制度的演进情况，但由于已残缺不全，难以看出司马迁完整的"原始察终"思想。不过从《平准书》对汉兴以来社会经济的记述可知，司马迁对汉兴以来社会经济变易的考察，是非常重视运用"原始察终"的方法的。三十世家和七十列传则主要叙述了各类历史人物在历史变易过程中所起的作用。

《史记》对具体历史的评述也非常重视运用"原始察终"的方法。如《六国年表序》认为，秦虽多暴短祚，"然世异变，成功大"，对秦史的评述应该要察其终始。《秦楚之际月表》对秦形成一统天下之势的过程作出了整体考察，其序曰："秦起襄公，章于文、缪，献、孝之后，稍以蚕食六国，百有余载，至始皇乃能并冠带之伦。"此外，在诸篇表、书的序文中，司马迁都反复强调了要用"原始察终"的方法来考察历史。如《高祖功臣侯者年表》和《惠景间侯者年表》的序文说明了司马迁作此二表的目的是"谨其终始，表其文"，"咸表终始，当世仁义成功之著者也"。《天官书》认为，"为天数者，必通三五。终始古今，深观时变，察其精粗，则天官备矣"。司马迁在此是以古今为终始，来把握天时变异的规律。《平准书》说："一质一文，终始之变也。"这是司马迁对终始之变特点所作的表述。

再言"见盛观衰"。司马迁认为，历史的变易不仅是一种终始之变，而且是一种盛衰之变。因此，要用一种"见盛观衰"的观点或方法来考察历史的变易及其特点。"见盛观衰"有两重含义，一是肯定历史变易是一种盛衰之变；二是要在事物发展的兴盛时期，注意察觉其向衰败的方向转变的可能性，因为事物的盛与衰是相互包含的。司马迁认为，历史的变易过程，其实就是一个盛衰变动的过程。合观《五帝本纪》和"三代《本纪》"，其实表述的就是上古圣王盛德政治的兴衰过程。同样，如果将《秦本纪》与《秦始皇本纪》合在一起，我们便很容易看出秦是怎样由割据一方的诸侯到秦始皇的一统天下再到二世而亡的由弱小到强盛再到灭亡的全过程。《十二诸侯年表》集中概述了各诸侯势力此消彼长、更替称霸的整体过程。当然，历史盛衰之变有时是很复杂的，如《殷本纪》所记商王朝的历史，就是一个衰、兴、复衰、复兴的错综复杂的历史发展过程。同样，《史记》所记从春秋到战国的历史发展，也是一个错综复杂的兴衰变易过程。这其中既有早期周王室的不断衰败和诸侯国势力的迅速崛起的盛衰之变，又有稍后各诸侯国势力此消彼长的盛衰之变。当然，后一种盛衰之变的最终结果是秦的一统天下和各诸侯国的灭亡。因此，诸侯之间的盛衰之变，其实又蕴含着秦国与各诸侯国之间的盛衰之变。

其次，宣传"承敝通变"的社会变革思想。司马迁历史变易思想的哲理基础就是《易传》的变通思想。吴怀祺先生认为："易学是司马迁家学渊源之一，也是他的史学基石的组成部分。"①《周易·系辞下》将《易传》的变易思想集中表述为"《易》穷则变，变则通，通则久"。司马迁将《易传》的这一变易

①　吴怀祺：《易学与中国史学》，载《南开学报》，1997(6)。

思想运用于对社会历史的考察之中，由此而提出了"承敝通变"的历史变革论。在司马迁看来，一个政权的覆灭，必然是这个政权在制度上出现了种种弊端，因此，代之而起的新兴政权，就必须要针对前朝制度的种种弊端进行变易，只有这样，新兴的政权才能得到稳定。基于这一认识，司马迁在《太史公自序》中明确提出了他修作八书的旨趣就是"承敝通变"。在比较了秦、汉建国之后的改制情况后，司马迁说："周秦之间，可谓文敝矣。秦政不改，反酷刑法，岂不缪乎？故汉兴，承敝易变，使人不倦，得天统矣。"①他认为秦皇朝继周而建，却没有针对周朝制度的种种弊端进行变易，相反，却实行严刑酷法，这是秦朝迅速败亡的原因所在；汉皇朝继秦而建，却能够一反秦的严刑酷法，实行与民休息的治国政策，从而使政权得到了稳定。

《史记》重视对变革历史的记述，而略于对和平时期的历史记述。据统计，《史记》总共有52万余字，关于周初、战国、秦汉之际和武帝建元后四个主要变革时期的历史记述却有40余万字。张大可称这种撰述原则为"详变略渐"②。司马迁重视记述变革之史，当然也重视记述和评论那些变革时代的风云人物——变革家们的事迹。《平准书》论赞说："汤武承敝易变，使民不倦，各兢兢所以为治，而稍凌迟衰微。"《商君列传》说：商鞅之法"行之十年，秦民大悦，道不拾遗，山无盗贼，家给人足。民勇于公战，怯于私斗，乡邑大治"。《管晏列传》说："管仲既任政相齐，以区区之齐在海滨，通货积财，富国强兵"；"其为政也，善因祸而为福，转败而为功"；"齐桓公以霸，九合诸侯，一匡天下，管仲之谋也"。《越王勾践世家》说："苗裔勾践，苦身焦思，终灭强吴，北观兵中国，以尊周室，号称霸王。勾践可不谓贤哉！"《史记》对历史上著名改革家如李悝、吴起、赵武灵王等人的变革业绩都作了详细记述。

司马迁不但重视变革，而且肯定特殊情况下的革命举动。《史记》的革命思想也来自《易传》，《革·象辞》就说："革而当，其悔乃亡。天地革而四时成，汤武革命，顺乎天而应乎人。革之时大矣哉！"《史记》列陈胜入世家，

① 《史记》卷八《高祖本纪》，394页，北京，中华书局，1959。
② 张大可：《司马迁评传》，194页，南京，南京大学出版社，1994。

是对陈胜首义举动的充分肯定。《太史公自序》说："桀、纣失其道而汤、武作，周失其道而《春秋》作。秦失其政，而陈涉发迹，诸侯作难，风起云蒸，卒亡秦族。天下之端，自涉发难。作《陈涉世家》第十八。"在司马迁看来，秦皇朝的统治已是天怒人怨，如同事物已到穷尽之时，只有通过革命的手段，才能使封建统治柳暗花明又一村。而暴虐的秦皇朝最终被推翻，陈胜有首义之功。

三、历史学学术思想"成一家之言"

司马迁在历史学学术思想上"成一家之言"，即是要综合"六经"与诸子学说，贯通"六经"与诸子思想。《太史公自序》说："拾遗补艺，成一家之言，厥协六经异传，整齐百家杂语。"这里所谓"厥协六经异传，整齐百家杂语"，即表达了司马迁要会通"六经"与诸子学说的基本思想。

"厥协六经异传"，即是调和"六经"及其诸传，会通经传的说法。在《史记》一书中，司马迁多次谈到了对"六经"的理解，如《太史公自序》说：

> 《易》著天地阴阳四时五行，故长于变；《礼》经纪人伦，故长于行；《书》记先王之事，故长于政；《诗》记山川溪谷禽兽草木牝牡雌雄，故长于风；《乐》乐所以立，故长于和；《春秋》辩是非，故长于治人。[①]

在司马迁看来，"六经"总体旨趣在于治道，是上古三代历史的重要载体，因此是后人论载历史的重要史料。同时，司马迁非常敬仰孔子，既然"六经"是经过孔子整理的，自然又是最值得信任的史料。《孔子世家》论赞提出"折中于夫子"，《伯夷列传》则提出"考信于六艺"，它们所表述的意思是一致的，那就是论载历史必须以"六经"(汉人所言"六经"包含经与传)作为取材标准和是非标准。《史记》论载历史是很重视"考信于六艺"的。如《五帝本纪》多取材于《尚书》《礼记》，"三代本纪"多取材于《尚书》和《诗经》，春秋战国历史多取材于《春秋》经传和《礼记》。一般地说，《史记》对三代及其以前的历史记载，主要取材于"六经"经传；而关于春秋战国至秦汉的历史记载，

---

① 《史记》卷一百三十《太史公自序》，3297 页，北京，中华书局，1959。

则是经书与史书、诸子书并重。

既然论载历史"考信于六艺",那么司马迁为何还要"厥协六经异传"?主要原因是经传在流传的过程当中出现了歧义,甚至出现相互牴牾的现象。正如顾颉刚所说:"所谓《六艺》,是包括经和传而言的,然而这些文字来路非一,时代又非一,经和传已常相牴牾,经和经又自相牴牾。"①既然出现分歧甚至牴牾,那就必须要加以"厥协",统一说法,这是统一学术思想的需要。《史记》一书又是如何"厥协六经异传"的呢?司马迁奉行的基本原则是:其一,"六经异传"对历史事实的评述虽有多家论述,但观点一致,则综合加以采纳。如对商、周始祖契和后稷事迹的评述,只有《诗传》和公羊家有论载,《史记》自然信从之。又如关于"汤武革命"问题,《周易·革卦》,《尚书》的《汤誓》《泰誓》《牧誓》诸篇,《诗经》的《商颂》《大雅》诸篇,《春秋繁露》的《尧舜不擅移、汤武不专杀》篇,等等,都对此作了肯定。《史记·太史公自序》因此而写道:"桀、纣失其道而汤、武作。"其二,"六经"经传对历史事实评述不一,则取一家之说。由于学术家传、师承不一,对历史事实的评述自然也不一致。司马迁师承今文学家董仲舒,故《史记》采纳今文家的观点较多。但是,司马迁又是一位大史学家,他重视历史事实,故往往又能根据自己的理解而选取别家说法。如关于"赵盾弑君"之事,《春秋繁露·玉杯》认为"臣不讨贼,故加之弑君","所以示天下废臣子之节"。《左传》宣公二年记载此事时,借用孔子的话说道:"赵宣子,古之良大夫也,为法受恶。惜也,越境乃免。"《史记·晋世家》记载此事时,司马迁没有采用其师董仲舒的说法,而是仿照《左传》的做法,借用了孔子之语来作评述。

"整齐百家杂语",即是对"百家杂语"加以斧正和整齐,以会通诸子说法。前已述及,《史记》关于春秋战国以后历史的论载,除采纳经传的说法外,尚有史书与诸子书。与经传相比,诸子百家关于历史的评述更是异说纷呈。顾颉刚说:"何况经传的材料不够用,他毕竟要登用诸子百家之言,又要采取传说;这里边矛盾冲突之处当然不知有多少。"②正因此,司马迁才要"整齐百家杂语"。

① 顾颉刚:《战国秦汉间人的造伪与辨伪》,见顾颉刚编著:《古史辨》第7册上编,49页,上海,上海古籍出版社,1982。
② 同上书,49～50页。

那么，"整齐百家杂语"的原则又是什么呢？司马迁的父亲司马谈是汉初黄老道家代表人物，而黄老道家的学术宗旨是主张兼收并蓄的。司马迁从小受到家学的熏陶，故而他"整齐百家杂语"不是搞一言堂，而是兼收并蓄各家思想，然后进行理论锻造。这个原则在《论六家要指》一文中有着集中体现。《论六家要指》虽为司马谈所作，但体现了司马谈、司马迁父子的共同思想，东汉史家班彪、班固父子就是直接将此文当作司马迁之言来对其思想加以评论的。《论六家要指》连续使用了"不可失""不可易""不可废""不可改""不可不察"五个关键词语，来表达司马谈父子对阴阳、儒、墨、法、名家的一个基本态度。《史记》一书不但以《论六家要指》为指导，创立了一系列学术史传记，而且也是据此对各家学术进行评述的。

四、历史编纂境界"成一家之言"

作为史家，究竟应该如何编纂历史？《报任安书》说："网罗天下放失旧闻，考之行事，稽其成败兴坏之理。"[1]这句话提出了历史编纂的两重境界：求真与致用。这也是司马迁关于历史编纂的"一家之言"。

第一重境界是求真。如何求真？司马迁提出要"网罗天下放失旧闻，考之行事"。其中"网罗天下放失旧闻"是从历史撰述需要广泛占有材料的角度说的，"考之行事"则是从史料考实的角度说的，二者共同体现了司马迁历史编纂的求真思想。

白寿彝先生认为，司马迁的"成一家之言"也包含了取材，"其中有史事的材料，有思想的材料，《史记》对各家的材料，加以取舍、提高，这是'成一家之言'的又一个重要的方面"[2]。从司马迁作《史记》所搜集的各种历史资料来看，其中既有"六经"异传、百家杂语和汉初百年间"莫不毕集于太史公"的天下遗文故事等文字资料，更有司马迁巡游各地所见所闻的各种实物、口碑、诗歌、俚谚、图像等资料，如《史记·淮阴侯列传》便是主要依靠口碑资料而写成的名篇佳作。司马迁重视史料考实，其考史的基本原则

---

① 《汉书》卷六十二《司马迁传》，2735页，北京，中华书局，1962。
② 白寿彝：《中国史学史论集》，106页，北京，中华书局，1999。

是"考信于六艺"①和"折中于夫子"②，对真假难辨的史事则"疑者传疑"③"疑者阙焉"④。如《史记》记载传说的五帝之事，便是以孔子的著作和有关文献记载以及司马迁自己巡游各地的见闻相验证的。《五帝本纪》云："学者多称五帝，尚矣。然《尚书》独载尧以来；而百家言黄帝，其文不雅驯，荐绅先生难言之。孔子所传宰予问《五帝德》及《帝系姓》，儒者或不传。余尝西至空桐，北过涿鹿，东渐于海，南浮江淮矣，至长老皆各往往称黄帝、尧、舜之处，风教固殊焉，总之不离古文者近是。"《史记·老子韩非列传》对老子和老莱子究竟是两人还是同一人分辨不清，故其记载持"疑者传疑"的态度，并书二人。对于无法确信的史事，《史记》则采取"疑者阙焉"的态度。《仲尼弟子列传》说："余以弟子名姓文字悉取《论语》弟子问并次为篇，疑者阙焉。"

第二重境界是致用。如何致用？司马迁提出"稽其成败兴坏之理"。这既是历史编纂的最高境界，也是史学研究的根本目的。司马迁通过对历史成败兴坏之理的探讨，在政治、经济和人才观上都提出了自己的"一家之言"。

首先，理民以静。这是司马迁探寻历史成败兴坏之理的政治观。司马谈尊崇黄老之学，肯定黄老之道"其为术也，因阴阳之大顺，采儒墨之善，撮名法之要，与时迁移，应物变化，立俗施事，无所不宜，指约而易操，事少而功多。……其术以虚无为本，以因循为用"⑤。司马迁深受家学的影响，也赞成黄老治国之术，主张理民以静。《平准书》对汉初推行与民休息政策而取得的显赫政绩给予充分肯定："汉兴七十余年之间，国家无事，非遇水旱之灾，民则人给家足。都鄙廪庾皆满，而府库余货财。京师之钱累巨万，贯朽而不可校。太仓之粟陈陈相因，充溢露积于外，至腐败不可食。"相反，对汉武帝多事扰民的举措则给予否定："严助、朱买臣等招来东瓯，事两越，江淮之间萧然烦费矣。唐蒙、司马相如开路西南夷，凿山通

---

① 《史记》卷六十一《伯夷列传》，2121页，北京，中华书局，1959。
② 《史记》卷四十七《孔子世家》，1947页，北京，中华书局，1959。
③ 《史记》卷十三《三代世表》，487页，北京，中华书局，1959。
④ 《史记》卷六十七《仲尼弟子列传》，2226页，北京，中华书局，1959。
⑤ 《史记》卷一百三十《太史公自序》，3289、3292页，北京，中华书局，1959。

道千余里，以广巴蜀，巴蜀之民罢焉。彭吴贾灭朝鲜，置沧海之郡，则燕齐之间靡然发动。及王恢设谋马邑，匈奴绝和亲，侵扰北边，兵连而不解，天下苦其劳，而干戈日滋。行者赍，居者送，中外骚扰而相奉，百姓抚弊以巧法，财赂衰耗而不赡。"①司马迁理民以静的政治观在吏治主张上也有体现，他肯定"奉职循理"的官吏，特为他们作《循吏列传》；而对那些民众畏而恨之的官吏则给予否定，认为官吏"奉职循理，亦可以为治，何必威严哉"②。司马迁甚至将是否理民以静作为评判官吏好坏的标准。《曹相国世家》称赞曹参"与休息无为，故天下俱称其美矣"，并借百姓之口歌之曰："萧何为法，靖若画一；曹参代之，守而勿失。载其清静，民以宁一。"应该说，司马迁理民以静的政治观，既渊源于其家学，又是对历史治乱兴衰的总结，特别是对汉初几十年历史进行深刻反思的结果，现实寓意是很强的。

其次，"富者，人之情性"。这是司马迁探寻历史成败兴坏之理所表达的经济观。司马迁认为追逐财富是人的一种自然本性，"富者，人之情性，所不学而俱欲者也"③，这种逐利现象是自古以来皆如此的。"至若《诗》《书》所述虞夏以来，耳目欲极声色之好，口欲穷刍豢之味，身安逸乐，而心夸矜势能之荣，使俗之渐民久矣。"④司马迁充分肯定财富对于个人立世、社会道德乃至政治成败的重要作用，认为人在社会上之所以有贵贱之分，是由其拥有的财富多寡来决定的，"凡编户之民，富相什则卑下之，伯则畏惮之，千则役，万则仆，物之理也"⑤。他肯定社会道德是建构在物质财富基础之上的，赞成管仲"仓廪实而知礼节，衣食足而知荣辱"的说法，并进一步提出了"礼生于有而废于无"⑥的命题。他甚至认为若"无岩处奇士之行，而长贫贱，好语仁义，亦足羞也"⑦，公开指责那些口谈仁义而不力行致富的人是可羞的。司马迁充分肯定社会财富对国家强盛所起的决定性作用，《平准书》认为齐"成霸名"、魏"为强君"，在于发展生产、积聚财富；《货殖

---

① 史记》卷三十《平准书》，1420～1421 页，北京，中华书局，1959。
② 《史记》卷一百一十九《循吏列传》，3099 页，北京，中华书局，1959。
③ 《史记》卷一百二十九《货殖列传》，3271 页，北京，中华书局，1959。
④ 同上书，3253 页。
⑤ 同上书，3274 页。
⑥ 同上书，3255 页。
⑦ 同上书，3272 页。

列传》认为越王勾践之所以能报仇雪耻、称霸中原，是因为用了范蠡、计然的富国之策。《河渠书》将秦国强大的原因主要归结为两条：一是商鞅变法，奖励耕战；二为开凿郑国渠，"于是关中为沃野，无凶年"。在司马迁看来，既然财富对个人、社会和国家政治都起着决定性作用，统治者就应该要对百姓追逐财富有一种清醒认识和正确态度。《货殖列传》说："善者因之，其次利导之，其次教诲之，其次整齐之，最下者与之争。"很显然，司马迁对统治者与民争利是持否定态度的。

最后，"存亡在所任"。这是司马迁探寻历史成败兴坏之理所表达的人才观。前已述及，司马迁的天人观是肯定人为作用的，也正因此，在探寻历史成败兴坏之理时，也就自然得出了"存亡在所任"这一顺乎逻辑的结论。《中庸》说："国家将兴，必有祯祥；国家将亡，必有妖孽。"司马迁将此语改造为："国之将兴，必有祯祥，君子用而小人退。国之将亡，贤人隐，乱臣贵。……'安危在出令，存亡在所任'，诚哉是言也！"①这一变语，赋予了《中庸》天人感应灾异说以人才进退这一实际政治内容，肯定了国家祸福存亡取决于人才的任用与否。司马迁还以史为证，对人才与政治兴亡之关系作了进一步阐释。他认为三代盛世的造就，依靠的就是人才，"尧虽贤，兴事业不成，得禹而九州宁"②。秦最终得以灭除六国一统天下，与重用人才分不开，像政治家商鞅、李斯等，外交家张仪、范雎等，军事家白起、王翦、蒙恬等，都是一时不可多得的人才。反观六国的败亡，又无不与不重用人才有关，如楚国放逐屈原，赵国杀害李牧、不用廉颇，等等。楚汉战争结束后，刘邦曾与群臣讨论他之所以得天下，而项羽之所以失天下的原因。他认为自己能得天下，是因为能知人善任；而项羽失天下，是因为刚愎自用，不能用人。刘邦说："夫运筹策帷帐之中，决胜于千里之外，吾不如子房。镇国家，抚百姓，给馈饷，不绝粮道，吾不如萧何。连百万之军，战必胜，攻必取，吾不如韩信。此三者，皆人杰也，吾能用之，此吾所以取天下也。项羽有一范增而不能用，此其所以为我擒也。"③刘邦这个认识无疑是清醒和正确的，司马迁引述之，说明这也是司马迁的看法。在《刘敬叔

---

① 《史记》卷五十《楚元王世家》，1990页，北京，中华书局，1959。
② 《史记》卷一百一十《匈奴列传》，2919页，北京，中华书局，1959。
③ 《史记》卷八《汉高祖本纪》，381页，北京，中华书局，1959。

孙通列传》论赞中，司马迁特别强调人的才智不可能专有，帝王不能凭借一己之智来治理国家，因此重用人才、集思广益是政治治理所必需的。他说："语曰'千金之裘，非一狐之腋也；台榭之榱，非一木之枝也；三代之际，非一士之智也'。信哉！"

第三节　班固史学的二重性特征

传统史学的二重性特征，是指史学一方面出于借鉴的需要而从历史的真实中去认真总结经验教训，另一方面又要从神意角度为封建统治的合理性和永恒性提供论证。这种二重性特征，早在先秦史学形成过程中就已经体现出来了。"董狐笔"和"太史简"便是分别代表了"求道"与"求真"之史学两种不同属性的典型笔法。不过，它们对以后史学认识的影响不是孤立进行而是共同作用的。在汉代史学当中，班固史学的二重性特征是最为显著的，《汉书》也因此而成为正统史学的代表。

一、班固史学二重性特征的形成

班固史学二重性特征形成的原因，一方面有时代因素。东汉光武中兴，刘氏政权失而复得，需要史家对历史治乱兴衰作出认真总结，从而以史为鉴。同时对于重建的刘氏政权的合法性，需要从神意角度作出解说和论证。另一方面有家学因素。班固的父亲班彪是东汉正统史学的代表，他重视以"辩而不华，质而不野"[1]作为良史的标准，同时又极力维护刘氏正统，宣扬"神器有命"[2]。

（一）时代对于史学二重性的需要

班固史学之所以带有浓厚的二重性特征，是与东汉初年这一特定时代对史学的要求分不开的。刘汉政权是经过秦末农民大起义之后建立起来的，经过二百余年的统治之后，被新莽政权所取代。然而，新莽政权的统治仅

---

①　《后汉书》卷四十上《班彪列传》，1325 页，北京，中华书局，1965。
②　《汉书》卷一百上《叙传》，4209 页，北京，中华书局，1962。

仅维持了十余年，就被西汉末年的农民大起义所葬送，刘氏家族乘机又重新夺取了政权。刘汉政权的建立以及刘氏政权的失而复得，自然会引起东汉政权的统治者们去对这种政权的更替进行思考。为了使失而复得的刘氏政权的统治得以巩固，统治者希望史学家们能够认真总结历史的经验和教训，为现实政权的统治提供历史借鉴。正是由于政治统治迫切需要历史的借鉴，这一时期的史学家们自然也就自觉地去贯彻统治者的这种政治意图，而致力于发挥史学的求真功能。《汉书》的"实录"精神，无疑便是班固自觉贯彻统治者治史意图的一种体现。

当然，刘氏重建封建政权，不仅要通过对历史的治乱兴衰进行总结，为新兴政权的巩固提供借鉴，还有一个更为迫切的问题，那就是要对重建的刘氏政权的合法性从神意角度作出说明。东汉初年的统治者都非常重视利用谶纬神学来为其政权统治服务，具体表现在：一是以谶语作为政权建立的依据。据《后汉书·光武帝纪上》载，刘秀在登基前夕(25 年)，就曾经上演过一幕天命皇权的闹剧；在登基祝文中，他又借用谶语"刘秀发兵捕不道，卯金修德为天子"[1]来为其皇权的合法性作出解说。二是将天降灾异与政治过失联系在一起。例如，光武帝建武二十二年(46 年)，刘秀老家河南南阳发生大地震，刘秀就赶紧下诏自责，并下令减免南阳地区的租税，对牢中罪犯也予以减刑。三是依据谶纬制定礼乐制度。例如，汉章帝元和二年(85 年)诏命大臣曹褒依据谶纬之书编撰了从天子到庶人之冠婚吉凶终始制度 150 篇。四是将谶纬神学渗透于学术研究之中。例如，汉章帝建初四年(79 年)召开的白虎观会议，旨在讲论五经异同，汉章帝"亲称制临决"[2]。会后由班固整理会议记录而成的《白虎通》，是一部被奉为"国宪"的谶纬神学化的经学著作，它的问世标志着东汉谶纬神学从此被法典化。史家班固生当谶纬神学笼罩下的东汉初年，他不仅无法摆脱这种神学思想的影响，更要自觉地将这种神意史观贯彻到历史的撰述当中，以为东汉政权的合法性作出解说。

（二）班彪二重性史学的影响

班固史学二重性特征的形成，也与其父班彪二重性史学的影响分不开。

---

[1] 《后汉书》志第七《祭祀上》，3158 页，北京，中华书局，1965。
[2] 《后汉书》卷三《肃宗孝章帝纪》，138 页，北京，中华书局，1965。

班彪是两汉之际著名的史家，撰有《史记后传》。班彪史学思想的二重性倾向，首先表现为维护刘氏正统。王莽败亡后，天下形成群雄割据之势。班彪当时避难于天水，为割据天水的军阀隗嚣所器重。然而，班彪不但没有为隗嚣割据出谋划策，反而通过论说汉、周兴亡之异，规劝隗嚣投奔已经称帝的刘秀。他对隗嚣说，周朝的灭亡与汉朝的灭亡情形不同，周朝灭亡的根因在于"本根既微，枝叶强大"，而汉朝虽然"国嗣三绝"，但是，它却是"危自上起，伤不及下"，故而百姓仍然"思仰汉德"。班彪还撰写了《王命论》，"以为汉德承尧，有灵命之符，王者兴祚，非诈力所至"，从神意角度对隗嚣进行规劝。当然，隗嚣并没有听从班彪的规劝。后来，班彪又转而避地河西，河西大将军窦融待之以师友。于是，"彪乃为融画策事汉，总西河以拒隗嚣"。①

　　其次，班彪既认为"神器有命"，又强调须尽人事。班彪为劝说隗嚣归汉而作的《王命论》是一篇系统反映其史学思想二重性特征的重要文献。一方面，《王命论》明确认为"神器有命"，并非人力所为。班彪说："刘氏承尧之祚，氏族之世，著乎《春秋》。唐据火德，而汉绍之，始起沛泽，则神母夜号，以章赤帝之符。……世俗见高祖兴于布衣，不达其故，以为适遭暴乱，得奋其剑，游说之士至比天下于逐鹿，幸捷而得之，不知神器有命，不可以智力求也。"②在班彪看来，汉绍尧运已是著明于《春秋》，而刘邦斩蛇，"神母夜号"，则是汉兴之符应。由此来看，刘汉之兴是神意而非人力。另一方面，班彪又认为刘汉之兴也是与刘邦善谋略、尽人事分不开的。他说：

　　　　信诚好谋，达于听受，见善如不及，用人如由己，从谏如顺流，趣时如向赴；当食吐哺，纳子房之策；拔足挥洗，揖郦生之说；寤戍卒之言，断怀土之情；高四皓之名，割肌肤之爱；举韩信于行陈，收陈平于亡命，英雄陈力，群策毕举：此高祖之大略，所以成帝业也。③

---

①　《后汉书》卷四十上《班彪列传》，1323～1324 页，北京，中华书局，1965。

②　《汉书》卷一百上《叙传》，4208～4209 页，北京，中华书局，1962。

③　同上书，4211 页。

班彪通过详列以上各种具体事例，以说明高祖的雄才大略。而正是由于高祖的雄才大略，才最终成就了刘家帝王之业。由此来看，班彪又是非常重视人事的。班彪曾将高祖兴汉的原因具体归纳为五条："一曰帝尧之苗裔，二曰体貌多奇异，三曰神武有征应，四曰宽明而仁恕，五曰知人善任使。"①这里所列汉兴五条原因，实际上也是班彪史学二重性的一个具体体现。其中前三条体现了班彪的神意史观和正统史观，后两条则是其重人事思想的一种体现。合而观之，则体现了其史学的二重性。

最后，班彪史学二重特性还表现在其对司马迁史学的评价上。班彪评价司马迁时，从史学思想而言，提出了"史公三失"论：

> 迁之所记，从汉元至武以绝，则其功也。至于采经撮传，分散百家之事，甚多疏略，不如其本，务欲以多闻广载为功，论议浅而不笃。其论术学，则崇黄老而薄《五经》；序货殖，则轻仁义而羞贫穷；道游侠，则贱守节而贵俗功：此其大敝伤道，所以遇极刑之咎也。②

对班彪"史公三失"论究竟应该作何评价，此处姑且不论，但有一点是明显的，那就是班彪所论司马迁之三失，显然是从正统主义出发的，是其正统主义史学思想的一种体现。

从历史撰述而言，班彪一方面肯定司马迁"善述序事理，辩而不华，质而不野，文质相称，盖良史之才也"，同时指出《史记》在撰述体例上存在着"刊落不尽，尚有盈辞，多不齐一"的缺陷。另一方面，班彪又从正统主义出发，而对《史记》条例多有微词。他说："司马迁序帝王则曰本纪，公侯传国则曰世家，卿士特起则曰列传。又进项羽、陈涉而黜淮南、衡山，细意委曲，条例不经。"③此处所谓"条例不经"，是指司马迁不应该进项羽入《本纪》，进陈涉入《世家》。其实，司马迁的书法是史学求真精神的一种体现，而班彪的批评则恰恰体现了其正统主义的史学特征。

以上所论班彪史学之二重特性，对于班固史学二重特性之形成，无疑

---

① 《汉书》卷一百上《叙传》，4211页，北京，中华书局，1962。
② 《后汉书》卷四十上《班彪列传》，1325页，北京，中华书局，1965。
③ 同上书，1327页。

是有着非常重要的影响的。实际上，班固史学的二重性特征是对班彪史学二重性倾向的一种深化和发展。

二、《汉书》的"宣汉"旨趣和神意史观

班固充分肯定汉皇朝的历史地位，故而《汉书》以"宣汉"为旨趣，颂扬汉皇朝的功德。为贯彻"宣汉"旨趣，《汉书》又重视以神意来解说历史，论证刘汉皇权的合法性，史学思想具有明显的神意化倾向。《汉书》的"宣汉"与神意史观，是班固史学二重性特征的一种体现。

（一）历史编撰蕴含的"宣汉"思想

以往论者认为，班固改变司马迁通史纪传的方法，而采用断代形式专记有汉一代的历史，只是一种历史撰述体例的改变。其实并不尽然，班固之所以要断汉为史，并不仅仅只是一种历史撰述体例的改变，而是蕴含有"宣汉"思想于其中的。

其一，班固认为以往的历史撰述不足以宣扬大汉之德。在班固看来，西汉皇朝是历史上最强盛的皇朝，即使如孔子和后来的儒家们所推崇的周王朝也不如西汉皇朝强盛。可是在现实当中，史学家们对汉皇朝的历史记载却是比较贫乏的。在《汉书》问世以前，有关西汉一朝历史的记载，武帝以前主要有《史记》，武帝之后则有自褚少孙至班彪十余家《史记》续作。在班固看来，这些历史撰述都没有很好地肩负起"宣汉"的历史使命。就《史记》而言，它在历史撰述上所取得的成就是有目共睹的。然而，由于时代的局限，生活在汉武帝时代的司马迁不可能做到对有汉一代的历史有一个全面的了解和考察，从而也就无法对皇朝的历史作出全面的、恰如其分的评价。而《史记》采用通史纪传，将汉皇朝"编于百王之末，厕于秦、项之列"，这在班固看来，是贬低了汉皇朝的历史地位的。就《史记》诸家续作而言，除褚少孙所补内容被附于《史记》之中、班彪《史记后传》的一些内容存于《汉书》之中而得以流传外，其他诸家《史记》续作皆已不存。这从一个侧面也反映出，诸家续作本来就难堪其任，被历史所淘汰也就很自然了。由此可见，班固一反自褚少孙以来只是以续作的形式反映有汉一代历史的做法，而改以断汉为史，便决不能只被看作一种体例的变化，而应该被看作一种"宣汉"历史意识的体现。

其二，断汉为史旨在凸显西汉大一统皇朝历史地位。《汉书·叙传》明确阐明了班固断汉为史的原因，他说：

> 固以为唐虞三代，《诗》《书》所及，世有典籍，故虽尧舜之盛，必有典谟之篇，然后扬名于后世，冠德于百王，故曰"巍巍乎其有成功，焕乎其有文章也！"汉绍尧运，以建帝业，至于六世，史臣乃追述功德，私作本纪，编于百王之末，厕于秦、项之列。太初以后，阙而不录，故探纂前记，缀辑所闻，以述《汉书》……①

在这段话中，班固明确认为，即使如儒家心目中的尧、舜盛世时代，也必须要依靠典籍，才能"扬名于后世，冠德于百王"。而汉皇朝建立起来的功业要超过以往任何一个时代，这就更加需要史学家们记载下汉皇朝的丰功伟绩，以此确定起汉皇朝的重要历史地位。然而，以往的历史撰述却未能肩负起"宣汉"的历史重任，所以他要断汉为史著述《汉书》，以史学家特有的历史自觉去肩负起"宣汉"的历史重任。

《汉书》述汉史，沿用的是司马迁创立的纪传体体裁，而不是以《春秋》《左传》为代表的编年体体裁。之所以如此，是因为《汉书》的撰述目的是"宣汉"，故而它要最大限度地、最为全面地记载下西汉大一统盛世的历史。而要做到这一点，以包容量大为其特色的纪传体，就自然成为班固撰写《汉书》所必须采用的一种体裁。不过，《汉书》没有采用《史记》通史纪传的办法，而是断汉为史，在历史体裁上作了重大改进。究其原因，一方面是因为用纪传体撰写通史，实际上存在着很多困难，这也是《史记》会出现篇章结构和史事编排上的诸多不当的原因。司马迁乃旷世奇才，他都难以用纪传体撰述通史，何况一般的作史者呢！也正因此，在用纪传体写成的"二十四史"当中，只有《史记》《南史》《北史》三部史书属于通史纪传。另一方面，班固断代纪传，可以将有汉一代的政治、经济、军事、文化以及社会生活等各个方面的历史事实尽显于世人面前，从而达到"宣汉"的目的。此外，班固对司马迁草创的纪传体的改进还表现在对纪传体具体体例的整齐划一

---

① 《汉书》卷一百下《叙传》，4235 页，北京，中华书局，1962。

上，它使得《汉书》对有汉一代史事的记载显得更为明晰化、条理化，从而更便于服务"宣汉"这一撰史宗旨。

（二）以神意史观解说汉朝统绪

西汉建朝与以往有很大的不同。以往的王朝建立者多为圣王之后，至于秦皇朝的建立，则是秦始皇"奋六世之余烈"①的结果；而刘邦起于闾巷，无尺土之封，却在秦末乱世之时，手持三尺剑而得以倒秦灭项，最终建立了汉皇朝。正如班固所说："夫大汉之开原也，奋布衣以登皇极，繇数期而创万世，盖六籍所不能谈，前圣靡得而言焉。"②刘邦"无土而王"，这是时人感到困惑不解的问题，班固一方面肯定人为因素的作用，另一方面更重视以神意史观来对汉皇朝的历史统绪作出解说。

《汉书·高帝纪赞》中，班固考出了一个具体而又系统的汉绍尧运的刘氏家族的世系来。《高帝纪赞》曰：

> 《春秋》晋史蔡墨有言，陶唐氏既衰，其后有刘累，学扰龙，事孔甲，范氏其后也。而大夫范宣子亦曰："祖自虞以上为陶唐氏，在夏为御龙氏，在商为豕韦氏，在周为唐杜氏，晋主夏盟为范氏。"范氏为晋士师，鲁文公世奔秦。后归于晋，其处者为刘氏。刘向云战国时刘氏自秦获于魏。秦灭魏，迁大梁，都于丰，故周市说雍齿曰"丰，故梁徙也"。是以颂高祖云："汉帝本系，出自唐帝。降及于周，在秦作刘。涉魏而东，遂为丰公。"丰公，盖太上皇父。其迁日浅，坟墓在丰鲜焉。及高祖即位，置祠祀官，则有秦、晋、梁、荆之巫，世祠天地，缀之以祀，岂不信哉！由是推之，汉承尧运，德祚已盛，断蛇著符，旗帜上赤，协于火德，自然之应，得天统矣。③

关于汉高祖刘邦的家世，最早记录汉史的《史记》是这样说的："高祖，沛丰邑中阳里人，姓刘氏，字季。父曰太公，母曰刘媪。"④在此，司马迁没有记

---

① 《史记》卷四十八《陈涉世家》，1963 页，北京，中华书局，1959。
② 《后汉书》卷四十下《班彪列传》，1359 页，北京，中华书局，1965。
③ 《汉书》卷一下《高帝纪》，81～82 页，北京，中华书局，1962。
④ 《史记》卷八《高祖本纪》，341 页，北京，中华书局，1959。

录刘邦祖父以上家世情况。之所以没有记录，当然是因为无法考证。其实，就是称刘邦之父为"太公"，也不过是一个尊号，而非本名；而对于刘邦的母亲，司马迁连其姓氏也不知晓；就是刘邦本人所说的以"季"为字，显然也是他的排行。由此来看，司马迁之所以如此记述刘邦的家世，实在是由于刘邦乃起于闾巷，贫民家是没有也不可能有家世记载的。那么，班固详列刘邦自尧以后的历代世系，究竟是他的一种杜撰，还是有所依据？对此，我们的答案是：《高帝纪赞》的思想并非班固所杜撰，而是依据《左传》的记载得来的。

《左传》涉及刘汉世系的记载主要有三处，即文公十三年、襄公二十四年和昭公二十九年。文公十三年的记载，主要是叙述了刘氏先人士会逃往秦国，晋人担心秦国重用士会，便设计将他骗回。后来，留在秦国的部分家眷就改以刘为氏了。也就是说，此处记载主要是交代了刘氏的来历。襄公二十四年主要记载了士会之孙范宣子历数自己的世系情况："昔匄之祖，自虞以上，为陶唐氏，在夏为御龙氏，在商为豕韦氏，在周为唐杜氏，晋主夏盟为范氏，其是之谓乎？"昭公二十九年的记载则主要是借晋史蔡墨答魏献子的话，叙述了自刘氏先人刘累到成为范氏的过程。班固《高帝纪赞》只是对《左传》三处记载作了一番糅合，又外加了刘向之说，补上了士会留秦一支从秦迁至魏再迁至丰的整个过程，而高祖正是出自该支。

值得注意的是，《左传》作为先秦著作，都已经有了关于刘氏世系的详细记载，为何成书于西汉武帝时期的《史记》却失载呢？按理，在那个重视叙述祖德的时代里，司马迁作为汉代的史臣，不可能无视《左传》关于当朝开国皇帝家世的记载，唯一合理的解释便是司马迁当时所看到的《左传》并没有这些内容的记载。据清代今文学家的考证，流传于后世的《左传》，其实是经过西汉末年刘歆的改头换面，从而带有浓厚的汉人学术色彩的著作。清代今文学家的说法，固然带有不同学派间的偏见，如果因此而否定《左传》的学术价值，显然是不妥当的。但是，如果说刘歆所整理过的《左传》丝毫不带有汉人的痕迹，那也是不真实的。仅就上述《左传》所记三条关于刘氏家世的材料，我们认为确实存在着被刘歆添加进去的嫌疑。首先，如果先于《史记》成书的《左传》已经记载了刘氏世系，作为学识渊博的史家司马迁是不可能不知道的，因而也是不可能不记载于《史记》之中的。也就是说，

《史记·高祖本纪》没有"汉为尧后"的记载，这在那个重视叙述祖德的时代显然是一种违背常理的做法，合理的解释只能是此说当时尚未出现。其次，《左传》中关于刘氏世系的记载，是西汉末年人们大力鼓吹的"汉为尧后"说的重要的也是唯一的理论依据，这就不得不使人怀疑它是汉人为宣扬"汉为尧后"说而蓄意制造出来的。再次，《左传》是经过刘歆整理的先秦典籍，而刘歆创立五行相生之五德终始说的一个重要目的，就是要宣扬"汉为尧后，以得火德"。而为了能使"汉为尧后"说得以成立，刘歆借助整理《左传》的机会而编造出这套刘氏世系也不是没有可能的。最后，"汉为尧后"说仅见于《左传》和谶书中，而并不见有先秦其他经书的记载。对此，传古文的东汉经师贾逵说："《五经》家皆无以证图谶明刘氏为尧后者，而《左氏》独有明文。"[①]这句话无意间透露出了一个重要信息，那就是除《左传》和图谶之外，其他经书皆无"汉为尧后"的记载。因此，与其说这是《左传》的发明，倒不如说这是刘歆的杜撰更符合情理。

现在的问题是，我们姑且认定刘汉就是尧之后，可是，从以上所述可知，尧的后裔有好几支，为何就只有丰地一支到刘邦时便兴汉了呢？对此，班固的解释是："汉承尧运，德祚已盛，断蛇著符，旗帜上赤，协于火德，自然之应，得天统矣。"这就是说，作为尧后的刘氏，到丰地一支刘邦时恰逢"德祚已盛"，该要承天命而王了。何以见得呢？"断蛇著符"便是上天命汉兴起的符应。既然天命已显，故而刘邦倒秦灭项，建立汉朝，只不过是顺天命行事而已。

综上所述，班固通过作《高帝纪赞》，从而对汉皇朝的统绪作了神意化的解释。从理论渊源而言，班固的"汉为尧后"说、"断蛇著符"说，主要承继了刘歆的历史理论。由于《汉书》为我国封建正统史学的代表，它对汉皇朝统绪作出的神意解释所产生的影响自然是不同凡响的。

三、《汉书》的"实录"精神

班固作为封建正统史家的代表，既重视颂扬汉皇朝功德、宣扬神意史观，又必须如实地记载客观历史，以便从中吸取治国治民的经验教训。《汉

---

① 《后汉书》卷三十六《贾逵列传》，1237页，北京，中华书局，1965。

书》重视秉笔直书，彰显了班固史学的"实录"精神，这也是其史学二重性之
另一面。

（一）从对司马迁史学的评价看班固的"实录"意识

班固对司马迁这位史学前辈的评价，深受其父班彪的影响。一方面，
与其父一样，班固也从正统主义去看待司马迁的史学，而重申其父的"史公
三失"说，只是在表述的次序和行文上略有不同而已。班固说：

> （司马迁）是非颇缪于圣人，论大道则先黄老而后六经，序游侠则
> 退处士而进奸雄，述货殖则崇势利而羞贱贫，此其所蔽也。①

在此，班固所谓"史公三失"，主要是"论大道则先黄老而后六经"，其他两
条都是由此而派生出来的。我们认为，班固批评司马迁"是非颇缪于圣人"，
显然是用儒学神圣化时代的正统观去衡量的；如果从司马迁时代去评价其
是非观，就很难得出这样的结论了。因为司马迁推崇孔子，他撰述《史记》，
就是以"继《春秋》"为己任的，《史记》不但重视对孔子及儒家人物的记载，
而且其撰述原则也是"折中于夫子"②"考信于六艺"③的。当然，司马迁也受
到过其父司马谈黄老思想的熏陶，而重视兼收并蓄诸家思想，加上当时"独
尊儒术"还只是刚刚开始，儒家学说还没有被神圣化，这就决定了司马迁的
儒学思想不可能是那么纯粹的，它与班固以神学化、绝对化的儒学来陶铸
历史的正统主义史学自然相距甚远。

另一方面，班固在批评司马迁"是非颇缪于圣人"的同时，却又能对其
史学成就作出实事求是的评价，给予充分的肯定。首先，班固称赞司马迁
治学勤奋，学识渊博。班固认为，《史记》之所以能陶铸上下数千年历史于
一炉，是与司马迁治学勤奋、学识渊博分不开的。班固说："（司马迁）涉猎
者广博，贯穿经传，驰骋古今，上下数千载间，斯以勤矣。"④其次，班固对

① 《汉书》卷六十二《司马迁传》，2737～2738 页，北京，中华书局，1962。
② 《史记》卷四十七《孔子世家》，1947 页，北京，中华书局，1959。
③ 《史记》卷六十一《伯夷列传》，2121 页，北京，中华书局，1959。
④ 《汉书》卷六十二《司马迁传》，2737 页，北京，中华书局，1962。

《史记》的史料价值和撰述原则给予了肯定。由于司马迁"博物洽闻"①，故而《史记》的撰述网罗宏富。《汉书》本传说："司马迁据《左氏》《国语》，采《世本》《战国策》，述《楚汉春秋》，接其后事，讫于(大)〔天〕汉。"②这就是说，司马迁之前的重要典籍，都成为司马迁撰写《史记》的重要参考资料。最后，班固明确称赞《史记》为"实录"之作。班固说：

　　然自刘向、扬雄博极群书，皆称迁有良史之材，服其善序事理，辨而不华，质而不俚，其文直，其事核，不虚美，不隐恶，故谓之实录。③

在此，班固一方面称赞司马迁有"良史之材"，一方面以"实录"来称许《史记》。应该说，班固从史才和史德两方面都对司马迁作了很高的评价。

（二）"上下洽通"，最大限度地反映有汉一代历史及其变易

无论是出于"宣汉"的需要，还是出于"实录"的需要，都必须最大限度地反映有汉一代的史实，说明有汉一代的历史变易。正是出于这样一种认识，班固撰述《汉书》所奉行的一个基本原则便是"综其行事，旁贯《五经》，上下洽通"④。这里所谓"上下洽通"，便是强调《汉书》记载史事既要博洽，又要贯通。

首论《汉书》的博洽。《汉书》非常重视以恢宏的角度去把握西汉社会的整体面貌，因此，博洽成为《汉书》的一个重要特点。《汉书》的博洽，集中体现在十志中。十志对西汉典章制度的叙述，主要是围绕着政治制度、经济制度和思想文化三个方面进行的。从政治典制而言，十志中集中阐述这方面内容的有《礼乐志》《刑法志》《郊祀志》《地理志》和《沟洫志》。其中《礼乐志》论述了礼乐对封建政治的重要作用；《刑法志》是《汉书》新创的典志，着重对政治治理中仁德与刑法之间的关系进行探讨；《郊祀志》脱胎于《史记》的《封禅书》，主要记载帝王祭天祀祖及其他庆典活动和宗教活动；《地理

① 《汉书》卷六十二《司马迁传》，2738页，北京，中华书局，1962。
② 同上书，2737页。
③ 同上书，2738页。
④ 《汉书》卷一百下《叙传》，4235页，北京，中华书局，1962。

志》为班固所创造，叙述了古今的地理沿革，西汉一代的行政区划、户籍人口、风土民情和各地物产情况；《沟恤志》是改造《史记》的《河渠书》而成的，作为一个农业国度，水利无疑是一种大政。从经济典制而言，十志中集中阐述这方面内容的主要是《食货志》，与之相匹配的还有《货殖传》。《食货志》开篇即说："《洪范》八政，一曰食，二曰货。"①它的撰写是以《洪范》为指导思想，而将作为国计民生主体的"食"和"货"分为上下两篇来加以记述的，其中"食"主要记述农业，"货"主要记述手工业及社会经贸情况。《食货志》的撰写奉行详近略远的原则，对西汉一代的农业和手工业经济状况、经贸活动和经济思想都作了详细的叙述，其中还收录了反映汉人经济思想的不少重要文献，如贾谊的《论积贮疏》《谏除盗铸钱令》、晁错的《论贵粟疏》和董仲舒的《限民名田议》等。从思想文化典制而言，十志中集中阐发这方面内容的主要有《艺文志》《律历志》《天文志》《五行志》，此外，还有《儒林传》和一些学者传记，也是反映文化典制的重要材料。《艺文志》的创立，对于中国古代历史文献学的发展，对于人们辨章学术、考镜源流，都是居功至伟的；《律历志》主要是在刘歆《钟律书》和《三统历谱》的基础上删改而成的，记载的内容主要是数、律、度量衡和历法；《天文志》主要记录了先秦至汉代天象的变化和人们的天文学成果，既有科学的一面，也有神学的一面；《五行志》为班固所创，该志主要记载自古以来天象与人事的参验情况，其依据是董仲舒、刘向、刘歆等人的天人感应说。

次论《汉书》的贯通。断而不断，断中有通，这是《汉书》的特点。《汉书》的四种体例都体现了这种贯通意识，其中表和志体现得最为突出。第一，从《汉书》的八表来看。《异姓诸侯王表》记载了自虞夏以来至汉初的整个历史发展过程中，异姓诸侯王的兴起、发展和至汉初的最终被消灭情况，全面系统地揭橥异姓诸侯王的兴衰之史；《诸侯王表》记载的主要是周至汉诸侯王的兴衰变化情况，使得人们对自周至汉诸侯王势力的消长变化有了一个清晰的了解；《百官公卿表》着重记载了自伏羲、神农、黄帝以来直到汉代的官职变化情况，同时还对历代官职变化之因以及变化的影响作了论述；《古今人表》为《汉书》首创，该表将自伏羲至汉代各式人物分成九等，

---

① 《汉书》卷二十四上《食货志》，1117页，北京，中华书局，1962。

其目的是要"显善昭恶，劝戒后人"①。第二，从《汉书》的十志来看。十志注重贯通古今，在"通"的过程中叙述各种典章制度的兴起与沿革情况。例如，《律历志》记载了自太昊至东汉的历法运用情况；《礼乐志》通过记载自周至东汉初年礼乐制度的演变，以说明礼乐制度对于教化天下的重要作用；《刑法志》系统介绍了自古至汉刑法制度的具体演变情况；《食货志》记载了自古以来至王莽时期的食、货情况；《郊祀志》主要记载了历代帝王的祭祀等庆典及宗教活动；《天文志》系统记述了先秦至汉代的天象变化和天文学发展的历史；《五行志》详细记载了自古以来天象与人事的参验情况；《地理志》不但对汉代行政区划、户籍人口、风土民情和物产情况作了系统介绍，还详细记述了古今地理的沿革情况；《沟恤志》实际上是一部关于夏禹以来的水利兴修史；《艺文志》则是一部汉代以前的思想文化史。从以上所述可知，《汉书》的十志显然并不是就汉代典制而写汉代典制，它是把汉代的典章制度放在历代典章制度发展及其沿革的进程中来写的，这样便于人们了解历代典章制度的发展脉络和变易情况，而不是孤立地去看待汉朝的典章制度。

（三）直书不隐，不为汉讳

《汉书》"实录"精神最直接，也最为重要的一种体现，就是直书不隐，不为汉讳。《汉书》直书不隐的精神主要表现在如下几个方面。

首先，揭露封建统治阶级的奢侈无度和穷凶极恶。例如，《贡禹传》通过详细记载贡禹的上元帝奏言，借贡禹之口而对统治者的奢侈腐朽进行大胆的揭露。在该奏言中，贡禹历数了自古以来宫廷置宫女之制，如实指出自武帝以后汉帝"取女皆大过度"。而上行则下效，"群臣亦随故事"，"豪富吏民畜歌者至数十人"，结果导致"内多怨女，外多旷夫"的现象出现，社会风俗因此而败坏。②《景十三王传》对西汉诸侯王的穷凶极恶作了如实记载。该传记载了江都易王刘建不但一贯肆意淫乱，而且草菅人命，"建游章台宫，令四女子乘小船，建以足蹈覆其船，四人皆溺，二人死。后游雷波，天大风，建使郎二人乘小船入波中。船覆，两郎溺，攀船，乍见乍没。建临观大笑，令皆死"。又纵狼杀人，或将人幽闭饿死，如此者"凡杀不辜三

---

① 《汉书》卷二十《古今人表》，861页，北京，中华书局，1962。
② 《汉书》卷七十二《贡禹传》，3071页，北京，中华书局，1962。

十五人"。又如，广川王刘去也是个嗜杀成性之徒。他杀人的手段极其狠毒，像割股、剥皮、肢解等，都是他惯用的杀人手段。对于这样一个悖虐之徒，议者皆主张治其罪，然而天子却"不忍致王于法"。其实，西汉一代诸侯王的暴虐并不仅见于上述二例。正如班固所概述的那样："汉兴，至于孝平，诸侯王以百数，率多骄淫失道。"①当然，西汉统治阶级的暴虐，并不仅仅局限于诸侯王。

其次，对汉皇朝土地兼并的严重性和老百姓的困苦生活作了如实记载。西汉统治前期，土地兼并现象就已经比较突出了，这从《汉书·食货志》中载录的董仲舒论汉代土地兼并的言论就可看出，故而董仲舒主张"限民名田，以澹不足，塞并兼之路"②。随着西汉后期封建统治危机的不断加深，土地兼并情况日益严重。一些有见识的大臣又重新开始提出限田的主张。例如，哀帝时的大臣师丹就指出，"今累世承平，豪富吏民訾数钜万，而贫弱俞困"③，要改变这种局面，必须改作政治，实行限田。西汉末年土地高度兼并的状况，在皇帝所下的诏书当中也有所反映。例如，汉哀帝刚即位不久，就下诏说："诸侯王、列侯、公主、吏二千石及豪富民多畜奴婢，田宅亡限，与民争利，百姓失职，重困不足。其议限列。"④《汉书》对老百姓的疾苦给予了极大的同情。在《贡禹传》中，班固借贡禹奏言元帝述百姓因大饥荒而饿死的惨状，揭露了统治者对待老百姓麻木不仁的态度。禹贡说：

> 天下之民所为大饥饿死者，是也。今民大饥而死，死又不葬，为犬猪（所）食。人至相食，而厩马食粟，苦其大肥，气盛怒至，乃日步作之。王者受命于天，为民父母，固当若此乎！⑤

贡禹在此运用了一种对比的手法：一方面老百姓"大饥而死"，另一方面统治者们却"厩马食粟"。他其实是指责为民父母的汉元帝为何有如此不仁之

---

① 《汉书》卷五十三《景十三王传》，2415～2416、2432、2436 页，北京，中华书局，1962。
② 《汉书》卷二十四上《食货志》，1137 页，北京，中华书局，1962。
③ 同上书，1142 页。
④ 《汉书》卷十一《哀帝纪》，336 页，北京，中华书局，1962。
⑤ 《汉书》卷七十二《贡禹传》，3070 页，北京，中华书局，1962。

心，导致自己的子民居然还不如贵族厩中的马匹！贡禹的奏言无疑是对元帝统治的一种莫大的讽刺。在同一卷中，班固还详细载录了鲍宣所谓"民有七亡、七死"论：

> 凡民有七亡：阴阳不和，水旱为灾，一亡也；县官重责更赋租税，二亡也；贪吏并公，受取不已，三亡也；豪强大姓蚕食亡厌，四亡也；苛吏徭役，失农桑时，五亡也；部落鼓鸣，男女遮迣，六亡也；盗贼劫略，取民财物，七亡也。七亡尚可，又有七死：酷吏殴杀，一死也；治狱深刻，二死也；冤陷亡辜，三死也；盗贼横发，四死也；怨雠相残，五死也；岁恶饥饿，六死也；时气疾疫，七死也。①

鲍宣提出"民有七亡、七死"论，无疑是要警告当时的统治者，国家治理到了这种地步，政权也就岌岌可危了。要想挽回败局，则实在是太难之事。故而他接着说："民有七亡而无一得，欲望国安，诚难；民有七死而无一生，欲望刑措，诚难。"②实际上，鲍宣的"七亡、七死"论，就是西汉后期政治腐败、民不聊生的一种真实写照。

最后，对于"文景之治"时期的一些弊政，《汉书》同样不为其讳。例如，在《贾山传》中，班固就记载了贾山作《至言》，对汉文帝居功而荒政提出批评：

> 今功业方就，名闻方昭，四方乡风，今从豪俊之臣，方正之士，直与之日日猎射，击兔伐狐，以伤大业，绝天下之望，臣窃悼之。《诗》曰："靡不有初，鲜克有终。"臣不胜大愿，愿少衰射猎，以夏岁二月，定明堂，造太学，修先王之道。③

如果说贾山还只是在肯定汉文帝功业的同时对他加以提醒而已，那么贾谊对文帝之政的评论就没有这么客气了。贾谊借薪火作比喻，说："夫抱火厝

---

① 《汉书》卷七十二《鲍宣传》，3088 页，北京，中华书局，1962。
② 同上书，3088 页。
③ 《汉书》卷五十一《贾山传》，2336 页，北京，中华书局，1962。

之积薪之下而寝其上，火未及燃，因谓之安，方今之势，何以异此！"认为汉文帝时期的统治就如同寝于未燃之时的积薪之上，形势已是岌岌可危了。在《陈政事疏》中，贾谊认为当时的国势已是"可为痛哭者一，可为流涕者二，可为长太息者六"。①纵观《贾谊传》，像上述忧国忧政的言论很多，此不赘举。"文景之治"以宽刑著称，然而，班固对这一时期滥施刑法的情况也多有揭露。如在《路温舒传》中，班固借路温舒之口，对景帝时期出现的冤狱情况提出批评。路氏说：

> 夫狱者，天下之大命也，死者不可复生，绝者不可复属。《书》曰："与其杀不辜，宁失不经。"今治狱吏则不然，上下相驱，以刻为明；深者获公名，平者多后患。故治狱之吏皆欲人死，非憎人也，自安之道在人之死。是以死人之血流离于市，被刑之徒比肩而立，大辟之计岁以万数，此仁圣之所以伤也。②

路温舒之言已将景帝时用刑之酷暴露无遗。由此可见，历史上的"文景之治"，在其温情表面的背后，是有其冷酷的另一面的。

第四节　荀悦《汉纪》的史学思想

荀悦为东汉末年著名的史学家。他一生著述很多，但流传至今的只有《申鉴》和《汉纪》。《申鉴》共五篇，阐发的是其政治思想与哲学思想；《汉纪》是受汉献帝之命而撰写的一部关于西汉历史的编年体史书。《汉纪》的叙事部分主要是依《左传》体例删略班固《汉书》而成，同时也参考了《史记》等其他史籍；而史论部分既有沿袭《汉书》原论，也有四十余则"荀悦曰"。"荀悦曰"是荀悦自己的史论，内容基本上来自《申鉴》，不过作了一定的补充和加深。《汉纪》虽然是改编《汉书》而成，又直接采用了《汉书》的很多史论，

---

① 《汉书》卷四十八《贾谊传》，2230页，北京，中华书局，1962。
② 《汉书》卷五十一《路温舒传》，2369页，北京，中华书局，1962。

98

但它绝不只是对《汉书》的照搬照抄，而是经过了荀悦自己的精心锻造。从历史编纂而言，《汉纪》用编年体包举一代，采取连类列举、人事相兼的叙事方法，被后人称赞为"辞约事详，论辨多美"[1]，并且形成"班、荀二体，角力争先"[2]的局面，可见其在历史编纂上取得了极大的成功。

一、《汉纪》的天人观

荀悦撰述《汉纪》，公然宣称要使"天人之际、事物之宜，粲然显著，罔不（能）备矣"[3]。纵观《汉纪》所体现的天人观，其中既有重神意的一面，也有重人事的一面。

东汉是一个谶纬迷信泛滥的时代，而史家荀悦却是一位具有朴素唯物意识的思想家。他在所著《申鉴·俗嫌》中，系统谈到了自己对卜筮、忌讳、星变和纬书等问题的看法，表达了他的反神意的思想。例如，对于卜筮，荀悦明确认为，以德处事，就是《益》卦；不以德处事，就是《损》卦。人们遇到吉事而继续济助，遇到凶险而设法补救，这就是《益》卦的含义；反之，如果依恃《益》卦，而遇到凶险又懈怠下来，这就是《损》卦的含义。由此他得出结论：卜筮并不足恃。又如，对于忌讳，荀悦认为"此天地之数也，非吉凶所生也"[4]。再如，对于星变，荀悦认为，星变感应现象的出现，往往是一种巧合，就如同布衣到官府而无爵、贞良到狱中而无罪一样。这就等于否定了天变与人事之间的必然关系。最后，荀悦还对谶纬之说提出了自己的看法，肯定纬书非孔子所作，明确指出谶纬乃是"浮术""伪事"，希望统治者不为纬书所迷惑。

荀悦的反神意、重人事思想尤其体现在《汉纪》的撰述上。例如，在《汉纪》卷六中，荀悦就明确认为："大数之极虽不变，然人事之变者亦众矣。"[5]这就是说，虽然天命之大数是不能变的，但人们也不是任由命运所摆布的，人事是存在着很多变数的。又如在《汉纪》卷十中，荀悦一方面强调敬天地

---

[1] 《后汉书》卷六十二《荀悦列传》，2062页，北京，中华书局，1965。

[2] 刘知幾：《史通》卷二《二体》，26页，浦起龙通释本，上海，上海古籍出版社，2009。

[3] 荀悦：《汉纪》卷一《高祖皇帝纪一》，见《两汉纪》上册，1页，北京，中华书局，2002。

[4] 荀悦：《申鉴》卷三《俗嫌》，19页，上海，上海古籍出版社，1990。

[5] 荀悦：《汉纪》卷六《高后纪》，见《两汉纪》上册，86页，北京，中华书局，2002。

鬼神，一方面又重视以正人事为本。他说："尊天地而不渎，敬鬼神而远之，除小忌，去淫祀，绝奇怪，正人事，则妖伪之言塞，而性命之理得矣。"①再如《汉纪》卷十三论及天、地、人"三道"问题。荀悦认为"三道"之理不可相乱，人们如果违逆了"三道"之理，其结果则是"逆天之理，则神失其节，而妖神妄兴；逆地之理，则形失其节，而妖形妄生；逆中和之理，则含血失其节，而妖物妄生"。怎样才能避免这种情况的发生呢？荀悦的回答是："正身以应万物，则精神形气各返其本矣。"②也就是说，人们要想不违逆天地人之理，关键是要"正身"。这显然还是强调人事的重要性。

同样，《汉纪》的神意观表现得也是比较突出的。具体而言，第一，宣扬汉绍尧运、永得天统的天命皇权理论。《史记》提出了汉得天统说；西汉末年刘歆的新五德终始说，其中的一项重要内容就是宣扬"汉为尧后，而得火德"说；东汉初年班彪作《王命论》、班固撰《汉书》，对刘歆的"汉为尧后"说进行了大力宣扬。然而，随着东汉政权的逐渐衰落，人们开始对汉家天统是否能永存下去产生了怀疑，汉末黄巾军就提出了"苍天已死，黄天当立，岁在甲子，天下大吉"的口号。而荀悦，正是生活在这样一个特定的历史变动时期的史学家、思想家。他当然不可能感觉不到汉统将绝、天命转移这一现实，但是，出于维护刘氏（汉献帝）正统这一现实政治的需要，他又需要极力宣扬天命皇权、汉统永存。《汉纪》开篇便详细叙述了刘歆的新五德终始说，旨在宣扬"汉为尧后"说。《汉纪》的"帝纪赞"皆抄袭《汉书》旧文，唯有《高祖纪赞》则是荀悦所作，他是要通过作此赞语，来系统表达自己的天命史观。《高祖纪赞》说：

> 高祖起于布衣之中，奋剑而取天下，不由唐、虞之禅，不阶汤武之王，龙行虎变，率从风云，征乱伐暴，廓清帝宇，八载之间，海内克定，遂（何）〔荷〕天之衢，登建皇极，上古以来，书籍所载，未尝有也。非雄俊之才，宽明之略，历数所授，神祇所相，安能致功如此！夫帝王之作，必有神人之助，非德无以建业，非命无以定众。③

① 荀悦：《汉纪》卷十《孝武皇帝纪一》，见《两汉纪》上册，159页，北京，中华书局，2002。
② 荀悦：《汉纪》卷十三《孝武皇帝纪四》，见《两汉纪》上册，227页，北京，中华书局，2002。
③ 荀悦：《汉纪》卷四《高祖皇帝纪四》，见《两汉纪》上册，57页，北京，中华书局，2002。

在这段话中，荀悦一方面对汉高祖起于布衣而建立起帝王之业表示了由衷的赞叹，认为这是自书籍所载以来前无古人的事业；一方面对汉高祖何以能建立起这样伟大的帝王之业的原因进行了探讨，认为其中虽有才德明略等诸多因素，但最根本的还是"历数所授，神祇所相"，"有神人之助"。《汉纪》的末尾详载了班彪的《王命论》，宣扬班彪的"神器有命"说，其现实寓意是很深刻的，荀悦是要以此来杜绝那些窥视天下神器的军阀们的非分之想。而这种以"神器有命"说收尾的方式，与开篇章"汉绍尧运"说正相呼应。

第二，宣扬灾祥报应、天人谴告思想。荀悦承袭了先儒所提倡的天人感应论，也积极鼓吹灾祥报应说。荀悦认为，人之为善，则必有祥报；人之为恶，则必有祸报。故而《申鉴·杂言上》说："云从于龙，风从于虎，凤仪于韶，麟集于孔，应也。出于此，应于彼。善则祥，祥则福；否则眚，眚则咎。故君子应之。"①由人事而至国事，荀悦认为这种灾祥之报主要取决于政治之得失。他说："政失于此，则变见于彼，由影之象形，响之应声。是以明王见之而悟，敕身正己，省其咎，谢其过，则祸除而福生，自然之应也。"②

为了消除人们对灾祥之报说的疑惑，《汉纪》提出了"天人三势"论：

> 夫事物之性，有自然而成者；有待人事而成者，有失人事不成者；有虽加人事终身不可成者，是谓三势。凡此三势，物无不然。以小知大，近取诸身，譬之疾病，〔有〕不治而自瘳者；有治之则瘳者，有不治则不瘳者，有虽治而终身不可愈者……推此以及教化，则亦如之，何哉？人有不教而自成者；待教而成者，无教化则不成者；有加教化而终身不可成者。故上智下愚不移，至于中人，可上下者也。③

在此，荀悦认为，大凡世间万物的存在形式不外乎以上"三势"，而事物的"三势"则是命中注定的。而荀悦用以证明"天人三势"论的论据，只是两个比喻。他以疾病的三种情形来比喻"天人三势"，这显然是混淆了疾病现象

---

① 荀悦：《申鉴》卷四《杂言上》，29 页，上海，上海古籍出版社，1990。
② 荀悦：《汉纪》卷六《高后纪》，见《两汉纪》上册，85 页，北京，中华书局，2002。
③ 同上书，85～86 页。

与历史现象之间的本质区别；他以人性三品来比喻"天人三势"，却无视了人性三品说本身就是一种封建品级意识。然而，荀悦正是依据了这种苍白无力的论证，不但用以证明他的"天人三势"论，还据此郑重宣告："是以推此以及天道，则亦如此，灾祥之应，无所谬矣。"①荀悦以"天人三势"论来为时人对灾祥之报说的疑惑进行答疑解惑，这种天命理论的表现形式是新颖别致的，然而其理论依据却是苍白无力的，实际上并不能真正起到答疑解惑的作用。白寿彝先生认为荀悦的"天人三势"论"在理论上固然是要抬高了天的统治地位，实际上却是来了一个掩耳盗铃，自己也未尝不知道并不能解决问题，却装着没有看见"②，此语无疑击中了"天人三势"论的虚弱本质。

综上所述可知，身处东汉末年衰世的史学家荀悦，大力宣扬以神化刘汉皇权和灾祥之报为内容的天人感应学说，是由其拥护汉室的政治立场所决定的。出于维护刘汉正统的需要，荀悦大力宣扬汉为尧后、永得天统说，其目的是要打消人们对刘汉皇权的非分之想；同样，荀悦宣扬灾祥之报，提出"天人三势"论，其目的无非也是要人们相信天有意志，天命不可违，希望人们去做刘汉政权的忠臣顺民。

二、"立典有五志"论

"立典有五志"既是《汉纪》的取材思想，也是其撰述旨趣。如前所述，《汉纪》是受命而撰，目的是为汉献帝提供一部可资借鉴的历史读本。而这种浓厚的资政色彩，决定了《汉纪》对取材的高度重视。按照《汉纪序》的说法，《汉纪》取材的基本原则一是内容上要"有便于用"，二是形式上要"省约易习"。③之所以要"省约易习"，是因为帝王日理万机，政事繁忙；而"有便于用"，则是由《汉纪》的撰述目的决定的。这就是说，《汉纪》的撰述既要强调一个"省"字，又要突出一个"用"字，这就要求《汉纪》的取材必须要做到文约而理明。

从上述取材原则出发，《汉纪》开宗明义，提出了"立典有五志"论，具

---

① 荀悦：《汉纪》卷六《高后纪》，见《两汉纪》上册，86页，北京，中华书局，2002。
② 白寿彝：《司马迁与班固》，见《白寿彝史学论集》，756页，北京，北京师范大学出版社，1994。
③ 荀悦：《汉纪序》，见《两汉纪》上册，卷首，2页，北京，中华书局，2002。

体阐发了荀悦关于史书取材的基本观点。《汉纪》说：

> 夫立典有五志焉：一曰达道义，二曰彰法式，三曰通古今，四曰著功勋，五曰表贤能。于是天人之际、事物之宜，粲然显著，罔不（能）备矣。①

在此，所谓"达道义"，就是要求历史撰述以儒家纲常伦理道德为旨归。荀悦说："仁义之大体在于三纲六纪"，"施之当时则为道德，垂之后世则为典经"②。所谓"彰法式"，就是要求历史撰述维护和宣扬封建王朝已经立定的法规制度，要多记"祖宗功勋、先帝事业、国家纲纪"③。荀悦反对随意改变成规旧制的做法，如对于汉朝废封建之制，荀悦既肯定其动机是好的，因为其本意是"强干弱枝，一统于上，使权柄不分于下也"。可是，实际上汉朝统辖一方的州牧，其威势之重，更盛于封国。故而荀悦又说，"今之州牧，号为万里，总郡国，威尊势重"，已"是近于战国之迹"。④ 在荀悦看来，国家一旦法制败坏，其政治统治也就难以维系了。正如《申鉴·政体》所说："法坏则世倾，虽人主不得守其度矣。"⑤所谓"通古今"，就是要求历史撰述详载封建王朝治乱兴衰的整个过程，以期考察封建政治的得失成败，而为当今的封建统治提供历史鉴戒。所谓"著功勋"和"表贤能"，就是通过历史撰述，来表彰统治阶级当中的代表性人物。具体而言，如"明主贤臣，命世立业，群后之盛勋，髦俊之遗事"⑥等，都是史书应该记载的。

《汉纪》"立典有五志"之史书取材论，对后世历史撰述和历史理论产生了较大的影响。史家干宝受荀悦"五志"论的影响，提出了自己的"五志"论："体国经野之言则书之，用兵征伐之权则书之，忠臣烈士孝子贞妇之节则书

① 荀悦：《汉纪》卷一《高祖皇帝纪一》，见《两汉纪》上册，1页，北京，中华书局，2002。

② 荀悦：《汉纪》卷二十五《孝成皇帝纪二》，见《两汉纪》上册，437页，北京，中华书局，2002。

③ 荀悦：《汉纪序》，见《两汉纪》上册，卷首，1页，北京，中华书局，2002。

④ 荀悦：《汉纪》卷二十八《孝哀皇帝纪上》，见《两汉纪》上册，492页，北京，中华书局，2002。

⑤ 荀悦：《申鉴》卷一《政体》，4～5页，上海，上海古籍出版社，1990。

⑥ 荀悦：《汉纪序》，见《两汉纪》上册，卷首，2页，北京，中华书局，2002。

之，文诰专对之辞则书之，才力技艺殊异则书之。"①显然，干宝的"五志"论与荀悦的"五志"论相比，在内容上有一定的出入，但其基本思路则无疑受到了荀悦的启发。史评家刘知幾对荀悦和干宝的"五志"论给予了较高的评价，认为他们的"五志"论已经基本上概括了史书所要记载的内容。他说："记言之所网罗，书事之所总括，粗得于兹矣。"刘知幾还在二家"五志"论的基础上增扩了三个科目，"一曰叙沿革，二曰明罪恶，三曰旌怪异"，并认为"以此三科，参诸五志，则史氏所载，庶几无阙"。② 由此来看，荀悦"立典有五志"之史书取材论提出后，确实引起了后世史家和史评家们的高度重视并得到了充分肯定。

三、《汉纪》的直书精神

如实地记述历史的治乱兴衰，既是封建史学二重性的一种客观要求，同时也是史家优良品德的一种体现。纵观荀悦所著《汉纪》，我们不难看出，作为一位积极入世的封建史家，荀悦的《汉纪》很好地体现了封建史学的二重特性。《汉纪》以"达道义""彰法式""著功勋""表贤能"作为取材标准和撰史旨趣，显然是承继了班固著《汉书》，以维护封建正统和"宣汉"为撰史旨趣的传统；同时，《汉纪》也非常重视秉笔直书，对西汉皇朝政治统治的得失成败进行认真总结，以期能使汉献帝从中有所借鉴。《汉纪》的这种秉笔直书的精神，则又是承继了自齐太史、司马迁和班固以来史家秉笔直书的优良传统。

如实地反映封建王朝的功业，虽然也是直书的一种体现，但对史家来说并不是一件难事；而敢于不为封建统治避讳，对封建统治的阴暗面进行暴露，这种直书则是更加难能可贵的。

首先，《汉纪》揭露了西汉赋役繁重、民力凋敝的真实情况。西汉皇朝继暴秦而建，它总结了亡秦的历史教训，故而从一开始就注意减轻民力，实行与民休息的政策。在后世史家的眼里，西汉皇朝特别是"文景之治"时期是被当作封建时代轻徭薄赋的典型来看待的。荀悦并不否定西汉皇朝是

---

① 刘知幾：《史通》卷八《书事》，212 页，浦起龙通释本，上海，上海古籍出版社，2009。
② 同上书，213 页。

实行轻徭薄赋政策的,故而他说:"古者什一而税,以为天下之中正也。今汉民或百一而税,可谓鲜矣。"①肯定了西汉皇朝的轻徭薄赋政策。然而,《汉纪》却能透过这种历史的表象,而去反映历史的真实。荀悦认为,"百一而税"政策只是反映了西汉国家赋税的减轻,却并不表示老百姓的负担因此也减轻了。实际上,西汉老百姓的赋税负担依然还是非常沉重的。造成这种现象的原因究竟是什么呢?荀悦认为根本原因在于土地问题。西汉皇朝从立国之时起,就一直存在着严重的土地兼并现象。在那个时代,豪强富人们大肆兼并土地,整个国家的土地高度集中在少数人手里。这些广占土地的豪富们,总是对老百姓科以重赋,所以老百姓的负担并没有因国家的轻徭薄赋政策而变轻。故而荀悦说:

> 豪强富人占田逾侈,输其赋太半。官收百一之税,民收太半之赋。官家之惠优于三代,豪强之暴酷于亡秦。是上惠不通,威福分于豪强也。②

在荀悦看来,土地是国家根本,要想减轻百姓负担,就必须从这一根本入手,否则,"不正其本,而务除租税,适足以资富强"③。那么,如何解决土地兼并问题呢?荀悦主张按照《春秋》"诸侯不得专封,大夫不得专地"之义,来遏制土地兼并。他说:

> 夫土地者,天下之本也。《春秋》之义,诸侯不得专封,大夫不得专地。今豪民占田,或至数百千顷,富过王侯,是自专封也;买卖由己,是自专地也。④

西汉由于土地的高度兼并和集中,豪强富人得以肆意征赋,故而在正常的年份里,老百姓的负担也是比较沉重的。如果国家有重大举措,或是统治

---

① 荀悦:《汉纪》卷八《孝文皇帝纪下》,见《两汉纪》上册,114 页,北京,中华书局,2002。
② 同上书,114 页。
③ 同上书,114 页。
④ 同上书,114 页。

者奢侈无度，老百姓就更加不堪重负了。例如，汉武帝统治时期不但生活奢侈无度，而且穷兵黩武，致使老百姓不堪重负，民力因此而凋敝。

从上述《汉纪》的揭示可知，西汉时期老百姓的赋税负担实际上还是很沉重的。而造成这种现象的原因，一是土地集中在少数人手里，从而导致国家税轻而富豪税重，百姓的负担依然很重；二是统治者穷兵黩武，兴师动众，致使民不堪命；三是统治者的奢侈腐朽和荒淫无度，从而加重了百姓的负担。

其次，《汉纪》对西汉统治者用人政策之不当提出了批评。一般来说，大凡封建盛世、治世的造就，往往与封建统治者重用人才是分不开的；反之，封建衰世的出现，则总是与统治者不能用贤相关联的。然而，在《汉纪》看来，封建衰世时期不用人才自不待言，而即使在所谓封建盛世、治世时代，统治者要真正做到知贤、用贤，其实也是很困难的。《汉纪》以汉文帝的用人情况为例，论证了即使是像文帝这样的贤君，在知人、用人上其实做得也是很不够的。例如，像杰出的政治家、思想家贾谊，就被逐贬于外，得不到重用。名臣张释之、冯唐的仕途也不顺畅。张释之以骑郎事文帝，"十年不得调，亡所知名"[1]，后来还是中郎将爰盎知其贤、爱其才而极力荐举，才得以升迁；而冯唐年过七十后才受到重用，之前一直只是屈做一个郎署长的官职。更有如名相周勃，是西汉有名的忠臣，以诛诸吕而有大功于汉室，却见疑于文帝，竟被下狱而遭狱吏之辱。于是，荀悦借冯唐七十余岁才困而后达，对文帝朝的用人之失评论道：

> 以孝文之明也，本朝之治，百寮之贤，而贾谊见逐，张释之十年不见省用，冯唐白首屈于郎署，岂不惜哉！夫以绛侯之忠，功存社稷，而犹见疑，不亦痛乎！[2]

在荀悦看来，西汉一朝像文帝这样的明君，都如此难以知人善任，何况其他远在文帝之下的君主呢？由此来看，西汉统治者在用人上是存在着很大

---

[1] 《汉书》卷五十《张释之传》，2307页，北京，中华书局，1962。

[2] 荀悦：《汉纪》卷八《孝文皇帝纪下》，见《两汉纪》上册，119页，北京，中华书局，2002。

弊端的。

最后，《汉纪》还对封建专制统治下忠直之臣艰难的仕宦处境作了披露。封建官场的险恶从根本上说是专制体制造成的，同时也与具体封建王朝的黑暗统治分不开。《汉纪》对西汉皇朝特别是后期黑暗统治下正直之臣的为官之难、处境之险作了深刻的揭示。例如，成帝河平四年（公元前25年），丞相王商因议水事与大司马、大将军王凤意见不一，而被后者诬陷致死。荀悦借此事评论道：

> 夫独智不容于世，独行不畜于时，是以昔人所以自退也。虽退犹不得自免，是以离世深藏。以天之高而不敢举首，以地之厚而不敢投足。《诗》云："谓天盖高，不敢不跼；谓地盖厚，不敢不蹐。哀今之人，胡为虺蜴！"本不敢立于人间，况敢立于朝乎！自守犹不免患，况敢守于时乎！无过犹见诬枉，而况敢有罪乎！闭口而获诽谤，况敢直言乎！虽隐身深藏犹不得免，是以宁武子佯愚，接舆为狂，困之至也。人无狂愚之虑者，则不得自安于世。是以屈原怨而自沈，鲍焦愤而矫死，悲之甚也。虽死犹惧形骸之不深，魂神之不远，故徐衍负石入海，申屠狄蹈瓮之河，痛之极也。[1]

在这段评论中，荀悦对专制统治下的忠直之臣所遭受的迫害作了淋漓尽致的揭露：他们不见容于时世，只好隐身深藏以避祸；隐身深藏犹难以自免，又只好佯装愚狂以避祸；甚至死了还有惧怕，只好入海、蹈河而死。荀悦在此不但对专制制度的残忍作了深刻的揭露，而且一再地感叹，寄予了他自己对这些正直之士的无限同情。

在《汉纪》中，荀悦还对封建专制统治下大臣进言之难发表了自己的看法。他说：

> 夫臣之所以难言者何也？其故多矣。言出于口则咎悔及身。举过

① 荀悦：《汉纪》卷二十五《孝成皇帝纪二》，见《两汉纪》上册，439～440页，北京，中华书局，2002。

扬非则有干忤之祸，劝励教诲则有刺上之讥。下言而当则以为胜己，
不当贱其鄙愚。先己而明则恶其夺己之明，后己而明则以为顺从。违
下从上则以〔为〕谄谀，违上从下则以为雷同，与众共言则以为专美。
言而浅露则简而（簿）〔薄〕之，深妙弘远则不知而非之。特见独知则众
以为盖己，虽是而不见称；与众同之则以为附随，虽得之不以为功。
据事（不）尽理则以为专必，谦让不争则以为易。穷言不尽则以为怀隐，
尽说竭情则为不知量。言而不效则受其怨责，言而事效则以为固当。①

以上这段话是荀悦有感于汉哀帝建平四年（公元前3年），仆射平陵侯郑崇因
屡屡劝谏哀帝不宜进封外戚傅商和宠信佞臣董贤，结果被逮捕下狱致死而
作的评论。在这段评论中，荀悦一连列举了二十多种情况，以说明为臣进
言之难。从中可知，荀悦对封建专制统治下为臣进言之难的揭露无疑是很
深刻的。

综上所述，《汉纪》史学思想不但内涵丰富，而且见解独到，是中国封
建史学传之于后世的一份宝贵的思想遗产。《汉纪》从正统主义出发，注重
宣扬神意史观，同时又能不为汉避讳，认真总结历史的得失成败。

第五节　汉代经学家的历史学说

自汉武帝"罢黜百家，独尊儒术"之后，人们开始不断地对儒家经典进
行解说和阐发，由此形成了专门的经学。经学作为汉代官方的学术思潮，
对汉代史学与史学思想的发展造成了极大的影响，而且经学本身由于关注
历史与现实，有着比较完整而系统的历史观。汉代的经史关系是比较密切
的，很多学者往往是一身二任，如董仲舒、司马迁、刘向、刘歆、班固、
何休等人，他们或者以经学为主兼治史学，或者以史学为主兼治经学。以
下着重对汉代今文经学的代表人物董仲舒、何休和古文经学的代表人物刘

---

① 荀悦：《汉纪》卷二十九《孝哀皇帝纪下》，见《两汉纪》上册，505页，北京，中华书局，
2002。

歆的历史学说作出具体论述。

一、公羊学的"大一统"理论

所谓公羊学，是阐发《公羊传》而形成的一种学术思想。汉代是大一统政治巩固时期，对"大一统"理论作出系统阐发的主要是公羊学者。公羊学的元典《公羊传》最早对"大一统"之义作了阐发，公羊学宗师董仲舒对"大一统"理论作出了系统阐发，公羊学集大成者何休进一步发展了"大一统"理论。

（一）《公羊传》对"大一统"之义的最早阐发

《公羊传》作为《春秋经》的重要注书之一，是最早重视阐发《春秋》"大一统"之义的一部重要文献。《春秋·隐公元年》开篇说："元年，春，王正月。"《公羊传》对此解释说："元年者何？君之始年也。春者何？岁之始也。王者孰谓？谓文王也。曷为先言王而后言正月？王正月也。何言乎王正月？大一统也。"称君王即位之年为"元年"，当属三代书法通例。苏舆说："谓一年为元年，未修《春秋》之先，盖已有此。"①因此，《公羊传》谓"元年"为"君之始年"，似乎并无深刻大义。而将"王正月"与"大一统"联系在一起，则无疑是《公羊传》的独创，《公羊传》的"大一统"之义正是由此生发的。说是《公羊传》的独创，是因为并称为"《春秋》三传"的《左传》和《穀梁传》都没有由此生发出"大一统"之义。《左传》对这句经文的解释是："元年，春，王周正月。"在此，"王周正月"只是说明采用周正（周历）这样一个事实而已。《穀梁传》的解释是："虽无事，必举正月，谨始也。"认为书"正月"的目的是"谨始"，这个"始"是指一年之始，也无"大一统"之义。由此来看，二传都没有将"王正月"与"大一统"相联系。

那么，《公羊传》是如何论证"王正月"体现了"大一统"之义的呢？《公羊传》认为，"王正月"之"王"，是指周文王；将"正月"系于"王"之后，是为了表明采用的是周文王历法的正月（以十一月为正月），即用周正；采用周正，自然就包含着对周文王和周天子的尊崇；诸侯用周正、尊崇周天子，当然是一种拥护天下一统的举动。《公羊传》的这番"大一统"推论自然不是空穴来风，它是有一定历史根据的。在春秋战国时代，周天子毕竟是天下共主，

① 《春秋繁露义证》卷三《玉英》苏舆注语，65页，新编诸子集成本，北京，中华书局，2018。

各诸侯国理应采用周正。可实际上，当时各诸侯国不但在政治上各自为政，而且它们所使用的历法也是不尽相同的。例如，《春秋》记述鲁国历史，采用的是周历；而《左传》记述晋国历史，采用的则是夏历。实际上，当时夏、殷、周三正都在使用。在《公羊传》的作者看来，既然周天子为天下共主，《春秋》书"王正月"，主张用周之正，显然是为了表述一种天下一统的思想。《公羊传》开篇就着力阐发《春秋》"大一统"之义，由此可知它是视"大一统"思想为《春秋》当然也是《公羊传》自身的一种主旨思想的。

需要指出的是，对"大一统"三字的理解，历来都有歧义。仅从《公羊传》所言"大一统"来看，"大"字当为动词，可作"推崇""张大""肯定"来解；"一统"是指从历法到政治的统一。当然，《公羊传》的"大一统"义被此后历代公羊学家们作了重大发挥，致使其"大一统"本义变得非常复杂，给人以扑朔迷离之感。其实，那都是后人的附会之义，并不是《公羊传》的本义。

（二）董仲舒对公羊学"大一统"理论的系统阐发

作为汉代公羊学的重要代表人物，董仲舒传承和发展儒学的一个重要表现，便是适应汉代大一统政治的需要，对"大一统"理论作出了系统阐发。具体来讲，董仲舒阐发"大一统"理论，主要表现在四个方面。

第一，发展《公羊传》"大一统"之义。董仲舒阐发"大一统"理论，沿袭了《公羊传》的思维方式，其切入点也是由"王正月"到"大一统"，但在对其内涵的理解上，二者有着较大的出入。董仲舒说：

> 《春秋》曰"王正月"，《传》曰："王者孰谓？谓文王也。曷为先言王而后言正月？王正月也。"何以谓之王正月？曰：王者必受命而后王。王者必改正朔，易服色，制礼乐，一统于天下，所以明易姓，非继人，通以己受之于天也。王者受命而王，制此月以应变，故作科以奉天地，故谓之王正月也。[①]

《公羊传》认为"王"是指周文王，"王正月"是指奉周正，大一统是一统

---

① 《春秋繁露义证》卷七《三代改制质文》，181～182 页，新编诸子集成本，北京，中华书局，2018。

于周天子。而董仲舒认为"王"是受命新王，大一统是一统于新王。同时，新王改正朔、易服色，目的是对天命进行报答。这就使得董仲舒的"大一统"思想又有了王一统于天的内蕴，天人关系由此得以打通。董仲舒又认为《春秋》字字无虚置，经文首言"元年"也蕴含有大义。《王道》说："《春秋》何贵乎元而言之？元者，始也，言本正也。"既然"元"为天地万物之始，那么"王正月"所体现的便是天下统一于新王，新王统一于天，天又统一于元，"元"成为"大一统"的形上根源。

第二，"立王正始"的政治大一统思想。董仲舒以"元"为"大一统"理论的形上根基，即是为了"立元正始"。将这一"大一统"理论贯穿到政治领域当中，董仲舒提出了"立王正始"的思想。首先是要"尊王"。为何要尊王？其一，王为天下之"始"。《为仁者天》说："唯天子受命于天，天下受命于天子，一国则受命于君。"《立元神》说："君人者，国之元，发言动作，万物之枢机。"其二，王为臣之"始"。董仲舒说，臣以君为始，受命于君、一统于君，"君臣之礼，若心与体，心不可以不坚，君不可以不贤；体不可以不顺，臣不可以不忠"①。其三，君为诸侯之"始"。董仲舒主张诸侯王必须无条件地服从于中央，《王道》篇认为"有天子在，诸侯不得专地，不得专封，不得专执天子之大夫，不得舞天子之乐，不得致天子之赋，不得适天子之贵"。董仲舒大力提倡"尊王"，捍卫王权，旨在维护政治一统局面。其次是要"正王"。"立王正始"不仅要强调"始"之大义，还要体现"正"之大义。如果王不正，那么王就不会得到尊崇。《仁义法》说："《春秋》之所治，人与我也。所以治人与我者，仁与义也。……仁之法在爱人，不在爱我。义之法在正我，不在正人。"这就是说，"正王"包含着两方面内容，其一是王要以义正己，其二是王要以仁待民。以义正己，是强调君王要养心修德；以仁待民，是强调君王要推行仁政。

第三，"王者爱及四夷"的民族大一统思想。董仲舒继承先儒的夷夏观念，重视"夷夏之辨"。只是与先儒相比，董仲舒的"夷夏之辨"更为精细。《精华》将夷夏别为三等，即中国、大夷和小夷，强调小夷避大夷、大夷避中国、中国避天子。严别夷夏的目的，是维护纲常等级秩序和辨明尊卑关

---

① 《春秋繁露义证》卷十七《天地之行》，456页，新编诸子集成本，北京，中华书局，2018。

系。而"夷夏之辨"需要"从变从义","《春秋》无达辞，从变从义，而一以奉天"。这个"天"即是儒家礼义，即是要以礼义而非血缘、种族作为分别夷夏的标准。同时，董仲舒从以夏统夷的大一统思想出发，提出了"王者爱及四夷"的主张。《仁义法》说："故王者爱及四夷，霸者爱及诸侯，安者爱及封内，危者爱及旁侧，亡者爱及独身。独身者，虽立天子诸侯之位，一夫之人耳，无臣民之用矣。"董仲舒视不爱四夷的君王为"一夫"。对于那些不愿归化、不遵守礼义道德的夷狄如匈奴，董仲舒主张"与之厚利以没其意，与盟于天以坚其约，质其爱子以累其心"①。当然，这种做法与其德化化夷、王道一统的主张还相差甚远，只是一种不得已而为之的做法。但从另一个角度来看，作为一种权宜之计，用这种办法来维持与夷狄的友好关系，对于维护和稳定大一统政治也是有积极作用的。

第四，"罢黜百家，独尊儒术"的思想大一统主张。众所周知，西汉武帝时期推行"罢黜百家，独尊儒术"政策，从此以后，儒家思想成为中国封建社会统治意识形态。而这一思想的提出者，便是公羊宗师董仲舒。其目的是通过思想大一统，来维系和巩固政治大一统。由于思想大一统主张影响深远，故而有学者认为"董仲舒所谓大一统主要是要统一思想"②，这显然是充分认识到了统一思想在董仲舒大一统理论体系中所占有的重要地位。董仲舒"罢黜百家，独尊儒术"的思想大一统主张，是在对汉武帝策问时提出来的，即所谓《天人三策》，其内容详载《汉书》本传。董仲舒说：

> 《春秋》大一统者，天地之常经，古今之通谊也。今师异道，人异论，百家殊方，指意不同，是以上亡以持一统；法制数变，下不知所守。臣愚以为诸不在六艺之科孔子之术者，皆绝其道，勿使并进。邪辟之说灭息，然后统纪可一而法度可明，民知所从矣。③

这段话的具体含义有三：一是认为"大一统"是《春秋》大旨之一，它是天经地义的，永远合理的；二是认为汉初没有统一思想作指导，结果导致法律

---

① 《汉书》卷九十四下《匈奴传下》，3831 页，北京，中华书局，1962。
② 周桂钿：《秦汉思想史》，219 页，石家庄，河北人民出版社，2000。
③ 《汉书》卷五十六《董仲舒传》，2523 页，北京，中华书局，1962。

制度经常更改，人民无所遵循；三是强调要"罢黜百家，独尊儒术"，将人们的思想统一到儒家学说上来，只有这样，大一统政治才能巩固，国家法度才能明了，人民才知道遵循什么。统而言之，也可以概括为两层含义：一是政治大一统必须思想大一统；二是思想大一统必须一统到儒家学说上来。

（三）何休对公羊学"大一统"理论的进一步阐发

东汉公羊学者何休对公羊学"大一统"理论作出的进一步阐发，主要表现在形上和形下两个方面。

首先，提出"五始"说，使公羊学"大一统"形上理论更为系统。《公羊传》从《春秋》经文"王正月"推出"大一统"；董仲舒从"元年""王正月"发展出一统于新王，新王一统于天，天一统于元；何休则沿着这一路径，从"元年，春，王正月，公即位"发展出"五始"说。何休所谓"五始"，即"元年"为天地之始，"春"为四时之始，"王"为受命之始，"正月"为政教之始，"公即位"为一国之始。何休的"元"论与董仲舒不尽相同，董仲舒将"元"理解为"始"和"大一"，何休则认为"元"是一种"气"。刘家和先生说："董生所见的'元'是作为序数的一与作为基数的一的逻辑的统一，而何休所见的'元'则是先于天地的元气及其'造起天地'的运作。"[1]这就是说，董仲舒与何休的形上根基都是"元"，但二者的具体内涵是不同的。"春"为"四时之始"，而"春"即等同于"天"。何休一方面肯定天有意志，鼓吹君权神授、天人合一；另一方面又以"气"释"元"，"天"一统于"元"，也就等于是一统于"气"，从而使"天"有了一种物质根基。何休论"王正月"，肯定《公羊传》王为周文王的说法，又采纳董仲舒新王说，认为周文王即是新王。他说："文王，周始受命之王。天之所命，故上系天端。"[2]同时，何休赋予其中更多的政教内涵。何休说："统者始也，总系之辞。夫王者始受命改制，布政施教于天下，自公侯至于庶人，自山川至于草木昆虫，莫不一一系于正月，故云政教之始。"[3]而"公即位"指"一国之始"，并不蕴含有什么微言大义，何休对此

---

[1]　刘家和：《论汉代春秋公羊学的大一统思想》，载《史学理论研究》，1995(2)。

[2]　何休注，徐彦疏：《春秋公羊传注疏》卷一《隐公元年》，10页，上海，上海古籍出版社，2014。

[3]　同上书，12页。

没有作系统阐发。

其次，提出"尊天子"说，建立王者独尊的政治秩序。在"五始"说中，何休认为"王"在"五始"中是具有特殊地位的，它对上"继天奉元"，而对下则"养成万物"。正是从这一形上之义出发，何休认为，落实到历史和现实政治中，人们必须要尊崇天子；而尊崇天子，就是对大一统社会政治的尊崇。在何休看来，《春秋》对于尊天子之举，都是以之为善，进行褒奖的；相反，对于不尊天子者，则必然以之为恶，而加以贬损。那么，"尊天子"作为一种政治原则，应该如何加以贯彻呢？对此，何休提出了自己的看法。一是王者必须谨守王权。何休认为，君王谨守王权，这是君王受到尊崇、大一统政治局面得以维护的先决条件；反之，如果王权旁落于大臣，那么，君王就不会受到尊崇，大一统的政治局面也就无法得到维护。由于《春秋》是书乱世之史，故何休主要是从王权衰落对大一统政治的危害角度对此进行阐述的。[1] 二是王者必须"屈强臣""弱妃党"。"屈强臣"谈论的是君臣关系问题，何休明确认为君弱是臣强所致，要维护君权，就必须要"屈强臣"。[2] 维护王权，还必须要"弱妃党"。"弱妃党"是因东汉宦官外戚轮流专权政治有感而发的，《春秋公羊传解诂》[3]借助《春秋》所载史事而加以发挥，着力阐发"弱妃党"之义。例如，释《僖公二十五年》经文曰："宋以内娶，故公族以弱，妃党益强，威权下流，政分三门，卒生篡弑，亲亲出奔。疾其末，故正其本。"在《文公八年》篇中，何休再次重申了宋国三世内娶对王权政治所造成的危害："宋以内娶，故威势下流三世，妃党争权相杀。司城惊逃，子哀奔之。主或不知所任，朝廷久空。"

综上所述，汉代公羊家的"大一统"理论不但通过《春秋》经文对"大一统"之义作出理论阐发，而且结合汉代社会现实对"大一统"思想作了积极宣扬，对维护汉代大一统政治发挥了重要作用。

---

① 参见何休注，徐彦疏：《春秋公羊传注疏》卷二十《襄公十六年》、卷十一《僖公十五年》、卷二十八《哀公十三年》等，上海，上海古籍出版社，2014。

② 参见何休注，徐彦疏：《春秋公羊传注疏》卷十九《襄公元年》、卷二十《襄公十三年》，上海，上海古籍出版社，2014。

③ 与唐徐彦疏合为《春秋公羊传注疏》，收入《十三经注疏》之中。

二、董仲舒的"三统"历史变易学说

"三统"说的创始人究竟是谁，现已无法确知。但从现有资料来看，对这一学说记述最为详尽的，当数董仲舒的《春秋繁露》一书。因此，"三统"说无疑是董仲舒历史思想体系的一个重要组成部分。

（一）"三统"说的基本内涵

"三统"说是一种肯定历史朝代必须按照黑统、白统和赤统三统依次循环更替的学说。这种学说认为，凡是异姓受命而王，都必须要改正朔，由于正朔时间不同，物萌之时的颜色各异，与此三正相对应，也就有了黑、白、赤三色。具体而言，黑统以寅月（一月）为正月，色尚黑；白统以丑月（十二月）为正月，色尚白；赤统以子月（十一月）为正月，色尚赤。因此，"三统"又称"三统三正"。当然，新王改制，除改正朔、易服色外，包括车马、牺牲、冠礼、昏礼、丧礼、祭牲、荐尚物和日分朝正等项制度也要做出相应的改易。

那么，新王即位为何必须要进行改制呢？董仲舒回答道：

> 今所谓新王必改制者，非改其道，非变其理，受命于天，异姓更王，非继前王而王也。若一因前制，修故业，而无有所改，是与继前王而王者无以别。受命之君，天之所大显也。事父者承意，事君者仪志。事天亦然。今天大显己，物袭所代而率与同，则不显不明，非天志。故必徙居处、更称号、改正朔、易服色者，无他焉，不敢不顺天志而明自显也。①

在董仲舒看来，新王是受天命而王，而不是继前王而王，因此，新王必须通过改制的形式来报答天命，显示天命的恩宠，同时以此与前朝区别开来。

以"三统三正"来对应历史朝代，董仲舒认为殷朝是正白统，建丑，色尚白；周朝是正赤统，建子，色尚赤；《春秋》是正黑统，建寅，色尚黑②。

---

① 《春秋繁露义证》卷一《楚庄王》，16～17页，新编诸子集成本，北京，中华书局，2018。
② 董仲舒认为孔子作《春秋》，是"应天作新王之事"，故当为一统。

董仲舒认为，新王建朝，必须保留前二朝之后，为他们封土建国，允许他们保留各自旧朝的制度，以与新王朝并存，这叫作"存三统"（又称"通三统"）。本届三统称作三王，三王之上则有五帝、九皇，共为九代。三统（或称三王）移于下，则五帝、九皇依次上绌。[1] 值得注意的是，董仲舒"三统"说关于《春秋》以下王朝统属的排列比较复杂。按理，《春秋》既为黑统，随之而后的秦朝当为白统，而汉朝则为赤统。实际情况却不是这样。按照董仲舒的理解，西狩获麟是孔子受命之符，但是孔子有其德而无其位，只能托于王鲁而作《春秋》，以当一王之法。这一王之法是专门为汉朝制定的，《春秋》黑统制度，也就是许汉朝以黑统制度。在《天人三策》中，董仲舒更是明确指出："今汉继大乱之后，若宜少损周之文致，用夏之忠者。"[2] 夏为黑统，汉用夏政，当然也就是说汉应为黑统。董仲舒以汉朝为黑统的"三统"学说，无疑蕴含了一种摒秦论。在董仲舒看来，既然汉朝上继周朝赤统而为黑统，那么，处于周、汉之间的秦皇朝就自然被排除于三统循环之外了。但是，董仲舒的摒秦论是不彻底的，在《春秋繁露·尧舜不擅移、汤武不专杀》中，他论及"有道伐无道"时则说："夏无道而殷伐之，殷无道而周伐之，周无道而秦伐之，秦无道而汉伐之。"由此来看，董仲舒又是将秦朝排入自夏至汉的王朝统绪之内的。不过，董仲舒"三统"说所蕴含的不彻底的摒秦思想，对汉代史家的正统史观还是有一定影响的，西汉末年的刘歆正是在此基础上提出了一种彻底的摒秦论，并为班固所继承，在《汉书》中加以发扬光大。

与"三统"说相为对应、互为表里的则是"三道"说。董仲舒认为，统属不同，治道也会随之而不同。他说："然夏上忠，殷上敬，周上文者，所继之捄，当用此也。孔子曰：'殷因于夏礼，所损益可知也；周因于殷礼，所损益可知也。其或继周者，虽百世可知也。'此言百王之用，以此三者矣。"[3] 在此，董仲舒承袭了孔子的损益观，而肯定夏、商、周的治道分别为忠、

---

① 《春秋繁露义证》卷七《三代改制质文》，194～198 页，新编诸子集成本，北京，中华书局，2018。

② 《汉书》卷五十六《董仲舒传》，2519 页，北京，中华书局，1962。

③ 同上书，2518 页。

敬、文。如果我们将"三统"说与"三道"说结合起来，便不难看出，"三统"与"三道"其实既是一种对应关系，也是一种表里关系。从对应关系而言，王朝的统属和王朝的治道是相一致的，如黑统对应忠道，白统对应敬道，赤统对应文道。同时，由于"三统"是循环的，因此"三道"也随之而循环。从表里关系而言，"三统"言改制，其实只是"改正朔、易服色"，其变化只是一种表象；而"三道"言变易，实际上是肯定道变，因此是一种深层次的变化。由此来看，董仲舒所谓新王"有改制之名，无易道之实"，只是就"三统"循环而言，而不是就"三道"循环而言的。

董仲舒的"三统说"中，还有夏、商、质、文"四法"循环，有时也直接以质、文循环代称。① 其实，质、文和"四法"内容大同小异，刘向《说苑·修文》说："商者，常也，常者质，质主天。夏者，大也，大者文也，文主地。"因此，一商一夏，亦即一质一文，所谓王朝礼乐制度的不同，其实也可以归结为一质一文两种。董仲舒认为，"四法"落实到历史阶段来看，是舜法商、禹法夏、汤法质、周法文，而汉朝"承周文而反之质"。"四法"与"三统""三道"的循环数虽然不同，却都是一种历史循环学说。尤其是"四法"讲质、文互变，而"三道"讲忠、敬、文互变，这里的"忠"与"质"含义相近，都是一种主张"道"(礼乐制度)变的学说。②

此外，董仲舒的"三统"学说体系中，还有一种"三等"(或称"三世")说，可视为其"三统"说的一种别传。董仲舒说：

> 《春秋》分十二世以为三等，有见，有闻，有传闻。有见三世，有闻四世，有传闻五世。故哀、定、昭，君子之所见也。襄、成、文、宣，君子之所闻也。僖、闵、庄、桓、隐，君子之所传闻也……于所见微其辞，于所闻痛其祸，于传闻杀其恩，与情俱也。③

---

① 《春秋繁露义证》卷七《三代改制质文》，200页，新编诸子集成本，北京，中华书局，2018。
② 若从禹夏开始排列的话，"三道"说与"四法"说之间是存在矛盾的。"三道"说以夏为忠道，而"四法"说则以禹法夏(即法文)。不过，董仲舒"三统"说的目的是要说明汉皇朝当为黑统、用忠道、法质。在这一点上，"四法"与"三道"以及"三统"都是一致的。
③ 《春秋繁露义证》卷一《楚庄王》，9～10页，新编诸子集成本，北京，中华书局，2018。

在董仲舒看来，《春秋》分十二世为三等，采用不同的书法，其中蕴含了一种历史思想，那就是以亲疏远近来确定朝代地位的高低和作为历史批评的标准，同时"三等"作为"三统"别传，自然也隐含了循环变易之义。

综上所述，董仲舒的"三统"说是一个体大思精的历史变易学说体系，这个体系包含了"三统""三道""四法""三等"等诸多学说于其中。分而言之，它们都是各自相互独立的历史变易学说："三统"说以改正朔、易服色为改制内容，主张王朝按照黑、白、赤三统循环；"三道"说强调治道随三统而循环变易，黑统用忠道，白统用敬道，赤统用文道；"四法"说认为王朝礼乐制度按照商、夏、质、文顺序循环；"三等"说作为"三统"说之别传，提出了以远近亲疏作为历史评判的标准。合而言之，"三统""三道""四法""三等"等诸多学说共同构成了"三统"学说这一历史变易学说体系，当然，其中的"三统"说无疑是这个历史变易学说体系的核心和主轴。

（二）"三统"说的精神实质

董仲舒"三统"说从表述形式而言，无疑是一种历史循环论，这是不能否认的事实。"三统"说所言改制，并不是要对王朝政治制度进行变更，而只是"改正朔，易服色"，其目的是报答天命，同时以此区别于前朝。他认为，"若夫大纲、人伦、道理、政治、教化、习俗、文义尽如故，亦何改哉？故王者有改制之名，无易道之实"[1]。董仲舒还以史为例，对王者只需改制而不必易道作了进一步的说明。他说："道之大原出于天，天不变，道亦不变，是以禹继舜，舜继尧，三圣相受而守一道，亡救弊之政也，故不言其所损益也。"[2]在董仲舒看来，历史上尧、舜、禹三圣即是"相受而守一道"的，他们并没有变"道"。

然而，董仲舒"三统"说从实质而言，则是讲进化的。首先，董仲舒"三统"说是一种体现亲疏之义的尊新王的学说。这种学说主张新王与上两代旧王并为一届三统，三王之上绌为五帝，五帝之上绌为九皇，九皇之上则"下极其为民"[3]。"绌"乃"降"之义，说明帝王年代愈远愈疏，愈近愈亲。正如

---

① 《春秋繁露义证》卷一《楚庄王》，18页，新编诸子集成本，北京，中华书局，2018。
② 《汉书》卷五十六《董仲舒传》，2518～2519页，北京，中华书局，1962。
③ 参见《春秋繁露义证》卷七《三代改制质文》，新编诸子集成本，北京，中华书局，2018。

杨尚奎先生所说，"三统"说所体现的历史观是一种"新鬼大而故鬼小"的历史观。① 此外，作为"三统"说之别传的"三等"说，依据朝代远近来确定亲疏和尊卑关系，并依据这种亲疏、尊卑来对历史进行评判，也体现了一种尊新王之义。其次，与"三统"说相配合的"三道"说，从表象来看，它体现的是一种循环论，而实际上，"三道"循环是一种循环变"道"，它是以变革礼乐制度为实际内容的。这种主张对前朝礼乐制度进行损益的历史观点，当然是一种进化史观。而与"三统""三道"相关联的"四法"说，其宣扬文、质循环变易的目的是救弊，因此也是一种进化史观。由此来看，董仲舒是以循环论作为其历史观的表述形式，而以进化论作为其历史观之目的的。

董仲舒宣扬历史进化论的本质是主张变"道"，这也是其"三统"历史变易学说的精神实质之所在。董仲舒对三代以降必须变道的理论论证是：其一，"作乐于终，所以见天功也"。在董仲舒看来，王者改制，是为了明示天命；王者变道，是为了显示天功。所以他说："是故大改制于初，所以明天命也。更作乐于终，所以见天功也。"②在董仲舒看来，天功的显示，是通过人间君主的制礼作乐即变道而得以实现的。换言之，出于显示天功的需要，君主就必须要变道。其二，"先王之道必有偏而不起之处"。在董仲舒看来，再好的政治，推行久了，都必然会生弊，即使是"先王之道"也不例外。董仲舒说："先王之道必有偏而不起之处，故政有眊而不行，举其偏者以补其弊而已矣。"③这就是说，道有弊是必然的，关键是要"补其弊"。董仲舒认为，夏、商、周三王之政的后期都出现了弊端，出于救弊的需要，才有了忠、敬、文三王之道。三王之道更替的过程，其实就是一个损益补弊的过程。

董仲舒论证三代以降治道必须变易，其根本目的是说明承周、秦之弊而建立的汉朝需要进行更化。董仲舒是一位积极入世的思想家，他的学说思想都是为现实政治服务的。在董仲舒看来，汉朝需要更化，除了上述一

① 杨尚奎：《汉武帝与董仲舒》，见《绎史斋学术文集》，111 页，上海，上海人民出版社，1983。

② 《春秋繁露义证》卷一《楚庄王》，18 页，新编诸子集成本，北京，中华书局，2018。

③ 《汉书》卷五十六《董仲舒传》，2518 页，北京，中华书局，1962。

些普遍原因之外，还有两个更为直接的原因。其一，三代因善于变道而国祚长久的成功经验和秦朝不知变易而导致国祚短促的失败教训，是汉朝统治者引以为鉴的历史镜子。其二，汉朝立国七十余年而国家没有得到善治，问题在于汉朝面对周、秦二朝弊政当更化而不更化。基于这样一种认识，董仲舒积极规劝汉武帝"退而更化"。《天人三策》说："古人有言曰：'临渊羡鱼，不如（蛛）〔退〕而结网。'今临政而愿治七十余岁矣，不如退而更化；更化则可善治，善治则灾害日去，福禄日来。"①更化就是变道。按照董仲舒的"三统"说，周、秦之道为文道，周、秦之弊当然也就是文弊。汉朝承周、秦而建，要救其弊道，就必须要"用夏之忠者"。忠道也就是质道，它是相对于文道而言的。扬雄《太玄·玄莹》说："质干在乎自然，华藻在乎人事也。"质与文的关系也就是自然与人文的关系。表现在治道上，前者崇尚质朴，后者崇尚礼文。董仲舒认为，周末、秦朝的政治是文甚而不知返质的政治，这种重形式的文道走向极端，就必然会远离质朴的道德政治，这是周末文弊的具体表现。汉朝救弊，就必须要反其道而行之，推行三皇五帝曾经推行过的"亲亲而尊尊""质朴而不文"的治国之道。

综上所述，董仲舒的"三统"历史变易学说是以循环为其表现形式，而以进化为其实质内涵的。这种进化史观的本质特征是主张变道，因此，变道救弊是董仲舒"三统"历史变易学说的精神实质之所在。当然，就董仲舒变道论的本质而言，他是通过以古喻今的方法，来论证汉朝进行更化的必要性的。他对秦朝以前变道救弊的评述，实际上都是为汉朝的更化张目。

三、刘歆的新五德终始历史学说

自战国阴阳家邹衍创立五德终始说以来，后世人们都以这种学说作为王朝建立的一种合法依据，秦的水德制度和汉的土德制度皆是据此而建立起来的。但至西汉末年，古文经学家刘歆作《三统历谱·世经》②，一改传统的五德相胜，而以五德相生之序来解说历史王朝的更替，从而创立了一种

---

① 《汉书》卷五十六《董仲舒传》，2505 页，北京，中华书局，1962。
② 见《汉书》卷二十一下《律历志》，1011～1024 页，北京，中华书局，1962。

新五德终始说。[①]

（一）新五德终始说及其创立的政治动机和历史依据

与邹衍五德终始说相比，刘歆创立的新五德终始说有如下一些不同点：其一，邹衍的五德终始说是一种相胜说，认为历史王朝的更替是循着"土木金火水"五行相胜之序进行的；刘歆的五德终始说则是一种相生说，认为历史王朝的更替是依循"木火土金水"五行相生之序进行的。其二，邹衍的五德终始说以得土德的黄帝为历史开端，这种思想为司马迁所继承，《史记·五帝本纪》确定了黄帝为中华人文始祖的地位；刘歆的五德终始说则依据《易传》"帝出乎《震》"的说法，而认为《震》是东方之卦，东方于五行属木，因此，最古的帝王当属木德，而"包羲氏始受木德"。其三，邹衍的五德终始说解说自黄帝以来的历史，只涉及黄帝、夏禹、商汤和周文王四朝，秦汉时人据此而以秦得水德、汉得土德续之，新的一轮循环才刚好开始；而刘歆以新五德终始说解说自伏羲以来的历史，其古史期要远比邹衍的长，而且罗列的王朝也远比邹衍的多。其王朝统绪如下：太昊伏羲氏为木德，炎帝神农氏为火德，黄帝轩辕氏为土德，少昊金天氏为金德，颛顼高阳氏为水德；帝喾高辛氏为木德，帝尧陶唐氏为火德，帝舜有虞氏为土德，伯禹夏后氏为金德，成汤为水德；周武王为木德，汉朝为火德。从以上所列来看，刘歆的新五德终始说已经使汉以前的历史循环到了第三轮。

刘歆以五行相生之五德终始说去重构古史系统，既有着明确的政治动机，那就是要为西汉末年的政权危机寻求出路，又有着充分的历史依据，那就是他的这套古史系统的创立是与自邹衍以来人们古史观念的不断变化

---

① 关于新五德终始说的创立者，《汉书·郊祀志赞》认为是刘向父子。这一说法与实际不相符合，其理由：一是从史料来看，此说除《汉书·郊祀志赞》和抄袭《汉书》陈说之荀悦《汉纪·高祖皇帝纪》外，没有其他佐证材料。而《汉书·律历志》则记载了一段耐人寻味的话："至孝成世，刘向总六历，列是非，作《五纪论》。向子歆究其微眇，作《三统历》及《谱》以说《春秋》，推法密要，故述焉。"就在这句话之后，颜师古注曰："自此以下，皆班氏所述刘歆之说也。"（《汉书》卷二十一上《律历志》，979页，北京，中华书局，1962）这就明确告诉人们，《汉书》所述《三统历谱》的内容乃为刘歆的学说而非刘向的学说（刘向只是提供了一些素材），而正是这部《三统历谱》之《世经》篇，详细叙述了以五行相生解说历史的新五德终始说。二是从思想倾向而言，一般来说，持五行相生说者，往往在政权更替上倾向于禅让；而持五行相胜说者，在政权更替上则倾向于革命。刘向是一位具有强烈的维护刘氏正统的忧患意识的思想家，故而他没有倡导五行相生之五德终始说的思想根基；而刘歆则是一个正统观念淡薄、具有一定反传统意识的思想家，他创立新五德终始说，正是为了使刘汉政权能够和平禅让于王莽。（参考下文论述）

紧密相连的。

首先，从古史系统创立的动机来看。西汉自宣、元、成以来，统治危机已日趋严重，社会上"异姓受命"和同姓"更受命"的呼声已甚嚣尘上。刘歆作为一位头脑清醒、讲究现实的政治家，显然已经看到王莽代汉已成为一种不可避免的现实。既然无法改变这种现实，他当然希望能够使政权和平地由刘氏过渡到王氏手里。以往人们谈论王莽代汉，总以为刘歆是主要帮凶，这种说法在一定意义上和一定程度上是正确的，毕竟刘歆不但不反对外戚专权，而且积极拥护王莽居摄；不但不维护刘氏正统，而且创立五行相生之五德终始说，以为皇权的禅让提供历史依据。但是，刘歆拥护王莽居摄，是希望他能够像周公辅佐成王那样去"成圣汉之业""保佑圣汉"，而不是希望他去代替汉室；同样，刘歆创立五行相生之五德终始说，为禅让制寻求历史依据，也是看到王氏代汉已经成为一个无法逆转的事实，与其革命推翻，不如和平禅让。因此，他鼓吹禅让，与其说是为王莽代汉服务，倒不如说是为刘汉政权能实现和平过渡服务。其实，刘歆对待禅让的态度，也是西汉末年学者们的一种普遍态度。正如王葆玹先生所说，西汉末年的学者"鼓吹禅让或不反对禅让的理由，是认识到汉朝的衰亡已不可避免，真正有意义的事情不过是在暴烈的'革命'和温和的'禅让'之间进行选择，大家都害怕剧烈的社会动荡，愿意通过不流血的方式来实现权力的转移。刘歆正是在这种背景下，创立了古文经学，编排了有利于重演尧舜禹禅让故事的帝王世系，并将'五行相胜'的帝王运次改为'五行相生'的运次"①。

其次，从古史系统创立的历史依据来看。邹衍的五德终始说主要是通过《吕氏春秋·应同》和《史记·封禅书》的记载而得以表述的。其实，《吕氏春秋》和《史记》的作者对古史的认识已经较邹衍丰富得多了。例如，《吕氏春秋·古乐》提出了黄帝、颛顼、帝喾、帝尧和帝舜之五帝说，《情欲》《必己》《离俗》《上德》等篇以神农、黄帝连称，《用众》《孝行》等篇则以三皇与五帝连称。只是《吕氏春秋》在以五德终始说解说历史时，尚未将这些可能在作者看来还带有传说性质的历史人物纳入古史排列中来。司马迁也一样，他在撰写《史记》时，明明在《封禅书》中已经借管仲之口提到了在黄帝之前

---

① 王葆玹：《今古文经学新论》，454页，北京，中国社会科学出版社，1997。

尚有无怀氏、虑羲、神农和炎帝诸古圣王，但是，他的《史记》却还是依据《五帝德》和《帝系》而以五帝开篇，以黄帝为中华民族的人文始祖。董仲舒"三统"说中的五帝、九皇绌易，显然已经将古史从三代上追至五帝、九皇了，而这一古史期已经与《世经》相似。由上可知，自邹衍以来，人们的古史观念已经有了很大的改变，在三代以前存在有三皇和五帝的说法越来越普遍了，只是传统的五德终始说尚未将这种历史系统纳入其中而已。刘歆新五德终始说正是借助于这些古史说的材料，从而构建了一个更为久长和丰富的古史系统。

至于刘歆改五行相胜说为五行相生说，这一方面如上文所说，是出于政治原因。因为相胜说只能说明以革命方式完成的王朝更替，而相生说则能说明以禅让方式完成的王朝更替。另一方面，相生说也不是一种空穴来风，董仲舒就在《春秋繁露》中对此作过阐述，并且还以此作为篇名，只是他尚未将五行相生说运用到古史的解说中去。到了西汉末年，人们便已经普遍运用这种五行相生之说来解说历史了。如甘忠可伪造《天官历》《包元太平经》而作"赤精子之谶"，便是服务于其刘家得火德之"更受命"理论的；谷永所谓"彗星，极异也，土精所生……兵乱作矣，厥期不久"[1]，显然是说汉家之火德不久将要被得土德的人所取代。

（二）新五德终始说蕴含的历史思想

首先，开创了以"五德"言正闰之先河。在刘歆以五行相生之五德终始说所排列的古史系统中，我们却没有看到大一统的秦皇朝。当然，刘歆不可能无视秦皇朝的存在，他之所以未将秦皇朝排列于历史王朝统系之内，是因为在他看来，秦皇朝是以水德介于周之火德和汉之木德之间，故而未得五行相生之序，只能属于闰朝。《汉书·律历志下》引《世经》说：

> 《祭典》曰："共工氏伯九域。"言虽有水德，在火木之间，非其序也。任知刑以强，故伯而不王。秦以水德，在周、汉木火之间。
>
> 《春秋外传》曰，颛顼之所建，帝喾受之。清阳玄嚣之孙也。〔水〕

① 《汉书》卷八十五《谷永传》，3468页，北京，中华书局，1962。

生木（故），故为木德。天下号曰高辛氏。帝挚继之，不知世数。[1]

在刘歆看来，秦与历史上的共工氏和帝挚一样，都是因失序而被排除于王朝统绪之外的。其实，摒秦才是目的，共工氏和帝挚被归并到闰统之列，只是刘歆为了不使历史王朝仅有秦朝为闰统显得过于偶然而不可信，才找来的两个陪衬。

刘歆构建这套以五德相生排序的古史系统，其逻辑起点是王莽代汉。刘歆是在确定黄帝、虞舜为土德的前提下推衍出王莽的土德的[2]，进而由虞舜、王莽的土德又推出唐尧、刘汉的火德[3]。问题是，确定了刘汉的火德制度，为何不能根据五行相生的原理以下推上来确定秦的木德制度呢？我们认为，刘歆的新五德终始说是一种上下相推的五德终始说，如果仅从王莽、刘汉往上推，当然可以定秦为木德。但是，如果从唐尧、虞舜往下推，就无法推出秦为木德，而只能推出周为木德来。而木生火，这样一来，秦皇朝便没有了立足之地。

刘歆殚精竭虑构建起来的这套古史系统，从表现出来的历史观而言，主要是为了宣扬一种正统主义。刘歆以五行相生秩序排列历史王朝统绪，从而第一次以五德终始言历史王朝的正闰，而将秦皇朝排除于历史王朝的统绪之外。这就全面揭橥了中国史学史上的正闰之辨，对班固及其之后中国正统史学的形成产生了重要而深远的影响。

其次，宣扬了"圣人同祖"的思想。在经学史上，一般来说今文经学家是主张"圣人无父""圣人感生"说的，而古文经学家则主张"圣人有父""圣人同祖"说。古文经学家刘歆主"圣人有父""圣人同祖"论。在刘歆排定的古史系统中，只有伏羲氏是"继天而王"，因而他是百王之先、百王之祖；而炎、黄诸帝继之而王，他们的帝王统系皆出自伏羲氏。自黄帝以后，帝王统系明显地存在着一种同宗同族的关系：少昊乃"黄帝之子清阳也"，颛顼乃昌意之子、黄帝之孙，帝喾乃少昊之孙、黄帝之曾孙，唐尧乃帝喾之子，虞

---

[1] 《汉书》卷二十一下《律历志》，1012、1013 页，北京，中华书局，1962。

[2] 《汉书·王莽传》载，王莽代汉后，就在其下达的诏书中明确认为自己是黄帝和虞舜的后代。

[3] 刘汉的土德制度早已在汉武帝时就依据五行相胜说确定了，刘歆通过修改历史理论，从而服务于以汉为火德禅位于王莽之土德的现实政治的需要。

舜乃颛顼之后，伯禹乃颛顼六世孙。由此可见，自黄帝以来的古圣王都属于同一宗族，都是黄帝的后代。如果我们将刘歆的古史观与司马迁的古史观作一比较的话，便不难发现，二者之间虽有些许不同，却也有很多相同之处。不同之处在于，司马迁持五行相胜说，以得土德的黄帝作为五帝之首、百王之先；而刘歆持五行相生之说，以得木德的伏羲氏为百王之先。司马迁既主"圣人同祖"，又倡"圣人无父"；而刘歆则持一种纯粹的"圣人同祖"说。但是，从"圣人同祖"说的具体内涵而言，刘歆的说法几乎与司马迁是完全一致的。

今文学家的"圣人无父""圣人感生"说体现的是一种天命史观，同样，以刘歆为代表的古文学家所主张的"圣人有父""圣人同祖"说也是一种天命史观。在刘歆看来，古帝王同祖于太昊伏羲氏，他们的王权由伏羲氏始而世代相继下来。但是，"炮牺继天而王，为百王先"[①]，他的王权还是来自上天的。因此，这种"圣人同祖"论从根本上说仍然是一种君权神授论。同时，与司马迁一样，刘歆将黄帝以下的古帝王皆说成是黄帝之后，出自同一个家族，这不但在理论上是荒唐的，而且在历史观上宣扬了"报德"的天命思想。

四、何休的新"三世"历史发展学说

"三世"说是汉代公羊家的一种历史变易学说，它发端于《公羊传》的《春秋》"三世"划分说，公羊先师董仲舒从亲近疏远的角度对其作出了最初的表述。东汉公羊巨子何休则在董仲舒"三世"说的基础上，构建了一套系统的公羊家的历史发展理论。何休新"三世"说的理论特征，一是将历史的发展明确划分为衰乱、升平和太平三个时期，体现了一种历史不断发展的观点；二是系统提出了"三科九旨"学说，将"三世"说与"存三统""异内外"视为一个不可分割的统一的有机整体。

（一）新"三世"说的理论内涵

何休关于其新"三世"说最为系统而集中的表述，当属对隐公元年《公羊传》文"所见异辞，所闻异辞，所传闻异辞"的解释。何休说：

---

① 《汉书》卷二十一下《律历志》引《世经》语，1011 页，北京，中华书局，1062。

所见者，谓昭、定、哀，己与父时事也；所闻者，谓文、宣、成、襄，王父时事也；所传闻者，为隐、桓、庄、闵、僖，高祖、曾祖时事也。异辞者，见恩有厚薄，义有深浅，时恩衰义缺，将以理人伦，序人类，因制治乱之法。故于所见之世，恩己与父之臣尤深，大夫卒，有罪无罪皆日录之，"丙申，季孙隐如卒"是也。于所闻之世，王父之臣恩少杀，大夫卒，无罪者日录，有罪者不日，略之，"叔孙得臣卒"是也。于所传闻之世，高祖、曾祖之臣恩浅，大夫卒，有罪无罪皆不日，略之也，"公子益师、无骇卒"是也。于所传闻之世，见治起于衰乱之中，用心尚粗粗，故内其国而外诸夏；先详内而后治外；录大略小；内小恶书，外小恶不书；大国有大夫，小国略称人；内离会书，外离会不书是也。于所闻之世，见治升平，内诸夏而外夷狄，书外离会，小国有大夫。宣十一年秋"晋侯会狄于攒函"，襄二十三年"邾娄劓我来奔"是也。至所见之世，著治太平，夷狄进至于爵，天下远近小大若一，用心尤深而详。故崇仁义，讥二名，晋魏曼多、仲孙何忌是也。所以三世者，礼，为父母三年，为祖父母期，为曾祖父母齐衰三月。立爱自亲始，故《春秋》据哀录隐，上治祖祢，所以二百四十二年者，取法十二公，天数备足，著治法式。又因周道始坏，绝于惠、隐之际。主所以卒大夫者，明君当隐痛之也。君敬臣则臣自重，君爱臣则臣自尽。公子者氏也，益师者名也，诸侯之子称公子，公子之子称公孙。①

这段话集中阐发了如下基本思想：其一，沿袭了《公羊传》和董仲舒的春秋"三等"说，以春秋十二公之昭、定、哀三公为所见世，文、宣、成、襄四公为所闻世，隐、桓、庄、闵、僖五公为所传闻世，由此确定亲近疏远、详今略古为历史撰述原则。其二，将"异内外"与"三世"说相结合，寓"夷夏之辨"于"三世"学说之中，这是何休对公羊学先师"三世"说的一个重大发展（具体论述详后）。其三，推陈出新，提出了"衰乱——升平——太平"新"三世"说，这是何休"三世"说中最具创意的部分，它肯定了社会历史发展的走

---

① 何休注，徐彦疏：《春秋公羊传注疏》卷一《隐公元年》，38页，上海，上海古籍出版社，2014。

向是一个从低级到高级、从衰乱到太平、从野蛮到文明的过程，换言之，是一个不断发展和不断进步的过程。

　　需要指出的是，何休认为春秋"三世"是一个由"衰乱"到"升平"再到"太平"的历史发展和进步的过程，而春秋"三世"的历史变迁实际情况却恰恰与之相反，从"所传闻世"到"所闻世"再到"所见世"，世道不但没有一世比一世兴盛，反而是一世比一世更加衰败。因此，究竟应该如何理解何休的这一新"三世"说的历史发展思想呢？清人皮锡瑞认为是"借事明义"。[1] 何休所借之事，当然是《春秋》所载242年史事。而其所明之义，其一是肯定社会历史必然要经历一个从"衰乱世"到"升平世"最终以达"太平世"的过程；其二是认为太平之世是一个没有种族区分、没有内外之别的天下一统之世。我们认为，何休注《春秋公羊传》，其目的并不是去解说《春秋》所载的242年历史，而是借助《春秋》的史事来寄托自己的一种社会理想。所以他说："《春秋》定、哀之间，文致太平。"[2] 文、宣、成、襄为"升平世"，也只是"足张法而已"。[3] 这就明白无误地告诉人们，所谓"升平世"和"太平世"，只是一种虚构和假托，而并非真实的历史。因此，如果以何休的"三世"说来观照春秋"三世"史实，它当然是虚幻的；但如果说何休的"三世"说是对人类历史发展趋势的一种解释，则无疑是正确的。难能可贵的是，何休本人所处的东汉末年社会，其实正是一个衰乱之世，作为这一特定时代的思想家，何休却并没有对历史的发展失去信心，而是表现出了一种执着而坚定的历史信仰。

　　（二）"三科九旨正是一物"

　　何休关于新"三世"说的阐发，从思想方法而言，是将其纳入他所构建的"三科九旨"这一大的学术思想体系当中进行的。在何休看来，"三科九旨"是一个不可分割的有机整体。他曾撰《春秋公羊文谥例》一书，对这一学说进行了具体阐释，可惜此书已经散佚，我们现在只能通过徐彦在《春秋公

──────────

　　① 参见皮锡瑞：《论三统三世是借事明义黜周王鲁亦是借事明义》，见《经学通论》卷四《春秋》，22页，北京，中华书局，1954。

　　② 何休注，徐彦疏：《春秋公羊传注疏》卷一《隐公元年》，40页，上海，上海古籍出版社，2014。

　　③ 何休注，徐彦疏：《春秋公羊传注疏》卷二十《襄公二十三年》，857页，上海，上海古籍出版社，2014。

羊传注疏》"卷首语"中所作的引述了解这一学说的思想梗概。徐《疏》引曰：

> 问曰："《春秋说》云：《春秋》设三科九旨，其义如何？"答曰："何
> 氏之意，以为三科九旨正是一物。若总言之，谓之三科。科者，段也。
> 若析而言之，谓之九旨。旨者，意也。言三个科段之内，有此九种之
> 意。故何氏作《文谥例》云：三科九旨者，新周，故宋，以《春秋》当新
> 王，此一科三旨也。又云所见异辞，所闻异辞，所传闻异辞，二科六
> 旨也。又内其国而外诸夏，内诸夏而外夷狄，是三科九旨也。"①

这里所谓"三科九旨"，即是"新周，故宋，以《春秋》当新王"之"一科三旨"，
"所见异辞，所闻异辞，所传闻异辞"之"二科六旨"和"内其国而外诸夏，内
诸夏而外夷狄"之"三科九旨"。其实何休"三科九旨"说所涉及的这些理论课
题，董仲舒以来的公羊先师们都曾经分别作过自己的解说。所不同的是，
何休明确认为"三科九旨正是一物"，而视"三科九旨"学说为一个不可分割
的有机整体，从而构建起了一套完整而系统的公羊家的历史哲学体系。

在"三科九旨"学说这个有机整体当中，居于重要和中心地位的是"三
世"说，理解"三科九旨正是一物"，则需要理清何休的"三世"说与其"通三
统""异内外"说之间的关系。

第一，"三世"说与"三统"说之间的关系。何休的"三统"说基本上俯拾
了董仲舒的陈说，也是以"新周，故宋，以《春秋》当新王"的。所不同的是，
何休着重对董仲舒提出的"王鲁"命题进行了系统阐发。纵观《春秋公羊传解
诂》，此种书法义例在在皆是，像先朝新王者进爵、夷狄慕王化者褒之、王
者无朝诸侯之义、王者大夫得敌诸侯等，都是何休托鲁所明之王义。关于
何休的"三统"说与其"三世"说之间的关系，其一，二者都是一种解说历史
发展的学说，"三统"说是对春秋以前历史发展总趋势的一种总结，而"三
世"说则是对春秋历史的一种总结。如果我们不能将这两种学说结合起来加
以考察的话，那么就无法对何休的历史学说有一个全面的了解。其二，从
历史观而言，作为何休"三统"说之重要内涵的"王鲁"说，其精神实质是"托

---

① 何休注，徐彦疏：《春秋公羊传注疏》卷首语，5页，上海，上海古籍出版社，2014。

王于鲁，因假以见王法"，即认为是孔子托鲁以立定王义、王法，寄托自己
对历史发展前途的信心和希望。因此，何休以"王鲁"为重要内涵的"三统"
说，实际上内蕴了历史发展的思想。而何休的新"三世"说则只是对历史发
展过程作了更为具体的描绘罢了，它们形式虽异，本质却同，都肯定了历
史的不断发展。

　　第二，"三世"说与其"异内外"说之间的关系。何休"异内外"说与先儒
存在着明显的不同，这就是他将"三世"说运用来解说其"异内外"说，肯定
了夷狄的不断进步与发展，认为"太平"之世将是一个"夷狄进至于爵，天下
远近小大若一"的大一统之世，从而赋予了传统公羊学夷夏观以全新的含
义。按照何休"三世"进化说，在"衰乱"之世，诸夏尚未统一，故夷狄"未得
殊也"，因此，也就不存在什么"夷夏之辨"问题。这一时期的主要矛盾是中
国与诸夏的矛盾，解决这一基本矛盾的原则是"内其国而外诸夏"，在史书
书法上则需体现"尊京师"大义。当历史进入"升平"之世时，夷狄已"可得
殊"，也就有了"夷夏之辨"问题。在处理夷夏关系时，应该奉行进诸夏、退
夷狄的原则，也就是要"内诸夏而外夷狄"。① 为此，何休一方面反对诸夏联
合甚或依附于夷狄，另一方面强调诸夏都应该以保护华夏文明为己任。当
然，"夷夏之辨"只是一种礼义之辨，而不是种族之辨。因此，如果夷狄仰
慕诸夏文明，自觉行仁讲义，则需"中国之"。当历史进入"太平"之世时，
何休认为，这一时期的夷狄通过"升平"之世的不断进化，已经由野蛮而至
文明，成为诸夏的一部分了。何休说："至所见之世，著治太平，夷狄进至
于爵，天下远近小大若一，用心尤深而详。"② 在此，"夷狄进至于爵，天下
远近小大若一"，便是何休对"太平"之世夷夏关系的一个完整表述。从中可
知，何休所谓"太平"之世，已经是一个没有"夷夏之别"的天下一统的社会，
在这个社会里，不但道德文明已经发展到了极致，而且政治、种族、文化
也实现了空前的统一。尽管"夷狄进至于爵，天下远近小大若一"只是一种
美好愿望，不过这种肯定历史不断进步和发展的思想，无疑是使人鼓舞、
催人奋进的。

---

① 何休注，徐彦疏：《春秋公羊传注疏》卷一《隐公元年》，38 页，上海，上海古籍出版社，
1990。

② 同上书，38 页。

第六节　汉代目录学思想的发展

　　学界一般认为中国目录"萌芽于先秦时期，起源于《诗》《书》之序"①。然而群书目录的建立，则始于汉代。汉代目录学的发展有两个重要阶段，一是西汉末年刘向、刘歆父子整理文献所进行的目录编制，一是东汉班固撰写《汉书·艺文志》(简称《汉志》)对目录学的发展。刘向编纂《别录》，刘歆在其父的基础上"撮其指要"而成《七略》一书，堪为中国古代真正意义上的目录学的发端。《别录》与《七略》包含的书籍与学派分类思想、学术源流的考镜与评述以及古文经学思想等，对中国古代学术发展史影响深远。班固通过对《七略》"删其要"而成《汉志》，不但系统记述了《七略》的内容，开创了正史编纂艺文志的先河，而且继承和发展了刘歆的目录学思想。

一、《别录》与《七略》的编纂及其目录学思想

　　刘向、歆父子相继编纂的《别录》与《七略》，是以西汉末年大规模整理文献为背景的。这次大规模文献整理工作得以开展，与西汉立国以来重视文化建设、历史资料不断得以积累密不可分。由于秦火，先秦文化典籍遭遇了前所未有的大浩劫。西汉立国之初，百废待兴，尚未顾及文化建设。汉惠帝四年(公元前 191 年)，正式"除挟书律"，"秦律敢有挟书者族"的规定得以废止。② 文、景之时，朝廷"大收篇籍，广开献书之路"；武帝时"建藏书之策，置写书之官，下及诸子传说，皆充秘府"。③ 据《太平御览》卷二百三十三引刘歆《七略》语，"百年之间，书积如丘山。故外有太常、太史、博士之藏，内则延阁、广内、秘室之府"。随着文献的不断增多，必然会出现文字不同、错讹缺佚乃至真伪相参等情况，使得对文献本身进行整理变得非常迫切了。正是在这样一种背景之下，汉成帝"使谒者陈农求遗书于天下"的同时，于河平三年(公元前 26 年)正式下诏校书。据《汉书·艺文志序》

---

① 张家璠、黄宝权：《中国历史文献学》，94 页，桂林，广西师范大学出版社，1989。
② 《汉书》卷二《惠帝纪》及张晏注，90 页，北京，中华书局，1962。
③ 《汉书》卷三十《艺文志序》，1701 页，北京，中华书局，1962。

载，此次校书的具体分工是："光禄大夫刘向校经传诸子诗赋，步兵校尉任宏校兵书，太史令尹咸校数术，侍医李柱国校方技。""每一书已"，则由刘向"辄条其篇目，撮其指意，录而奏之"。①很显然，这次校书工作既有分工合作，又是由刘向总揽其成的。刘歆是前期书籍整理的助手之一，并在其父去世后奉诏承继父业，典领"五经"。汉哀帝建平元年（公元前 6 年），历时 20 年的校书任务最终完成，统共著录的书籍为 13000 余卷。由刘向、歆父子先后总揽其成的这次大规模的古籍整理活动，使得中国古代典籍在西汉成、哀年间得到了一次全面的整理，也为后世文献整理提供了范例。正是在整理文献的基础上，刘向、歆父子通过辨章学术、考镜源流，对已经校雠勘定的文献进行分类，编制目录，从而有了刘向的《别录》和刘歆的《七略》问世，二书也成为后世目录学之圭臬。

（一）刘向《别录》的编纂及其目录学思想

《别录》是各书单篇《叙录》（又称《书录》）的合集，为书籍的内容提要或书目解题。这次校书活动是分工进行的，但是各书的《叙录》撰写工作主要是由刘向完成的。刘向非常重视书籍的《叙录》撰写工作，将它与书籍的校雠勘定工作视作为文献整理工作的一个有机整体。据史书记载，当时校书"每一书已，向辄条其篇目，撮其指意，录而奏之"。这就是说，《叙录》撰写工作是与书籍的校雠勘定工作同时进行的，它们构成了文献整理工作的一个有机整体。为了突出《叙录》的重要性，刘向又将各书《叙录》另备一份，独自编定成书，与原书别行，故而称作《别录》。刘向所编《别录》涉及的内容主要有：书籍篇目、内容大意、存佚及流传情况，书籍的作者及其生平情况，以及关于学术评述和学术源流叙述等。纵观《别录》的目录学思想，主要体现在如下方面。

一是重视辨章学术、考镜源流。辨章学术是指对学术流派或书籍特点的辨明，而考镜源流是指对书籍源流和学派源流的考辨。仅从留存的诸篇《叙录》来看，足见刘向是非常重视对学术流派和学术源流的考辨工作的。换言之，重视对学术流派和学术源流的考辨是《别录》蕴含的重要思想之一。例如《列子叙录》，刘向一方面对列子作了学派归类，认为他"学本于黄帝、

---

① 《汉书》卷三十《艺文志序》，1701 页，北京，中华书局，1962。

老子，号曰道家"；一方面对其学说的学术特点作了评介，认为主要是"秉要执本，清虚无为"。① 由此可见刘向对辨章学术之重视。同时，刘向也重视考镜学术源流，如《列子叙录》不但说明了列子学派的源流情况，还对《列子》一书流传的盛衰情况及盛衰原因都一一作了说明。对于刘向的辨章学术、考镜源流，清代史评家章学诚给予了很高的评价，认为"非深明于道术精微、群言得失之故者，不足与此"②。刘向《别录》辨章学术、考镜源流，这就为后来刘歆撰写《七略》，对学术进行系统分类打下了坚实的基础。

二是以"合于六经"作为书籍评论标准。刘向是西汉穀梁学大师，一代名儒。因此，在其所撰《叙录》中，他不但重视对书籍进行评论，而且从儒家观点出发，以是否合于"六经"作为书籍评论标准。例如，说《管子》"务富国安民，道要言约，可以晓合经义"；《晏子》"皆忠谏其君，文章可观，义理可法，皆合《六经》之义"；《列子》"及其治身接物，务崇不竞，合于《六经》"。③ 应该说，刘向以学术思想是否合于"六经"作为书籍评论标准，是有失偏颇的。但是，刘向在以是否合于"六经"作为书籍评论标准的同时，却并没有对其他诸家采取排斥的态度。如列子便是道家人物，而刘向却说其学术思想有合于"六经"之处，给予肯定。刘向甚至认为法家的申子，其学术思想也有合于"六经"的。他说："申子学号曰'刑名家'者，循名以责实，其尊君卑臣，崇上抑下，合于《六经》也"④。刘向对儒家之外诸家学术采取不排斥的态度，恰恰说明了自董仲舒之后，西汉的儒家实际上已经大量吸收了其他诸家的思想。同时，《叙录》以是否合于"六经"作为书籍评论标准，也说明了刘向寄希望于借助文献整理的机会，用儒家思想来统一天下学术这样一种愿望。

三是重视史料考证。历史文献在流传过程中，必然会出现各种说法相互矛盾、真伪难辨的现象，这就需要在文献整理过程中认真加以考辨，以

---

① 严可均编：《全汉文》卷三十七《刘向》，602 页，石家庄，河北教育出版社，1997。

② 《章学诚遗书》卷十《校雠通义叙》，95 页，北京，文物出版社，1985。

③ 严可均编：《全汉文》卷三十七《刘向》，600、600、602 页，石家庄，河北教育出版社，1997。

④ 《史记》卷一百三《万石张叔列传》"索隐"引刘向《别录》语，2773 页，北京，中华书局，1959。

期去伪存真。刘向撰写《叙录》，也非常重视史料的考证工作。从现有《叙录》来看，最典型例子莫过于《邓析书录》考证邓析子之死一事。旧说"邓析被子产所戮"，该《书录》则引用《左传》所记"昭公二十年而子产卒，子太叔嗣为政；定公八年，太叔卒，驷颛嗣为政；明年，乃'杀邓析，而用其竹刑……'"，由此得出结论"传说或称子产诛邓析，非也"。① 刘向引证翔实，说理透彻，从而使陈说被否定。

《叙录》的撰写，以及在此基础上别集而成的《别录》，无疑是刘向文献整理的一大创举。《别录》作为我国历史上第一部书目题解，不但为随后刘歆编撰《七略》奠定了基础，而且直接为后世学者编写书目题解或书籍评介提供了一种范式。

（二）刘歆《七略》的编纂及其目录学思想

如果说《别录》基本上成于刘向之手，那么《七略》则是刘歆在刘向《别录》的基础上"撮其指要"而成的。说《别录》只是基本上成于刘向之手，是因为在现存的《叙录》当中，就遗留有刘歆直接撰写的《山海经叙录》，由此可见刘向的校书和《叙录》撰写工作并没有最终完成。但是，刘向未校的书籍和未编成的《叙录》肯定为数已不多，因为从刘向去世到刘歆完成《七略》的编写，中间统共只有两三年时间。② 而在这期间，刘歆还要集中主要精力编撰《七略》，可见刘歆校书和编写《叙录》只是扫尾而已。有学者认为，"如果说校书主要完成于刘向，编目主要完成于刘歆，不会偏离事实太远"③，这个说法是有道理的。不过，《七略》虽然成于刘歆之手，但却是他在刘向《别录》的基础上"撮其指要"而成的。对于《七略》与《别录》之间的关系，阮孝绪在《七录序》中已作了明确说明：刘向"又别集众录，谓之《别录》，即今之《别录》是也。子歆撮其指要，著为《七略》，其一篇即六篇之总最，故以《辑略》为名，次《六艺略》，次《诸子略》，次《诗赋略》，次《兵书略》，次《术数略》，次《方技略》"。曾贻芬、崔文印也认为，"'七略'就是每个部类皆略取

① 严可均编：《全汉文》卷三十七《刘向》，602 页，石家庄，河北教育出版社，1997。
② 刘向卒于汉成帝绥和元年（公元前 8 年），而刘歆于汉哀帝建平元年（公元前 6 年）就因《移太常博士书》得罪权贵而避祸出外任官，故而刘歆承父典领"五经"的时间统共不足三年。
③ 曾贻芬、崔文印：《两汉时期历史文献学的初步形成》，载《史学史研究》，1988(1)。

《别录》而来"①。

《七略》作为我国第一部系统的目录学著作，其最大功绩便是第一次对我国古代书籍进行了全面、系统的分类，从而为后世书籍分类提供了范式。《七略》一书今已不存，然班固《汉书·艺文志》却是"删其要"而成的，我们完全可以从中管窥刘氏分类思想之大要。

其一，首倡书籍六分法。《七略》一书共分《辑略》《六艺略》《诸子略》《诗赋略》《兵书略》《术数略》《方技略》七个"略"，而实际上《辑略》只是一个对全书的总体说明，它不属于书籍分类。因此，《七略》的书籍分类是一种六分法，亦即将书籍分成六艺、诸子、诗赋、兵书、术数和方技六大门类。大类之下有小类，亦称种，《七略》共分书籍为 38 种。小类（即种）之下有家，《七略》共分书籍为 603 家。家之下便是书名了，《七略》总共著录的书籍多达13000 余卷。刘歆的六分法对后世目录分类有着重要影响，此后各时代的书籍分类，其实都是在此基础上所作的各种不同整合而已。例如，王俭的《七志》、阮孝绪的《七录》，顾名思义，即知乃刘氏《七略》之仿效作。即使如在中国目录学史上有着重要影响的经、史、子、集四分法，其基本因子也已尽在《七略》之中。同时，《七略》的撰写以及六分法的提出，对正史的编写也有莫大的影响。中国古代正史的第一个"艺文志"——班固的《汉书·艺文志》，便是直接对《七略》"删其要"而成的。因此，《七略》之于中国学术和中国史学居功至伟。范文澜先生对《七略》之于史学的贡献给予了很高的评价："它（《七略》）不只是目录学校勘学的开端，更重要的还在于它是一部极可珍贵的古代文化史。西汉有《史记》《七略》两大著作，在史学史上是辉煌的成就。"②

其二，提出十家九流说。十家九流是《七略》当中《诸子略》的学术分类，它是在司马谈六家说的基础上发展起来的。所谓九流，即是在司马谈所论阴阳、儒、墨、法、名、道六家的基础上补上纵横、杂、农三家而合为九流。不过，《七略》之九流分类虽然也将司马谈所论六家置于最前，但对六家本身的排序与司马谈不同。《七略》六家（亦称六流）的前后次序是儒、道、

---

① 曾贻芬、崔文印：《两汉时期历史文献学的初步形成》，载《史学史研究》，1988(1)。
② 范文澜：《中国通史简编》（修订本）第二编，126 页，北京，人民出版社，1958。

阴阳、法、名、墨。九流以儒贯首，这自然体现了刘氏之儒家本色，同时也是与汉代诸子学术之地位相符的。而十家，则是在九流之后附以小说家。《七略》提出的十家九流说，既充分肯定了司马谈关于先秦诸子学术已有的六家分类的思想和方法，又在此基础上作了进一步的补充。刘歆的十家九流之分类，一方面是为了更加全面地囊括诸子学术之流派，一方面则是出于著录书目，为全面评述诸子学术提供方便的一种需要。因此，十家九流说的主要意义在于其提供了一种目录学的便利。对于十家九流说之于诸子学术的目录分类上的意义，即使如对此划分颇有微词的梁启超也是予以肯定的。他说："学派既分，不为各赋一名以命之，则无所指目以为论评之畛畔，况校理书籍，尤不能不为之类别以定编录之所归，故汉志以'流'分诸子，在著述方法上不能不认为适当。"①梁启超对十家九流说有微词，主要是认为《七略》所补四家在学术思想和性质上与前六家非为同类，不可并列。尽管如此，他也不得不承认"分诸子为九家十家，不过目录学一种便利"②，肯定十家九流说之目录分类的合理性。

其三，提出"诸子出于王官"论。"诸子出于王官"是刘氏在《七略·诸子略》中提出的一个重要理论。如果说司马谈《论六家要指》以六家分类诸子主要是通过辨章诸子学术而成的不易之论，那么刘氏"诸子出于王官"论则主要是对诸子（即十家九流）学术考镜源流的一个重要成果。"诸子出于王官"论详见于《汉书·艺文志》，如说"儒家者流，盖出于司徒之官"；"道家者流，盖出于史官"；"阴阳家者流，盖出于羲和之官"；"墨家者流，盖出于清庙之守"；等等。对于《七略》"诸子出于王官"之论，梁启超提出了批评。他说："其述各派渊源所自，尤属穿凿附会，吾侪虽承认古代学术皆在官府，虽承认春秋战国间思想家学术渊源多少总蒙古代官府学派之影响，但断不容武断某派为必出于某官。"③在此，梁启超并不反对《七略》"诸子出于王官"论，他批评的是《七略》断定某家一定出于某官的说法。应该说，梁启超的这一批评是较为中肯的。值得注意的是，《七略》在提出"诸子出于王

---

① 梁启超：《〈汉书·艺文志·诸子略〉考释》，见《饮冰室合集·专集》第18册，9230页，北京，中华书局，2015。

② 同上书，9231页。

③ 同上书，9231页。

官"论的同时，还肯定了十家九流学术各有所长（当然刘歆对诸子学的评论是以儒家为本位的）。刘歆认为，诸子之学都是政治学，是出于治政的需要而产生的，因此，诸子学术与治政之间的关系，诚如《易传》所说，是"天下同归而殊途，一致而百虑"。既然诸子学术都是为了治政的需要，因此，刘歆认为人们应该在尊崇儒术的前提下，积极汲取诸家学术之所长。他说："若能修六艺之术，而观此九家之言，舍短取长，则可以通万方之略矣。"①应该说，刘歆兼收并蓄诸子学术的思想是对司马迁学术思想和精神的一种继承，如果联系到刘歆所处的西汉末年已是儒术早已独尊、谶纬神学泛滥这样一种人文环境，有这样一种开放的学术思想就更加难能可贵了。

二、《汉志》的编纂及其目录学思想

《汉志》是《汉书·艺文志》的简称。刘歆的《七略》是对刘向《别录》"撮其指要"而成的，而班固的《汉志》则是对刘歆的《七略》"删其要"而成的。《汉志》不但保存了《七略》的基本内容，而且作了一定的删改，在历史编纂与目录学思想上都有重要意义。

（一）《汉志》对《七略》的删取与整理

《汉志》虽然是删取《七略》而成，却绝不只是简单抄袭，在结构、分类以及辨伪等方面，是颇为用心和讲究的，蕴含了班固对目录学的理解。

一是结构调整。对于刘歆《七略》包含的《辑略》《六艺略》《诸子略》《诗赋略》《兵书略》《数术略》《方技略》七目，《汉志》从形式上取消了《辑略》，却保留了其内容，并将其内容拆散，作为序文并入各篇当中，使得图书著录与相关学派学术说明结合得更为紧密。人们在了解图书典籍的同时，也加强了对各派学术及其流变的认识。

二是分类调整。《汉志》分类调整奉行的基本原则是"入""出""省"。"入"包括"新入"和"移入"，其中"新入"者，如《六艺略》中有《书》"入刘向《稽疑》一篇"，小学"入扬雄、杜林二家二篇（一说三篇）"；《诸子略》中有儒家"入扬雄一家三十八篇"；《诗赋略》"入扬雄八篇"等。"移入"者，如《六艺略》中有《礼》"入《司马法》一家，百五十五篇"，《诸子略》中有杂家"入兵

---

① 《汉书》卷三十《艺文志》，1746 页，北京，中华书局，1962。

法"，《兵书略》"入蹴鞠一家二十五篇"等。"出"即是移出的意思，说明原有内容不适合分在此类。如《六艺略》中《乐》"出淮南刘向等《琴颂》七篇"，《诸子略》"出蹴鞠一家，二十五篇"，《兵书略》"出《司马法》百五十五篇入礼也"等。"省"通常是因为书目重复出现在几类当中，为了保留一处而省去他处的做法。如《六艺略》中《春秋》"省《太史公》四篇"，《兵书略》"省十家二百七十一篇重"等。

三是书籍辨伪。《汉志》删取《七略》书籍，通过辨伪，对其中的伪书明确作出标注。《汉志》在这些伪书下会注明"依托""托""增加""加"等字样，这是《汉志》的一个创造。纵观《汉志》的辨伪，主要有如下两个方面：其一是书籍内容伪。分两种情况，有书籍内容的全部伪和部分伪之分。全部伪如《诸子略》之杂家有《大禹》，小说有《伊尹说》《鬻子说》《师旷》《务成子》《天乙》《黄帝说》等。部分伪如《诸子略》之道家有《太公》《文子》等。其二是作者伪。书籍真，但署名作者伪。如《诸子略》之道家有《黄帝君臣》《杂黄帝》《力牧》等，阴阳家有《黄帝泰素》，杂家有《孔甲盘盂》，农家有《神农》等；《兵书略》之兵阴阳有《封胡》《风后》等。从上可知，《七略》收录的书籍存在伪书现象，主要集中在《诸子略》和《兵书略》两个部分，其中《诸子略》有道家五种、阴阳家一种、杂家两种、农家一种、小说家六种，合计十五种；《兵书略》主要是兵阴阳四种。其他四略除了少数作者不明外，不存在作伪现象。

由上可见，《汉志》删取《七略》，是有自己的匠心独具的。经过《汉志》的总体结构调整，通过"入""出""省"的方法对具体文献分类的调整，以及书籍辨伪和具体辨伪方法的使用等，不但使得文献目录分类更加合理，而且其中蕴含的文献目录学思想对后世目录学的发展影响深远。

（二）《汉志》的目录学价值

一是起到保存文献的作用。刘歆编写《七略》，使得人们对先秦至汉代图书发展有了了解；而《七略》的图书目录著录价值，又是通过《汉志》得以体现的。特别是《七略》在唐末散佚之后，人们只能通过《汉志》来了解先秦两汉图书发展情况，《汉志》也因此显得更加宝贵了。纵观《汉志》删取《七略》而著录的图书，一共包括六大类三十八种，它们分别是：《六艺略》之《易》《书》《诗》《礼》《乐》《春秋》《论语》《孝经》、小学九种，《诸子略》之儒、道、阴阳、法、名、墨、纵横、杂、农、小说十种，《诗赋略》之屈原赋之

属、陆贾赋之属、孙卿赋之属、杂赋、歌诗五种，《兵书略》之兵权谋、兵
形势、兵阴阳、兵技巧四种，《数术略》之天文、历谱、五行、蓍龟、杂占、
形法六种，《方技略》之医经、经方、房中、神仙四种。上述六大门类三十
八种图书，已经涵盖了先秦至西汉中国古代的基本图书。当然，这些图书
只是先秦至西汉尚存的图书，并不包括已经散佚的历代图书。《汉志》的编
纂，成为后人了解西汉以前中国古代典籍的唯一法门，并且成为人们考证
先秦和秦汉古书的重要依据。诚如清代学者金榜所言："不通《汉·艺文
志》，不可以读天下书。《艺文志》者，学问之眉目，著述之门户也。"①

　　二是反映了先秦秦汉的学术发展。《汉志》不只是一篇图书目录，也是
反映先秦、秦汉学术发展史的重要文献。删取刘歆《七略》而成的《汉志》，
从其中的《诸子略》可知，已经将先秦以来的学术分为儒、道、阴阳、法、
名、墨、纵横、杂、农、小说十家，在司马谈六家基础上增加了纵横、杂、
农和小说四家。同时，《诸子略》之外的其他略，还起到了对十家分类的补
充作用。例如，《诗赋略》显然不是小说家所能概括的，《兵书略》属于兵家，
《数术略》和《方技略》中的内容就包含了天文、历数、五行、医方等诸家。
也就是说，《汉志》看似十家分类，而实际叙述的家派是大大超过此数的。
应该说，《汉志》通过图书分类，对先秦以来的学术进行了重新分类，这也
是继司马谈《论六家要指》以来对先秦秦汉学术所作的最为系统的反映。

　　值得注意的是，《汉志》的图书分类，在一定程度上反映了汉代今古文
之争，同时也体现了班固自己的古文经学思想。其一，重视著录古文经典。
《汉志》注意著录古文经典，集中见于《六艺略》。《六艺略》著录经书，凡属
于古文经典，皆以"古"字加以注明。例如，《书》类有《尚书古文经》四十六
卷，为五十七篇；《礼》类有《礼古经》五十六卷，《经》十七篇；《春秋》类有
《春秋古经》十二篇，《经》十一卷；《论语》类有《论语》古二十一篇，出孔子
壁中，两《子张》；《孝经》类有《孝经古孔氏》一篇，二十二章；《小尔雅》一
篇，《古今字》一卷。《汉志》虽然打上了古文家的烙印，却由此全面反映了
先秦以来的经学典籍，同时也折射出了汉代的今古文学术之争。其二，《周

　　① 王鸣盛：《十七史商榷》卷二十二《汉艺文志考证》引金榜语，248 页，上海，上海古籍出版社，2013。

易》成为"六经"之首。"六经"排序有今古文之别，今文"六经"依据经典难易程度排序，依次为《诗经》《尚书》《礼经》《乐经》《周易》《春秋》。古文经学主要依据经典出现的时代先后排序，依次为《周易》《尚书》《诗经》《礼经》《乐经》《春秋》。《汉志》以《周易》为"六经"之首的排序，体现了古文经学家对"六经"的认识，成为此后古文经学不易之论，《周易》也因为《汉志》而居于"六经"之首。

　　三是奠定了后世目录学四部分类的基础。中国传统目录学经史子集四分法由《隋书·经籍志》（简称《隋志》）首创，然而其目录分类基础则是由删取《七略》而成的《汉志》六分法奠定的。从《汉志》的六分法到《隋志》的四分法，中间经过了一个发展变化过程。根据《隋志》的记载，西晋秘书监荀勖在曹魏秘书郎郑默所作《中经》的基础上编纂《中经新簿》，最早采用四部图书分类法，它们分别是："一曰甲部，纪六艺及小学等书；二曰乙部，有古诸子家、近世子家、兵书、兵家、术数；三曰丙部，有史记、旧事、皇览簿、杂事；四曰丁部，有诗赋、图赞、《汲冢书》。"[1]荀勖的四分法是对《汉志》六分法图书分类体系的一个重要突破，而且将《汉志》中没有形成部类的史籍图书单列为丙部，使之成为一大部类。到了东晋时期，著作郎李充又用荀勖《中经新簿》校对当时所藏图书，撰成《晋元帝四部书目》，将荀勖《中经新簿》中的乙、丙两部类位置加以对调，形成甲部为五经、乙部为史记、丙部为诸子、丁部为诗赋的四分法。一方面史籍图书从此成为四部分类中的第二大部类，另一方面虽仍以甲乙丙丁分四部，但经史子集的顺序已经被确定下来了。到了唐代编写《隋书·经籍志》时，便正式改甲乙丙丁四部名称为经史子集，目录学上的经史子集四分法由此最终确定。通观《隋志》经史子集四部分类，每部之下又分小类，其中经部有十类，史部有十三类，子部有十四类，集部有三类。此外还附录道经四类，佛经十一类。[2]

　　从《汉志》到《隋志》，虽然图书分类发生了重大变化，但我们无法忽视《汉志》对《隋志》目录分类的重要影响。从图书分类基本结构来看，《隋志》的经史子集四部主要来源于《汉志》的"六艺""诸子""诗赋"，其中史部来源于《六艺略》之《春秋》类；《汉志》其他三略"兵书""数术""方技"，其基本内

---

①　《隋书》卷三十二《经籍一》，906页，北京，中华书局，1973。

②　参见《隋书》卷三十二至三十五《经籍志》，北京，中华书局，1973。

容则归入《隋志》的子部。具体来讲，《隋志》的经部，基本上沿袭了《汉志》的《六艺略》，《六艺略》共有《易》《书》《诗》《礼》《乐》《春秋》《论语》《孝经》及小学九类，《隋志》只是增加了谶纬而成十类，再就是将《孝经》置于《论语》之前，作了一点顺序上的变化；《隋志》的子部基本来自《汉志》的《诸子略》。《诸子略》有儒、道、阴阳、法、名、墨、纵横、杂、农、小说十家，《隋志》共有十四类，其中前九类完全来自《诸子略》，只是去除了阴阳家，后五类兵、天文、历数、五行、医方来自《汉志》的《兵书》《数术》《方技》三略；《隋志》的集部来自《汉志》的《诗赋略》，《隋志》作者对此有明确表述："班固有《诗赋略》，凡五种，今引而伸之，合为三种，谓之集部。"①由此可见，《隋志》的集部完全是对《汉志·诗赋略》的扩展。《汉志》不但在《六艺略》前作有全文总序，而且每大类、每小类后也都分别作有大序、小序，以明撰述旨趣与学术发展等。这样的做法，完全被《隋志》所继承。至于《隋志》中四部之后另有道、佛经典著录，这与汉末以来特别是魏晋南北朝佛、道的发展与兴盛，佛、道典籍不断增多的历史现象密切相关，而诞生于东汉初年的《汉志》还不具有这样一种学术与图书发展的背景。

四是开创了正史编纂艺文志的先河。作为纪传体史书的书志体例，记述的是典章制度。司马迁《史记》中的"书"没有开设专门记述学术史一门的典制，班固《汉书》首创艺文志，分类记录了当时存世的典籍，是中国现存最早的图书分类目录。艺文志的编纂，对于研究汉代及其以前图书文献，考订学术源流，都有重要的参考价值。同时《汉志》又是中国历代正史中第一个艺文志，开启了正史编纂艺文志或经籍志的先河。自《汉志》编纂以后，书籍目录由此成为正史的一个重要组成部分。受《汉志》的影响，历代正史开始仿效《汉志》的体例，重视编纂艺文志或经籍志，以反映历代学术与图书发展情况。在"二十四史"中，除了《汉书》有艺文志之外，还有五部正史编纂了艺文志或经籍志，它们分别是《隋书·经籍志》《旧唐书·经籍志》《新唐书·艺文志》《宋史·艺文志》《明史·艺文志》；列于"二十五史"之中的《清史稿》，也编纂有《艺文志》。历代正史的艺文志或经籍志的编纂，不但反映一代学术与图书发展情况，连接起来，便是对中国古代学术与图书发展脉络的整体展现，具有重要的学术史与目录学价值。

---

① 《隋书》卷三十五《经籍四》，1091页，北京，中华书局，1973。

三、汉代目录学思想成就概说

其一，发展了学术流派分类思想。文献目录编纂，离不开对学术与学派的划分。司马谈以阴阳、儒、墨、法、名、道六家来涵盖先秦秦汉学术流派，刘歆《七略》在此基础上增加纵横、杂、农三家，称作"九流"；附以小说家，则成"十家"。"十家九流"属于诸子一略，其他五略则为补充。这一学术分类思想由《汉志》得以保存和流传，代表了汉代目录学学术分类思想的最高成就，发展了先秦以来的学术分类概念。[①] 如果说司马谈的"六家说"旨在反映先秦学术大势，那么刘歆的"十家九流"说则旨在囊括全部先秦诸子学说流派，系统而全面地反映先秦以来的学术思想发展与学术流派演变情况。此外，"十家九流"的提出，也为编制目录提供了一种便利。梁启超虽然对"十家九流"说颇有微词，认为增加的四家在学术思想和性质上与前六家并非同类，不可并列，却也不得不承认"分诸子为九家十家，不过目录学一种便利"[②]，肯定"十家九流"说之目录分类的合理性和系统性。

其二，肇端了群书目录分类方法。中国古代群书目录分类，滥觞于刘向的《别录》，初步形成于刘歆的《七略》和班固的《汉志》。也就是说，《七略》与《汉志》的编纂，是中国古代群书目录分类形成的标志。由《七略》创制、《汉志》改进并呈现出的群书目录分类，实行的是六分法，它将汉代之前中国古代典籍分为六艺、诸子、诗赋、兵书、术数和方技六大类。六分法是中国古代群书目录分类的鼻祖，为此后中国古代群书目录分类奠定了基础。其中有仿作者如王俭的《七志》、阮孝绪的《七录》等，有在此基础上推陈出新者如荀勖的《中经新簿》、唐代编修的《隋书·经籍志》等。后二者特别是《隋志》所采用的经史子集四分法，成为此后中国古代群书目录分类的固化与典型形态，却无疑是从汉代群书目录六分法发展而来的。此外，《汉志》还有一个重要成就，那就是开启了史志目录学的先河。之前司马迁作《史记》，八书当中并没有反映历代图书典籍的艺文一书。《汉志》是历代

---

① 参见白寿彝：《刘向和班固》，见《中国史学史论集》，108～130 页，北京，中华书局，1999。

② 梁启超：《〈汉书·艺文志·诸子略〉考释》，见《饮冰室合集·专集》第 18 册，9231 页，北京，中华书局，2015。

纪传体正史中的第一个艺文志，成为后世纪传体正史编纂艺文志的圭臬，有开创之功。

其三，目录学思想与方法体现了尊儒与考实的特点。汉代是"独尊儒术"开始的时代。儒家思想被确定为官方统治意识形态，自然会反映到时代学术发展当中，目录学也不例外。从汉代目录学著作来看，刘向的《别录》以"合于六经"作为书籍评述的标准。刘歆《七略》更是将崇儒的思想贯彻到具体的目录编纂之中。《七略》以《六艺略》为首，肯定儒家六艺乃圣人之作，为万世法则，其中《易》"与天地为始终"，其他五经"犹五行之更用事焉"①，提出"诸子出于王官"论，以诸子、诗赋为衰世产物，乃"六经"支流余裔。这些都是其崇儒思想的具体体现。班固《汉书》"旁贯五经"，《汉志》的编纂自然也是以儒家思想为指导的。一方面，在目录编纂体例上，《汉志》继承了刘歆的崇儒思想；另一方面，《汉志》重视著录经学特别是古文经学典籍，系统反映经学的发展以及今古文之争。同时，汉代目录学在编纂的具体方法上普遍重视考实，其具体体现，一是重视辨章学术、考镜源流，二是重视书籍辨伪与史料考实。这种注重考实的学风，对中国目录学的发展有着重要影响。

---

① 《汉书》卷三十《艺文志》，1723 页，北京，中华书局，1962。

第三章　魏晋南北朝史学思想

绪　言

与秦汉时期的大一统政治格局形成鲜明对比，魏晋南北朝是我国封建社会一个大动荡、大分裂的历史时期。首先是政治分裂与政权更替频繁。从汉献帝初平元年（190年）董卓之乱到隋文帝开皇九年（589年）的南北统一，四百年魏晋南北朝历史，前后竟出现了三十多个政权，其中多数是并立政权。其次是民族迁徙频繁。这里既有边塞匈奴、鲜卑、氐、羯、羌等少数民族的内迁，也有中原汉民族的南迁，出现了民族杂居与重组的局面。再次是门阀士族制度盛行。自从魏曹丕颁布九品中正制（一种确保世家大族利益的选官制）后，影响魏晋南北朝四百年历史的门阀士族制度便正式形成，这种制度的主要特点是士族垄断国家政权。最后是思想文化的多元性特点。这一时期，传统的经学逐渐衰微，代之而起的是以调和儒道关系为特征的玄学的兴起；与此同时，外来宗教佛教在这个乱世时代得以盛行起来。

魏晋南北朝时期呈现出的这些时代特点，在很大程度上影响了这一时期的历史撰述，使之呈现出一种多途性发展的趋势。第一，封建王朝的速兴速亡，引起各个朝代的统治者、思想家和史学家们去对此进行思考，期望从过往封建王朝的治乱兴衰中总结出经验教训，以避免重蹈覆辙，由此推动了这一时期史家对撰述前朝历史的高度重视。这一时期总结王朝治乱兴盛的历史撰述很多，正如《隋书·经籍志》所云："一代之史，至数十家。"①据统计，其中纪传体史书仅立于"二十四史"之中的就有《三国志》《后汉书》《宋书》《南齐书》《魏书》五部，编年体断代史的代表作则有《后汉纪》等。第二，民族的迁徙、斗争和交融是这一时期的时代特点，由此而引起人们对这一时期民族史撰述的高度重视。据《隋书·经籍志》载，这一时期撰述的民族史著作共有二十余部，其中以北魏崔鸿的《十六国春秋》最为有名，它详细记载了十六国时期北方各民族的历史情况。此外，像正史《魏书》也记载了北朝时期的民族及其发展状况；而方志书《华阳国志》则记载了西南地区各民族的历史情况。第三，门阀士族制度的盛行，直接造成了这一时期谱牒之学的发达。郑樵在《通志·氏族略序》中说："自隋唐而上，官有簿状，家有谱系。官之选举，必由于簿状；家之婚姻，必由于谱系。"这句话充分反映了谱牒在当时社会政治、婚姻等生活当中的重要作用，由此也就推动了人们对谱牒修撰的重视。谱牒除去家谱（一姓之谱）之外，还有一方之谱、一国之谱，后二者多为官修，《隋书·经籍志》著录的这一时期谱牒共有 34 种。第四，这一时期佛、道的传播与兴盛对史学发展也有很大影响。主要表现为反映佛教和道教历史的各种著述不断涌现，如佛教有《法显传》《高僧传》《弘明集》等十余种，道教有《抱朴子》《神仙传》等二十余种。而且佛、道的传播与兴盛也影响了正史的记载，如魏收的《魏书》就首次在正史中创立了《释老志》。此外，汇入这一时期史学多途性发展趋势的，还有地理史的撰述，主要代表作有北魏郦道元的《水经注》；科技史的撰述，主要有北魏贾思勰的《齐民要术》等；特别是与魏晋南北朝的史学繁荣相适应，出现了史学评论专篇——南朝梁刘勰的《文心雕龙·史传》，该篇对撰史宗旨、编撰方法、史书笔法、二体优劣和史书得失等诸多问题提出了自己的系统看法，对后来刘知幾的史学理论有较大的影响。

与魏晋南北朝时期的社会特点与历史撰述特征相适应的，则是这一时期的史学思想既带有普遍性，也具有明显的时代性。首先，重视史学的借鉴功能。如陈寿的《三国志》，不但认真总结了三国兴亡历史，肯定人为的重要作用，而且适应魏晋时代重视名教的社会风气需要，历史撰述具有"辞

---

① 《隋书》卷三十三《经籍志二》，957 页，北京，中华书局，1973。

多劝戒，明乎得失，有益风化"①的特点。袁宏撰《后汉纪》，强调以"通古今
而笃名教"②为其旨趣。"通古今"，是取法于司马迁，要探寻历史变易之理；
而"笃名教"，则是这一时期重视"名教"意识的一种表现。范晔撰《后汉书》
以"就卷内发论，以正一代得失"③为撰述旨趣，通过纪传中的序、论、赞等
形式，发表对东汉政治得失的历史见解，将关注历史与服务现实紧密联系
在一起，体现了中国古代史学思想的进步。

其次，重视天人之辨。例如，陈寿作《三国志》，慎于天人之辨。《三国
志》既认为任何新政权的建立都是天命所归，是人为所不能改变的，如说曹
氏之所以能代汉建魏便是天命使然，又强调人为的作用，如肯定曹操的崛
起与其奋发有为密不可分，而蜀汉后主失国则是其昏庸所致。范晔作《后汉
书》，一方面继承了先贤"言天道而归于人道"的传统，既宣扬天命，也肯定
人事；另一方面却公开反佛，倡言死者神灭的无鬼论。范晔所处的刘宋时
代是一个佛教兴盛的时代，从封建帝王、王公贵族到平民百姓，人们普遍
信佛，而范晔则坚决反佛，这充分体现了范晔作为一名史家的求真精神和
大无畏气概。同时，他的无佛、无鬼论，蕴含了朴素唯物主义的因素。

再次，重视人物品评与历史评论。重视人物品评是魏晋南北朝时期史
学思想的一大特点，陈寿《三国志》堪为其中的代表之作。《三国志》人物品
评几乎涉及所记载的每一个历史人物，品评的内容包括局量才识和风度容
貌两个方面。应该说这一时期的史书重视人物品评，既是魏晋世族风尚的
一种体现，也是重视人事思想的一种体现。历史评论的玄化倾向，是这一
时期史学思想的又一特点，袁宏便是其中的代表。袁宏的学术思想重视调
和儒道关系，主张"道明其本，儒言其用"④，所撰《后汉纪》以这种玄化思想
去评论历史，将历史分为"三代已前"与"五霸、秦、汉"两个时期，肯定前
者推行无为之道，否定后者推行有为之道；认为为政贵在安静，对统治者
因其"多欲"而导致"民疲"提出批评；处世哲学则强调智在"顺势"。应该说，
袁宏这种既不放弃儒家的入世哲学，又反对过分有为的玄学观，在当时是

①　《晋书》卷八十二《陈寿传》，2138 页，北京，中华书局，1974。
②　袁宏：《后汉纪序》，见《两汉纪》下册，卷首，1 页，北京，中华书局，2002。
③　《南史》卷三十三《范晔传》，855 页，北京，中华书局，1975。
④　袁宏：《后汉纪》卷十二《孝章皇帝纪》，见《两汉纪》下册，232 页，北京，中华书局，2002。

相当普遍的。

最后，正统观与民族意识。魏晋南北朝国家分裂的状况，也在史家的正统观与民族意识上打下了烙印。陈寿撰《三国志》，记述的是魏、蜀、吴三国并立的历史。如何总揽和统括三国史事，这是过去历史撰述所未曾遇到的问题。为此，《三国志》在编撰体例上进行了一系列的尝试，其基本做法是帝魏而传蜀、吴，只给魏主作帝纪，以统揽三国全局史事，而给蜀、吴二主作传。《三国志》这种书法的安排，既与陈寿作为晋朝史臣的身份有关，更是由三国鼎立时期曹魏所处的主导地位所决定的，因而是历史真实的一种反映。然而这种帝魏而传蜀、吴的做法，却颇遭后人议论，褒之贬之者皆有，引起了关于三国孰为正统的广泛争论。由于国家分裂和民族矛盾的现实，加上正统观念的影响，这一时期的史学还常常成为南北政权争夺正统的工具，当时的史书南方称北方为"索虏"，北方则称南方为"岛夷"，"夷夏之辨"与正统之辨纠葛在一起。

第一节 《三国志》的史学思想

《三国志》为西晋史学家陈寿所著，记事起于东汉灵帝光和末年黄巾起义（184 年），止于西晋灭吴（280 年）。《三国志》全书由三个部分组成，其中《魏志》三十卷，《蜀志》十五卷，《吴志》二十卷，共六十五卷。《三国志》的材料来源主要有两个方面：一是三国时期史官的记录；二是当时学者的编著。其中《魏志》主要依据的材料是魏人鱼豢的《魏略》和王沈的《魏书》；《吴志》主要依据的材料是吴人韦昭的《吴书》；《蜀志》主要依据的材料是蜀人王崇的《蜀书》、谯周的《蜀本纪》和陈寿自编的《蜀相诸葛亮集》等。作为纪传体史书，该书只有本纪、列传，没有志、表，体例不全，有"半部纪传体"之称。但是，陈寿是一位颇有史才和史识的史学家，《三国志》所体现的历史观和史学观都是颇具特点的。《晋书》的作者认为，在左丘明、司马迁和班固之后，"可以继明先典者，陈寿得之乎"[1]。这样的评价并非过誉之词。

---

① 《晋书》卷八十二"史臣曰"，2159 页，北京，中华书局，1974。

一、《三国志》的天人观

《晋书·陈寿传》称赞《三国志》"辞多劝戒，明乎得失，有益风化"，这一评价反映了正统史家对《三国志》历史观与政治态度的评价，也是符合《三国志》天人观所体现的二重特性的。

首先，《三国志》宣扬天命皇权思想。陈寿认为，任何新政权的建立，都是天命所归，是人为所不能改变的，曹氏之所以能代汉建魏，也是天命使然。《魏书·武帝纪》记载曹操破袁绍之事时，认为这种预兆在五十年前就出现了。陈寿说：

> 初桓帝时有黄星见于楚、宋之分。辽东殷馗善天文，言后五十岁当有真人起于梁、沛之间，其锋不可当。至是凡五十年，而公破绍，天下莫敌矣。[1]

这里所谓黄星，按照五德终始说，即属土德出现的符瑞或征兆。自西汉末年刘歆创立新五德终始说后，以五行相生之序来解说历史王朝的更替，已经为人们所普遍接受。按照这种相生说法，汉朝为火德，火生土，继汉而建的皇朝一定是以土为德的。这段话清楚不过地告诉人们，五十年前黄星的出现，就已经预示着曹操要以土德代替汉朝火德了，而官渡之战曹操打败袁绍，"天下莫敌"，说明这种黄星之瑞得到了验证。

《魏书·文帝纪》记载曹丕称帝之年(220 年)史事时，也是以这种符命说来为其称帝作铺垫和张本的。陈寿说：

> 初，汉熹平五年，黄龙见谯，光禄大夫桥玄问太史令单飏："此何祥也？"飏曰："其国后当有王者兴，不及五十年，亦当复见。天事恒象，此其应也。"内黄殷登默而记之。至四十五年，登尚在。（延康元年）三月，黄龙见谯。登闻之曰："单飏之言，其验兹乎！"
>
> 冬十月……汉帝以众望在魏，乃召群公卿士，告祠高庙。使兼御

---

① 《三国志》卷一《魏书·武帝纪》，22 页，北京，中华书局，1959。

史大夫张音持节奉玺绶禅位。[①]

这里所谓黄龙与上文黄星一样，也象征土德；而黄龙出现地谯，是曹操的家乡。谯地出现黄龙，当然是曹魏代汉的一种征兆或符命。与上文记载不同的是，这里不但记载了符应出现的地点、时间，更重要的是它有具体的见证人和当年的历史记录，从而使这种符应之说更具真实性、可信性。

《三国志》记载蜀、吴称帝和西晋代魏时，也是以其天命论为依据的。如记蜀称帝，在两道劝进书中列举了符瑞图谶十几项，以示天命所归；记吴称帝，以吴中童谣为证；记晋代魏，《三少帝纪》说"天禄永终，历数在晋"。

值得注意的是，陈寿师事三国蜀汉史家谯周，而据《三国志·蜀书》载，谯周好作神秘预言，宣扬天命史观，这对陈寿天命皇权思想的形成是有影响的。如蜀汉景耀五年（262年），有宫中大树无故自折，谯周深以为忧，"乃书柱曰：'众而大，期之会，具而授，若何复?'言曹者众也，魏者大也，众而大，天下其当会也，具而授，如何复有立者乎？蜀既亡，咸以周言为验"[②]。景耀五年距离蜀汉灭亡仅有三年时间，谯周是一位史家，他对当时天下大势是看得很清楚的，蜀汉宦官黄皓弄权，政治腐败，它的灭亡只是时间问题。谯周作此预言，只是借助于这种神学的形式来对蜀汉当权者作出警示罢了。但是这种神秘的政治预言，毕竟是一种天命史观。其实，陈寿帝魏的思想也与谯周的影响分不开。当司马氏大军逼近四川时，当时蜀中君臣不知所措，有主张投奔吴国的，也有主张依南中抵抗的，而谯周则力主从晋。后来后主听从了谯周的建议，对此，《蜀书》本传称赞谯周说："刘氏无虞，一邦蒙赖，周之谋也。"[③]可见陈寿是极力赞成其师谯周的从晋主张的。

其次，《三国志》重视人为的作用。史学不但要宣扬天命、神意，还必须要认真总结经验教训，要以史为鉴，这是封建史学二重性特点所要求的。《三国志》一方面大力宣扬天命论，一方面又强调人为的作用。例如，对于

①《三国志》卷二《魏书·文帝纪》，58、61～62页，北京，中华书局，1959。
②《三国志》卷四十二《蜀书·杜琼传》，1022页，北京，中华书局，1959。
③《三国志》卷四十二《蜀书·谯周传》，1031页，北京，中华书局，1959。

曹操的崛起，陈寿一方面认为这是天意，另一方面又认为这与曹操本人奋发有为是密不可分的。《魏书·武帝纪》说：

> 汉末，天下大乱，雄豪并起，而袁绍虎视四州，强盛莫敌。太祖运筹演谋，鞭挞宇内，揽申、商之法术，该韩、白之奇策，官方授材，各因其器，矫情任算，不念旧恶，终能总御皇机，克成洪业者，惟其明略最优也；抑可谓非常之人，超世之杰矣。[①]

在此，"明略最优"四个字充分说明了曹操能在汉末群雄中脱颖而出的原因。所以陈寿称赞他是"非常之人，超世之杰"，这既是对曹操本人的肯定，也是对人为作用的肯定。

《蜀书·后主传》对蜀汉政权的灭亡作了揭示。陈寿说："后主任贤相则为循理之君，惑阉竖则为昏暗之后。"[②]这就是说，后主前期任用诸葛亮时，是一位明理君主；而当诸葛亮去世后，后主亲信宦官，由此出现宦官黄皓弄权、政治昏暗的局面，这时的后主是一位昏暗的君主。由此可见，在封建人治化政治中，"人"是非常关键的因素。

《吴书·孙权传》认为孙吴之所以能立足江东，是与孙权善于定计、用人分不开的，称赞孙权"屈身忍辱，任才尚计，有句践之奇英，人之杰矣"。本传还借赵咨答魏文帝之问，称说孙权是"聪明仁智，雄略之主"："纳鲁肃于凡品，是其聪也；拔吕蒙于行陈，是其明也；获于禁而不害，是其仁也；取荆州而兵不血刃，是其智也；据三州虎视于天下，是其雄也；屈身于陛下，是其略也。"[③]孙吴的历史也充分证明了人为的历史作用。

对于西晋代魏，陈寿在宣扬"历数在晋"的同时，也从魏明帝以来皇位继承人的个人素质问题对魏的灭亡作了解说。他说："明帝既不能然，情系私爱，抚养婴孩，传以大器，托付不专，必参枝族，终于曹爽诛夷，齐王替位。高贵公才慧夙成，好问尚辞，盖亦文帝之风流也；然轻躁忿肆，自

---

① 《三国志》卷一《魏书·武帝纪》，55页，北京，中华书局，1959。
② 《三国志》卷三十三《蜀书·后主传》，902页，北京，中华书局，1959。
③ 《三国志》卷四十七《吴书·吴主传》，1149、1123页，北京，中华书局，1959。

蹈大祸。"①陈寿的这一分析是从历史实际出发的，也是符合史实的，其间完全没有了天命论的影子。

二、《三国志》的史学观

《晋书》本传说陈寿"善叙事，有良史之才"②，这是从历史撰述角度对陈寿的史才作出的评价。如何总揽和统括三国史事，是过去历史撰述所未曾遇到的问题。为此，《三国志》在编撰体例上进行了一系列的尝试，其基本做法是帝魏而传蜀、吴。《三国志》只给魏主作帝纪，以统揽三国全局史事，而给蜀、吴二主作传。这种帝魏而传蜀、吴的做法，颇遭后人议论，褒之贬之者皆有。其实，这种书法的安排，既与陈寿作为晋朝史臣的身份有关，因为不帝魏，西晋政权的建立就没有合法依据了，更是由三国鼎立时期曹魏所处的主导地位所决定的，因而是历史真实的一种反映。帝魏而传蜀、吴反映到纪年上，《三国志》在三书中各以本国年号纪年，旨在反映分裂时期的历史事实。同时又注意到以魏国纪年贯穿三书，给人以整体、全局的观念。反映到称谓上也是如此，如对曹操，《魏书》称太祖，它二书称曹公；对刘备，《蜀书》称先主，它二书称名；对孙权，则一概称名。毫无疑问，《三国志》帝魏而传蜀、吴的做法，当然蕴含有褒贬之义，但又是与历史真实基本相符的。特别值得一提的是，这毕竟是第一次在一部正史中叙述了三个皇朝的史事，在反映三国历史全局的同时，又显示了三国鼎立的格局，确实是历史编撰的一大创造，表现出了史家陈寿的高超史才。

（一）隐讳而不失实录

如前所述，后人称赞《三国志》"辞多劝戒""有益风化"，这是事实，表现在用词上是多有隐讳，袒护统治者。但是，《三国志》却又能通过委婉的书法来贯彻史家的实录精神，这确实是难能可贵的，也表现出了陈寿的史才。

三国的历史复杂，而陈寿的身份也复杂，他先后为蜀汉、曹魏和晋朝的史臣，汉魏关系、蜀魏关系、魏晋关系，在封建正统观念下，都是史家

---

① 《三国志》卷四《魏书·三少帝纪》，154页，北京，中华书局，1959。
② 《晋书》卷八十二《陈寿传》，2137页，北京，中华书局，1974。

非常难以处理的问题，何况对于陈寿这样特殊身份的史家就更难了。因此，《三国志》在反映这些史实时，必然会所隐讳、有所袒护，这是在所难免的。例如，汉献帝本来是被迫禅位于曹丕的，《文帝纪》却说："汉帝以众望在魏，乃召群公卿士，告祠高庙。使兼御史大夫张音持节奉玺绶禅位。"①这似乎在告诉人们，是汉献帝主动将皇帝的位置让给曹丕的。又如魏齐王芳被废，事实上是司马师的主意，《三少帝纪》对此不予记载，而只说是太后下令，以齐王芳无道不孝而将其废黜。又如高贵乡公曹髦被司马昭所杀，《三少帝纪》只记"五月己丑，高贵乡公卒，年二十"②，字里行间，绝对看不出高贵乡公被杀的迹象。倒是该纪还记载了太后之令，说是高贵乡公悖逆不道，死后以庶人之礼埋葬。又如对于司马氏政敌曹爽、何晏等人，《魏书》则给予丑化，而且何晏作为一代学者，《三国志》竟然没有给他立传。相反，像刘放、孙资之流，本是奸邪之人，仅仅因为他们有功于司马氏，为司马氏亲信，《三国志》不但为他们作了合传，而且给予了不实的赞誉。实际上这些曲笔隐辞，陈寿确有迫不得已之苦衷。他是西晋大臣，如果否定汉禅位于曹魏，就等于否定了曹魏禅位于司马氏，这样西晋政权建立的依据就不存在了；他不贬损司马氏政敌，不对杀曹髦之事作隐讳，西晋统治者当然不答应，他的《三国志》也就不可能得以问世。

但是，《三国志》又能通过隐讳的笔法道出史实的真相。例如，建安元年（196年）汉献帝迁都许昌一事，实质上是曹操挟天子以令诸侯。《三国志》自然不敢写出曹操的真实意图，不过却说董昭劝太祖定都许昌，而不说是天子迁都，其隐含之义是明显的。而且在《荀彧传》《董昭传》中，作者对事件的真实情况作了揭示，并借用荀彧之口说出了曹操此举的政治目的，那就是要效法晋文公纳周襄王、汉高祖为义帝缟素的故事。又如杀汉献帝伏后一事，《武帝纪》自然不敢直书，不过它却通过委婉的手法，对曹操杀伏后的原因作了交代。再比如魏晋禅代之事，这在当时是个忌讳的话题。《三少帝纪》在记载这件事时，只用了"如汉魏故事"③五个字，其间无疑是蕴含了深刻含义的，陈寿如此书法可谓用心良苦。同时在《曹爽传》《夏侯尚传》

①　《三国志》卷二《文帝纪》，62页，北京，中华书局，1959。
②　《三国志》卷四《魏书·三少帝纪》，143页，北京，中华书局，1959。
③　同上书，154页。

等传记中，陈寿如实反映了曹氏与司马氏两股政治势力在政权过渡时期的尖锐斗争情况。像这些重大历史事件的记述，应该说《三国志》基本上是本着直书的态度的，只是反映得较为委婉而已。

关于《三国志》的实录问题，后人曾经以"索米不遂而不为丁仪兄弟立传"和"因父受刑而贬抑诸葛亮"提出质疑。这第一件事载于《晋书·陈寿传》①，其曰："或云丁仪、丁廙有盛名于魏，寿谓其子曰：'可觅千斛米见与，当为尊公作佳传。'丁不与之，竟不为立传。"这里用了"或云"二字开头，说明《晋书》的作者对此也是持怀疑态度的。实际上，《三国志·任城陈萧王传》载，"文帝即王位，诛丁仪、丁廙并其男口"②。既然丁家男丁早在魏文帝即位初就遭诛杀，何来到晋初陈寿向其儿索米之事！而且考察这一问题最为关键的，是看丁仪、丁廙兄弟究竟够不够立传的资格。我们从王沈《魏书》、鱼豢《魏略》的记载可知，丁仪兄弟既无品行，文才也非一流，《三国志》以简洁著称，未给他们立传，本在情理之中，何况陈寿还是在《王粲传》《刘廙传》中作了附书，称其"亦有文采"。这第二件事也载于《晋书·陈寿传》，说的是马谡失街亭，当时陈寿之父为马谡的参军，也因失街亭而坐罪。于是陈寿作《三国志》，"谓亮将略非长，无应敌之才"，意在贬抑诸葛亮。《晋书》的说法颇为流行。有人认为陈寿借作《三国志》，而贬抑诸葛亮。其实我们从《蜀书·诸葛亮传》的记载可知，陈寿是非常推崇诸葛亮的。本传不但充分肯定了诸葛亮的历史功绩，称赞他是"天下奇才"，"刑赏得当"，而且特别在传后破例附录了《诸葛亮集》以及所上之书，"以示尊崇"。当然，《诸葛亮传》也指出"街亭之败"乃诸葛亮用人不当所致，这只不过是反映了一种客观事实，因为"街亭之败"，诸葛亮作为一军统帅，理应难辞其咎。本传又说诸葛亮"将略非长"，这是针对诸葛亮在失荆州之后还连年北伐，由此导致国穷民乏而言的，其实这在一定程度上揭示了蜀汉衰落的原因。毫无疑问，这第一种说法纯属子虚乌有之事，而第二种说法是缺乏史识的表现。

（二）叙事崇尚简洁

《三国志》叙事简洁，指的是文字凝练与取材精审，这已为后代史家所

---

① 《晋书》卷八十二《陈寿传》，2137～2138 页，北京，中华书局，1974。
② 《三国志》卷十九《魏书·任城陈萧王传》，561 页，北京，中华书局，1959。

公认。从文字凝练来说，《三国志》仅以《魏书》三十卷就将魏国史事以及三国时期历史全貌作了叙述，并以《蜀书》十五卷和《吴书》二十卷分叙了蜀、吴史事以及三国之间的复杂关系。评判《三国志》的文字凝练，裴松之的注是一个重要视角。例如，在《魏书·武帝纪》中，裴注增补了大量关于曹操先世以及早年的传说，而陈寿在该本纪中一概未录。在陈寿看来，这些内容的可信度与重要性都不高。又如，《魏书·王粲传附吴质传》记述魏文帝与吴质书不到二百字，裴注录此书则多达九百余字，按照裴松之的说法，"以本传虽略载太子此书，美辞多被删落，今故悉取《魏略》所述以备其文"①。他因原著"略载"该书，"美辞多被删落"而感到惋惜，故加以补录，却不是从历史叙事的需要出发，这体现了陈、裴二人取材思想的不同。《三国志》往往能于简洁之中点化出事物情态，如《吴书·周瑜鲁肃吕蒙传》记载："后备诣京见权，求都督荆州，惟肃劝权借之，共拒曹公。曹公闻权以土地业备，方作书，落笔于地。"②仅寥寥数语，曹操对孙刘联合的担忧已跃然纸上，也体现出了鲁肃的睿智，以及刘备集团在当时局势中的分量。纵观《三国志》一书，此类文字凝练处很多，所以清人刘熙载在《艺概·文概》中说它"每下一字一句，极有斤两"③。

从取材精审来说，如关于诸葛亮事迹，当时的文献记载和口头传闻都很多，如何剔除杂芜，精选史事，自然很重要。像刘备与诸葛亮初次相见之事，《魏略》和《九州春秋》都说是诸葛亮主动前往拜见刘备，《三国志》则依据《出师表》而认定是刘备三顾茅庐主动拜见诸葛亮的，原因是《出师表》乃诸葛亮上奏后主之表，是完全可以信赖的材料。又如，习凿齿《汉晋春秋》记有诸葛亮《后出师表》一文，由于它出自吴人张俨的《默记》，后人对此多有怀疑，陈寿出于谨慎考虑，没有将它加在《诸葛亮传》中。我们还可以将《三国志》的取材与裴松之《三国志注》作一比较说明。例如，裴注中大量引用了曹操先世及早年的各种传说，对此，《魏书·武帝纪》则一无所取。又如，裴注反映汉魏交替史实，引用了各种表奏策诏达二十篇之多，而《魏书·文帝纪》只用了一篇173字的册命，就把这件大事写出来了。用陈寿《三

①　《三国志》卷二十一《魏书·王粲传附吴质传》裴注，609页，北京，中华书局，1959。
②　《三国志》卷五十四《吴书·鲁肃传》，1270～1271页，北京，中华书局，1959。
③　刘熙载：《艺概》卷一《文概》，18页，上海，上海古籍出版社，1978。

国志》对照裴松之《三国志注》，此种事例还很多，这也从一个侧面反映了《三国志》取材之精审。

当然我们也应该看到，《三国志》由于过于追求简洁，便不可避免地存在着各种疏略现象。例如，曹魏许下屯田，这是一件关系到曹魏集团崛起的大事，《三国志》只是在《武帝纪》中记了一句："是岁，用枣祗、韩浩等议，始兴屯田。"①又如，"九品中正制"是关系到魏晋南北朝四百年选官制度的一件大事，《三国志》也只是在《陈群传》中写了一句："制九品官人之法，群所建也。"②而对这一制度的具体内容及其影响则概不论述。《三国志》诸如此类疏略，还有不少。可以说，如果没有裴松之的《三国志注》的补充，我们今天对于三国的很多史事就很难搞得清楚。同时，过于追求简洁，也致使《三国志》"文采不足"。而这一"文采不足"的缺陷，大大影响了史书对那个风云突变、英雄辈出时代的历史的叙述。正如清末李慈铭在《越缦堂日记》中所说："承祚固称良史，然其意务简洁，故裁制有余，文采不足；当时人物，不减秦汉之际，乃子长作《史记》，声色百倍，承祚此书，黯然无华，范蔚宗《后汉书》较为胜矣。"

（三）重视人物品评

重视人物品评是《三国志》的一大特色。这与在魏晋玄风下，那个门阀世族时代的人们重视品评人物和清谈分不开，当然也与陈寿本人曾经担任过巴西郡中正这样一个品第人物的官职和经历有关。《三国志》对品评人物的兴趣极大，涉及所记载的众多历史人物；而品评人物的角度，一是局量才识，二是风度容貌。这里的局量才识是指气质（或神态）与才能，而风度容貌则是指外表特征。

先说局量才识。一是设立人物品目。如称曹操是人杰，刘备是英雄，孙策、孙权是英杰，诸葛亮、周瑜、鲁肃是奇才，张辽、乐进、于禁、张郃、徐晃是良将，关羽、张飞、程普、黄盖等人是虎臣，陈震、董允、薛综是良臣，陆逊是社稷之臣，潘濬、陆凯是良牧，庞统是高俊，程昱、郭嘉、董昭是奇士，董和、刘巴是令士，和洽、常林是美士，王粲、秦宓是

---

① 《三国志》卷一《魏书·武帝纪》，12页，北京，中华书局，1959。
② 《三国志》卷二十二《魏书·陈群传》，635页，北京，中华书局，1959。

才士，徐邈、胡质、王昶、王基是彦士，董厥是良士，许慈、孟光、来敏、李譔、尹默是学士，吕蒙是国士，如此等等，不一而足。①

二是人物分类品评。其中文藻如魏文帝"天资文藻，下笔成章，博闻强识，才艺兼该"，曹植"文才富艳，足以自通后叶"，王朗"文博富赡"，王粲"善属文，举笔便成，无所改定，时人常以为宿构"；武艺如曹彰"武艺壮猛，有将领之气"，郑宝"最骁果，才力过人，一方所惮"，乐进"以骁果显名"，黄忠、赵云"强挚壮猛"，刘封"有武艺，气力过人"；谋略如郭嘉"深通有算略，达于事情"，程昱、董昭、刘晔、蒋济等人"才策谋略，世之奇士"，陆逊"既奇逊之谋略，又叹权之识才"，周鲂"谲略多奇"；忠烈如夏侯惇"以烈气闻"，司马芝"忠亮不倾"，太史慈"信义笃烈"；刚直如苏则"矫矫刚直，风烈足称"，孙礼"刚断伉厉"，辛毗、杨阜"刚亮公直，正谏匪躬，亚乎汲黯之高风焉"；清高如管宁"清高恬泊，拟迹前轨，德行卓绝，海内无偶"，陈群"动仗名义，有清流雅望"；德行如邢颙，人称"德行堂堂邢子昂"，杨俊"人伦伉义"，楼玄"清白节操"；宽厚如刘备"弘毅宽厚，知人待士，盖有高祖之风"；政事如诸葛亮"能政理，抑亦管、萧之亚匹也"，荀攸、贾诩"庶乎算无遗策，经达权变，其良、平之亚欤"；儒学如谯周"诵读典籍，欣然独笑，以忘寝食。研精《六经》，尤善书札"，严畯、程秉、阚泽"一时儒林"；方技如"华佗之医诊，杜夔之声乐，朱建平之相术，周宣之相梦，管辂之术筮，诚皆玄妙之殊巧，非常之绝技矣"；如此等等。

三是通过人物对话与评述，点画出人物的才性。如《魏书·魏武帝纪》记述曹操年少之时，桥玄对其说："天下将乱，非命世之才不能济也，能安之者，其在君乎！"写出桥玄对曹操的安世之才有先见之明。如《蜀书·先主传》记述曹操与刘备论英雄之事："曹公从容谓先主曰：'今天下英雄，唯使君与操耳。本初之徒，不足数也。'先主方食，失匕箸。"这寥寥数语，既表现出了曹操的气势和眼光，也透过刘备的惊恐失态之举反映出了这位"潜龙"的志向。如《蜀书·关羽传》记述道："羽闻马超来降，旧非故人，羽书与诸葛亮，问超人才可谁比类。亮知羽护前，乃答之曰：'孟起（马超字）兼

---

① 所列人物品目参见白寿彝《陈寿和袁宏》（见《中国史学史论集》，155～176 页，北京，中华书局，1999），同时对照《三国志》相关人物传记作了调整和补充。

资文武，雄烈过人，一世之杰，黥、彭之徒，当与益德（张飞字）并驱争先，犹未及髯之绝伦逸群也。'羽美须髯，故亮谓之髯。羽省书大悦，以示宾客。"这段话既刻画出了关羽争强好胜的性格特点，也充分反映出了诸葛亮的机智与风度。如《吴书·吴主传》记述刘琬语人曰："吾观孙氏兄弟虽各才秀明达，然皆禄祚不终，惟中弟孝廉，形貌奇伟，骨体不恒，有大贵之表，年又最寿，尔试志之。"这里既有关于孙权的容貌描写，也对其才性的肯定。陈寿本人也对其评曰："孙权屈身忍辱，任才尚计，有句践之奇英，人之杰矣。"可以说通过人物对话与评述来点化人物才性，是《三国志》惯用的手法。

同时，《三国志》还非常重视从风度容貌去品评人物。如说袁绍"姿貌威容"，刘表"长八尺余，姿貌甚伟"，臧洪"体貌魁梧，有异于人"，公孙瓒"有姿仪，大音声"，崔琰"声姿高畅，眉目疏朗，须长四尺，甚有威重"，管宁"长八尺，美须眉"，何夔"长八尺三寸，容貌矜严"，程昱"长八尺三寸，美须髯"，刘备"身长七尺五寸，垂手下膝，顾自见其耳"，诸葛亮"英霸之器，身长八尺，容貌甚伟，时人异焉"，关羽"髯之绝伦逸群"，彭羕"身长八尺，容貌甚伟"，孙策"美姿颜"，孙权"形貌奇伟，骨体不恒"，张昭"容貌矜严，有威风"，周瑜"有姿貌"，程普"有容貌计略"，董袭"长八尺，武力过人"，如此等等。①

《三国志》以简洁著称，然而其品评人物却可谓"不厌其烦"，这既是魏晋世族重视品评风尚的一种体现，也内蕴了重视人事的思想。这些"历史人物评价，多数是没有神意的说教。陈寿的品评，带有魏晋清谈的风格，这种突出人物的个性的评价，重视人物的才能、品德、风貌，强调了人事在历史的兴衰中的作用，这在史学思想上是进步的表现"②。

---

① 关于人物容貌品评参见白寿彝《陈寿和袁宏》（见《中国史学史论集》，155～176页，北京，中华书局，1999），同时对照《三国志》相关人物传记作了调整和补充。

② 吴怀祺：《中国史学思想史》，140页，合肥，安徽人民出版社，1996。

第二节　《后汉纪》的史学思想

《后汉纪》为东晋史家袁宏所作，成书三十卷。对于《后汉纪》的编撰动机，袁宏在《后汉纪序》中作如是说："予尝读《后汉书》，烦秽杂乱，睡而不能竟也。聊以暇日，撰集为《后汉纪》……前史阙略，多不次叙，错谬同异，谁使正之？"①袁宏所说的存在"烦秽杂乱""阙略""错谬"缺陷的东汉史书，主要包括东汉官修《东观汉记》、谢承的《后汉书》、司马彪的《续汉书》、华峤的《后汉书》、谢沈（一作谢沉）的《后汉书》，以及一些起居注、奏折、耆旧先贤传等。当然，这些也是袁宏写作《后汉纪》的主要参考史料。《后汉纪》是继荀悦《汉纪》之后编年体的又一部代表作。由于二书体例相同，分量相当，都重视议论，人们往往将它们相提并论，合称《两汉纪》。实际上，二书还是各具不同特点的。一是撰述动机不同，《汉纪》是荀悦受汉献帝之命而撰写的一部帝王读本，《后汉纪》则是袁宏为后人提供的一部简明东汉史；二是撰述方法不同，《汉纪》是依《左传》体例改班固《汉书》而成，而《后汉纪》则是在范晔《后汉书》问世之前众采诸家后汉史著而成；三是撰述旨趣不同，《汉纪》以"达道义""章法式""通古今""著功勋""表贤能"之"五志"为指导思想，《后汉纪》则以"通古今而笃名教"为撰述目的。

一、"通古今而笃名教"的撰述旨趣

与《汉纪》"立典有五志"的撰述宗旨不同，《后汉纪》强调以"通古今而笃名教"为其旨趣。《后汉纪序》说："夫史传之兴，所以通古今而笃名教也。"《后汉纪》的撰述宗旨在形式上颇似《史记》，然司马迁通古今之变重在"究天人之际"，以成一家之言，而袁宏通古今之变则旨在宣扬"名教"。

为了发挥史书"笃名教"的功能，袁宏一方面"掇会《汉纪》、谢承《书》、司马彪《书》、华峤《书》、谢沈《书》、《汉山阳公记》、《汉灵献起居注》、《汉名臣奏》，旁及诸郡耆旧先贤传凡数百卷"，参阅了大量的历史书籍，做了

---

① 袁宏：《后汉纪序》，见《两汉纪》下册，卷首，1页，北京，中华书局，2002。

精心的研究，苦心经营八年之久，才最终撰成《后汉纪》一书，可见其对历史撰述的高度重视。另一方面，袁宏对《左传》以来的史籍宣扬名教情况进行了认真考察，认为"丘明之作，广大悉备。史迁剖判六家，建立十书，非徒记事而已。信足扶明义教，网罗治体，然未尽。班固源流周赡，近乎通人之作；然因籍史迁无所甄明。荀悦才智经纶，足为嘉史，所述当世，大得治功已矣"。在此，袁宏对《左传》《史记》《汉书》和《汉纪》一一进行点评，指出其中的优点和不足，尤其推崇荀悦的《汉纪》。但是，如果从"笃名教"角度而言，袁宏对这些史著都不太满意，认为它们对于"名教之本，帝王高义，韫而未叙"。而这，也正是袁宏要撰写《后汉纪》的原因所在："今因前代遗事，略举义教所归，庶以弘敷王道。"①

那么，名教的本质究竟是什么呢？袁宏说：

> 夫君臣父子，名教之本也。然则名教之作，何为者也？盖准天地之性，求之自然之理，拟议以制其名，因循以弘其教，辩物成器，以通天下之务者也。是以高下莫尚于天地，故贵贱拟斯以辩物；尊卑莫大于父子，故君臣象兹以成器。天地无穷之道，父子不易之体。夫以无穷之天地，不易之父子，故尊卑永固而不逾，名教大定而不乱，置之六合，充塞宇宙，自（今）〔古〕及（古）〔今〕，其名不去者也。未有违（失）〔夫〕天地之性而可以序定人伦，（矣）〔失〕乎自然之理而可以彰明治体者也。②

这段话有两层含义，一是肯定名教之本是讲君臣父子关系；二是强调君臣父子的高下、尊卑关系是"天地之性"和"自然之理"，因而是永恒不变的。值得注意的是，袁宏以"天地之性"和"自然之理"来论说名教，强调名教的自然本性，这显然是以道家自然无为的观念来解说传统儒家的名教观，从而打上了玄学家的烙印。对此，我们应该结合东晋的时代特点去加以认识。众所周知，魏晋是一个玄风大盛的时代，袁宏作为这一特定时代的史学家、

___

① 袁宏：《后汉纪序》，见《两汉纪》下册，卷首，1页，北京，中华书局，2002。
② 袁宏：《后汉纪》卷二十六《孝献皇帝纪》，见《两汉纪》下册，509页，北京，中华书局，2002。

思想家，自然不可能摆脱时代哲学思潮对他的影响。实际上，袁宏本身就是一位颇具史识的玄学家，援玄入史、玄儒合一是其学术思想与方法的基本特征。如他在谈论儒、道学术时，就曾说："然则百司弘宣，在于通物之方，则儒家之算，先王教化之道。居极则玄默之以司契，运通则仁爱之以教化。故道明其本，儒言其用，其可知也矣。"①这里所谓"道明其本，儒言其用"，是袁宏关于其玄学思想的经典表述，也是其对于儒道合流之学术发展之"势"的认识。又如，桓温北伐时曾经与其僚属登楼眺望中原，无不感慨地说："遂使神州陆沈，百年丘墟，王夷甫诸人不得不任其责！"王夷甫即王衍，为西晋官僚、玄学人士。在桓温看来，西晋的灭亡，就是亡在王衍这帮清谈误国的玄学人士手里。对此，袁宏直截了当地谈了自己的看法。他说："运有兴废，岂必诸人之过！"②袁宏从"运"的角度来看历史兴衰，比起桓温将历史兴衰归咎于某些个人来说，要更为客观，更加符合历史实际。但是，其中也确有为玄学人士辩护之嫌。

袁宏强调君臣父子尊卑贵贱是"天地之性""自然之理"，亘古不易，但是他却不是一个顽冥不化的说教者、卫道士。吴怀祺先生认为："袁宏的名教观，不是儒家的名教观，更不能简单地断定袁宏的名教观是一种腐朽的名教观。"③袁宏一方面强调名教是自然之理，不可更易；另一方面又能讲究实际，肯定名教的变易与发展，即所谓历史之理。在评论历史上王权更替和治乱兴衰问题时，袁宏作如是说：

> 夫君位，万物之所重，王道之至公。所重在德，则弘济于仁义；至公无私，故变通极于代谢。是以古之圣人，知治乱盛衰，有时而然也。故大建名教以统群生，本诸天人而深其关键，以德相传，则禅让之道也。暴极则变，变则革代之义也。废兴取与，各有其会，因时观民，理尽而动，然后可以经纶丕业，弘贯千载。④

①　袁宏：《后汉纪》卷十二《孝章皇帝纪》，见《两汉纪》下册，231～232页，北京，中华书局，2002。

②　《晋书》卷九十八《桓温传》，2572页，北京，中华书局，1974。

③　吴怀祺：《中国史学思想史》，144页，合肥，安徽人民出版社，1996。

④　袁宏：《后汉纪》卷三十《孝献皇帝纪》，见《两汉纪》下册，589页，北京，中华书局，2002。

在此，袁宏明确表达了两个思想，其一是肯定历史的治乱兴衰与政权的废兴取与，都是"有时而然"和"各有其会"的，也就是说，这是历史变易的一种必然之理。因此，从历史上政权更替的两种形式而言，无论是禅让还是革代，都是历史发展的一种必然之势。其二是强调"大建名教"与"观民"的重要性，名教是用来"统群生"的，是维系社会与政治的一种礼制，因而也是直接关系到历史治乱兴衰的，必须"大建"；"观民"是观察民众对所建名教的反应，名教的本质是"德"，统治者推行德政，就必然会得到民众的拥护，而滥施刑法，政权就必然会被"革代"。从这样一种名教观出发，袁宏进一步强调了推行德政和重视民众的重要性，所以他接着说：

> 是以有德之兴，靡不由之，百姓与能，人鬼同谋，属于苍生之类，未有不蒙其泽者也。其政化遗惠，施及子孙，微而复隆，替而复兴，岂无僻王，赖前哲以免。及其亡也，刑罚淫滥，民不堪命，匹夫匹妇莫不憔悴于虐政，忠义之徒无由自效其诚，故天下嚣然新主之望。由兹而言，君理既尽，虽庸夫得自绝于桀、纣；暴虐未极，（徒于）〔纵〕文王不得拟议于南面，其理然也。[①]

在袁宏看来，君王重名教、行德政，不但"百姓与能，人鬼同谋"，共建盛世，还会惠及君王自己的子孙后代，使他们"微而复隆，替而复兴"，这里显然是以"光武中兴"为历史依据的。袁宏还特别指出，如果君王暴虐天下，其名教之德毁坏了，那么庸夫都能自绝于他，夏桀、商纣便是这样的例子；如果君王的名教尚存，"暴虐未极"，即使如周文王之贤，也无法对他取而代之。由此看来，名教、德政的存亡是何其重要！

由上可知，袁宏关于历史发展之理的认识是深刻的。袁宏重名教，认为它是亘古不易之理，而名教的具体内涵就是德政、重民，这种名教之"德"直接决定了历史的治乱兴衰和政权的更替。同时，袁宏关于历史发展之理的认识又具有思辨的色彩。他一方面从维护封建统治出发，强调名教的不易性和重要性，另一方面，也看到了名教是有兴衰、好坏之分的，故

---

① 袁宏：《后汉纪》卷三十《孝献皇帝纪》，见《两汉纪》下册，589 页，北京，中华书局，2002。

而又能从历史发展的观点去看待名教与历史盛衰、王朝更替的关系，从而肯定历史的发展有其自身的必然之"势"和必然之"理"，禅让与革代都是这种历史发展变易之理的具体表现。

二、历史评论的玄化倾向

如上所述，袁宏视名教为自然之理，并宣称"道明其本，儒言其用"，这种名教观显然具有玄化倾向。而当袁宏具体评论历史史实与历史人物时，这种玄学本色更是得到了充分的表露。

（一）立国遵行古制

这里包含着两方面的含义，一是认为三代以前的古圣王无为而大治天下，三代以后的君王实行有为政治而使天下得不到善治，故而要法先王、崇先圣。众所周知，传统儒家是祖述尧舜，宪章文武，主张法先王的，袁宏承继了先儒们崇尚古圣的思想，而截然将历史分成三代以前和五霸、秦、汉两段。他说：

> 自三代已前，君臣穆然，唱和无间，故可以观矣。五霸、秦、汉其道参差，君臣之际，使人瞿然，有志之士，所以苦心斟酌，量时君之所能，迎其悦情，不干其心者，将以集事成功，大庇生民也。虽可以济一时之务，去夫高尚之道，岂不远哉！①

在袁宏看来，三代以前与五霸、秦、汉时期的根本区别，是三代以前的君臣"穆然"，而五霸、秦、汉时期的君臣则"瞿然"。换言之，前者是一种无为之道，而后者则是一种有为之道。因此，尽管五霸、秦、汉时期的君臣通过积极有为，也能成一时之功，却与高尚的无为之道相去甚远。由此来看，同样是法先王、崇三代，袁宏与先儒却有着很大的区别，他是从玄学的立场去评判和肯定三代以前的政治的。

二是认为，先王推行的无为政治在制度上的具体表现便是推行分封制，崇先圣就是要依循古圣王所推行的分封制度，而不要任意更张。袁宏结合

---

① 袁宏：《后汉纪》卷四《光武皇帝纪》，见《两汉纪》下册，66 页，北京，中华书局，2002。

周代以来的历史事实，肯定以公、侯、伯、子、男五等爵分封天下的好处，首先是"公天下"。袁宏说："故帝王之作，必建万国而树亲贤，置百司而班群才。所以不私诸己，共飨天下，分其力任，以济民事。"其次是"简易"。在分封体制下，天子虽然富有天下，而政事却不出王畿；诸侯为政一方，而政刑不出封域。所以袁宏说，这样的政治体制"众务简而才有余，所任轻而事不滞"，即是说政治简易而有效率。最后是国家安定。袁宏认为，分封制之所以能长期推行，很重要一点是它能确保国家长治久安。他说这种体制"虽元首不康，诸侯不为失政；一国不治，天下不为之乱。故时有革代之变，而无土崩之势"。与分封制相对应的则是郡县制，这是中国封建社会两种基本体制。袁宏称颂分封制，自然不赞成郡县制，他说："郡县之立，祸乱实多。君无常君之民，尊卑迭而无别，去来似于过客。人务一时之功，家有苟且之计。……一人休明，则王政略班海内；元首昏暗，则匹夫拟议神器。"在袁宏看来，郡县制既缺乏政治推行的连续性，使人贪一时之功，又把国家安危完全维系于君主一人之身，君明则天下治，君昏则天下乱。由此袁宏得出结论："夫安〔危之〕势著于古今，历代之君莫能创改，（不）〔而〕欲天下不乱，其可得乎？呜呼，帝王之道可不鉴欤！"[①]以上袁宏所论圣王分封体制，其中一个最显著的特点是"简易"，因而它是古圣王推行无为之道在政治体制上的一种具体表现。袁宏主张对古圣王分封体制尊而无改，既是基于他对历史的一种考察与分析，又是他的因循思想的一种表现。由此可见，袁宏关于分封制的论述，同样是本着一种玄学的观点。

（二）为政贵在安静

袁宏的玄学思想反映在具体治政实践中，则是主张为政要"贵在安静"。袁宏说："古之有天下者，非欲制御之也，贵在安静之。故修己（而）〔无〕求于物，治内不务于外。"[②]这是袁宏玄化政治主张的典型表述。在他看来，政治只求静，不务动；只求修己，不求于物；只求治内，不务治外。一言以蔽之，就是要清静无为。从这一指导思想出发，袁宏对历史上各朝的安边政策与政治安定之间的关系作了系统论述，认为唐尧、虞舜、三代圣王统

---

① 袁宏：《后汉纪》卷七《光武皇帝纪》，见《两汉纪》下册，123～125页，北京，中华书局，2002。

② 袁宏：《后汉纪》卷十四《孝和皇帝纪》，见《两汉纪》下册，281页，北京，中华书局，2002。

治时期，对周边的少数民族采取"羁縻而弗有"的政策，让他们"习其故俗"，其结果是圣王们"君臣泰然，不以区宇为狭也"，而"天下乂安，享国长久"。然而秦、汉时期，君王们忙于开疆拓土，这一时期的疆域数倍于圣王时期，却还不满足，还要"西通诸国，东略海外"，其结果则是"地广而威刑不制，境远而风化不同，祸乱荐臻，岂不斯失"。① 袁宏上述关于历代君王治边的议论，在颂扬三代以前古圣王的同时，对秦汉以来的君王作了全盘否定。他不但反对秦汉的拓边政策，甚至反对"西通诸国"的做法，这就等于将这一时期正当的反击匈奴的战争和正常的与域外的交往一概否定了。例如，对于东汉时期出使西域的班超，袁宏就说："班超之功非不可奇也，未有以益中国，正足以复四夷，故王道所不取也。"不过我们也应该看到，秦汉时期也有不少无谓的战争，是统治者们好大喜功、为了能后世留名而发动的，这种战争劳民伤财，给广大人民带来了深重的灾难。所以袁宏说："当世之主，好为身后之名，有为之人，非能守其贫贱，故域外之事兴，侥幸之人至矣。"② 袁宏的这种说法是符合实际。当然，袁宏在安边政策上推崇三代、反对秦汉，从根本上说，还是其清静无为玄学思想的集中体现。

袁宏还进一步从安静无为的思想出发，对统治者"多欲"而导致"民疲"提出批评。袁宏并不一味否定人欲，他说："夫生而乐存，天之性也；困而思通，物之势也；爱而效忠，情之用也。"③ 认为这些欲望都是不可废去的天理、天性。他还特别对下层百姓的生存欲望给予了充分的肯定，说："夫饥而思食，寒而欲衣，生之所资也。"认为这是人们赖以生存的基础，是正常而合理的欲望。但是，袁宏反对富有天下的统治者纵欲、多欲，他说："然富有天下者，其欲弥广，虽方丈麤蔌，犹曰不足；必求河海之珍，以充耳目之玩，则神劳于上，民疲于下矣。"④ 认为他们的多欲，其结果只能是既让自己劳神，又使百姓疲惫。袁宏还特别对秦汉以来末世君主生活奢侈、大兴土木提出批评，他说："末世之主行其淫志，耻基堂之不广，必壮大以开

---

① 袁宏：《后汉纪》卷十四《孝和皇帝纪》，见《两汉纪》下册，281～282页，北京，中华书局，2002。

② 同上书，282页。

③ 袁宏：《后汉纪》卷十七《孝安皇帝纪》，见《两汉纪》下册，334页，北京，中华书局，2002。

④ 袁宏：《后汉纪》卷十八《孝顺皇帝纪》，见《两汉纪》下册，346～347页，北京，中华书局，2002。

宫；恨衣裳之不丽，必美盛以修服；崇屋而不厌其高，玄黄而未尽其饰。于是民力殚尽而天下咸怨，所以弊也。故有道之主睹先王之规矩，察秦、汉之失制，作营务求厥中，则人心悦固而国祚长世也。"①在袁宏看来，统治者要想取悦于民众，使国家长治久安，就必须要尊崇先王旧制，除去多欲之私。由上可知，袁宏的人欲论与宋代理学家鼓吹的"存天理，灭人欲"不同，他认为正当的人欲本身就是天理的体现，应该给予肯定；他所反对的只是统治者的多欲、纵欲、广欲，认为这样只能导致民疲、短祚。很显然，袁宏的人欲论，其中也蕴含了道家的清静无为思想，因而是玄学思想的体现。

（三）处世智在顺势

袁宏的治国论讲清静无为，而袁宏的处世哲学则强调"顺势"。袁宏的无为之论与先秦道家是有区别的，他只是反对过分有为，却并没有放弃儒家的入世哲学；而先秦道家鼓吹的却是一种纯粹的无为，是一种消极的退隐。实际上，作为玄学家，袁宏所强调的是如何做到无为与有为、入世与退隐的统一。因此，"顺势而为"而不能"过其才"，也就成了他的政治哲学尤其是人生哲学的主旨所在。那么，人生在世为什么只能"顺势"而不能"过其才"呢？袁宏认为这首先是世道艰难所致。他说："夫世之所患，患时之无才也；虽有其才，患主之不知也；主既知之，患任之不尽也。彼三患者，古今之同，而御世之所难也。"②从袁宏的"三患"论可知，人生在世，要想有番作为，其实是很不容易的，这既取决于自身的才气，更取决于君主的知遇与重用。因此，它是人们主观所无法掌握的，最好的办法还是明哲保身。其次，从历史上看，大凡"过其才"者，往往不会有好的结果。《后汉纪》卷八以东汉名将马援为例，对此作了论说。袁宏认为马援之所以能成为东汉开国著名功臣，既有其主观原因，那就是"才气志略，足为风云之器"，也有客观原因，当时恰逢乱世用人之际，马援的才气正"遇其时"。但是马援死后颇遭怨谤，袁宏认为与其继续有为而"过其才"，不懂得"顺势"有关，他说，当时"天下既定，偃然休息，犹复垂白，据鞍慷慨，不亦过乎"。袁

---

① 袁宏：《后汉纪》卷九《孝明皇帝纪》，见《两汉纪》下册，166 页，北京，中华书局，2002。
② 袁宏：《后汉纪》卷六《光武皇帝纪》，见《两汉纪》下册，108 页，北京，中华书局，2002。

宏认为，马援以安天下时的作为行于治天下时，继续攻伐之事，因而是不智之举。所以他最后说："善为功者则不然，不遇其主则弗为也。及其不得已，必量力而后处，力止于一战则事易而功全，劳足于一邑则虑少而身安，推斯以往，焉有毁败之祸哉！马援亲遇明主，动应衔辔，然身死之后，怨谤并兴，岂非过其才为之不已者乎！"①在这里，袁宏一方面批评了马援不善功、不懂"顺势"，认为他遭怨谤是自己"过其才"的不明智之举所致；另一方面也是借马援之事，对东汉统治者在立国之初便连年发动战争提出批评。

三、重视人物记述与品评

袁宏既是史家，也是玄学中人，故而《后汉纪》的人物品评也非常突出。我们可以从人物连类记述和才情风貌描写两方面，窥见《后汉纪》重视人物品评之一斑。

人物连类记述是《后汉纪》的重要特点。《后汉纪》记述人物不但重视分类，全书涉及的人物类别有帝王、后妃、宗室、外戚、名臣、循吏、儒林、文苑、党锢、宦者、方士等，几乎囊括了以人物为中心的纪传体的各类人物，而且善于运用连类的方法来记述人物，并且形成《后汉纪》人物记述的重要特点。《后汉纪序》明确提出该书的人物撰集方法是"言行趣舍，各以类书"。所谓"类书"，即是要将时代相近的同类历史人物连续书写出来。例如，卷五连续书写了闵仲叔、王丹、严光、周党、王霸、逄萌等一批人物，他们都有一个共同点，那就是隐居避世，或者长期隐居，或者终生隐居。其中闵仲叔屡征不至，"终于家"；王丹曾在王莽时"连征不至"，"避世陇西，隐居养志"；严光与光武帝同学，因不愿意被征而"变名姓"，后不得已应征，终不为三公封赐所诱惑"称病而退"；周党"三征然后至"，却矢志隐居，光武帝只好下诏说"不食朕禄，亦各有志"；王霸被征后"拜不称臣"，"遂以疾归，茅屋蓬户，不厌其乐"；逄萌先是隐居琅邪不其山中，东汉初年"连征不起"。卷六连续记述了鲍永、宣秉、王良的事迹，借张湛之口赞扬鲍永"仁不遗旧，忠不忘君，行之高者也"；宣秉为官"俸禄皆以分九族，

---

① 袁宏：《后汉纪》卷八《光武皇帝纪》，见《两汉纪》下册，147~148 页，北京，中华书局，2002。

家无担石之储"；王良虽官至司徒司直，却"居贫守约，妻子不之官"。以上诸人皆为一时之清廉、仁义良吏。卷十一记述汉章帝对司空长史江革"常礼之"，江革早年以孝行闻名，乡里称他叫"江巨孝"。在江革事迹之后，该卷连续记述了毛义和薛苞两位以孝著称的历史人物。毛义当年"以孝行称"，为了赡养老母而接受府衙守令一职，当老母死后便"弃官行服，进退必以礼，贤良公车征，皆不至"，"天子闻而嘉之"；薛苞丧母，"行六年服，丧过其哀"。分家产的时候，他"奴婢引其老者"，"田庐取其荒者"，"器取朽者"。如卷十九集中记述了任峻、苏章、陈琦、吴祐、第五访等良二千石，他们虽为官风格不尽相同，却都在治内得到民心，享有威信。卷二十二记述了党锢人士陈蕃推荐徐稚、姜肱、袁闳、韦著、李昙"五处士"，并对他们的才性作了描述：徐稚"恭俭义让，非礼不言，所居服其德化"，姜肱"隐居静处，非义不行，敬奉旧老，训导后进"，袁闳"玄静履真，不慕荣宦，身安茅茨，妻子御糟糠"，韦著"隐居讲授，不修世务"，李昙"乡里有父母者，宗其孝行以为法度"。卷二十五记述了韩融、李楷、郑玄、申屠蟠等人物事迹，这些人物的共同点，其一都是名噪一时的大学者，其二都重隐居守节，韩融、李楷还以至孝重亲闻名。

重视人物才情风貌描写，是《后汉纪》的又一特点。例如，卷一说光武帝刘秀"为人隆准，日角大口，美须眉，长七尺三寸，乐施爱人，勤于稼穑"，刘缤"慷慨有大节"，邓晨"好节义"，李通的父亲李守"身长八尺，容貌绝异"，铫期"身长八尺二寸，容貌壮异""气勇有志义"，王霸"慷慨有大志"，邓禹"以德行称"。卷三说鲍永"好文德，虽为将帅，常儒服从事"，卓茂"温而宽雅，恭而有礼"。卷四说马援"少有大志，诸兄奇之"。卷五说王丹"好施周急""高抗不屈"，周党"举动必以礼"。卷七说张湛"举动必以礼，虽幽室闲处，不易其度，闺门之内，若严君焉"，郅恽"志气高抗，不慕当世"。卷十说祭彤"气勇过人"，"多恩信，善权略"；班超"倜傥不修小节，而内行甚谨"。卷十一说韦彪"清俭好施，禄赐分与宗族，家无余财"。卷十二说贾逵"身长八尺二寸"，"沈深有用，其所学者可为人师"，"才学皆通，其所著论为学者所宗。性恢不修小节"；邓彪"以礼让帅下"，"明帝高其节"；朱晖"少以节操闻"。卷十四说梁竦"轻财好施，不治产业"，"雅有大志"；邓皇后"长七尺二寸"，早年"通《论语》，志在经书，不问家事"；阴皇后"短小，举止时失仪"；王涣"游侠尚气，晚节好儒术"。卷十九说马融"美才貌，解音声，学不师受，皆为之训诂"，"虽好儒术，而服饰甚丽，坐绛纱帐，侍婢数十，声妓不乏于前，弟子以次相授，鲜有睹其面者"。卷二十三说黄宪"识度渊深，时人莫得而测"，郭泰评其曰"叔度汪汪如万顷之波，澄之不清，梂之而不浊，其器深广，难测量也"，又评黄元艾"高才绝人，足为伟器"。卷二十五说卢植"所学不守章句，皆精研其旨。身长八尺二寸，刚毅多大节，常喟然有济世之志"。卷二十六说荀爽"最有儒雅"。卷二十七说陈卓"少好任侠"，王允"容仪雅重，非礼不动"，许劭"善与人论臧否之谈，所题目皆如所言"。卷二十九说郑玄"身长八尺，秀眉朗目，造次颠沛，非礼不动"。卷三十说孔融"幼有异才"，杨彪"以孝义称"，如此等等。

第三节　《后汉书》的史学思想

《后汉书》为南朝刘宋史家范晔所作，是一部反映东汉历史的纪传体史书。根据范晔本人的计划，此书要写成一百卷，包括本纪十卷、列传八十卷和志十卷。遗憾的是，正当他"欲遍作诸志"时，却遭遇"谋逆"之诛，致使《后汉书》的撰写尚有十志没有完成。今附于范晔《后汉书》后的八志，是南朝梁人刘昭在为《后汉书》作注时，取晋人司马彪《续汉书》中的八志补进去的。

范晔《后汉书》是"删烦补略"众家后汉书而成的。据清人王先谦《后汉书集解·述略》的统计，在范晔《后汉书》问世之前，当时流传的后汉历史著作共有十八家二十种之多。[①] 这些后汉历史著作都是范晔撰写《后汉书》的重要参考书籍。对此，范晔在具有《后汉书》自序性质的《狱中与诸甥侄书》中说得很清楚。他说："详观古今著述及评论，殆少可意者。班氏最有高名，既

---

① 这十八家二十种后汉历史著作分别是：刘珍等人的《东观汉记》、谢承的《后汉书》、薛莹的《后汉记》、司马彪的《续汉书》、华峤的《后汉书》、谢沈的《后汉书》、张莹的《后汉南记》、袁山松的《后汉书》、袁宏的《后汉纪》、张璠的《后汉纪》、袁晔的《献帝春秋》、刘义庆的《后汉书》、刘芳的《汉灵献二帝记》、乐资的《山阳公载记》、王粲的《汉末英雄记》、侯瑾的《汉皇德记》、孔衍的《后汉尚书》和《后汉春秋》、张温的《后汉尚书》及《汉献帝起居注》。其中最著名者当数《东观汉记》，它在隋、唐以前已经与《史记》和《汉书》并称为"三史"，在社会上有较大影响。

任情无例，不可甲乙辨，后赞于理近无所得，唯志可推耳。博赡不可及之，整理未必愧也。"这就是说，他的《后汉书》即是"整理"诸家《后汉书》而成的。不过，范晔对自己的"整理"成就是颇为自信的。他在《狱中与诸甥侄书》中对《后汉书》作了这样的自我评价：

> 吾杂传论，皆有精意深旨，既有裁味，故约其词句。至于《循吏》以下及六夷诸序论，笔势纵放，实天下之奇作。其中合者，往往不减《过秦篇》。尝共比方班氏所作，非但不愧之而已。……自古体大而思精，未有此也。[①]

由上可见，范晔对自己撰述的这部《后汉书》评价很高，认为其中的"杂传论"都蕴含有"精意深旨"，而"序论"部分更是"天下之奇作"，与班固的《汉书》相比毫不逊色。实际上，《后汉书》确实也经受住了时间的检验。自从该书问世之后，到了唐朝时，之前的十八家《后汉书》和之后梁人萧子显的《后汉书》、王韶的《后汉林》都逐渐被历史淘汰了。人们再回过头来看关于后汉历史的撰述，已是"世言汉中兴史者，唯范（晔）、袁（宏）二家而已"[②]。自唐代以后，范晔《后汉书》便取代《东观汉记》，成为与《史记》《汉书》并立的新"三史"。

毫无疑问，《后汉书》之所以能与编年体史书《后汉纪》一同战胜众家后汉史，而独领风骚于史坛，是由该书所具有的史学价值所决定的。《后汉书》从历史编纂到史学思想，都形成了自己独特的特点。

一、编次周密，体例多有创新

我国纪传体史书体裁创立于《史记》，整齐于《汉书》。而《后汉书》在继承《史记》和《汉书》的纪传体撰述方法的同时，又出于反映东汉特定社会历史的需要，进行了一系列的创新，使得《后汉书》的编撰体例编次周密，多具特点。

---

① 范晔：《狱中与诸甥侄书》，见《后汉书》附录，2页，北京，中华书局，1965。
② 刘知幾：《史通》卷十二《古今正史》，318页，浦起龙通释本，上海，上海古籍出版社，2009。

　　首先，《后汉书》的本纪部分开创了《皇后纪》和附记的义例。附记义例适用于那些无事迹可记的幼帝，如殇帝刘隆，即位时还在襁褓之中，在位又仅有一年时间，无事迹可记，于是便附记于《和帝纪》中；又如冲帝刘炳、质帝刘缵，他们都是在位很短还未及亲政的幼帝，便都附《顺帝纪》中。

　　幼帝多，这在政治上又产生了一种现象，那就是母后临朝，权归女主。为了如实反映东汉一朝诸多母后专权的历史事实，《后汉书》特立了《皇后纪》，以便记载在东汉政治中有着重要影响的历朝后妃的事迹。在《后汉书》之前的正史中，虽然《史记》和《汉书》都为吕后作了本纪，可是对于其他的后妃，《史记》将之列入《外戚世家》，《汉书》则将之列入《外戚传》并置于全书的末尾。因此，后世一些史家对范晔立《皇后纪》的做法提出批评，如唐代史评家刘知幾就说范晔此义例"未达纪传之情"[1]。其实，范晔作《皇后纪》，恰恰反映出他不同寻常的史识。在《皇后纪序》中，范晔是这样说的："东京皇统屡绝，权归女主，外立者四帝，临朝者六后，莫不定策帷帘，委事父兄，贪孩童以久其政，抑明贤以专其威。"[2]由此可见，范晔对东汉母后临朝、外戚专权的政治现象是有深刻认识的，他作《皇后纪》，显然是为了如实地反映东汉这一突出的政治现象。其实在《后汉书》之前，华峤的《后汉书》就已经作了《皇后纪》，他从帝后夫妻关系立论，认为"皇后配天作合"，理应"以次帝纪"。与范晔从政治高度立论相比，二者见识的高下是很明显的。

　　其次，《后汉书》的主干部分是列传，而列传最为显著的编写特色是注重以类相从。从历史人物的撰述来看，同卷人物不分时代先后，按类编写。分类的办法则是有的以"治行卓著"，有的以"深于经学"，有的以"著书恬于荣利"，有的以"和光取容，人品相似"，有的以"立功绝域"，有的以"仗节能直谏"，有的以"明于天文"，等等。[3]例如，王充、王符和仲长统三人，《后汉书》以他们都是东汉朴素的唯物主义思想家而给予合传；郭泰、符融和许劭三人，《后汉书》以他们清高有人伦而知名当时予以合传；刘平、赵

---

　　① 刘知幾：《史通》卷二《列传》，42页，浦起龙释本，上海，上海古籍出版社，2009。

　　② 《后汉书》卷十上《皇后纪序》，401页，北京，中华书局，1965。

　　③ 参见白寿彝：《中国史学史教本初稿》，见《白寿彝文集》第四卷，103～105页，开封，河南大学出版社，2008。

孝、淳于恭、江革、刘般、周磐和赵咨等数人,《后汉书》则以他们皆有孝行而给予合传;如此等等。这样做,脉络清晰,给读者带来很大的方便。

从众多类传的设立来看,《后汉书》的类传总共有十个,而其中的党锢、宦者、文苑、独行、方术、逸民、列女共七个类传,都是其独创的。范晔的创新,决非是为了标新立异,而是出于反映东汉特定社会历史的一种需要。如《党锢列传》的设立,是因为东汉末年发生了党锢之祸,这一事件不但持续了百年之久,而且对东汉后期的政治产生了重大影响;《宦者列传》的设立,是与东汉出现严重的宦官专权的政治局面分不开的;《文苑列传》的设立,不但反映了东汉一代"文富篇盛"的事实,而且打破了中国古代重"德"轻"文"的历史传统(孔子说"行有余力,则以学文"),使得文学人士在正史中有了自己专门的传记,从而第一次得以与《儒林列传》并列;《独行列传》的设立,是为了记述那些通过"特立卓行"而步入仕途的人,它从一个侧面反映了东汉豪强政治时代那些没有政治势力的知识分子步入仕途的艰难;《方术列传》记载医巫卜筮和神仙怪异之士,虽然医、巫混杂是其缺陷,但是神仙怪异的记载毕竟在一定程度上反映了东汉谶纬迷信神学的盛行情况;《逸民列传》记载隐居山林而不愿做官之人,由于东汉统治者重视通过"举逸民"而使"天下归心",从而助长了这种风尚;《列女传》反映了东汉时代妇女们的事迹,这是范晔的一大创举,他为封建时代的妇女在正史中争得了一席之地,相比较于后代史家将《列女传》改为《烈女传》的做法,范晔的史识确实是非常可贵的。毫无疑问,以上这些类传的创立,不但深刻地反映了东汉社会的各个方面,而且对中国古代历史编撰学和历史思想的发展都产生了重要影响。

二、卷内发论,正一代得失

历史撰述,都有其基本旨趣,如《史记》的撰述旨趣是"究天人之际,通古今之变,成一家之言";《汉书》的基本旨趣是通过"宣汉",使当代君主冠德百王,扬名后世。同样,《后汉书》也有自己的撰述旨趣,那就是在《狱中与诸甥侄书》中所说的"就卷内发论,以正一代得失"[1],明确提出了历史撰

---

① 范晔:《狱中与诸甥侄书》,见《后汉书》附录,2页,北京,中华书局,1965。

述为政治服务的观点。这种关注历史与现实之间的关系，体现了中国古代史学思想的进步。

《后汉书》所谓"就卷内发论"，指的是纪传中的序、论、赞。范晔作《后汉书》，非常重视序、论、赞的撰写，为此倾注了大量的心血。撰成之后，他对此颇为得意，认为其"皆有精意深旨"，而"《循吏》以下及六夷诸序论，笔势纵放，实天下之奇作"。对此，后代史家也给予了充分肯定，如刘知幾就认为史家作论"大抵皆华多于实"，"必择其善者，则干宝、范晔、裴子野是其最也"①。

"正一代得失"，则是范晔通过序、论、赞来表达自己关于东汉政治得失的观点。首先，重视对东汉历史发展大势进行总结，以期对东汉历史的盛衰之变作出整体考察。《后汉书》共有九篇帝纪，历述了从光武帝到汉献帝前后二百余年的朝政大事。这九篇帝纪都有论赞，分开来看，是对东汉各朝政治得失的评述；合起来看，则是一篇完整的东汉兴亡论。例如，汉光武帝是刘家皇朝中兴之主，篇后论赞揭示了刘氏中兴的原因："灵庆既启，人谋咸赞"；明、章二帝作为守成之君，一个明于法制，一个敦厚宽政，因而出现了"气调时豫，宪平人富"的太平局面；和帝时期是东汉政治转折期，外戚、宦官专权自此始，故而论赞以"颇有弛张"点题；安、顺二朝，外戚、宦官专权愈演愈烈，东汉皇朝衰局已定，所以论赞称其为"彼日而微，遂褫天路"；桓、灵时期，宦官专权，党锢祸起，东汉皇朝已经分崩离析，所以论赞说其"征亡备兆"；至汉献帝时，东汉皇朝终于寿终正寝，所以论赞叹其"身播国屯"。

其次，重视通过具体史实来探寻政治得失。例如，关于宦官专权问题，《宦者列传序》追述了东汉以前宦官的由来及其对政治的危害情况，详细叙述了东汉时期宦官势力的发展及其对东汉政治的严重危害，由此卷尾论道：宦官专权"其所渐有由矣"，"亦岂一朝一夕哉"。认为统治者要避免宦官专权局面的出现，就必须要防微杜渐，防患于未然。又如，关于士风与政治的关系问题，《党锢列传序》通过对历代士风演变及其与政治的关系的论述，肯定了古代士风纯朴是圣人"陶物振俗"的结果，春秋战国的霸政促使了士

---

① 刘知幾：《史通》卷四《论赞》，59～60页，上海，上海古籍出版社，2008。

人以卖弄机智、策划计谋为时尚，汉朝经学的兴起引发了士人间的党同伐异之风，而汉末昏暗政治则激起了士人的清议之风。毫无疑问，政治导致士风的演变，而士风反过来又对政治产生重要影响。

最后，通过论一代得失以正一代得失。例如，《光武帝纪》卷尾有这样一段议论："帝在兵间久，厌武事，且知天下疲耗，思乐息肩。自陇、蜀平后，非儆急，未尝复言军旅。……退功臣而进文吏，戢弓矢而散马牛，虽道未方古，斯亦止戈之武焉。"①这段话前面一层含义是说光武帝在一统天下后，深知长期战争已经导致天下民力疲惫，因此不愿再兴武事，而要偃武修文。后面一层含义是说天下平定后用人政策的变化，具体做法是对一同打天下的功臣贵而不用，而将一切吏事归于三公，这便是"退功臣而进文吏"。《后汉书》对光武帝在平定天下后及时推行轻徭薄赋的与民休息政策，是持肯定态度的；至于光武帝"退功臣而进文吏"的做法，范晔也是心领其意、予以肯定的。他在《朱景王杜马刘傅坚马列传》后论中，以萧何、樊哙与韩信、彭越的故事叙述了功臣之间"势疑则隙生，力侔则乱起"的道理，认为光武帝正是由于吸取了历史的经验教训，才"高秩厚礼，允答元功，峻文深宪，责成吏职"的。②这样做，既保全了功臣，又维护了皇权；既进用了人才，又有利于治国治民。毫无疑问，在范晔看来，光武帝的做法实为明智之举。又如，《后汉书》对东汉的安边政策提出了批评。东汉时期，羌人曾先后三次掀起大规模的反抗斗争，虽然最终东汉政府镇压了羌人的反抗，可也因此而大大损耗了国力，正如范晔所论，"寇敌略定矣，而汉祚亦衰焉"③。之所以造成这种局面，范晔认为要归因于羌人内迁。在《西羌传》论中范晔指出，东汉政府允许羌人内迁已经是失策了，而对内迁的羌民没有加以安抚则是错上加错。《后汉书》认为，东汉政府对南、北匈奴的政策也有重大失误。东汉初年，匈奴分裂为南、北两部，南匈奴归顺东汉，光武帝让他们迁居西河，以便协助东汉对北匈奴的防御。汉和帝时窦宪彻底打败北匈奴后，东汉政府应该将南匈奴迁往北庭，而退河西为内地，可是东汉政府依然让北匈奴居于旧庭，从而导致了后来匈奴势力的扩张。《南匈

---

① 《后汉书》卷一下《光武帝纪》，85 页，北京，中华书局，1965。
② 《后汉书》卷二十二《朱景王杜马刘傅坚马列传》，787 页，北京，中华书局，1965。
③ 《后汉书》卷八十七《西羌传》，2901 页，北京，中华书局，1965。

奴列传》论及此事，愤恨之情跃然纸上。

三、死者神灭，倡言无鬼论

"究天人之际"是中国古代史学家和思想家的一项重要任务，史学家司马迁更是将其作为历史撰述的基本宗旨之一明确地提了出来。关于范晔的天人观，《后汉书》对天人观念的表述比较复杂，由此引起人们的不同理解。大体说来，有主无神，有主有神，不过，大多数人认为他是一个无神论者，或者说是一个不彻底的无神论者。其实，这个问题应该分成天命与鬼神两个层面来评述比较合适。

首先，从天命论来看。从《后汉书》所反映的天命观来看，应该说范晔是一个天命论者。例如，《光武帝纪》在论述光武中兴问题时，一方面范晔肯定了刘秀的人为作用，如他审时度势，与兄定谋起兵；昆阳大战，勇武建立奇功；兄长被杀，韬光养晦全身；经营河北，废除王莽苛政，收降铜马（西汉末年农民起义军一支）余众；平定天下，及时与民休息；如此等等。很显然，"光武中兴"局面的出现，与光武帝的个人作用是分不开的。另一方面，范晔又将刘汉再兴归于天命。例如，《光武帝纪》在叙述刘秀定谋起兵前，特意记载了宛人李通等人"以图谶说光武"一事，其谶语是这样写的："刘氏复起，李氏为辅。"刘秀即是根据这个谶语而与李通等人起事于宛的。刘秀登基前，他当年在长安太学的同学强华从关中捧来一个匣子，里面装着《赤伏符》，上面写道："刘秀发兵捕不道，四夷云集龙斗野，四七之际火为主。"这是一个预示着刘汉火德再兴的谶语，刘秀有了这个神符，也就有恃无恐地当上了皇帝。更有甚者，在这篇本纪的末尾论赞中，范晔还大谈刘秀出生时及起兵后的各种怪异现象，如出生时赤光照室，这一年县界有嘉禾生，起兵后春陵城上有王气笼罩，道士西门君惠、李守等人说刘秀当为天子，如此等等。于是范晔说道："其王者受命，信有符乎？不然，何以能乘时龙而御天哉！"[1]毫无疑问，范晔是相信王命天授的，是一个天命论者。其实，宣扬天命论也是封建史家的一种职责，这是由封建史学二重性所决定的。

---

① 《后汉书》卷一下《光武帝纪》，86 页，北京，中华书局，1965。

其次，从鬼神论来看。《方术列传》虽然记载了怪异之事，如费长房缩地、王乔凫履、左慈羊鸣等，但从总体来看，范晔对怪异是持否定态度的，他认为各种方术"斯道隐远，玄奥难原，故圣人不语怪神，罕言性命"。又说方术怪异之论是"纯盗虚名，无益于用"，只是有人"希之以成名"的工具。① 甚至对汉武帝"颇好方术"、光武帝"尤信谶言"、汉桓帝"修华盖之饰"提出批评。可以说范晔关于怪神的态度与孔子颇为相近，孔子不语怪力乱神，可是孔子作《春秋》，却详载怪异之事；范晔认为怪异"斯道隐远"，可是范晔作《后汉书》，同样记载了各种怪异之事。孔子的"不语"和范晔的"斯道隐远"，其实都是承认有怪神存在的，只是他们都采取"远之"的态度；至于他们注重在史书中记载怪异，这主要是史家的一种纪实手法，是史家对那个迷信时代的一种反映，同时也因为他们都没有否定神怪的存在。

尤其值得肯定的是，范晔公开反佛，倡言死者神灭的无鬼论。《宋书·范晔传》记载说："晔常谓死者神灭，欲著《无鬼论》。"② 这里需要指出的是，范晔所谓"鬼"，其实是指佛，是佛鬼；他的无鬼论，其实就是无佛论。范晔的反佛态度是坚决的，他在《西域传》中公开批评佛教"好大不经，奇谲无已"，并对佛教所宣扬的灵魂不灭、因果报应等说教都一一加以否定。他在受刑前曾对人说："寄语何仆射，天下绝无佛鬼。若有灵，自当相报。"③ 这里提到的何仆射，就是被宋文帝称誉为佛门子路的何尚之，也是范晔的政敌。范晔对自己被以"首谋罪"处死不服，所以他说如果真的如何尚之等人所言有佛鬼的话，那这些陷害他的人就一定会遭到报应。范晔所处的刘宋时代，是一个佛教兴盛的时代，从封建帝王、王公贵族到平民百姓，人们普遍信佛，而范晔坚决反佛，这不仅是一个信仰问题，也体现了范晔的大无畏精神。同时，范晔的反佛，与他在政治上反对宋文帝、与何尚之之流为敌也有关系，因为这些人都是狂热的佛教徒，这就使得范晔的反佛带有浓厚的政治色彩。

---

① 《后汉书》卷八十二上《方术列传》，2703、2725 页，北京，中华书局，1965。
② 《宋书》卷六十九《范晔传》，1828 页，北京，中华书局，1974。
③ 同上书，1829 页。

第四节　刘勰的史学评论

中国古代史学思想不断发展，终于在南朝梁时诞生了第一个史学评论专篇——刘勰的《文心雕龙·史传》。刘勰，字彦和，祖籍东莞郡莒县（今山东莒县），世居京口（今江苏镇江），大约生活于宋明帝泰始初年到梁武帝中大通四年（532 年）前后，一生经历了宋、齐、梁三朝，《梁书》和《南史》中皆有其传。所撰《文心雕龙》五十篇，虽"未为时流所称"，却"自重其文"，并且得到了当时文坛领袖沈约的认可，"谓为深得文理，常陈诸几案"。①《文心雕龙》其实是一部文论著作，世有"论文则《文心雕龙》，评史则《史通》"②之说。然而其中的《史传》篇，则是评史专篇，论及近二十位史家的著作，对此前中国史学发展史第一次作出了系统评论。《文心雕龙》的其他篇章虽为文论，却又是融史论于文论之中的，也有史学评论的内容，而且文论的基本理论同样适用于史论。

一、宗经征圣：史学评论的立论基础

"宗经征圣"是刘勰文论的核心理论，也是刘勰史学评论的立论基础。《文心雕龙》开篇三文《原道》《征圣》《宗经》，实为全书开篇明义，为其文论、史论奠定基调。其中的《原道》篇肯定"道沿圣以垂文，圣因文而明道"，明确了道、圣、文之间的关系。《征圣》篇的核心思想是强调文需以圣人为师，即所谓"征之周、孔，则文有师矣"，并且具体阐述了圣人为文的基本原则、基本方法以及"征圣立言"的重要性。《宗经》篇强调"论文必征于圣，窥圣必宗于经"，肯定明了圣人之意，需要以经为宗。所谓"经"，从经文而言，是指《易》《书》《诗》《礼》《春秋》之"五经"；从经义而言，则是《宗经》篇所言"恒久之至道，不刊之鸿教也"。文能宗经、仿经，才能体现出"六义"：情深而不诡，风清而不杂，事信而不诞，义贞而不回，体约而不芜，文丽而不淫。

---

① 《梁书》卷五十《文学列传下·刘勰传》，712 页，北京，中华书局，1973。
② 《王惟俭序》，见刘知幾：《史通》卷首《别本序三首》，1 页，浦起龙通释本，上海，上海古籍出版社，2009。

《文心雕龙》开篇三文，其实是讲了道、圣、经三者的关系，认为文以道为准，道为经所载，经由圣人述。三文集中表述的思想，即是宗经征圣。宗经征圣不仅是《文心雕龙》开篇三文的主旨思想，也是贯穿全书的主旨思想。《史传》作为史学评论专篇，同样也以宗经征圣为指导思想。所谓"立义选言，宜依经以树则；劝戒予夺，必附圣以居宗"，这就是说，确定史书的宗旨，选用史书的言辞，都应该按照经典的规范树立原则；史书的劝勉鉴戒，必须以圣人的思想为主宰。

《史传》篇依照宗经征圣的思想，对历代史学与史学思想作出评论。其一，《史传》肯定"六经"乃史学之源。《史传》篇认为，《尚书》与《春秋》分别属于"言经"和"事经"，尧舜时代的历史靠《尚书》中的"典谟"流传下来，夏商时代的历史则记载于《尚书》的"诰誓"之中；《春秋》因鲁史而修成，通过褒贬予夺，"征存亡以标劝戒"；由于《春秋》具有"睿旨幽隐，经文婉约"之特点，只有同时代的左丘明能理解其微言大义，通过推究史实过程而成"传体"史书《左传》，其"转受经旨，以授于后，实圣文之羽翮，记籍之冠冕也"。毫无疑问，唐代刘知幾的史籍流派六家划分说，将《尚书》《春秋》《左传》三部经传作为前三家，应该是受到了刘勰经史观念的影响的。

其二，《史传》从宗经征圣角度对历代史家、史著作了批评。从史学角度而言，刘勰对马、班汉史多有肯定，对东汉以后的史书则少有称道，其中可称者，东汉史有"司马彪之详实，华峤之准当"，三国史"唯陈寿《三志》"，晋史"干宝述《纪》，以审正得序；孙盛《阳秋》，以约举为能"。然而按照宗经征圣的标准，刘勰对司马迁、班固史书作出了不同评价。他批评司马迁《史记》有"爱奇反经之尤"，而肯定班固《汉书》为"宗经矩圣之典"。同时，对于马、班以及东汉张衡等人所立"本纪"，则认为普遍违背了宗经征圣的原则，批评说：

> 及孝惠委机，吕后摄政，班、史立纪，违经失实，何则？庖牺以来，未闻女帝者也……岂为政事难假，亦名号宜慎矣。张衡司史，而惑同迁、固，元帝王后，欲为立纪，谬亦甚矣。[1]

---

[1] 刘勰：《文心雕龙·史传》，185～186 页，王志彬译注本，北京，中华书局，2012。

既然宗经征圣是对史家进行历史撰述必须作出的要求，那么史家进行历史撰述，就必须自觉地以宗经征圣为基本原则，在宗经征圣的思想指导下去认识历史、撰述历史。

二、析理居正，直书其事

历史书写如何做到客观，《史传》篇提出了"析理居正，唯素心①乎"的观点。何谓"素心"？范文澜的解释是："素心，犹言公心耳。"②周振甫也说："犹公心，言心无偏私。"③也有学者认为"素心"乃指"本心"，"没有先入之见"④。解释不尽相同，前二者强调公心，道德色彩较浓；后者则更强调客观性，具有理性色彩。不过这种强调客观的理性态度，与清代章学诚所谓"尽其天而不益以人"⑤的"史德"说已经比较接近。应该说这两种对"素心"的不同理解都有道理，也都大致符合刘勰"素心"说的原意。刘勰认为，只有本着这种客观、公正、无私的态度去记载历史，才能做到"析理居正"，也就是能客观地、没有偏私地探明历史盛衰之理。这种"素心"以"析理居正"地记述历史，即是历史记述的直书其事。

纵观刘勰的直书观，明显具有二重性特点。一方面，强调作史需要直书其事。刘勰肯定历史书写直书其事的重要性，《史传》说："原夫载籍之作，必贯乎百氏，被之千载，表征盛衰，殷鉴兴废。使一代之制，共日月而长存；王霸之迹，并天地而久大。"既然历史书籍的写作是为了"殷鉴兴废"，为了留存"一代之制"和"王霸之迹"，因此，史家必须留下真实的信史，才能实现这一作史目的。所以《史传》说："文非泛论，按实而书。"刘勰对一些史书的直书其事做法给予肯定，如他肯定"直归南、董"，赞扬"董狐

---

① 关于"素心"一词，历代注本有"素心"与"素臣"两种不同的说法，其中持"素心"说者以范文澜《文心雕龙注》、周振甫《文心雕龙注释》和杨明照《文心雕龙校注拾遗补正》等为代表；持"素臣"说者以金毓黻《〈文心雕龙·史传〉篇疏证》（载《中国学报》，第1卷，第2期，1943）、陆侃如《文心雕龙译注》和赵仲邑《文心雕龙注释》为代表。彭忠德曾撰《刘勰的"素心"与"素臣"说辨析》[载《史学史研究》，2006(3)]一文，从版本、时代用语和上下文意三个方面对此进行考证，得出"素心"真、"素臣"非的结论，颇有说服力。本书取"素心"之说。
② 刘勰著，范文澜注：《文心雕龙注》，306页，北京，人民出版社，1958。
③ 刘勰著，周振甫注：《文心雕龙注释》，181页，北京，人民文学出版社，1981。
④ 彭忠德：《刘勰的"素心"与"素臣"说辨析》，载《史学史研究》，2006(3)。
⑤ 章学诚：《文史通义》卷三《史德》，220页，叶瑛校注本，北京，中华书局，1994。

笔"与"太史简"的直书精神；称赞司马迁《史记》的"实录无隐之旨"。同时也对汉晋一些史书直书不足提出批评，如虽然肯定司马迁《史记》的直书做法，却也指出其有"爱奇反经之尤"；袁山松《后汉书》和张莹《后汉南记》"偏驳不伦"；薛莹《后汉记》、谢承《后汉书》"疏谬少信"；孙盛《魏氏阳秋》、鱼豢《魏略》以及虞溥《江表传》、张勃《吴录》之类，"或激抗难征，或疏阔寡要"。刘勰对历代史家难以做到直书其事的原因作了分析，认为无外乎主客观两种因素。从客观上讲，一是书古代历史综合铨配史料工作不易。《史传》说："岁远则同异难密，事积则起迄易疏，斯固总会之为难也。或有同归一事，而数人分功，两记则失于复重，偏举则病于不周，此又铨配之未易也。"二是书当代历史难免又会受到权势利害等因素的影响。《史传》说："至于记编同时，时同多诡，虽定、哀微辞，而世情利害。勋荣之家，虽庸夫而尽饰；迍败之士，虽令德而常嗤埋。"从主观因素来讲，则与史家素质和偏好有关。通常情况下，史书反映的史事往往"代远多伪"。是何原因？刘勰说："俗皆爱奇，莫顾实理。传闻而欲伟其事，录远而欲详其迹。于是弃同即异，穿凿傍说，旧史所无，我书则传，此讹滥之本源，而述远之巨蠹也。"

如何才能做到直书其事呢？刘勰提出了一些具体的方法。其一，要博采、多闻，精审史料。在刘勰看来，"综学在博，取事贵约，校练务精，捃理须核"[1]。这里所谓"博"，当然是对史学知识的一种要求，而后三句是关于史料的处理能力问题，刘勰主张选取史事要简要，核选材料要精当，摘取事理需核实。刘勰对汉代史官职掌史料的做法予以肯定："在汉之初，史职为盛。郡国文计，先集太史之府，欲其详悉于体国也。必阅石室，启金匮，绅裂帛，检残竹，欲其博练于稽古也。"这里所谓"博练稽古"，即是要全面而精炼地考察古代历史。其二，"善恶偕总"，不徇私情。《史传》说："世历斯编，善恶偕总"，"文非泛论，按实而书"。认为历史编纂必须做到将善与恶一同记述到史书中去。对于奸恶之事，史家应该用直书，明确指出"奸慝惩戒，实良史之直笔，农夫见莠，其必锄也。若斯之科，亦万代一准焉"。视"奸慝惩戒"为良史直笔的体现和万世遵守的法则。由于"史之为任，乃弥纶一代，负海内之责，而赢是非之尤"，不但责任重大，而且会受到各

---

① 刘勰：《文心雕龙·事类》，432页，王志彬译注本，北京，中华书局，2005。

种是非责难，所以史家的工作"莫此之劳"，最为辛苦。也正因此，史家更应该要直书其事，才能使其历史记载真实而有价值，才能够肩负起历史的责任，否则的话，"若任情失正，文其殆哉！"其三，要具有处理史料与史实的能力。史家能否做到直书其事，在一定程度上与其史才、史识有关。《史传》说："寻繁领杂之术，务信弃奇之要，明白头讫之序，品酌事例之条，晓其大纲，则众理可贯。"这就是说，寻绎史料、事件头绪，务求信实而抛弃奇文异说，梳理清楚首尾头绪，品评斟酌事件得失，这些都是史家应该具备的能力。

另一方面，刘勰又在宗经征圣思想指导下，提倡"尊贤隐讳"论。"尊贤隐讳"是孔子《春秋》大力提倡的一种书法形式，也就是所谓春秋笔法，它为历史书写赋予了一种道德要求。刘勰《文心雕龙》通篇贯彻的中心思想就是宗经征圣，自然信奉孔子的春秋笔法。在刘勰看来，历史撰述的重要目的是"彰善瘅恶，树之风声"[1]，因此，它需要通过对历史史实的褒贬予夺，来达到彰善瘅恶的目的。《史传》篇说："若乃尊贤隐讳，固尼父之圣旨，盖纤瑕不能玷瑾瑜也。"在刘勰看来，贤者是人中楷模，他们所犯的一些小的过失瑕不掩瑜，史家应该自觉地去维护贤者的形象，为他们的小瑕疵进行隐讳。反之，如果是大恶之人，那就应该拿起史笔，直书他们的奸慝之行，刘勰称赞这样的书法乃"实良史之直笔"。如何理解刘勰在主张直书其事的同时，又提倡"尊贤隐讳"这种现象？吴怀祺先生对此作了很好地说明："一方面要直笔，做到书法不隐；另一方面又提倡为圣人贤者讳，圣贤者有缺点也要为之隐。但这表明所谓的直笔，总是有一定的界限。直笔和为圣贤'讳'，统一在'宗经'这个前提之下。"[2]其实刘勰这样一种直笔论，也是传统史家的一种普遍的直书观，或者说是传统史学一种普遍的史家素质修养论。

三、居今识古，表征盛衰

史家作史都有自己的撰述旨趣。作为史评家，刘勰对于历史撰述的目的也有自己的认识。

---

① 刘勰：《文心雕龙·史传》，180页，王志彬译注本，北京，中华书局，2005。
② 吴怀祺：《中国史学思想史》，175页，合肥，安徽人民出版社，1996。

　　首先是"居今识古"。史学认识是一种三级思维，需要认识主体借助于史料而达到对客体的认识。刘勰认为今人之所以能"识古"，是因为有历史记载，所以他说："开辟草昧，岁纪绵邈，居今识古，其载籍乎！"①这就是说，人们是靠着记载历史的书籍，才能得以去认识历史、了解历史的。在《史传》篇中，刘勰对古往今来"载籍"的编纂情况作了叙述："轩辕之世，史有仓颉，主文之职，其来久矣。《曲礼》曰：'史载笔。'史者，使也。执笔左右，使之记也。古者左史记事者，右史记言者。言经则《尚书》，事经则《春秋》也。唐、虞流于典谟，商、夏被于诰誓。洎周命维新，姬公定法，绁三正以班历，贯四时以联事。诸侯建邦，各有国史。"至春秋战国之时，孔子"正《雅》《颂》""修《春秋》"；左丘明"原始要终，创为传体"，"转受经旨，以授于后"；"秦并七王，而战国有策"。两汉之史，有"陆贾稽古，作《楚汉春秋》"。爰及太史谈，世惟执简"；司马迁"取式《吕览》作《史记》"；"班固述汉，因循前业"而成《汉书》；至于"《后汉》纪传，发源《东观》"，相继者有袁山松、张莹、薛莹、谢承、司马彪、华峤等人。魏晋南北朝之史，则有孙盛《魏氏阳秋》和《晋阳秋》、鱼豢《魏略》、虞溥《江表传》、张勃《吴录》、陈寿《三国志》、干宝《晋纪》、邓粲《晋纪》等。刘勰所列，当然不是反映自黄帝以来至魏晋南北朝历史的全部"载籍"，却足以说明历史记载的不间断性；而正是这种不间断性的历史记载，才使得后人得以据此对过往的历史过程作出认识。刘勰还从汉初史官职掌层面，论述了"载籍"对于稽古观今的重要作用。《史传》篇说："在汉之初，史职为盛。郡国文计，先集太史之府，欲其详悉于体国也。必阅石室，启金匮，绁裂帛，检残竹，欲其博练于稽古也。"之所以要将"郡国文计"集中送达太史之府，是为了"详悉于体国"，这是"观今"的需要；而阅读藏书，查考档案，整理帛书，搜检简策，则是"稽古"的需要。

　　其次是"表征盛衰"。"居今识古"只是历史撰述所表现出的史料功能，人们可以借助于这些历史"载籍"去认识过往的历史面貌。同时，历史记载还有"表征盛衰"的功能，史家通过"通古今之变"，探寻历史盛衰之理。《史传》篇说："原夫载籍之作也，必贯乎百氏，被之千载，表征盛衰，殷鉴兴

---

　　① 刘勰：《文心雕龙·史传》，180页，王志彬译注本，北京，中华书局，2005。

废。使一代之制，共日月而长存；王霸之迹，并天地而久大。"这里所谓"贯乎百氏"，指的是贯通百家之说；"被之千载"，是指能流传千年。这是从历史编纂上对"载籍之作"提出的要求。而"表征盛衰，殷鉴兴废"，则是就史学目的论而言。在刘勰看来，认识历史、探究历史、撰述历史的目的，就是要探究历史盛衰，找寻出历史盛衰之理，以为现实政治作借鉴。刘勰认为，孔子作《春秋》就具有道德劝勉和兴衰警戒双重史义。《史传》篇说孔子"就太师以正《雅》《颂》，因鲁史以修《春秋》，举得失以表黜陟，征存亡以标劝戒"，这里所谓"举得失""征存亡"，显然都是指历史盛衰问题，认为这是《春秋》的重要史义。

历史盛衰的重要表现之一是社会道德。在刘勰看来，一个社会的兴与衰，道德的高低好坏是一个重要尺度。如前所述，刘勰的直书论具有二重性特点，他为了"彰善瘅恶"的历史目的论，而提倡"尊贤隐讳"的书法。从历史认识论而言，刘勰非常重视道德教化，认为这是决定历史盛衰的重要因素。《史传》篇认为，周代"诸侯建邦，各有国史，彰善瘅恶，树之风声"，明确认为诸侯国编纂国史的目的就是道德教化。认为孔子之所以"正《雅》《颂》""修《春秋》"，也是"闵王道之缺，伤斯文之坠"，为礼乐文明的衰落而担忧。刘勰对司马迁《史记》、班固《汉书》为吕后立纪的做法提出批评，他说："及孝惠委机，吕后摄政，班、史立纪，违经失实，何者？庖牺以来，未闻女帝者也。"①刘勰将史上从来没有女主掌政作为批评马班为吕后立纪的依据，显然是对历史事实的无视，带有浓厚的道德批判色彩。刘勰之所以如此强调历史盛衰总结中的道德因素，显然是与其浓厚的宗经征圣思想分不开的。《史传》篇明确指出，历史撰述"立义选言，宜依经以树则；劝戒与夺，必附圣以居宗"。这就是说，史书宗旨与表述要以儒家经典为准则，史书劝勉与戒鉴要以圣人思想为指导。只有这样，才能使史书发挥道德教化作用，讲明历史盛衰之理。

---

① 刘勰：《文心雕龙·史传》，185 页，王志彬译注本，北京，中华书局，2005。

第五节 《魏书》的民族史学思想

《魏书》为北齐魏收所撰。魏收历仕北魏、东魏、北齐三朝，为官数十载，始终未脱离史官兼职，一直参与国史修撰，史才为时人所认可。《魏书》是正史中第一部皇朝史与民族史二合一之作，记述了自北魏道武帝到东魏孝静帝鲜卑拓跋氏少数民族政权的历史，代表了这一时期民族史撰述的最高成就。李延寿《北史·魏收传》说该书"追踪班、马，婉而有则，繁而不芜，持论序言，钩深致远"[①]。作为反映民族史的正史，该书的史学思想自然也打上了鲜明的民族烙印。

一、政治统绪认同意识

中国历史上最早的政治统绪是由先秦孔孟儒家构建起来的。儒家重视"法先王"，言必称尧舜，"祖述尧舜，宪章文武"，这些先王即是唐尧、虞舜、大禹、商汤、文武、周公等人。西汉史家司马迁作《史记》十二本纪，乃真正意义上第一次建立起了一套系统的政治统绪，其所构建的政治统绪包括五帝（黄帝、颛顼、帝喾、帝尧、帝舜）、三王（夏、商、周）、秦汉。东汉史家班固作《汉书》，进一步排列出了三皇（伏羲、炎帝、黄帝）、五帝（少昊、颛顼、帝喾、帝尧、帝舜）、三代（夏、商、周）、秦汉的政治统绪。

由《史记》和《汉书》最终构建起的这套古代政治统绪，成为后世一种主流的古史观、正统观，得到了历代史家的认可，也得到了历代政权包括少数民族政权统治者的认可。北魏政权由少数民族鲜卑拓跋氏所建，为了给民族政权的合法性提供依据，《魏书》非常重视将拓跋氏政权与历代政权联系在一起，主动认同历史上的政治统绪，表现出了强烈的政治统绪认同意识。纵观《魏书》的政治统绪认同意识，主要表现在以下三个方面。

其一是对黄帝血缘的认同。黄帝不但是中华民族的始祖，也是中华民族的百王之先。少数民族政权的政治统绪认同意识，首先便表现在对黄帝

的血缘认同上。魏晋南北朝分裂时期，各民族统治者都以黄帝子孙自命，史家则着意去传递民族同源共祖的信息。《魏书》为了论证北魏少数民族政权的合法性，特意强调鲜卑人与汉人有着共同的祖先，都是黄帝的后裔。《魏书》在卷一《序纪》中告诉人们：

> 昔黄帝有子二十五人，或内列诸华，或外分荒服。昌意少子，受封北土，国有大鲜卑山，因以为号。其后，世为君长，统幽都之北，广漠之野。畜牧迁徙，射猎为业，淳朴为俗，简易为化，不为文字，刻木纪契而已，世事远近，人相传授，如史官之纪录焉。黄帝以土德王，北俗谓土为托，谓后为跋，故以为氏。其裔始均，入仕尧世，逐女魃于弱水之北，民赖其勤，帝舜嘉之，命为田祖。爰历三代，以及秦汉，獯鬻、猃狁、山戎、匈奴之属，累代残暴，作害中州，而始均之裔，不交南夏，是以载籍无闻焉。
>
> 积六十七世，至成皇帝讳毛立，聪明武略，远近所推，统国三十六，大姓九十九，威振北方，莫不率服。[1]

《序纪》这段话的中心旨意，是要强调建立北魏政权的鲜卑拓跋部其实也是炎黄裔胄，他们的先祖还曾在尧舜时期入仕华夏王朝为官，只是后来因远离中原、"不交南夏"而史籍无闻了。也就是说，鲜卑拓跋氏与中原华夏民族是有着共同的血缘，属于同一种族的。这段话很有力度。文中对先祖出处言之凿凿，提示其政权有合法根据，有久远历史。更值得注意的是"或内列诸华，或外分荒服"之语，可以说宣布了中国大地上的所有民族拥有共同的祖先，扫平了民族平等道路上的根本障碍，天下一家不言自明。这样的族源考证当然不足为信，但它却从源头上对华夏政治统绪作出了认可，反映了北魏民族政权自觉从血缘上认同华夏、认同中国的客观事实。

其二是对过往中原历代政权正统地位的认同。《序纪》指出，从入仕唐尧时期的始均开始，此后的拓跋氏"爰历三代，以及秦汉……不交南夏，是

---

① 《魏书》卷一《序纪》，1 页，北京，中华书局，1974。

以载籍无闻焉"。自拓跋力微开始，拓跋氏逐渐强大，并且"与晋和好"①。
这一方面指出三代秦汉以来拓跋氏不与中原政权交往，处于相对隔绝的状
态，自魏晋时期才开始了与中原政权的友好往来；另一方面也表明《魏书》
认可的"南夏"的主体政权即是三代、秦、汉、魏、晋，由此表达了对这一
政治统绪的认同。在《太祖纪》中，北魏建立者拓跋珪曾经下诏，力辩刘邦
之所以能建汉，是因为"刘承尧统"，"有蛇龙之征"②，这就从神意角度肯定
了刘汉政权的合法性和正统性。孝文帝拓跋宏曾下诏"祀唐尧于平阳，虞舜
于广宁，夏禹于安邑，周文于洛阳"③，这是对唐尧、虞舜、夏禹、周文王
一脉相承的五帝三王政治统绪的认可。

其三是采用五德终始说确定北魏德属。如上所述，德属问题其实也就
是政治统绪认同问题。关于北魏德属，太祖拓跋珪建魏时，尚书崔玄伯等
奏从土德。④ 因此，北魏最初拟定的是土德。到了孝文帝拓跋宏时，北魏的
德属却改为水德。这次德属的改变，是经过一场讨论之后才确定的，《魏
书·礼志一》对此作了详细记述。那是太和十四年（490年）八月，孝文帝让
臣下商议北魏德属问题，说是要"议其所应，必令合衷，以成万代之式"。
在讨论过程中，中书监高闾认为："魏承汉，火生土，故魏为土德。晋承
魏，土生金，故晋为金德。赵承晋，金生水，故赵为水德。燕承赵，水生
木，故燕为木德。秦承燕，木生火，故秦为火德。……故以魏承秦，魏为
火德。"然而秘书丞李彪、著作郎崔光则以"神元、晋武，往来和好"为由，
主张援引汉承周之木德为火德故事，以北魏远承晋之金德而为水德，从而
否定了赵、燕、秦之十六国政权的德属地位。李、崔的主张得到朝中绝大
多数大臣的支持，于是孝文帝虽然觉得"越近承远，情所未安"，但还是以
"朝贤所议，岂朕能所违夺"而加以采纳了，由此确定了北魏的水德。⑤ 北魏
最初确定为土德，主要还是以土德黄帝之后的缘故，孝文帝时期改为水德，
等于是肯定了刘汉、曹魏、西晋、北魏的一脉相承，亦即承认了这些皇朝

① 《魏书》卷一《序纪》，6页，北京，中华书局，1974。
② 《魏书》卷二《太祖纪》，37页，北京，中华书局，1974。
③ 《魏书》卷七下《高祖纪》，169页，北京，中华书局，1974。
④ 参见《魏书》卷二《太祖纪》，34页，北京，中华书局，1974。
⑤ 参见《魏书》卷一百八之一《礼志》，2745～2747页，北京，中华书局，1974。

的正统地位与政治统绪。

二、文化与制度认同意识

文化认同，在一定程度而言也就是道统认同。由于历史发展的不平衡性，少数民族在文化上落后于汉族。历史上的"夷夏之辨"，其实也就是礼义文化之辨，华夏通常被视为礼义文化的代表；而华夏的礼义文化，也普遍受到少数民族及其政权的仰慕与认同。

早在十六国时期，匈奴人刘元海一方面认为戎狄也可做帝王，另一方面又不得不借"吾又汉氏之甥，约为兄弟"[①]的血缘关系作为登位的依据，并用"汉"为国号来收揽人心。当时入主中原的各少数民族统治者大都热心儒学，研习"六经"和《史记》《汉书》等经史典籍。到了南北朝时期，北魏民族政权的统治者更加重视对华夏礼义文化的认同。他们不但在政治上进行改制，采用汉族的典章制度，而且在文化上大力兴办儒学教育，提倡尊孔读经，认同华夏文化。《魏书·礼志一》载："幸桥山，遣有司祀黄帝、唐尧庙。"[②]《魏书·高祖纪下》载："诏祀唐尧于平阳，虞舜于广宁，夏禹于安邑，周文于洛阳。"孝文帝所祭祀的这些人，都是孔子之前排列于治统和道统之中的古圣王。孝文帝认同道统，尤其体现在重视儒学、推崇孔子上。太和十六年（492年）丁未，孝文帝曾"改谥宣尼曰文圣尼父，告谥孔庙"。太和十九年（495年）庚申，孝文帝"行幸鲁城，亲祠孔子庙"。辛酉，"诏拜孔氏四人、颜氏二人为官"，"又诏选诸孔宗子一人，封崇圣侯，邑一百户，以奉孔子之祀。又诏兖州为孔子起园柏，修饰坟垄，更建碑铭，褒扬圣德"。[③]从这些对华夏先师孔子的祭祀和对其后裔的封赏中，我们丝毫看不出究竟是少数民族帝王所为还是汉族帝王所为，由此可见北魏统治者重视认同华夏文化之一斑。这种对华夏礼义文化的认同，虽然目的是要与南方汉族政权争夺儒家正统文化继承人，从而在文化上确立自己的正统地位，但是在客观上无疑加速了中原各少数民族对汉文化的接受和各少数民族政权的封建化。

① 《晋书》卷一百一《刘元海载记》，2649页，北京，中华书局，1974。
② 《魏书》卷一百八之一《礼志》，2737页，北京，中华书局，1974。
③ 《魏书》卷七下《高祖纪》，169、177页，北京，中华书局，1974。

　　与治统、道统认同紧密相关的，是对过往中原历代汉族政权的制度认同。《魏书》的制度认同意识，主要是通过记述北魏政权推行的改制与汉化政策加以体现的。北魏推行的改制与汉化政策分前后两期，自太和元年(477年)至十四年(490年)为第一阶段，由冯太后主持改制。据《魏书·高祖纪上》记载，太和八年(484年)，下诏"置官班禄"，规定官员按品受俸，这是北魏政权官员实行俸禄制度的开始。太和九年(485年)，下诏实行均田制，诏令"均给天下之田，还受以生死为断，劝课农桑，兴富民之本"。① 太和十年(486年)，实行三长制和租调制，废除宗主督护制，建立起听命于朝廷的新的基层行政系统，规定一夫一妇的封建义务。② 在这些制度改革中，三长制和租调制是中原存在已久的制度，北魏政权作了继承；均田制可以溯源到中原先秦时期的井田制、两晋以来的占田制与课田制等，北魏政权作了发展。这种新型封建生产关系的建立，有助于社会经济的发展和社会矛盾的缓和。太和十四年(490年)孝文帝亲政，太和改制进入第二阶段。孝文帝于太和十八年(494年)作出迁都洛阳的决定，随后推行了一系列改革措施。与冯后时期改革主要在于建制不同，孝文帝时期改革的重点在于汉化，包括改官制，将中央与地方官职完全依照魏晋南朝制度；禁胡服，服装一依汉制；断北语，诏令"不得以北俗之语，言于朝廷。违者，免所居官"③；改姓氏，规定皇族拓跋改姓元，其他鲜卑各旧姓也一律改为汉姓；定族姓，规定鲜卑穆、陆、贺、刘、楼、于、嵇、尉八大姓和汉族崔、卢、郑、王、李五大姓为第一等士族、第一流高门，倡导鲜、汉贵族通婚。④ 孝文帝的汉化改革，全面清除了鲜卑各种陋俗，从制度到语言服饰习俗都实现了鲜卑民族的全面汉化，从而有力地推动了北魏的社会与鲜卑等北方各少数民族的发展；而孝文帝之所以会如此彻底地推行汉化政策，自然是基于对中原先进制度的全面认同。

　　有学者注意到了《魏书》有意打破鲜汉界限，淡化民族色彩的做法：

---

① 《魏书》卷七上《高祖纪》，153、156页，北京，中华书局，1974。
② 关于北魏均田制、三长制和租调制的具体内容，详见《魏书》卷一百十《食货志》。
③ 《北史》卷三《魏本纪》，114页，北京，中华书局，1974。
④ 关于孝文帝的汉化措施，主要史料参见《魏书》卷七《高祖纪》、《北史》卷三《魏本纪》和《资治通鉴》卷一百四十《齐纪六》等。

"《魏书》称拓跋鲜卑为代人，或河南洛阳人，称鲜卑慕容氏、段氏为徒何人。一律用太和年间所改的姓，不用旧姓。于是在形式上鲜汉之间只有籍贯上的差别，没有民族上的差别，表明二者的进一步接近。"孝文改姓反映了鲜汉民族的交融，"《魏书》记鲜卑人士一律采用太和改姓以后的姓名，也贯串着这种精神"。① 这也表明民族交融的大势谁也不能自外。

三、正统之争的民族与地域色彩

南北朝时期南方汉族政权与北方少数民族政权对峙分治，南、北方政权都以正统自居，而斥对方为夷狄，使得正统之争具有了浓厚的"夷夏之辨"色彩。南朝统治者以华夏正统自居，认为北方是"索虏篡权"，所以只要政治、军事力量许可，就千方百计举兵北伐，欲收复失地；身居北方的许多汉族人也盼望北伐，希冀南归。而北方各族统治者一方面虽学习汉制，进行封建改革，另一方面却也想继承华夏正统，确立自身受天之命的地位。北魏鲜卑族拓跋氏在统一北方之后，为控制境内诸族，制定了一系列行之有效的民族政策，其核心即在南北汉族及其他诸族中树立起自己的正统形象，以华夏大国自诩，称鲜卑拓跋部及最早归附的四方部落为"国人"，而将南方汉族政权称作"东南岛夷"。

撰写于南北朝并且反映这一时期的正史，除了魏收的《魏书》，还有南朝沈约的《宋书》和萧子显的《南齐书》。三史站在各自的立场，都重视维护各自政权的正统性。沈约《宋书》首创《索虏列传》，以记北魏兴衰及南北战争等史事。该传开篇就说："索头虏姓托跋氏，其先汉将李陵后也。陵降匈奴，有数百千种，各立名号，索头亦其一也。"②萧子显的《南齐书》也专设了《魏虏列传》，以记载北魏史事。该传开篇认为："魏虏，匈奴种也，姓托跋氏。晋永嘉六年，并州刺史刘琨为屠各胡刘聪所攻，索头猗卢遣子曰利孙将兵救琨于太原，猗卢入居代郡，亦谓鲜卑。披发左衽，故呼为索头。"③从中可知，南朝史家从传统的夷夏观念出发，通过借用过往中原汉人对北方胡人的蔑称，旨在贬损北方少数民族政权，否定北方少数民族政权的正统

---

① 仓修良主编：《中国史学名著评介》第一卷，307~308页，济南，山东教育出版社，1990。
② 《宋书》卷九十五《索虏列传》，2321页，北京，中华书局，1974。
③ 《南齐书》卷五十七《魏虏列传》，983页，北京，中华书局，1972。

性。在他们看来，南朝虽偏安江左，却是正统所在，乃礼义文化之邦。"魏朝甚盛，犹曰五胡。正朔相承，当在江左。"①

与此相对立，北齐魏收的《魏书》则明确认定了"魏所受汉传国玺"②，肯定北魏政权乃中原正统所在。而且与南朝史家有异曲同工之妙的是，魏收也创设了《岛夷列传》，以"岛夷刘裕""岛夷萧道成""岛夷萧衍"来记述宋、齐、梁三个皇朝史事，并在编目时将他们与十六国政权的匈奴刘渊、羯胡石勒等归为一类，全部列入"四裔传"中。"岛夷"一词出自《尚书·禹贡》，原指居住在东南沿海及岛屿上的远古部族。魏收以此来蔑称南朝，斥南方汉族政权为"僭伪"，显然是要树立北魏政权的正统性。在魏收看来，所谓"夷狄"，主要指"非正统"的僭伪政权，而鲜卑族是丝毫不逊色于汉民族的先进民族，"受天明命"的拓跋氏是"继圣载德"的体现者。因此，《魏书》所言"夷狄"，实际上就是政治上"僭伪"的同义词，故而《魏书》在叙事时，一方面称南朝政权统治者为"僭盗"，一方面又用汉族士人常用来贬低少数民族的"夷狄之有君，不如诸夏之亡也"③来讽刺这些政权的不合法性。

南北朝关于民族政权正统之争的华夷之辨的背后，体现的却是一种对"中国"的历史文化认同。作为入主中原的北方少数民族统治者，他们与南方汉族政权争正统，这个正统当然是指"中国"这个国家概念上的正统，是要以历史上中国政治统绪和礼义文化的当然继承者自居。同时，这个"中国"自然不是一个虚幻的概念，而是有着确定的地域概念的，那就是视中原为正统所在地。

北魏与南朝争正统，其中一个重要理由，便是其占据着中原正统之地。《魏书·礼志一》明确认为："帝王之作，百代可知，运代相承，书传可验。虽祚命有长短，德政有优劣，至于受终严祖，殷荐上帝，其致一也。故敢述其前载，举其大略。臣闻居尊据极，允应明命者，莫不以中原为正统，神州为帝宅。"④而南方汉族政权，对于失去中土自然也耿耿于怀。早在东晋

---

① 参见杨衒之：《洛阳伽蓝记》卷二引梁朝陈庆之语，117~118页，范祥雍校注本，上海，上海古籍出版社，1958。

② 《魏书》卷四下《世祖纪》，101页，北京，中华书局，1974。

③ 这句话出自《论语·八佾》，有不同解释。朱熹《论语集注》引程子之语"夷狄且有君长，不如诸夏之僭乱"所作的解释接近原义。《魏书》的望文生义，意在贬损夷狄。

④ 《魏书》卷一百八之一《礼志》，2744页，北京，中华书局，1974。

时期，南方汉族政权便打着"克复神州""中兴晋室"的旗帜，号召南北各族民众服从自己的统治，抵制少数民族政权的统治，指责北方少数民族政权的君长都是"僭号称帝"。到了南北朝时期，虽然南方汉族政权已经没有能力再去与北方争夺中原之地了，然而对于中土的怀念之情依然浓厚，最典型的例子便是自东晋以来设置的侨置州郡政策，在这一时期依然在继续推行着。其目的，一方面自然是一种心理安慰，反映了南朝统治者希望据有中土之地，在形式上仍然富有四海的一种愿望；另一方面也是南朝不忘中原为华夏民族的正统地域，标榜僻处江南的南朝仍然是"中国"的正统所在。很显然，南北方政权都是以"中原"作为"中国"的地域标志的，而占据中原自然也就成为得正统的重要标志。

第四章　隋唐史学思想

绪　言

隋、唐是我国经过魏晋南北朝四百年分裂之后，相继出现的两个大一统的皇朝。这一时期社会历史的总体特征，表现在政治上，通过实行三省六部制，颁布《开皇律》和《唐律疏义》等，中央集权体制得到了进一步的加强；经济上，通过实行均田制和租庸调制（隋为租调制）等经济措施，农业生产有了很大的发展，出现了"贞观之治"和"开元盛世"局面；思想文化上，儒学呈现复兴迹象，但总体上则是儒、释、道"三教"并重，文化多姿多彩，一派繁荣景象；对外交往上，唐都长安是东方的大都市，中外往来频繁。然自唐朝天宝年间以后，大一统的盛世开始逐渐衰败，并最终导致了唐朝的灭亡和五代的相继建立。

与这种社会历史状况相适应，隋唐时期的史学发展也出现了一些新的变化。具体而言，首先是大一统国家加强对意识形态的控制，私家修史受到了限制。开皇十三年（593年），隋文帝下诏："人间有撰集国史、臧否人物者，皆令禁绝。"①从此以后，任何人未经朝廷允许，都不能擅自撰修国史。唐初完善史馆制度，通过史馆来控制国史的撰修。其次是大一统国家在加强控制史学的同时，也更加重视历史的撰述。隋朝由于短祚，加上统治者只想利用史学为其歌功颂德，而不注意总结经验教训，历史撰述成就

---

① 《隋书》卷二《高祖纪下》，38页，北京，中华书局，1973。

不大。而唐朝的历史撰述则成就显著，贞观年间，在唐太宗的直接干预下，史馆在很短的时间内一口气修撰了八部正史（其中李延寿的《南史》和《北史》则属私修官审），取得了前所未有的成就。最后是在秦汉魏晋南北朝史学发展的基础上，唐代在历史编纂体裁上取得了重大突破。其一是在刘勰《文心雕龙·史传》对史学所作评论的基础上，盛唐史家刘知幾撰成《史通》一书，该书成为我国第一部史学评论专著；其二是唐中后期史家杜佑通过统括以往纪传体史志，撰成我国第一部典制体史书《通典》，在典制体撰述上取得了重大突破；其三是会要体的出现，这是一种分门别类记述一代典章制度的史书体裁，唐中后期史家苏冕的《唐会要》是会要体创始之作。

这一时期史学思想的发展变化，既与史学本身的发展分不开，也与皇朝政治走向有着密切的关系。

第一，重视史学的鉴戒功能。这一点在唐朝初年表现得最为突出。唐皇朝继隋末大乱之后而建，对隋朝的灭亡有着亲身感受。为了避免重蹈亡隋覆辙，唐初统治者非常重视以史为鉴，特别是以隋为鉴。首先是封建帝王对史学有着高度的认识。早在唐高祖武德五年（622年），唐高祖就采纳令狐德棻的建议，颁布《命萧瑀等修六代史诏》，提出"多识前古，贻鉴将来"的重视历史借鉴的思想；唐太宗深知"以古为镜"的道理，在《修晋书诏》中，他明确肯定史学的作用在于"彰善瘅恶，激一代之清芬；褒吉惩凶，备百王之令典"，对史书的鉴戒功能有着非常清醒的认识；唐高宗则颁布《简择史官诏》，从才与德上对史官的素质提出了要求。可以说，这三篇修史诏书充分体现了唐初统治者对史学的一种新认识。正是在这样一种认识基础上，才有唐初史馆的建立、组织修史工作，以及御撰《晋书》等一系列修史活动。其次是"五代史"的修撰，充分体现了唐代君臣以史为鉴的思想。魏徵是贞观年间朝廷修撰"五代史"的代表和《隋书》的主修者，他本身就有一套"以隋为鉴"的思想。从"五代史"的撰述来看，重视亡国论、重民论和"以隋为鉴"的思想，是其重要特色。

第二，史学批评意识的加强。史学批评意识的加强，离不开史学本身的发展。南朝梁时，史评家刘勰撰写了《文心雕龙·史传》，这是关于古代史学批评的第一个专篇。在这个专篇中，刘勰对史学的撰述宗旨、史书笔法、史书体裁与体例、史学功能等诸多问题，都作了初步阐述。盛唐刘知幾撰《史通》，在《史传》的基础上对历史编纂目的和作用、史书取材、史书编纂体裁与体例、修史制度、史书书法、史书语言和史家修养等问题作了更为全面、系统的评述。这些评述无疑是古代史学理论的重大发展与突破，它标志着中国古代史学进入了一个更高的自觉阶段。

第三，史学资政意识的加强。如果说初唐史学以鉴戒为主要特色，那么中晚唐史学的主要特色则是资政。众所周知，自唐朝天宝年间发生安史之乱以后，唐皇朝开始由盛转衰。反映在这一时期的历史撰述上，则是史家们更加重视史书的资政功能。例如，中唐政治家兼史学家杜佑，撰述了我国史学史上第一部典章制度体通史《通典》，公开宣称其撰述旨趣是"征诸人事，将施有政"①，希望从历代典章制度的演变中去探寻历史治乱兴衰之理，其史学的经邦致用意识非常强烈。李吉甫则是杜佑之后晚唐又一位杰出的政治家、史地家，他面对当时藩镇割据、财政拮据的状况，力倡政治改革，同时撰写了《元和郡县图志》这部史地学著作，希望能起到为现实政治服务的作用。该书的撰述旨趣同于杜佑《通典》，也是以经邦治国为旨归，而重视对"丘壤山川，攻守利害"的研究，以"佐明王扼天下之吭，制群生之命，收地保势胜之利，示形束壤制之端"②，以备"猝然有急，百万众可具"③之用。其资政色彩也是很鲜明的。

第一节　隋朝官修史书成就及其正统史观

与魏晋南北朝时期私家修史成风不同，隋朝为巩固大一统政治，严令限制私家修史。隋文帝开皇十三年（593 年）五月下诏："人间有撰集国史、臧否人物者，皆令禁绝。"④这是明令禁止私修国史和品评人物。既然禁绝私人修史，那么官方就要担负起修史的重任。从文献记载来看，隋朝在禁绝私人修史的同时，确实非常重视官方修史工作，官修史书取得了一定的成

---

① 杜佑：《通典》卷一，1 页，北京，中华书局，1988。
② 李吉甫：《元和郡县图志序》，见《元和郡县图志》卷首，2 页，北京，中华书局，1983。
③ 李吉甫：《元和郡县图志》卷一《关内道》，2 页，北京，中华书局，1983。
④ 《隋书》卷二《高祖纪下》，38 页，北京，中华书局，1973。

就。如果说汉晋史学私家成就要远高于官方，那么隋朝史学成就则主要来自官方。隋朝不但有专门掌管修撰国史的机构与人员，还实行了大臣监修制度。刘知幾在谈及史官建置沿革时说："高齐及周，迄于隋氏，其史官以大臣统领者，谓之监修。"①隋朝实行大臣监修史书虽然是承袭旧制，却符合朝廷对于修史工作掌控的需要，显示了对修史工作的高度重视。

一、官修史书的主要成就

第一，皇朝史撰述成就。隋朝的历史撰述成就主要体现在前朝史和本朝史的纂修上。其中，前朝史的纂修主要有魏澹的《魏书》、王劭的《齐志》、牛弘的《周纪》等；本朝史的纂修主要有王劭的《隋书》等。魏澹的《魏书》是受隋文帝诏命而修。据《隋书》本传载："高祖以魏收所撰书，褒贬失实……诏澹别成魏史。澹自道武下及恭帝，为十二纪，七十八传，别为史论及例一卷，并目录，合九十二卷。"②与魏收《魏书》相比，魏澹《魏书》的体例多有不同，《隋书》本传罗列了五点不同，包括避讳、断限、直书、书法和劝戒。③ 对于魏澹的《魏书》，时人评价不一。《隋书》本传肯定其"甚简要，大矫(魏)收、(平)绘之失。上览而善之"④。隋炀帝却"以澹书犹未能善"，而诏令杨素等人重修，"会素薨而止"⑤。王劭撰述齐史颇为勤奋。据《隋书》本传载，他初撰编年体《齐志》二十卷，又撰纪传体《齐书》一百卷。按照刘知幾《史通·古今正史》的说法，《齐志》是依据起居注"广以异闻"而成。对于王劭的齐史撰述，《隋书》本传评价很低，认为其"或文词鄙野，或不轨不物，骇人视听，大为有识所嗤鄙"⑥。而刘知幾却给予了充分肯定："近有裴子野《宋略》，王劭《齐志》，此二家者，并长于叙事，无愧古人。"⑦对于牛弘的学术成就，《隋书》本传作出了充分肯定，说他"采百王之损益，成一代之

① 刘知幾：《史通》卷十一《史官建置》，293页，浦起龙通释本，上海，上海古籍出版社，2009。

② 《隋书》卷五十八《魏澹列传》，1417页，北京，中华书局，1973。

③ 参见《隋书》卷五十八《魏澹列传》，1417～1419页，北京，中华书局，1973。

④ 《隋书》卷五十八《魏澹列传》，1419页，北京，中华书局，1973。

⑤ 刘知幾：《史通》卷十二《古今正史》，339页，浦起龙通释本，上海，上海古籍出版社，2009。

⑥ 《隋书》卷六十九《王劭列传》，1609～1010页，北京，中华书局，1973。

⑦ 刘知幾：《史通》卷六《叙事》，154页，浦起龙通释，上海，上海古籍出版社，2009。

典章，汉之叔孙，不能尚也"①。牛弘作周史，按照刘知幾的说法，其实只是"追撰"："宇文周史，大统年有秘书丞柳虬兼领著作，直辞正色，事有可称。至隋开皇中，秘书监牛弘追撰《周纪》十有八篇。"不过《史通》对牛弘的《周纪》评价不高，说它"略叙纪纲，仍皆抵忤"②。王劭所作《隋书》共八十卷，虽然篇幅不小，但后人评价并不高。《隋书》本传评价其"多录口敕，又采迂怪不经之语及委巷之言，以类相从，为其题目，辞义繁杂，无足称者，遂使隋代文武名臣列将善恶之迹，埋没无闻"③。刘知幾则从体裁角度评述道："至于编年、纪传，并阙其体。"④"寻其义例，皆准《尚书》。"⑤

　　第二，对唐代皇朝史撰述的影响。唐初官修史书成果颇丰，以《梁书》《陈书》《北齐书》《周书》《隋书》《晋书》《南史》《北史》（后二史虽成于私家，但得到官方大力支持）之"唐八史"最具代表。其实"唐八史"的纂修成功，也有隋朝史学的贡献。像李百药领修的《北齐书》，就受到其父李德林齐史撰述的影响。据《史通》记载，李德林是齐内史令，曾在齐时就"预修国史，创纪传书二十七卷"。入隋之后，李德林又奉诏增补该书，"增多齐史三十八篇，以上送官，藏之秘府"。唐贞观年间李百药主修《北齐书》，"仍其旧录，杂采它书，演为五十卷"。⑥ 由此可见，唐朝《北齐书》的纂修成功，是以隋朝李德林的齐史撰述为基础的。再如姚思廉主修的《梁书》《陈书》，也是在其父姚察梁史、陈史撰述的基础上完成的。姚察早在南陈时期就开始在顾野王、傅縡、陆琼等人相继撰写的陈史基础上"就加删改，粗有条贯"。入隋后，隋文帝向其求梁、陈国史，"察具以所成每篇续奏，而依违荏苒，竟未绝笔"⑦。这就是说，对于梁、陈二史，姚察只是"未竟"。关于姚察作梁、陈史，《陈书》本传作如是说："开皇九年，诏授秘书丞，别敕成梁、陈二代史。""梁、陈二史本多是察之所撰，其中序论及纪、传有所阙者，临亡之

---

① 《隋书》卷四十九《牛弘列传》，1310页，北京，中华书局，1973。
② 刘知幾：《史通》卷十二《古今正史》，344页，浦起龙通释本，上海，上海古籍出版社，2009。
③ 《隋书》卷六十九《王劭列传》，1609页，北京，中华书局，1973。
④ 刘知幾：《史通》卷十二《古今正史》，343页，浦起龙通释本，上海，上海古籍出版社，2009。
⑤ 刘知幾：《史通》卷一《六家》，3页，浦起龙通释本，上海，上海古籍出版社，2009。
⑥ 刘知幾：《史通》卷十二《古今正史》，342页，浦起龙通释本，上海，上海古籍出版社，2009。
⑦ 同上书，331页。

时，仍以体例诫约子思廉，博访撰续，思廉泣涕奉行。"①由此来看，姚思廉的《梁书》《陈书》是续作而成。此外，如令狐德棻主修的《周书》，也在一定程度上受到牛弘《周纪》的影响。《史通》认为《周书》是在柳虬撰齐史、牛弘作《周纪》之后，由令狐德棻、岑文本"共加修辑"而成，显然是受到后者的影响。

二、官方掌控修史权与正统史观

首先，禁绝私修国史与臧否人物是统治者掌控修史权的体现。魏晋南北朝由于国家势弱，士族把持政权，促成了私人修史的繁荣。而私人修史呈现出的历史观，往往会与国家意志相左。隋朝是大一统的国家，为了体现国家的意志，需要通过掌控修史权，由此来杜绝前朝私人修史任意臧否人物的现象出现。同时，出于巩固大一统政治的需要，隋朝统治者也希望将修史权收归国家，从而保证历史撰述中的历史观与统治者意志的一致性。可以这样说，正是由于隋朝强有力的大一统政权，才能做到禁绝私修国史、臧否人物，而这样的修史政策反过来在一定程度上不但体现了大一统皇权的意志，也维护了大一统政治。隋朝国家掌控修史权的做法，其实也是在跟私人争夺修史权。值得注意的是，隋朝禁绝私修国史的修史政策，对于唐朝史馆修史制度的最终确定应该也是有影响的。从本质而言，唐朝史馆修史其实就是官方出于掌控修史权而推行的修史制度，只是这种国家掌控修史权的做法更加制度化而已。

其次，官修史书蕴含了正统史观。仅以魏澹重修《魏书》为例。隋朝为何不满魏收的《魏书》而诏命魏澹别作《魏书》？其中一个重要原因就是正统问题。众所周知，隋政权是由北周政权脱胎而来，而北周政权又是接续西魏政权。而在北朝时期，还存在着与西魏并立的东魏、与北周并立的北齐政权，这就存在着并立政权的正统问题。魏收是北齐人，北齐脱胎于东魏，故所作《魏书》当然会以东魏为正统。如魏收《魏书》将东魏皇帝元善见的本纪直接置于北魏帝纪序列当中，对西魏宇文泰则直接称呼其小名"宇文黑獭"，明显具有贬义。当然，这种正统书法还表现在两魏关系的许多方面。

---

① 《陈书》卷二十七《姚察列传》，352、354 页，北京，中华书局，1972。

魏收《魏书》的正统观显然不可能被隋朝所接受，否则隋朝本身就没有了正统。正因此，魏澹重修的《魏书》，便必然是明确以西魏为正统，以东魏为僭伪。由此可见，隋朝重修《魏书》，旨在纠正历史撰述中的正统观问题。当然，魏澹《魏书》内蕴的正统史观并不止这一个方面，两《魏书》在体例上还存在着君臣之义、华夏正统等的不同。如书名避讳不同，魏收《魏书》"讳储君之名，书天子之字"，而魏澹《魏书》则"讳皇帝名，书太子字"，之所以如此书写，是"欲以尊君卑臣，依《春秋》之义也"。又如华夏正统不同，北魏政权始于道武帝拓跋珪，魏收《魏书》的记述则"远追二十八帝，并极崇高"。其实北魏政权在"平文以前，部落之君长耳"，"道武出自结绳，未师典诰"，魏收所记"二十八帝"并无事实依据，多荒诞不经。之所以如此书写，旨在通过黄帝认同与久远的治统传承而为北魏争正统。魏澹《魏书》则认为这种历史断限书写"违尧、舜宪章，越周公典礼"，"当须南、董直笔，裁而正之"。该书特别强调夷夏之辨，如明确规定所撰《魏书》对于国君之死，"诸国凡处华夏之地者，皆书曰卒"。[①] 由此可见，尽管魏澹《魏书》成就如何，隋朝文、炀两帝的评价都不一样，然而该书带着维护隋朝正统使命却是事实。

第二节　唐修"五代史"的鉴戒特色

"五代史"是《梁书》《陈书》《北齐书》《周书》《隋书》五部纪传体断代史书的统称。"五代史"的修撰起意于唐高祖时期，撰成于唐太宗贞观年间。"五代史"从撰述动机到史学思想，都表现出了浓厚的鉴戒特色。

一、"五代史"的鉴戒特色是时代政治的要求

唐皇朝建立后，为了巩固这一新兴的政权，统治者除了在政治、经济、军事等方面采取了一系列具体举措之外，也非常重视利用意识形态来为巩固政权服务。史学作为意识形态的重要组成部分，因其所独具的借鉴功能

---

① 参见《隋书》卷五十八《魏澹列传》，1417~1419 页，北京，中华书局，1973。

而受到特别关注。

唐朝立国不久，统治者就准备撰写前朝历史，以便从历史的治乱兴衰中总结经验、吸取教训。武德四年（621 年），起居舍人令狐德棻正式向唐高祖提出撰写前代史的建议。令狐德棻说："窃见近代已来，多无正史，梁、陈及齐，尤有文籍。至周、隋遭大业离乱，多有遗阙。当今耳目犹接，尚有可凭，如更十数年后，恐事迹湮没。陛下既受禅于隋，复承周氏历数，国家二祖功业，并在周时。如文史不存，何以贻鉴今古？如臣愚见，并请修之。"①在此，令狐德棻主要是从保存史料和记录皇室功业的角度提出了修撰前朝历史的必要性，不过他也明确指出史书撰写的目的是"贻鉴今古"。令狐德棻的建议被唐高祖所采纳。第二年，高祖正式下达《命萧瑀等修六代史诏》。这篇诏书提出了修史的目的："惩恶劝善，多识前古，贻鉴将来"；修史的分工：萧瑀等修"北魏史"、陈叔达等修"北周史"、封德彝等修"隋史"、崔善为等修"梁史"、裴矩等修"北齐史"、窦琎等修"陈史"；以及修史的要求："务加详核，博采旧闻，义在不刊，书法无隐"。②尽管这次修史没有取得具体成果，但是，唐高祖《命萧瑀等修六代史诏》的颁布，不但体现了唐初统治者撰述前代历史的一种恢宏气魄，也充分反映了唐初统治者急需借鉴前朝史事以巩固新兴政权的迫切心情。

唐太宗即位后，贞观君臣深知"以古为镜"的道理，他们常常谈古论今，讨论历史的兴衰成败，特别注重对隋朝灭亡原因的探讨。贞观三年（629年），唐太宗复命修"六代史"。史臣们认为魏收和魏澹二家《魏书》已经详备，无需重修。唐太宗采纳了史臣们的建议，决定修撰梁、陈、北齐、北周和隋五个朝代的历史。具体分工如下：令狐德棻主修"北周史"、李百药主修"北齐史"、姚思廉主修"梁史"和"陈史"、魏徵主修"隋史"，由令狐德棻"总知类会"，担任具体协调和指导工作。③这次修史，是唐高祖武德年间修史工作的继续。为了使这次修史工作得以顺利开展，就在这一年，唐太宗决定设立史馆，专门从事修史工作，由宰相监修。对此，《旧唐书·职官

① 《旧唐书》卷七十三《令狐德棻传》，2597 页，北京，中华书局，1975。
② 宋敏求编：《唐大诏令集》卷八十一《命萧瑀等修六代史诏》，467 页，北京，中华书局，2008。
③ 参见《旧唐书》卷七十三《令狐德棻传》，2598 页，北京，中华书局，1975。

志》是这样说的："历代史官，隶秘书省著作局，皆著作郎掌修国史，武德因隋旧制。贞观三年闰十二月，始移史馆于禁中，在门下省北，宰相监修国史。自是著作郎始罢史职。"①从此以后，这种史馆形式成为历代定制，相袭不变，直至清朝。贞观年间史馆制度的建立，充分体现了唐太宗对修史工作的高度重视，说明他具有一种强烈的历史意识。

由于唐太宗对修史工作的高度重视，加上修史机构的完善和贞观史臣们的努力，"五代史"的撰写历经七年，终于在贞观十年（636年）撰写成功，共成《梁书》五十六卷、《陈书》三十六卷、《北齐书》五十卷、《北周书》五十卷、《隋书》五十五卷。对于"五代史"的撰写成功，唐太宗由衷地感到高兴，对史臣们进行了一番勉励。他说：

> 朕睹前代史书，彰善瘅恶，足为将来之戒。秦始皇奢淫无度，志存隐恶，焚书坑儒，用缄谈者之口。隋炀帝虽好文儒，尤疾学者，前世史籍，竟无所存，数代之事，殆将泯绝。朕意则不然，将欲览前王之得失，为在身之龟镜。公辈以数年之间勒成五代之史，深副朕怀，极可嘉尚！②

这段话集中阐述了唐太宗对史学与政治之关系的认识。他认为秦始皇、隋炀帝的灭亡与他们对待史学的态度有关，明确表示自己要以史为鉴。这就是说，唐太宗让贞观史臣们撰写"五代史"，就是要通过对近代史事的了解，找寻"前王之得失"，而为当时政治服务。这一点，在贞观二十年（646年）唐太宗所下的《修晋书诏》中再次作了强调，在该诏书中，唐太宗一方面肯定史学的作用在于"彰善瘅恶，激一代之清芬；褒吉惩凶，备百王之令典"，另一方面则明确指出唐朝重修"晋史"的原因，就是以往诸家《晋书》的修撰，"才非良史，事亏实录"，不利于人们从中总结经验和吸取教训。③ 由此可见，作为一代名君，唐太宗对史学功用的认识是何等的清醒！

---

① 《旧唐书》卷四十三《职官志二》，1852页，北京，中华书局，1975。
② 王钦若编：《册府元龟》卷五百五十四《国史部·恩奖》，6657页，北京，中华书局，1975。
③ 宋敏求编：《唐大诏令集》卷八十一《修晋书诏》，467页，北京，中华书局，2008。

二、"五代史"鉴戒特色的具体表现

"五代史"的作者都是目睹隋唐之际历史剧变的史臣，有的还是前朝旧臣，因此，他们不但对过去这段历史非常了解，而且深深懂得当朝统治者诏令他们修史的政治用心，故而都非常重视通过史笔去真实地载录下这段历史，以为当今统治者借鉴。在"五代史"中，《隋书》的修撰最具借鉴特点。因为唐朝继隋而建，统治者对隋朝的灭亡更有深切的感受。也正因此，唐太宗让常常"以隋为鉴"的著名谏官、贞观名臣魏徵担任《隋书》的主修，由此可见其重视以隋为鉴思想之一斑。具体来讲，"五代史"的鉴戒特色主要有如下表现。

（一）重视亡国之论

"五代史"的编纂有一个重要特点，那就是重视史论，其中尤以《隋书》的史论和魏徵对其他各史的总论最为突出。魏徵主修的《隋书》，篇篇纪传都有史论，少则近百字，多则数百字，最长者多达一千余字。"五代史"如此重视史论，是要借此发表作者对前朝历史兴衰的看法，尤其要借此论议亡国之鉴，以给当朝统治者历史警示。纵观"五代史"的史论，其亡国之论的内涵是很丰富的，以下主要谈两点。

第一，历史兴亡在人不在天。历史的兴亡在天还是在人，这是历代史家都需作出回答的问题。从中国史学思想发展史来看，它有一个从重天命到天人并重再到侧重人事的过程，不过，都没有最终否定天命，之所以如此，这是由封建史学二重特性所决定的。"五代史"的作者当然也不例外，他们的史论对天命论作了一定程度的宣扬。但是，他们确实又继承了一些封建进步史家重人事的思想，并且努力从人事的角度去总结历史兴衰之因，肯定王朝的败亡在人不在天。例如，《北齐书》就认为北齐的灭亡，是北齐的统治者"乱政淫刑"的必然结果，并由此得出结论，"齐氏之败亡，盖亦由人，匪唯天道也"。[①] 又如，《隋书》在论述隋朝败亡的原因时，以大量历史事实为证，肯定隋朝之亡是隋炀帝推行暴政所致，并引《左传》"吉凶由人，

---

① 《北齐书》卷八《后主幼主纪》，117 页，北京，中华书局，1972。

妖不妄作"说:"观隋室之存亡,斯言信而有征矣!"①

第二,亡国之君亡在失民。自周公以来,历代进步的思想家和开明的统治者都对保民的重要性有着清醒的认识,周公就以保民为德政的重要内涵之一,而孟子的"民贵君轻"论更是一种警世良言。与这些先贤圣哲一样,"五代史"的作者对民众的重要性也有清醒的认识。例如,《北齐书》认为北齐后主之亡,是因为他"视人如草芥,从恶如顺流"②。齐后主鄙视人民的结果,是最终被人民所唾弃。《梁书》认为南齐的败亡,是末代统治者"掊克聚敛,侵愁细民"③所致。《隋书》则指出隋炀帝推行暴政的一个重要表现,就是轻视民众、虐待民众。它说:隋炀帝"肆其淫放,虐用其民,视亿兆如草芥",其结果是"自绝民神之望,故其亡也忽焉"④。"五代史"肯定民众的重要性,从"民"的角度来探讨亡国之因,这是一种进步的历史观。

(二)强调"水能覆舟"

以上所论亡国之君亡在失民,主要是从统治者的角度立论的,是要强调统治者保民的重要性。这里谈"水能覆舟",则是以前朝的史实为依据,具体揭示"水能覆舟"的道理。《荀子·王制》说"水能载舟,亦能覆舟",这句话曾经被魏徵多次引用来劝诫唐太宗,而唐太宗又用这句话来诲谕太子。⑤ 由此可见,贞观君臣对"水能覆舟"的道理是有深刻认识的。反映到"五代史"的撰述上,也充分体现了这一重要思想。其具体表现,是通过大量篇幅记载农民起义的情况,以此揭示农民推翻封建王朝的力量。其中尤以《隋书》最为突出,据统计,在《隋书》五十五卷当中,竟有二十卷内容述及农民起义情况,可见其分量之重。从"五代史"的记述特点来看,一般来说,《北齐书》《周书》《梁书》和《陈书》关于农民起义的记载虽然也很全面,却大多简明扼要,只书事实。例如,《北齐书》记载卢仲延起义,只说"范阳人卢仲延率河北流人反于阳夏,西兖州民田龙聚众应之"⑥。而《隋书》记载

① 《隋书》卷四《炀帝纪下》,96页,北京,中华书局,1973。
② 《北齐书》卷八《后主幼主纪》,116页,北京,中华书局,1972。
③ 《梁书》卷五十三《良吏列传序》,765页,北京,中华书局,1973。
④ 《隋书》卷七十《史臣曰》,1636页,北京,中华书局,1973。
⑤ 分见《贞观政要》卷三《君臣鉴戒》,126页;卷四《教戒太子诸王》,198页,北京,中华书局,2009。
⑥ 《北齐书》卷十九《任延敬传》,251页,北京,中华书局,1972。

农民起义，则重视揭示农民起义爆发的原因，如书翟让起义，就特意记载了李密以"直掩兴洛仓，发粟以赈穷乏，远近孰不归附"①之策献于翟让之事，其实这就将农民因饥荒而起义的原因点出来了。又如，《炀帝纪》认为隋末"盗贼蜂起"的原因在于隋炀帝推行暴政，并对暴政的具体表现——作了揭示。毫无疑问，"五代史"重视记载农民起义的目的，是要借此揭示"水能覆舟"的道理，以为唐初统治者提供历史借鉴。

（三）突出"以隋为鉴"

前已述及，唐初统治者重视以史为鉴，尤其重视"以隋为鉴"。"以隋为鉴"的思想主要体现在《隋书》当中，原话出自该书的主修者魏徵之口，《新唐书》本传说："《诗》曰：'殷鉴不远，在夏后之世。'臣愿当今之动静，以隋为鉴，则存亡治乱可得而知。"②纵观《隋书》，其"以隋为鉴"的思想主要表现在以下方面。

第一，"隋之得失存亡，大较与秦相类"。《隋书》总结亡隋历史教训，重视运用历史比较的方法。它通过对秦和隋这两个大一统却短命的封建王朝历史的比较，而得出结论："隋之得失存亡，大较与秦相类。始皇并吞六国，高祖统一九州，二世虐用威刑，炀帝肆行猜毒，皆祸起于群盗，而身殒于匹夫。"③在《隋书》的作者看来，秦始皇与隋文帝都建立了大一统的国家，但秦二世与隋炀帝都以严刑酷法治国，其结果则都是被人民起义推翻而成为短命的皇朝。在此，《隋书》揭示了隋朝的灭亡，是因为隋炀帝承继了秦朝的暴政。《隋书》在《炀帝纪》后论中对隋炀帝的暴政作了具体叙述：

（炀帝）负其富强之资，思逞无厌之欲……恃才矜己，傲狠明德，内怀险躁，外示凝简，盛冠服以饰其奸，除谏官以掩其过。淫荒无度，法令滋章，教绝四维，刑参五虐，锄诛骨肉，屠剿忠良，受赏者莫见其功，为戮者不知其罪。骄怒之兵屡动，土木之功不息……人不堪命。乃急令暴条以扰之，严刑峻法以临之，甲兵威武以董之，自是海内骚

① 《隋书》卷七十《李密传》，1627页，北京，中华书局，1973。
② 《新唐书》卷九十七《魏徵传》，3873页，北京，中华书局，1976。
③ 《隋书》卷七十《史臣曰》，1636页，北京，中华书局，1973。

然，无聊生矣。①

从上所述可知，隋炀帝确实是一个荒淫无度、大兴土木、滥用酷刑、赏罚不公和穷兵黩武的暴君。《隋书》的这段论述，应该说是揭示了隋朝灭亡的真实原因所在。

第二，"所居而化，所去见思"。这是《隋书》对封建吏治所寄予的一种理想。这里所谓"化"，指的是教化。《隋书》说："古之善牧人者，养之以仁，使之以义，教之以礼，随其所便而处之，因其所欲而与之，从其所好而劝之。"又说："古语云：善为水者，引之使平，善化人者，抚之使静。水平则无损于堤防，人静则不犯于宪章。"②这前一段话出自《循吏列传》的序文，后一段话出自该传的后论。它们集中表述的思想，就是"牧人者"如何"化人"。其具体做法，一方面要给予民众人伦教化，另一方面则要清静治民。前者体现了儒家的思想，后者反映了黄老道家的思想。这种儒道合一的思想，带有一种玄学的味道。不过，《隋书》的这种"化民"主张的提出，显然是吸取了隋朝以暴治天下而亡国的历史教训，同时也是巩固唐初政治统治的一种需要。经历隋末大乱之后，唐初统治者的当务之急是要与民休息，养育民力，使封建经济和生产关系得以尽快恢复，时代需要这种以清静无为为内涵的"化民"思想或主张。具体到对隋朝吏治的论述，《隋书》一方面赞扬循吏，《循吏列传》后论称颂这些循吏们"内怀直道，至诚待物，故得所居而化，所去见思"③。另一方面对那些酷吏、贪吏、庸吏进行鞭挞，《酷吏列传》后论警告这类官吏说："后来之士，立身从政，纵不能为子高门以待封，其可令母扫墓而望丧乎？"④希望他们不要过分放肆而不知收敛，落得让老母来为自己扫墓的下场，那样就太可悲了。

---

① 《隋书》卷四《炀帝纪下》，95～96页，北京，中华书局，1973。
② 《隋书》卷七十三《循吏列传》，1673、1688页，北京，中华书局，1973。
③ 同上书，1688页。
④ 《隋书》卷七十四《酷吏列传》，1702页，北京，中华书局，1973。

第三节　刘知幾的史学理论

刘知幾是盛唐时期杰出的史学理论家，所撰《史通》为中国古代第一部系统的史学理论专著，它对中国古代史学基本理论框架进行了史无前例的系统构建。该书的问世，标志着我国古代史学与史学理论的发展已经进入了一个更加自觉的历史阶段。《史通》蕴含的史学理论是极其丰富的，它包括史书内容、撰述方法、体裁体例、文字表述、撰述原则、史学功能、史家修养等诸多内容。以下着重从史流史体、撰述原则和史家修养三个方面对刘知幾的史学理论作出论述。

一、"六家二体"说

史流史体，属于历史编纂学范畴。《史通》一书用了大量篇幅，对史籍的源流、类别以及史体的发展作了论述，提出了著名的"六家二体"说。这里所谓"六家"，是关于史籍的分类；而"二体"，则是关于史体的分类。《史通》以《六家》《二体》两篇冠盖全书，说明"六家二体"说在刘知幾的史学理论中占有崇高的地位。

刘知幾通过对古往今来史籍源流的考察，认为大体上不出六家范围。《六家》篇说：

> 古往今来，质文递变，诸史之作，不恒厥体。榷而为论，其流有六：一曰《尚书》家，二曰《春秋》家，三曰《左传》家，四曰《国语》家，五曰《史记》家，六曰《汉书》家。[①]

这里刘知幾所谓"六家"之论，与司马谈《论六家要指》中所谓"六家"的含义是不同的。刘知幾的"六家"论，是要区分史籍类别，追溯史籍源流；而司马谈的"六家"论，则是论述学术发展大势，是论学本源流。因此，二者

---

① 刘知幾：《史通》卷一《六家》，1页，浦起龙通释本，上海，上海古籍出版社，2009。

"家"的内涵是不相同的。就刘知幾"六家"论的具体内容而言，其中的《尚书》家与《春秋》家，刘知幾借用《礼记·经解》的话，认为前者旨在"疏通知远"，后者要在"属辞比事"；《左传》家和《国语》家旨在述说经义，《国语》家是于《左传》之外"稽其逸文，纂其别说"以释经义；《史记》家"鸠集国史，采访家人，上起黄帝，下穷汉武，纪传以统君臣，书表以谱年爵"，创立了纪传体；《汉书》家的特点是言简意赅，包举一代，成为后世正史范本。①

刘知幾从史籍源流角度提出"六家"说，这"六家"应该说是综合了史书体裁和史书内容而言的。他纯粹从史书的外部形态即史书体裁来论说时，又提出了"二体"说。《六家》篇对六种史体作了具体论述后，进而总结道："考兹六家，商榷千载，盖史之流品，亦穷之于此矣。而朴散淳销，时移世异，《尚书》等四家，其体久废，所可祖述者，唯《左氏》及《汉书》二家而已。"②这就是说，"六家"当中，真正流传于世者，唯有《左氏》及《汉书》二家，而这里的"二家"，则显然是指《左传》之编年体和《汉书》之纪传体，是纯粹就史书体裁而言的。不过，关于"二体"的代表著作，《二体》篇有一处说法与《六家》篇的说法是不一样的。《二体》篇说："既而丘明传《春秋》，子长著《史记》，载笔之体，于斯备矣。"③这里的"二体"是指以《左传》为代表的编年体和以《史记》为代表的纪传体，刘知幾认为二书史体的创立，标志着史书编纂体裁的完备。我们说纪传体是以《史记》为代表还是以《汉书》为代表，其内涵是不同的，《史记》的纪传体是通史纪传，而《汉书》的纪传体是断代纪传。如果综合《史通》一书所反映的刘知幾的历史编纂思想来看，他所说的"二体"，应该是指编年体和断代纪传体，因为一方面《二体》篇又说汉代以后的史书编纂是"班、荀二体，角力争先，欲废其一，固亦难矣。后来作者，不出二途"④，这里已经说得很明确，史书编纂不出之"二途"，就是以班固《汉书》为代表的断代纪传和以荀悦《汉纪》为代表的编年体。这里以荀悦《汉纪》为编年体的代表，无改于《左传》编年体的性质；而以《汉书》为

① 参见刘知幾：《史通》卷一《六家》，7～20页，浦起龙通释本，上海，上海古籍出版社，2009。
② 刘知幾：《史通》卷一《六家》，22页，浦起龙通释本，上海，上海古籍出版社，2009。
③ 刘知幾：《史通》卷二《二体》，24页，浦起龙通释本，上海，上海古籍出版社，2009。
④ 同上书，26页。

代表的纪传体则强调的是断代。另一方面，从《史通》关于通史纪传与断代纪传的评价可知，刘知幾是崇尚断代纪传，而不主张通史纪传的做法的。《六家》篇说，通史纪传"疆宇辽阔，年月遐长……事罕异闻，而语饶重出。此撰录之烦者也"，故不便做也不易做。而《汉书》的断代纪传，"包举一代，撰成一书。言皆精练，事甚该密，故学者寻讨，易为其功。自尔迄今，无改斯道"，故而便于做，也容易做好。[①]刘知幾的说法，其实也是对汉晋史学发展真实情况的一种反映。

当然，刘知幾也看到了史之"家""体"还存在着一个流变问题。《杂述》篇说："爰及近古，斯道渐烦。史氏流别，殊途并骛。榷而为论，其流有十焉：一曰偏纪，二曰小录，三曰逸事，四曰琐言，五曰郡书，六曰家史，七曰别传，八曰杂记，九曰地理书，十曰都邑簿。"[②]刘知幾认为，史书之"六家""二体"在演变过程中，到了近古，主要是在魏晋南北朝时期，又出现了"十流"。刘知幾关于史籍的分类，还有正史、杂史之分。他视"六家""二体"为正史，而对于近古史书"十流"的出现，他一方面认为这是"斯道渐烦"的表现，将它们归于"杂史"类，另一方面又能用变易的眼光来看待史体的变化，能够将史书之"家""类"与"流"相结合来观察史学的演变，这是其通识意识的一种体现。

刘知幾提出的"六家二体"说，不但其本人对此颇为自信，而且得到了后代不少学者的认可。例如，清代学者浦起龙在所作《史通通释举要》中就说："《史通》开章提出四个字立柱棒，曰'六家'，曰'二体'。此四字刘氏创发之，千古史局不能越。"[③]我们认为，刘知幾的"六家二体"说，不失为中国古代历史编纂学的"一家言"。第一，刘知幾以"六家""二体"来总结隋唐以前史书体裁体例，难免过于武断，绝对化，因为这"六家""二体"并不能涵盖史体之大全。但是我们也不得不承认，这"六家""二体"确实是这一时期史书的主要体裁或流派，这种分类，基本上是符合这一时期历史编纂学发

---

① 刘知幾：《史通》卷一《六家》，18、20～21页，浦起龙通释本，上海，上海古籍出版社，2009。

② 刘知幾：《史通》卷十《杂述》，253页，浦起龙通释本，上海，上海古籍出版社，2009。

③ 浦起龙：《史通通释举要》，见刘知幾：《史通》卷首，1页，浦起龙通释本，上海，上海古籍出版社，2009。

展的实际情况的。第二，从"六家"到"二体"，从"六家二体"到"十流"，它集中反映了刘知幾的历史通识、通变思想。刘知幾认为，随着"时移世异"，一些史体会被废弃，而一些新的流派又会产生，《尚书》等四家的废弃和近古"十流"的产生，便说明了这一点。第三，刘知幾以"家"论史，其"六家"之论蕴含了一个重要思想，那就是认为经史同源。在刘知幾看来，《尚书》既是经学之源，"夫《尚书》者，七经之冠冕，百氏之襟袖"①，又是史学之源，《史记》《汉书》就是从《尚书》《春秋》那里发展而来的，"昔《尚书》记言，《春秋》记事，以日月为远近，年世为前后，用使阅之者雁行鱼贯，皎然可寻。至马迁始错综成篇，区分类聚。班固踵武，仍加祖述"②。刘知幾认为，《尚书》家的记言和《春秋》家的系年记事这些古老的史书编写方法，到了司马迁时，已经注意按类区分和记述史书的内容了，他正是通过"错综成篇，区分类聚"，从而创立了纪传体这种新的史书编纂方法。这里一个"类"字，充分体现了古代历史编纂学的发展；同时这一个"类"字，也是经史分途的重要标志，它表明史学已经从经学当中独立出来，成为与经学并行的学科。毫无疑问，视《尚书》与《春秋》为史家之一流派，这是刘知幾的创举，不但体现了刘知幾的理论勇气和实事求是的治学思想，而且对后世经史关系理论的深入探讨有着重要影响。

二、"直书""曲笔"论

"直书"或"曲笔"，属于史书撰述原则问题。《史通》特列《直书》《曲笔》两篇，提出了"直书"和"曲笔"这两个重要范畴，用以区分史家的撰述品格与撰述态度，评判史书的学术价值与社会价值。

首先，史书撰述为何会有"直书"与"曲笔"之分？对此，刘知幾首先从社会去寻找原因，《直书》篇开篇即说："夫人禀五常，士兼百行，邪正有别，曲直不同。若邪曲者，人之所贱，而小人之道也；正直者，人之所贵，而君子之德也。"③这就是说，社会本来就是多样的，社会上的人其邪正、曲直也是各不同的，只是小人以邪曲为道，君子以正直为贵罢了。而这反映

---

① 刘知幾：《史通》卷四《断限》，90页，浦起龙通释本，上海，上海古籍出版社，2009。
② 刘知幾：《史通》卷四《编次》，94页，浦起龙通释本，上海，上海古籍出版社，2009。
③ 刘知幾：《史通》卷七《直书》，179页，浦起龙通释本，上海，上海古籍出版社，2009。

到史书撰述上，也就由此有了"直书"与"曲笔"之分。换言之，刘知幾认为史书撰述之所以有"直书"与"曲笔"之分，是因为社会上本来就有小人与君子之分，所以"直书"与"曲笔"是一种必然的社会现象。更重要的是，史家直书与否，还取决于统治者的权势和好恶。也就是说，史家直书与否，要取决于社会政治因素。在封建社会里，只有少数有远见的统治者为了长治久安，希望史家们"直书""实录"，以期认真总结历史经验教训，这就为史家的直书创造了良好的社会氛围。但是，大多数统治者却没有这样的胸怀，他们总是要求史家扬善隐恶，特别是涉及与自己利害相关的史事时更是如此。他们偶尔也为了标榜的需要，而允许史家在一定程度上对前朝政治统治的阴暗面给予揭露。在这样一种政治氛围下，史家们出于明哲保身的考虑，除去曲笔、歌功颂德外，就很难再有所作为了。

同时，刘知幾又具体到史家个人的品行，对此作出说明。其实这只是谈论问题的角度不同而已。《直书》篇说："盖烈士徇名，壮夫重气，宁为兰摧玉折，不作瓦砾长存。若南、董之仗气直书，不避强御；韦、崔之肆情奋笔，无所阿容。虽周身之防有所不足，而遗芳余烈，人到于今称之。"①这就是说，有些史家之所以能做到直书不隐，是因为这些史家看重气节，能舍身殉名，如历史上南史、董狐、韦昭、崔浩等即是这类人物。相反，有些人作史是为了阿时媚主，或"假人之美，藉为私惠"，或"诬人之恶，持报己仇"②，这些人写成的史书当然只能是曲史、污史了。例如，《曲笔》篇就认为《后汉书》记载两汉之际史事，有曲诋更始帝、独成光武之美之嫌。其曰："按《后汉书·更始传》称其懦弱也，其初即位，南面立，朝群臣，羞愧流汗，刮席不敢视。夫以圣公生在微贱，已能结客报仇，避难绿林，名为豪杰。安有贵为人主，而反至于斯者乎？将作者曲笔阿时，独成光武之美；谀言媚主，用雪伯升之怨也。"③这段话以更始帝称帝前的事迹相比照，推论《后汉书》的作者有曲笔媚主之嫌。《后汉书》是史学名著，又是写前朝历史，尚且有如此曲笔，更何况写本朝史，那些阿谀奉承之徒更是会极尽逢迎之能事。

---

① 刘知幾：《史通》卷七《直书》，180 页，浦起龙通释本，上海，上海古籍出版社，2009。
② 刘知幾：《史通》卷七《曲笔》，183 页，浦起龙通释本，上海，上海古籍出版社，2009。
③ 同上书，183 页。

其次，刘知幾主张直书，反对曲笔。如上所述，由于社会原因，直书不隐对于史家来说，决非易事。而从历史经验来看，"古来唯闻以直笔见诛，不闻以曲词获罪"①，正直的史家往往会"或身膏斧钺，取笑当时；或书填坑窖，无闻后代"②。这样的例子在史学史上实在是太多了，像齐太史、司马迁、韦昭等人，都是因为直书而没有好的下场。相反，那些曲笔阿时之辈，反而会因此得到荣华富贵。刘知幾本人曾经"三为史臣，再入东观"，他对史臣修史难为直书是有着亲身体会的。他说当时史局修史，"一字加贬，言未绝口而朝野具知，笔未栖毫而搢绅咸诵。夫孙盛实录，取嫉权门；王劭直书，见仇贵族。人之情也，能无畏乎?"③。刘知幾说他自己之所以要退出史馆私修《史通》，正是因为在史馆中"虽自谓依违苟从，然犹大为史官所嫉"④，根本无法秉笔直书。

现实的社会氛围、残酷的历史教训和刘知幾本人的经历，都在向人们述说着这样一个事实：史家曲笔容易直书难。但是，作为史评家，刘知幾还是主张直书，反对曲笔，之所以如此，是他对历史与历史撰述的深刻理解使然。第一，刘知幾充分肯定史学的功用。《史官建置》篇说："史之为用，其利甚博，乃生人之急务，为国家之要道。有国有家者，其可缺之哉!"⑤认为史学是治国治民所不可或缺者。具体来说，刘知幾认为史学的功用主要有三个层次："史之为务，厥途有三焉。何者？彰善贬恶，不避强御，若晋之董狐、齐之南史，此其上也。编次勒成，郁为不朽，若鲁之丘明，汉之子长，此其次也。高才博学，名重一时，若周之史佚，楚之倚相，此其下也。苟三者并阙，复何为者哉?"⑥这三个层次的划分，是依据史家对社会的作用所作出的。在刘知幾看来，这三种史家虽然对社会的作用有高下之分，但是他们都是以求真为史家之职。如果"三者并阙"，说明史家没有尽到史职，这样的史学撰述是没有任何社会功效的。第二，刘知幾充

---

① 刘知幾：《史通》卷七《曲笔》，185 页，浦起龙通释本，上海，上海古籍出版社，2009。
② 刘知幾：《史通》卷七《直书》，179 页，浦起龙通释本，上海，上海古籍出版社，2009。
③ 刘知幾：《史通》卷二十《忤时》，555 页，浦起龙通释本，上海，上海古籍出版社，2009。
④ 刘知幾：《史通》卷十《自叙》，270 页，浦起龙通释本，上海，上海古籍出版社，2009。
⑤ 刘知幾：《史通》卷十一《史官建置》，281 页，浦起龙通释本，上海，上海古籍出版社，2009。
⑥ 刘知幾：《史通》卷十《辨职》，261~262 页，上海，上海古籍出版社，2009。

分肯定史家的作用。《曲笔》篇说:"盖史之为用也,记功司过,彰善瘅恶,得失一朝,荣辱千载。苟违斯法,岂曰能官。"①在刘知幾看,历史撰述是一项担负着"彰善瘅恶"使命的神圣事业,由于它能使历史人物"得失一朝,荣辱千载",因而直接关系到历史人物的命运。作为书写历史的人——史家,当然要秉笔直书,这是史家应尽的历史职责。从肯定直书这一思想出发,刘知幾对历史上那些"宁为兰摧玉折,不作瓦砾长存"的史家予以颂扬,称赞他们是殉名守节的烈士壮夫。

值得注意的是,刘知幾的直书观明显具有二重性特点。他一方面说"良史以实录直书为贵","善恶必书,斯为实录"②,这就明确指出了"善恶必书"才称得上是实录,而只有实录才称得上是良史。在刘知幾看来,史书要发挥借鉴、垂训作用,直书不隐是不可或缺的。所以他说:"史之为务,申以劝诫,树之风声。其有贼臣逆子,淫君乱主,苟直书其事,不掩其瑕,则秽迹彰于一朝,恶名被于千载。言之若是,吁可畏乎!"③另一方面,刘知幾并没有摆脱自孔子以来的传统直书观,即对出于维护纲常名教的需要而隐讳史实的做法予以肯定,甚至直接说成是直书。例如,前面他称赞董狐直书,其实董狐书"赵盾弑其君"是从义理出发而非从历史事实出发的,因为当时杀晋灵公的人实际上是赵穿,赵盾因为是晋之正卿而代赵穿受责。刘知幾称颂董狐直书,显然是从史义而非史实出发的。其实《曲笔》篇对此说得很清楚:"肇有人伦,是称家国。父父子子,君君臣臣,亲疏既辨,等差有别。盖'子为父隐,直在其中',《论语》之顺也;略外别内,掩恶扬善,《春秋》之义也。自兹已降,率由旧章。史氏有事涉君亲,必言多隐讳,虽直道不足,而名教存焉。"④这就是说,在刘知幾看来,史家出于维护纲常名教的需要而为君、父避讳,这样做虽然"直道不足",却是史家所必须如此的,它虽不符合史法,却是符合史理的。

那么,对于刘知幾反对曲笔究竟应该如何理解呢?其实,刘知幾的史

---

① 刘知幾:《史通》卷七《曲笔》,185页,浦起龙通释本,上海,上海古籍出版社,2009。
② 刘知幾:《史通》卷十四《惑经》,381、374页,上海,上海古籍出版社,2009。
③ 刘知幾:《史通》卷七《直书》,179页,浦起龙通释本,上海,上海古籍出版社,2009。
④ 刘知幾:《史通》卷七《曲笔》,182~183页,浦起龙通释本,上海,上海古籍出版社,2009。

学思想当中，存在着两种"曲笔"，一种是维护封建纲常名教的隐讳，这种曲笔是必须的，不但不能反对，而且必须提倡，刘知幾一般也不将这类书法称作曲笔，至多只是说其"直道不足"。另一种则是出于史家的品德原因，或者是出于私心的驱使，或者是受到当权者的逼迫，而有意隐讳历史真相，歪曲历史本来面目，刘知幾所反对的是这类曲笔。《曲笔》篇说：

> 其有舞词弄札，饰非文过，若王隐、虞预毁辱相凌，子野、休文释纷相谢。用舍由乎臆说，威福行乎笔端，斯乃作者之丑行，人伦之所同疾也。亦有事每凭虚，词多乌有：或假人之美，藉为私惠；或诬人之恶，持报己仇。若王沈《魏录》滥述贬甄之诏，陆机《晋史》虚张拒葛之锋，班固受金而始书，陈寿借米而方传。此又记言之奸贼，载笔之凶人，虽肆诸市朝，投畀豺虎可也。[1]

这段话历数了历史上各种曲笔情况，并对不少史家的曲笔行为加以鞭笞。虽然刘知幾在这里罗列的一些史家的所谓曲笔之事不一定都是史实，比如"陈寿借米而方传"，《晋书》载之也只是说"或云"，后人已经为陈寿作了辩诬，但是，个别事例不确无关大旨，刘知幾所要反对和抨击的是这种曲笔的做法。

三、"史才三长"论

"史才三长"论属于史家修养问题。《史通》一书没有明文提到"史才三长"，但是这种"史才三长"论被明显地贯彻到对史书、史事的评论之中。《唐会要》和新旧《唐书》本传都有刘知幾论述"史才三长"的记载，其中尤以《旧唐书》最详。《旧唐书》本传的记载是这样的：

> 礼部尚书郑惟忠尝问子玄曰："自古已来，文士多而史才少，何也？"对曰："史才须有三长，世无其人，故史才少也。三长：谓才也，学也，识也。夫有学而无才，亦犹有良田百顷，黄金满籯，而使愚者

---

[1] 刘知幾：《史通》卷七《曲笔》，183页，浦起龙通释本，上海，上海古籍出版社，2009。

营生，终不能致于货殖者矣。如有才而无学，亦犹思兼匠石，巧若公输，而家无楔枘斧斤，终不果成其宫室者矣。犹须好是正直，善恶必书，使骄主贼臣，所以知惧，此则为虎傅翼，善无可加，所向无敌者矣。脱苟非其才，不可叨居史任。自曩古以来，能应斯目者，罕见其人。"时人以为知言。①

刘知幾在与礼部尚书郑惟忠的这段对话中，提到了才、学、识之史家"三长"，认为只有具备此三长者，方可成为"史才"。从刘知幾所论可知，所谓史才，是指驾驭文献资料以及史书编纂与文字表述等能力；所谓史学，是指各种文献知识与编纂知识等；所谓史识，是指史家的胆识、器识，就是"好是正直，善恶必书"，认为这是史识的"善无可加，所向无敌者"的最高境界。刘知幾还在对话中具体对史才与史学之间的关系作了详细论述。

值得注意的是刘知幾关于史识的认识。从上述这段话可知，刘知幾所谓史识，只是"好是正直，善恶必书"，而这实际上主要是直书问题，也就是史家品德问题，它只是史家胆识、器识的一种体现，虽然属于史识的内容，但并不能涵盖史识的全部内涵。因为所谓史识，应该主要是指史家关于历史的一种见识、理解力或理论水平，"好是正直，善恶必书"似乎与此不能相等同。

从《史通》的论述来看，刘知幾的史识论应该还有所指。如《鉴识》篇就提到了主体认识与客观历史之间的关系问题，其曰：

　　夫人识有通塞，神有晦明，毁誉以之不同，爱憎由其各异。盖三王之受谤也，值鲁连而获申；五霸之擅名也，逢孔宣而见诋。斯则物有恒准，而鉴无定识，欲求铨核得中，其唯千载一遇乎！况史传为文，渊浩广博，学者苟不能探赜索隐，致远钩深，乌足以辩其利害，明其善恶。②

---

① 《旧唐书》卷一百二《刘子玄传》，3173 页，北京，中华书局，1975。
② 刘知幾：《史通》卷七《鉴识》，189 页，浦起龙通释本，上海，上海古籍出版社，2009。

这段话集中说明一点，那就是客观事物虽然有一定的准则，但是"识有通塞"而"鉴无定识"，从而使人们对事物的看法会各自不同，由此要想对客观事物或历史"辩其利害，明其善恶"，以"铨核得中"，那只能是"千载一遇"，实际上是很难做到的。这里谈的就是对客观事物与历史的主体认识问题。如果按照上述刘知幾关于史学、史才内涵的理解，其实其所谓史识，也应该包括史家对于历史资料、史书编纂等的见识问题。例如，关于历史资料，刘知幾就主张要"征求异说，采摭群言，然后能成一家，传诸不朽"①。这里就涉及了史料的"博闻"与"择善"的问题。"博闻"属于史学问题，而"择善"就属于史料方面的史识问题。如何择善，这既需要史家的公心，也需要史家的史识。又如，关于历史编纂，这里既有一个实录问题，史家应"善恶必书"，同时还有一个撰述方法与行文问题，史识在这里的体现，便主要是指史家关于历史编纂认识的高下之分，以及行文如何做到简要含蓄的问题。

综上所述可知，刘知幾所谓史识，一是指"善恶必书"，体现的是史家的品行与胆识；二是指史家关于客观历史的主体认识力，以及史家对于历史资料、历史编纂的见识力。因此，我们认识刘知幾的"史才三长"论，不能仅仅局限于其与礼部尚书郑惟忠的这段对话，而应该放眼《史通》全书，只有这样，才能对其"史才三长"论有一个全面的了解。

纵观刘知幾的"史才三长"论，虽然其中的每项内容前人都有所论及，但是刘知幾却是第一次明确提出了才、学、识这三个理论概念，并且对三者的具体内涵以及相互关系作了论述。刘知幾以才、学、识去衡量史家是否具有史才，这就把中国古代关于史家修养问题提到了一个更高、更自觉的境界，它对于历史学的发展和历史批评的深入，无疑都有着重要的影响。

第四节　杜佑的史学思想

杜佑是唐代中后期杰出的政治家和史学家，所著《通典》，为中国古代第一部记述历代典章制度的通史。由于杜佑不但是精于史学的政治家，而

---

① 刘知幾：《史通》卷五《采撰》，106页，浦起龙通释本，上海，上海古籍出版社，2009。

且是精于政治的史学家，因此《通典》很好地体现了这两方面的价值，以史资政的经世致用特点非常鲜明。《通典》内蕴的史学思想是丰富而进步的，是中国古代史学思想的一份宝贵的遗产，值得后人去认真总结。

一、反对"非今是古"的历史发展观

杜佑关于客观历史认识的一个重要思想，就是肯定历史是从低级向高级不断演进和发展变化的。他反对正统儒家美化三皇五帝的所谓太平盛世的说法，而认为当时是生产落后、人民贫困、战争不休的乱世。杜佑说："人之常情，非今是古，其朴质事少，信固可美，而鄙风弊俗，或亦有之。缅惟古之中华，多类今之夷狄。"[①]在杜佑看来，人们心目中的古圣王所谓盛世时代，其实就与今日的夷狄相类似，他们过着的只是一种茹毛饮血、穴居野处的生活。如从衣着而言，上古时期的人类曾有过一个"不饰衣冠""未有制度"的时期，后世圣人出来以后才垂衣裳、作冠缨、染五色、为文章，以别贵贱。[②] 从居住而言，上古人类"穴居野处"，那时所谓"明堂"也只是四面无墙的茅草棚，后世圣人出来才构木为巢；而随着建筑技术的进步，到了汉代，它的"明堂"已是深广数十丈，包括九室、十二座、三十六户、七十二牖的巍峨大厦了。[③] 由此可见，远古时代并不是一个什么美好的时代。

如果说关于远古时代政治只是正统儒家的一种美好的传说的话，那么"宪章文武"与"从周"，则是他们对三代圣王政治的一种推崇。不少思想家、史学家都喜欢以三代与汉唐对举，而褒奖前者、批评后者。对于这样一种历史观点，杜佑明确加以反对，他认为"汉、隋、大唐，海内统一，人户滋殖，三代莫俦"[④]，肯定汉、唐大一统盛世政治是远非三代所能比拟的。《通典》是一部典制体史书，杜佑重制度，故而他又对周代分封与汉唐郡县进行了比较，以期从中揭示政治的得失。杜佑说：

---

① 杜佑：《通典》卷一百八十五《边防一·边防序》，4979 页，北京，中华书局，1988。

② 参见杜佑：《通典》卷六十一《礼二十一·君臣服章制度》，1713 页，北京，中华书局，1988。

③ 参见杜佑：《通典》卷四十四《礼四·大享明堂》，1214、1218 页，北京，中华书局，1988。

④ 杜佑：《通典》卷三十一《职官十三·王侯总叙》，849 页，北京，中华书局，1988。

> 天生烝人，树君司牧。人既庶焉，牧之理得，人既寡焉，牧之理
> 失。……若以为人而置君，欲求既庶，诚宜政在列郡，然则主祀或促
> 矣。若以为君而生人，不病既寡，诚宜政在列国，然则主祀可永矣。
> 主祀虽永乃人鲜，主祀虽促则人繁。建国利一宗，列郡利万姓，损益
> 之理，较然可知。①

这段话不但从人口庶寡、政治安危和"利万姓"与"利一宗"三个方面论证了
郡县制要比分封制进步，而且这里杜佑关于君主、社稷与民众三者之间关
系的重要论述几乎与孟子如出一辙，充分体现了他的重民、重社稷的思想。

杜佑肯定历史的发展变化，并且认为这种发展变化是通过制度变革来
实现的。杜佑认为，随着历史的发展和时代的变迁，一切不符合客观形势
发展需要的旧的礼仪制度都应该要随之而变更，而不能墨守成规，泥古不
化。《通典》说："详观三代制度，或沿或革不同，皆贵适时，并无虚事。岂
今百王之末，毕循往古之仪？"杜佑以三代历史有因有革为例，明确表示处
当今之世，不必因循古仪古制。又说："人之常情，非今是古，不详古今之
异制，礼数之从宜。"②这就是说，一切制度的设立或变更，都要以是否合乎
时宜为依准。杜佑认为，只有不断地制定出合乎时宜的新制度、新办法，
社会历史的发展才能通畅，所以他强调人们应该"随时立制，遇弊变通"③。
从肯定变革制度的合理性与必要性出发，杜佑进而对历史上那些有利于社
会发展的各种变法和改革活动以及主持变法和改革的历史人物，总是给予
肯定。例如，杜佑肯定商鞅变法使秦国"数年之间，国富兵强，天下无
敌"④，将他与吕尚、管仲并列；对于桑弘羊，杜佑也作出了较为公允的评
价；对于同时代的改革家杨炎，杜佑对其推行的两税法给予了较高的评价；
如此等等。

杜佑还注重用"势"的眼光来分析和考察历史的变化发展。"势"，指的

---

① 杜佑：《通典》卷三十一《职官十三·王侯总叙》，849 页，北京，中华书局，1988。
② 杜佑：《通典》卷五十八《礼十八·公侯大夫士婚礼》，1652～1653 页，北京，中华书局，1988。
③ 杜佑：《通典》卷四十《职官二十二·秩品五》，1109 页，北京，中华书局，1988。
④ 杜佑：《通典》卷一《食货一》，6 页，北京，中华书局，1988。

是一种历史必然性。在杜佑看来，历史的发展变化与制度的变更，这一切都是"势"所必然。例如，关于行封建还是行郡县，杜佑就注重用"势"来进行解说。他认为古代分封制的出现，是以承认远古氏族首领既有权力为基础的，并非是古代圣主按照个人意图随意去创设的一种制度。而随着历史的发展和形势的变化，人们"欲行古道，势莫能遵"①，也就自然有了秦的废封建与行郡县。同时，任何一种制度，推行久了，都会产生弊端，关键是要看弊端的大小和为患时间之长短，然后从中作出选择。他说："立法作程，未有不弊之者，固在度其为患之长短耳。"而历史已经告诉了人们，封建则"其患也长"，郡县则"其患也短"②，因此，后世选择郡县制度，这是历史发展的必然之"势"，它是人们所不能违背的。中唐以后，有人以周代都城变动为例，提出唐朝应该将都城由长安迁往洛阳。对此，杜佑明确加以反对。他从地理形势、财源情况、周边关系以及历史事例多方面作了考察和论证，而肯定"古今既异，形势异殊"，唐朝不但不需要仿效周朝来变动都城，而且长安作为唐朝都城是非常合适的，警告人们不要轻议迁都之事。他说："夫临制万国，尤惜大势。秦川是天下之上腴，关中为海内之雄地。巨唐受命，本在于兹。若居之则势大而威远，舍之则势小而威近，恐人心因斯而摇矣，非止于危乱者哉，诚系兴衰，何可轻议。"③在分析"安史之乱"发生的原因时，杜佑没有简单地将事件的发生归之于肇事者个人，而是从宏观着眼，联系社会背景，联系国家有关制度和政策。他指出玄宗之时"承平岁久"，使哥舒翰、安禄山雄镇边关，而京师却缺乏常备重兵，"边陲势强既如此，朝庭势弱又如彼"④，从而得出"安史之乱"的发生乃是当时形势发展的一种必然的结论。

二、"征诸人事，将施有政"的史学观

从以往史家的历史撰述旨趣来看，虽然各自都不尽相同，但有一点却是一致的，那就是都比较重视以史学来服务于政治统治的需要。然而，与

① 杜佑：《通典》卷三十一《职官十三·王侯总叙》，849 页，北京，中华书局，1988。
② 同上书，849~850 页。
③ 杜佑：《通典》卷一百七十四《州郡四》，4565 页，北京，中华书局，1988。
④ 杜佑：《通典》卷一百四十八《兵一·兵序》，3780 页，北京，中华书局，1988。

以往历史撰述相比较，杜佑《通典》的经邦致用目的更为显著。《通典》在自序中开宗明义，表明了作者的这种撰述旨趣："佑少尝读书，而性且蒙固，不达术数之艺，不好章句之学。所纂《通典》，实采群言，征诸人事，将施有政。"①这就明确向人们宣示，他"不达术数之艺，不好章句之学"，之所以要撰述《通典》，就是要通过"征诸人事"，以期"将施有政"。可以说，在以往的史家中，像杜佑这样由史家本人明确表示要将历史撰述与政治统治相结合的，还不曾有过。

对于《通典》所表现出的重视经邦致用的这一撰述旨趣，时人也颇能心领神会。例如，李翰就自认为对杜佑的《通典》"颇详其旨趣"，他在为《通典》所作的序文中说："今《通典》之作，昭昭乎其警学者之群迷欤！以为君子致用，在乎经邦，经邦在乎立事，立事在乎师古，师古在乎随时。必参古今之宜，穷始终之要，始可以度其古，终可以行于今，问而辨之，端如贯珠，举而行之，审如中鹄。夫然，故施于文学，可为通儒，施于政事，可建皇极。"②李翰认为，《通典》所谓"师古"是为了"随时"，"随时"是为了"立事"，"立事"在于"经邦"，这就对历史撰述与经邦致用之间的关系作了精辟的论述，说明李翰对于《通典》确实是深领其旨的。

为了使《通典》的撰述旨趣更加简单明了，贞元十九年（803 年），也就是《通典》成书后的第三年，杜佑又将《通典》的要点辑录成《理道要诀》一书。杜佑之所以要编这部《通典》简本，主要是通过"理道不录空言"，以便更加集中地探讨"礼法刑政"，凸显"理道"的"要诀"，从而使历史更加紧密地服务于现实政治，更加直接地发挥它的政治效应。从《理道要诀》一书的编纂中可见杜佑致力于经邦致用的良苦用心。

那么，《通典》的"理道要诀"究竟是什么呢？纵观《通典》一书，杜佑所论"理道"的范围很广，它包括食货之经济基础，选举、职官、礼、乐、兵、刑之上层建筑，以及州郡之地方建制和边防等。《通典》对这些典制政道的论述，都注重体现经邦致用的思想。值得注意的是，杜佑对政道的论述，是以食货为各门之首，然后分别叙述上层建筑的一些重要方面，从而很好

---

① 杜佑：《通典》卷一《自序》，1 页，北京，中华书局，1988。
② 李翰：《通典序》，见杜佑：《通典》卷首，1～2 页，北京，中华书局，1988。

地体现了历史与逻辑的一致性。毫无疑问，"以食货为之首"，这是杜佑经邦致用思想的核心、"理道要诀"的关键。以下着重对这一思想加以具体阐述，以期揭示杜佑"将施有政"的经邦致用思想的实质。

在《通典》之前，各纪传体史书在论述典制时，其排列顺序是：《史记》以"礼""乐"居首，《汉书》以"律历"居首，《隋志》以"礼仪"第一。而《通典》则与它们不同，以"食货"为第一门。《食货典》共有十二卷十八个子目，它们依次是：田制、水利田、屯田、乡党（土断、版籍并附）、赋税、历代盛衰户口、丁中、钱币、漕运、盐铁、鬻爵、榷酤、算缗、杂税、平准、轻重。从中可以看出，杜佑是从论述生产资料开始，依次叙述劳动组织形式、赋税关系、人口关系和其他社会经济关系，这是一个很严密的逻辑体系，是和封建经济特点相吻合的。那么，杜佑为何要以"食货"居首呢？《通典》对此开宗明义道：

> 夫理道之先在乎行教化，教化之本在乎足衣食。《易》称聚人曰财。《洪范》八政，一曰食，二曰货。《管子》曰："仓廪实知礼节，衣食足知荣辱。"夫子曰："既富而教。"斯之谓矣。夫行教化在乎设职官，设职官在乎审官才，审官才在乎精选举，制礼以端其俗，立乐以和其心，此先哲王致治之大方也。故职官设然后兴礼乐焉，教化墮然后用刑罚焉，列州郡俾分领焉，置边防遏戎敌焉。是以食货为之首，选举次之，职官又次之，礼又次之，乐又次之，刑又次之，州郡又次之，边防末之。或览之者庶知篇第之旨也。[①]

在杜佑看来，"食货"这种物质经济是人类赖以生存的基础，也是道德建立与社会进步的前提条件，自然应该成为理道的根本。杜佑又将国家理道具体划分为八门，详细论述了它们之间的关系，进一步凸显了"食货"在理道中的重要性。值得注意的是，《通典》之《礼典》是全书分量最重的，《通典》全书二百卷，其中《礼典》就达一百卷，占去了全书一半的卷数。在杜佑看来，"制礼以端其俗"，礼能起到美化社会风俗、整饬人心的作用，固然也

---

① 杜佑：《通典》卷一《自序》，1页，北京，中华书局，1988。

很重要，但是对治国安邦的作用并不是最直接的，所以虽然《通典》述礼颇烦，却不能因此认定《礼典》是最重要的。

杜佑重食货，从具体思想内涵而言，第一是强调以农为本。杜佑认为，教化的根本在于足衣食，物质生产是社会存在与发展的基础。因此，在"食货"当中，杜佑更加强调农业的作用，认为"农者，有国之本也"①。杜佑还具体对农业之三要素谷、地、人以及它们与政治统治之间的关系作了论述。他说："谷者，人之司命也；地者，谷之所生也；人者，君之所治也。有其谷则国用备，辨其地则人食足，察其人则徭役均。知此三者，谓之治政。"②在此，杜佑肯定了农业的根本是生产粮食，因为谷是"司命"者，是人赖以生存的基础，也是政治治理的基础。但是，粮食的生产离不开地与人，因此，如何合理地分配与占有土地、分摊徭役与赋税，就显得非常重要了。

中唐以来，由于豪强地主的豪夺以及土地买卖的盛行，出现了土地高度集中的现象；而这种土地的高度集中，必然使广大人民失去赖以生存的凭借而成为流民，从而又严重影响了社会的稳定和政权的统治。对此，杜佑引用《春秋》大义，对这种土地高度集中的现象提出了批评，他说："夫《春秋》之义，诸侯不得专封，大夫不得专地。若使豪人占田过制，富等公侯，是专封也；卖买由己，是专地也。欲无流冗，不亦难乎！"③然而，如何解决土地危机，杜佑并没有提出什么新的方案，他所说的无非还是行井田，以使农民固着在土地上，从而保持社会的稳定。与农业、农民息息相关的则是徭役与赋税问题。对此，一方面，杜佑以历史上商、周、秦的历史为据，肯定轻敛则人心系而国易定，而厚敛则人心去而国危亡。他说："夫德厚则感深，感深则难摇，人心所系，故速戡大难，少康、平王是也。若敛厚则情离，情离则易动，人心已去，故遂为独夫，殷辛、胡亥是也。"另一方面，杜佑又以本朝的兴衰为据，肯定初唐的轻徭薄赋政策不但直接造就了封建盛世局面，而且为后来唐肃宗的中兴打下了基础。他说，盛唐的轻徭薄赋"泽及万方，黎人怀惠。是以肃宗中兴之绩，周月而能成之，虽神算睿谋，举无遗策，戎臣介夫，能竭其力，抑亦累圣积仁之所致也"，同时指

① 杜佑：《通典》卷十二《食货十二·轻重》，295页，北京，中华书局，1988。
② 杜佑：《通典》卷一《食货一·田志上》，3页，北京，中华书局，1988。
③ 同上书，3页。

出，中唐以来出现的社会危机，其中一个重要原因就是统治者"敛厚"。①

杜佑还注意到了货币有使农者与土地分离的作用。杜佑是个重农主义者，他当然不希望看到农者与土地分离的局面出现，他希望将货币作为鼓励垦殖农桑的一种手段。所以他说："夫生殖众则国富而人安，农桑寡则人贫而国危。使物之重轻，由令之缓急。权制之术，实在乎钱，键其多门，利出一孔，摧抑浮浪，归趣农桑，可致时雍，跻于仁寿，岂止于富国强兵者哉！"②在此，杜佑一方面认为钱是"物之重轻"的关键所在，肯定其对调节物价、稳定社会的作用；另一方面极力主张要使钱作为人民"归趣农桑"的手段，而不是要是让农桑之人与农桑分离。应该说，如果从发展商品经济的角度来评价，杜佑的这一主张当然是不可取的；但是，如果结合唐中后期政治现实，我们认为这又是发展农桑以安定社会的良策。

第二是重视理财。唐中后期的政治形势落入了一个恶性循环圈，由于"甲兵不息"，国家财政开支日益繁重，由此统治者不得不加重人民的负担；而统治者的厚敛，却又必然导致社会矛盾的进一步激化。因此，如何理财，成了唐中后期统治者必须直面的问题。杜佑作为这一特定历史时代的政治家、史学家，在《通典》中表述了自己的重视理财的思想。其一，杜佑认为人安在于薄敛，薄敛在于节用。杜佑对唐中后期的财政状况和社会矛盾非常了解，他一方面强调唐朝统治者应该像古人那样实现力役"一岁三日"、取人"什一而税"，以薄敛来安定人心；另一方面则主张以节用来应付繁重的财政开支。所以他说："夫欲人之安也，在于薄敛，敛之薄也，在于节用。"如何节用？首先就要"省不急之费，定经用之数"③，要注意抓财政开支的轻重缓急，做出体现薄敛精神的财政开支计划。

杜佑注意区分理财与聚敛的不同，认为善理财者不等于是聚敛之人，因为善理财的表现是既使国用增加，又不豪夺于民；而所谓聚敛之人，只是巧取豪夺民众财富的人。杜佑以史为证，认为"周之兴也得太公，齐之霸也得管仲，魏之富也得李悝，秦之强也得商鞅，后周有苏绰，隋氏有高颎。

① 杜佑：《通典》卷十二《食货十二·轻重》，294～295页，北京，中华书局，1988。
② 杜佑：《通典》卷八《食货八·钱币上》，168页，北京，中华书局，1988。
③ 杜佑：《通典》卷十二《食货十二·轻重》，295页，北京，中华书局，1988。

此六贤者，上以成王业，兴霸图，次以富国强兵，立事可法"①。杜佑这里所列的"六贤"，都是历史上理财的能手，他们没有豪夺于民而使国富兵强，所以杜佑非常赞许他们。

三、《通典》的历史编纂特点

李翰在《通典序》中对杜佑《通典》作了这样的解题："故采《五经》群史，上自黄帝，至于我唐天宝之末，每事以类相从，举其始终，历代沿革废置及当时群士论议得失，靡不条载，附之事。如人支脉，散缀于体。凡有八门②，勒成二百卷，号曰《通典》。"③这段话揭示了《通典》的编纂特点，那就是强调会通、注重论议和条分门类。

（一）统括史志，融会贯通

在典制体通史《通典》问世以前，流行于世的主要史书体裁是纪传体与编年体。从对典章制度的记述来看，编年体侧重于按年记述政治兴衰与军事成败，而罕及典章制度；纪传体以人物为中心，不过它的书志部分是记载典章制度的。由于典章制度毕竟不是纪传体史书记述的中心，加上除《史记》外，各纪传体断代史所记典章制度都受断代所限，前后不相照应，无法融会贯通。因此，随着社会与史学的发展，历史记述内容不断扩大，传统二体由于记述典章制度的缺陷，已经难以满足历史记述的需要。杜佑的《通典》，正是通过取材于历代正史的书志，沿用司马迁开创的通史体例，融会历代典章制度，创立了中国史学史上第一部典章制度体通史。

杜佑《通典》的撰述成功，不但打破了《史记》之后通史撰述长期沉寂的局面，而且为古代典章制度史的撰写开辟了一个崭新的局面，影响是很深远的，像后来宋代郑樵的《通志》、元代马端临的《文献通考》等一系列典章制度史，都是沿袭了《通典》的体裁而编纂的典章制度体鸿篇巨制。对于《通

---

① 杜佑：《通典》卷十二《食货十二》，295页，北京，中华书局，1988。

② 关于《通典》门类，从《通典》杜佑自序看，分成食货、选举、职官、礼、乐、刑、州郡和边防八门，也就是李翰这里所谓"八门"。但《旧唐书》本传载杜佑《上〈通典〉表》，则云"书凡九门，计二百卷"，这多出的一门是从"刑"中分出的"兵"一门。杜佑在自序"刑又次之"下已经自注说"大刑用甲兵"，因此《通典》定稿后将兵、刑分列成了两门，于是便有了"九门"之说。

③ 李翰：《通典序》，见杜佑：《通典》卷首，2页，北京，中华书局，1988。

典》所开创的历史撰述的新格局，后代史家给予了充分的肯定。例如，清代史评家章学诚就从古代通史撰述的角度对《通典》的成就作了评述，他说：

> 梁武帝以迁、固而下，断代为书，于是上起三皇，下迄梁代，撰为《通史》一编，欲以包罗众史。史籍标通，此滥觞也。嗣是而后，源流渐别。总古今之学术，而纪传一规乎史迁，郑樵《通志》作焉。统前史之书志，而撰述取法乎官《礼》，杜佑《通典》作焉。合纪传之互文，而编次总括乎荀、袁，司马光《资治通鉴》作焉。汇公私之述作，而铨录略仿乎孔、萧，裴潾《太和通选》作焉。此四子者，或存正史之规，或正编年之的，或以典故为纪纲，或以词章存文献，史部之通，于斯为极盛也。①

在此，章学诚一方面对《通典》的编纂特点作了概括："以典故为纪纲"，"统前史之书志，而撰述取法乎官《礼》"；一方面对《通典》在通史撰述上的地位给予了肯定，将它与《资治通鉴》《通志》《太和通选》并称为通史"四子"，认为是通史"极盛"之作的代表。近代史家梁启超也在所著《中国历史研究法》中明确指出，杜佑的《通典》是"统括史志"而"卓然成一创作"的典制体史书，是"史志著作之一进化"②。

（二）分门起例，以类相从

如前所述，《通典》一书明确将历代典章制度分为九大门类。关于《通典》这一编纂特点，《旧唐书·杜佑传》认为是杜佑取法于盛唐学者刘秩而来，本传说："初开元末，刘秩采经史百家之言，取《周礼》六官所职，撰分门书三十五卷，号曰《政典》，大为时贤称赏，房琯以为才过刘更生。佑得其书，寻味厥旨，以为条目未尽，因而广之，加以《开元礼》、《乐》，书成二百卷，号曰《通典》。"③这就是说，《通典》的"分门"以叙典制的编纂特点，来自刘秩的《政典》。《旧唐书》的这一说法应该说是有依据的，至少杜佑撰

① 章学诚：《文史通义》卷四《释通》，373 页，叶瑛校注本，北京，中华书局，1994。
② 梁启超：《中国历史研究法》，25 页，北京，东方出版社，1996。
③ 《旧唐书》卷一百四十七《杜佑传》，3982 页，北京，中华书局，1975。

写《通典》是受到了《政典》的启发。然而，杜佑在《通典》自序中却没有提及《政典》，对此，有学者提出了批评，如清代考据家王鸣盛就说杜佑"既以刘秩书为蓝本，乃自序中只字不及，复袭取官书攘为己有，以佑之事力，撰集非难，而又取之他人者若是之多，则此书之成亦可云易也"①。在此，王鸣盛不但批评杜佑贪功，而且认为《通典》"取之他人者若是之多"，所以成书较易。其实这种批评是有失偏颇的。其一，从"取之他人者若是之多"来说，我们只要将《政典》与《通典》的篇幅加以简单对比便不难看出，二书的规模差异太大，以二百卷之巨的《通典》，而说其大量抄袭仅有三十五卷的《政典》，这种说法实在难以成立。其二，从《政典》的重分门之体例特点对《通典》的影响来说，既然正史本传都提到了这一点，应该说这是事实。但是，《通典》是"统括史志"而成的典制体通史，这是公认的事实。而历代正史典制本来就是分门叙述的，如《史记》八书、《汉书》十志等，都是对典章制度的一种分类，这种做法并不是起源于《政典》。其三，从叙述对象而言，刘秩《政典》"取《周礼》六官所职"，以职官为中心；而杜佑《通典》虽然也"取法官《礼》"，却是按照典章制度类别编写的，以制度为中心。应该说，《通典》的分门特点和关于具体典章制度的撰述，主要还是取法于历代正史"志"体，同时也不能否定《政典》的影响。

值得注意的是，《通典》九门的撰写，虽然主要取法于史志，却在门类设立上与历代正史的"志"有着明显的不同，这种不同当然不是门类的多少问题，而是去掉了一些与政治治理没有直接关系的传统史志，如律历、天文、五行、祥瑞、舆服等，增加了与政治统治密切相关的选举、兵和边防等，从而更加突出了"将施有政"和经邦致用的撰述特点与旨趣。

（三）议论体例，别具一格

与以往史书比较，《通典》不但重议论，而且其议论体例别具一格。《通典》的史论特色，受到了历代史家的高度重视。通观《通典》全书的议论，主要有两种类型，一种是录"群士论议"，一种是作者本人的评论。

《通典》录"群士论议"主要有三种表述形式。其一是在有关卷后集中记

---

① 王鸣盛：《十七史商榷》卷九十《杜佑作通典》，1329～1330 页，上海，上海古籍出版社，2013。

述"群士论议"，这种议论形式，一般来说所论问题都比较集中，具备了"史"的基本特征。其二是在同卷正文中记述制度沿革而杂录"群士论议"，这种议论的好处是将历史议论与制度沿革结合起来，言事相兼，相得益彰。其三是在同卷中以正文记制度沿革而以注文录"群士论议"附后。总括《通典》的注文，共有六类：一是解释文字之音义；二是补充必要之史料；三是说明有关之掌故；四是考证可疑之史料；五是交代内容之互见；六是阐明写作之意图。这种自注的好处，是对重要史料可以加工编入正文，而通过注文保留下那些次要的却又有保留价值的史料。《通典》的这种自注形式，对于后来司马光《资治通鉴》别为《考异》、李焘《续资治通鉴长编》附考异于正文之下这些编撰方法的出现，显然是有着直接影响的。

《通典》作者本人的评论，其表述形式主要有序、论、说、议、评等。这些评论散见于《通典》各门各卷之中，作者借此发表自己的政治见解，同时也起到了对正文内容提纲挈领的作用。而诸多形式不同的自评，也表现出了作者对史论的灵活运用。其中的序，或叙全书之意，或叙各典之意，或叙典中某篇之意，旨在阐发作者的撰述旨趣。而论，分前论和后论，其特点是好引古论今。而说、议、评，《礼二·吉礼一》注文说："凡义有经典文字其理深奥者，则于其后说之以发明，皆云'说曰'。凡义有先儒各执其理，并有通据而未明者，则议之，皆云'议曰'。凡先儒各执其义，所引据理有优劣者，则评之，皆云'评曰'。他皆同此。"①由此来看，所谓"说"，是阐述经典的深奥；所谓"议"，是议先儒未明之义；所谓"评"，是评先儒所据之理的优劣。

《通典》议论体例别具一格，不但从编纂学上反映了作者对史论的灵活运用，而且从历史思想上反映出作者希望借助于大量的史论，来认真总结历史的得失成败，以为现实政治提供借鉴。

---

① 杜佑：《通典》卷四十二《礼二·吉礼一》，1167 页，北京，中华书局，1988。

第五节　唐代疑古惑经思潮下的经史关系

唐代前期的经学总结与经义疏解的统一，在确立经学的统一标准与规范的同时，也带来了解经方式的僵化，使得经学的发展受到禁锢，失去活力。在这样一种背景下，唐代出现了一股疑古惑经的思潮，人们对传统经说大胆怀疑，进行纠谬，提出新解，由此开创了唐代经学发展的新风。唐代疑古惑经思潮持续的时间很长，基本上与唐代历史相始终。在疑古惑经思潮的发展过程中，人们疑古惑经的视角与立场不尽相同，有的从史学视角进行疑古惑经，更多的则是从经学角度进行疑古惑经。疑古惑经思潮及其过程中的经史辨析，对唐代经史之学的发展都产生了重要影响。

一、疑古惑经思潮的兴起与演变过程

唐代疑古惑经思潮兴起的背景是初唐的经学总结。随着隋唐大一统政权的建立，隋与唐初的经学也开始由南北朝时期的分立局面逐渐走向统一。这一经学统一过程开始于隋朝，完成于唐初。隋朝经学的代表性人物是人称"二刘"的刘焯和刘炫，刘焯著有《五经述议》，该书虽已散佚，但其弟子孔颖达在《五经正义》中多有引述；刘炫的经学著作有《五经正名》《尚书述议》《毛诗述议》等，今有辑佚本。二刘的经学不拘一家之说，对南北朝时期的南学和北学作了某些折中，他们的经学贡献主要表现为对唐代的群经正义有重要影响。清人皮锡瑞说："隋之二刘，冠冕一代。唐人作疏，《诗》《书》皆本二刘。"[1]唐初，经学家陆德明完成《经典释文》的撰述，对唐初以前的经学汉学系统作了初步总结，奏出了隋唐统一经学的先声。此后，唐太宗先是诏命颜师古考定"五经"，完成了关于"五经"的文字统一工作，数年后又诏命孔颖达等人撰修《五经正义》；唐高宗时期最终完成了对"五经"经义的统一疏解，颁行天下传习。这"五经"的统一疏解分别是：《周易正义》

---

[1]　皮锡瑞：《经学历史·经学统一时代》，196页，周予同注释本，北京，中华书局，2008。

用魏王弼、晋韩康伯注，《尚书正义》用伪孔安国传，《毛诗正义》用汉毛公传、郑玄笺，《礼记正义》用汉郑玄注，《春秋左传正义》用晋杜预注。

然而，经义的统一疏解，以及《五经正义》坚守的"注不驳经，疏不破注"的解经原则，在宣告"五经"经义实现历史性统一的同时，也意味着儒学因此而被禁锢，走向僵化，儒学的发展因此失去活力和创造性。因为经学有了统一的标准，《五经正义》成为对经学的唯一解读，自然也就限制了人们对经义的理解。隋与唐初经学总结的初衷是服务于大一统政治的需要，然而这种固化的经学却难以培养出真正的治国人才，从而又影响了经学的功能发挥和学术地位。据《旧唐书·儒学列传》记载，高宗即位以后，"政教渐衰，薄于儒术，尤重文吏"；到了武后统治时，更是"以权道临下，不吝官爵，取悦当时"，导致"博士、助教，唯有学官之名，多非儒雅之实"，"生徒不复以经学为意"。[1] 文史受到重用，与经学博士没有真才实学有关系，这样的经学自然不利于发挥其经世致用功能。

在这样一种背景下，一些经史学家意识到了经学发展的危机，于是大胆地站出来疑经惑传，从而掀起了一股疑古惑经之风。早在武后时期，王元感就撰写了《尚书纠谬》《春秋振滞》《礼记绳愆》这样的著作。当时这些著作虽然受到一些学者的批驳，如"祝钦明、郭山恽、李宪等皆专守先儒章句，深讥元感掎摭旧义"，但也得到了一部分人的支持和赞扬，如魏知古、徐坚、刘知幾、张思敬等人"每为元感申理其义，连表荐之"[2]。王元感的这些著作现在都已经亡佚，其具体内容已不可考证，但是从魏、徐、刘、张等人联名为他推荐来看，当时的确是出现了一股质疑经典的思潮。

王元感之后的唐前中期，刘知幾是这股疑古惑经思潮的重要代表人物。所著《史通》，辟有《疑古》《惑经》两篇，大胆地对一些古代经典进行质疑，指出这些经书之中所叙述的历史事实未必可信。其中《疑古》篇主要怀疑的是《尚书》《论语》中的记载，刘知幾列举了十条可疑之处，并加以详细说明，其中包括尧舜禅让、汤伐夏桀等在传统儒家观念中已成定论的历史事件。而在《惑经》篇中，刘知幾更是列出"十二未谕"和"五虚美"来说明《春秋》叙

---

[1] 《旧唐书》卷一百八十九上《儒学列传序》，4942页，北京，中华书局，1975。
[2] 《旧唐书》卷一百八十九下《王元感传》，4963页，北京，中华书局，1975。

事之不当。古代学者对这两篇文章多加批驳，认为刘知幾是在诋毁圣人，诽谤经典。明人郭孔延在《史通评释》中批评刘知幾舍弃孔子删定的经书而相信汲冢书，所谓"弃洙泗之删书，信汲冢之琐语"，并且认为他对上古君王禅让的怀疑是"以小人心度君子腹"①。明人纪昀作《史通削繁》，更是将《疑古》的全文和《惑经》中的大段内容直接删去。近代以来的学者则大加赞扬刘知幾疑经的思想，认为他能突破传统经学枷锁，具有反抗精神。实际上，这样两种观点都太过绝对化。张振珮在《史通笺注》中说道："过去毁其离经叛道，近人誉其反抗精神，都从著者对儒经的态度考虑。事实上是反映了著者忠于史学的态度。……说他离经叛道，不论是诽毁还是奖誉，都嫌太过。"②他不赞成这种走向两极的观点，并且具体分析了出现这两种不同评价的学术思想原因，那就是刘知幾是站在史学立场上来进行疑古惑经的。

到了唐代中后期，唐代经学发展的模式化倾向愈加明显，经学地位也受到了冲击。这一点在科举考试中表现得较为明显。唐代的科举重文辞而轻经义，且经籍分为大、中、小三等，大经受到较多的关注，而中经和小经则不被重视。这样的科举制度发展到中唐以后弊端越来越明显，当时的士人多长于诗文创作而疏于经籍研读，对经书的理解墨守《五经正义》，而对于《公羊传》《穀梁传》这样既不在《五经正义》范围内，又属于小经的典籍更是知之甚少。唐代宗时期，时任礼部侍郎的杨绾就曾上疏指出现行的科举制度使得学者"不通经史，明经者但记帖括"③。此外，佛、道二家的兴盛，使人们对儒家经学思想的信仰出现了危机。从学术与政治的关系而言，安史之乱后，唐王朝的统治出现危机，经学发展的现状表明，它已经无法发挥经世致用的功能，不符合封建政治统治的需要。

在这样的学术与政治背景下，经学要想求得发展，发挥出经世致用的功能，传统经学模式亟待突破和革新。安史之乱后，唐代宗大历年间（766—779 年），出现了一批学者，他们对以前的经解进行反思，抛弃固有

---

① 郭孔延：《史通评释》卷十三《史通训故·史通训故补》，167 页，上海，上海古籍出版社，2006。
② 刘知幾著，张振珮笺注：《史通笺注》，3 页，贵阳，贵州人民出版社，1985。
③ 《新唐书》卷四十四《选举志上》，1166 页，北京，中华书局，1975。

的经学注疏，建立新的经说。《新唐书》记载："大历时，助、匡、质以《春秋》，施士匄以《诗》，仲子陵、袁彝、韦彤、韦茝以《礼》，蔡广成以《易》，强蒙以《论语》，皆自名其学。"①正是这些学者的"自名其学"，开启了新一轮的疑古之风。在这些疑古的学者之中，最具代表性的就是啖助、赵匡、陆淳②三人，他们以研究《春秋》著称，一般被称为"新《春秋》学派"或"啖赵学派"。"新《春秋》学派"以啖助、赵匡为先驱，而最终由陆淳集其大成。啖助博览经书，尤其精通《春秋》，作《春秋集传》《春秋统例》。赵匡曾经订补啖助所写的《春秋集传》《春秋统例》，自己撰写了《春秋阐微纂类义统》。他们两人的著作都散佚了，部分内容保存在陆淳的《春秋集传纂例》中。陆淳师从啖助，与赵匡为友。他综合了这两个人的学说，撰写了《春秋集传纂例》《春秋微旨》和《春秋集传辨疑》。

　　"新《春秋》学派"的疑古主要针对的是《春秋》"三传"，即《左传》《公羊传》和《穀梁传》。他们认为"三传"的解释并不符合《春秋》经文的原意，尤其是在唐代一直处于官方正统地位的《左传》，"叙事虽多，释意殊少，是非交错，混然难证"③；而且正是此前《左传》一直广为传习，才导致"习《左氏》者，皆遗经存传，谈其事迹，玩其文彩，如览史籍，不复知有《春秋》微旨"④。除此之外，他们甚至还怀疑"三传"的作者，认为《左传》作者并不是左丘明，所谓《公羊传》和《穀梁传》的作者公羊高和穀梁赤，也有可能是后儒的假说。这就进一步说明了"新《春秋》学派"认为"三传"解经的价值不高。啖、赵、陆三人对"三传"的审视是以其解经之义是否符合"《春秋》微旨"为标准的，这样的疑古实质上是疑传而尊经，他们试图抛开"三传"的固有解释，回归《春秋》经文本身，追寻他们所认为的真正的经学大义。"新《春秋》学派"的疑古思想对当时乃至后来学术的革新起到了关键的作用，使得经学研究的模式有了重大的转变。陈振孙在《直斋书录解题》中评价道："汉儒以

---

　　①　《新唐书》卷二百《儒学列传下》，5707 页，北京，中华书局，1975。

　　②　陆淳为避唐宪宗李淳之讳，后改名陆质。

　　③　陆淳：《春秋啖赵集传纂例》卷一《三传得失议第二》，3 页，丛书集成初编本，上海，商务印书馆，1936。

　　④　陆淳：《春秋啖赵集传纂例》卷一《啖氏集传集注义第三》，5 页，丛书集成初编本，上海，商务印书馆，1936。

来，言《春秋》者，惟宗三传，三传之外，能卓然有见于千载之后者，自啖氏始，不可没也。"①可见"新《春秋》学派"对"三传"的质疑引领了舍传解经的经学研究新方向。

从本质上来看，唐中后期"新《春秋》学派"的疑古与之前刘知幾以史疑经的思想是有区别的，应当说他们在经学危机的背景下重新树立了经学的学术地位，强调《春秋》经文的褒贬之义而非历史叙述的意义，这对唐代中期以后经史关系的发展方向有着深刻的影响。

二、刘知幾疑古惑经的史学视角

在唐代前中期的疑古惑经思潮中，刘知幾是最具代表性的学者。与大多数学者经学立场的疑古惑经不同，刘知幾是以史学的视角进行疑古惑经的。纵观刘知幾的疑古惑经思想，主要体现在其史学评论著作《史通》的《疑古》和《惑经》两篇当中。

在《疑古》篇中，刘知幾开篇就论述了上古之史分为记言之史和记事之史，而且他指出"古人所学，以言为首"，所以像"虞、夏之典，商、周之诰，仲虺、周任之言，史佚、臧文之说"就被奉为经典，而叙事之史则十分少见，许多上古的史事罕为人知，从而形成了"记事之史不行，而记言之书见重"的局面。这种重言轻事的传统一直延续了下来，例如，两汉的儒者对《左传》大加批驳，而推崇《公羊》《穀梁》二传，刘知幾认为这是由于《左传》以记载《春秋》经文背后的史事为主，且涉及了一些经文以外的历史内容，而《公羊》《穀梁》二传释言较多。另外，像《尚书》《论语》这样的记言之史也同样备受重视。刘知幾认为正是因为有这样的传统，所以"唐、虞以下帝王之事，未易明也"。②

从刘知幾在《疑古》篇开篇的论述来看，他是以史学的视角来看待古代经籍的。首先，他以记言之史和记事之史来概括古代典籍。像《尚书》《论语》这样被后世视为经书的典籍，他都归为记言之史，这就反映了他的史学立场。其次，他更强调经籍的历史叙事作用。从经籍的特点来看，记言之

---

① 陈振孙：《直斋书录解题》卷三《春秋类》，57页，上海，上海古籍出版社，1987。
② 刘知幾：《史通》卷十三《疑古》，352～353页，上海，上海古籍出版社，2009。

史一般记载的是重要人物的言论，这些言论往往具有很强的道德教化和训诫的意味；而记事之史则更注重对历史事实的记述。刘知幾指出了古人轻事重言的弊端，认为这样会使真正的历史事实湮没无闻，这说明他更重视的是经籍的历史叙事的作用，追求史学意义上的真实性。而且在《疑古》篇后面的内容中，刘知幾基本就是针对《尚书》《论语》等经籍叙事不实的问题进行质疑，可见他的疑经思想就是从史学角度出发的。

在《疑古》篇中，除了开篇对经籍发展特点的整体概述，刘知幾的具体论证过程也体现出了他以史疑经的特点。他说：

> 盖《虞书》之美放勋也，云"克明俊德"。而陆贾《新语》又曰："尧、舜之人，比屋可封。"盖因《尧典》成文而广造奇说也。案《春秋传》云：高阳、高辛二氏各有才子八人，谓之"元""凯"。此十六族也，世济其美，不陨其名，以至于尧，尧不能举。帝鸿氏、少昊氏、颛顼氏各有不才子，谓之"浑沌""穷奇""梼杌"。此三族也，世济其凶，增其恶名，以至于尧，尧不能去。缙云氏亦有不才子，天下谓之"饕餮"，以比三族，俱称"四凶"。而尧亦不能去。斯则当尧之世，小人君子，比肩齐列，善恶无分，贤愚共贯。且《论语》有云：舜举咎繇，不仁者远。是则当咎繇未举，不仁甚多，弥验尧时群小在位者矣。又安得谓之"克明俊德""比屋可封"者乎？[①]

这一段话主要针对的是《尚书·虞书·尧典》中对尧的评价的问题。《尧典》称尧"克明俊德"，后世著作也因袭《尧典》，对尧的评价很高。然而刘知幾认为，尧在位时有的贤人不能被举用，像"四凶"这样的小人也没有被驱逐，"善恶无分，贤愚共贯"，所以不可称之为"克明俊德""比屋可封"。在论证过程中，刘知幾援引了《左传》和《论语》中的内容，具体分析了尧在位时贤人和小人的情况。其实，现在看来，《尧典》中的"克明俊德"是对尧的称赞之辞，带有很强的主观性。而刘知幾则是从历史的真实性出发，探求尧当

---

① 刘知幾：《史通》卷十三《疑古》，356 页，浦起龙通释本，上海，上海古籍出版社，2009。

政时的社会状况，从而对传统的评价提出了质疑。而且刘知幾引用其他文献来对《尚书》的内容进行考辨，这也说明了他具有历史考证的史学意识。

《疑古》篇还多次以近古历史的经验来推测上古历史，由此对经书中的记载表示怀疑。刘知幾说：

> 《论语》曰：大矣，周之德也。三分天下有其二，犹服事殷。案《尚书序》云：西伯戡黎，殷始咎周。夫姬氏爵乃诸侯，而辄行征伐，结怨王室，殊无愧畏。此则《春秋》荆蛮之灭诸姬，《论语》季氏之伐颛臾也。又案某书曰：朱雀云云，文王受命称王云云。夫天无二日，地惟一人，有殷犹存，而王号遽立，此即《春秋》楚及吴、越僭号而陵天子也。然则戡黎灭崇，自同王者，服事之道，理不如斯。亦犹近者魏司马文王害权臣，黜少帝，坐加九锡，行驾六马。及其殁也，而荀勖犹谓之人臣以终。盖姬之事殷，当比马之臣魏，必称周德之大者，不亦虚为其说乎？[1]

刘知幾认为《论语》称颂周德是"虚为其说"，他引用《尚书序》的话，说明周文王征伐黎国是僭越的行为，因为当时周文王属于诸侯，不能擅自讨伐他国，也正因为如此，才会与商王室结怨。在刘知幾看来，这种僭越的行为，就像《春秋》中的荆蛮灭诸姬、《论语》中的季氏伐颛臾一样；至于周文王在商王仍存的情况下就自己称王，更是如同《春秋》中吴、楚僭号称王。所以，刘知幾认为周文王并不像《论语》所说的那样道德高尚。而《论语》之所以这样记载，据刘知幾分析，这就类似于后世司马昭谋害权臣，僭用天子之制，而西晋的中书监荀勖为了向司马氏政权献媚，仍然称司马昭"人臣以终"。从刘知幾的分析就可以看出，他对《论语》记载的内容的怀疑都来自他对历史的认识，他根据后世历史发展的规律来推测殷周易代的情况，这说明他对历史发展有一个整体的把握。另外，刘知幾也以同样的方式质疑了经书当中尧舜禅让、武王伐纣等在传统观念中已成定论的历史事件，这些都体

---

① 刘知幾：《史通》卷十三《疑古》，363 页，浦起龙通释本，上海，上海古籍出版社，2009。

现了他以史疑经的思想。

在《惑经》篇中，刘知幾主要针对的是《春秋》这一部经典。在开篇他就表明《春秋》是孔子所修的一部史书，他说："但孔氏之立言行事，删《诗》赞《易》，其义既广，难以具论。今惟摭其史文，评之于后。"①而所谓孔子所著的"史文"，刘知幾指的就是《春秋》。刘知幾以史学的角度来看待《春秋》，这就为《惑经》篇整篇质疑《春秋》定下了一个基调，他的所谓《春秋》"十二未谕"和"五虚美"都源于这样一种史学立场。

在"十二未谕"中，刘知幾提到《春秋》所记载的史事往往来源于他国使者到鲁国的赴告，使者所告的史事有大有小，还有遗缺，而刘知幾认为《春秋》的记载是"苟有所告，虽小必书；如无其告，虽大亦阙"，这就导致"巨细不均，繁省失中"。例如，鲁僖公十六年宋国出现了六鹢退飞的现象，这是非常小的事件，《春秋》记载下来了，但晋国灭耿、魏、霍三邦这样十分重要的事情《春秋》就没有记载。而且刘知幾说："案晋自鲁闵公已前，未通于上国。至僖二年，灭下阳已降，渐见于《春秋》。盖始命行人自达于鲁也，而《琐语春秋》载鲁国闵公时事，言之甚详。斯则闻事必书，无假相赴者也。盖当时国史，它皆仿此。"这是说晋国在鲁闵公以前没有通于鲁国，所以《春秋》中关于晋国的记载详于鲁闵公之后，但是晋国的史书却记载了鲁闵公之前鲁国的史事，这说明当时鲁国以外的他国国史并不是仅仅依靠正式的使者传告来编写的，而是"闻事必书"。因此，刘知幾批评《春秋》说："比夫诸国史记，奚事独为疏阔？寻兹例之作也，盖因周礼旧法，鲁策成文。夫子既撰不刊之书，为后王之则，岂可仍其过失，而不中规矩者乎？"由此可见，刘知幾认为《春秋》作为一部史书应当内容翔实，繁省合理，他以其他的国史著作作为参照，从而指出了《春秋》记载失当的问题。而且，刘知幾说："盖君子以博闻多识为工，良史以实录直书为贵。"然而使者来告之辞不一定符合事实，比如对于兵败、弑君这样的事情多有隐讳，叙述某些事件发生的时间会出现错误，等等。这样一来，就导致《春秋》的记载"真伪莫分，是

① 刘知幾：《史通》卷十四《惑经》，370页，浦起龙通释本，上海，上海古籍出版社，2009。

非相乱"，不符合史书实录直书的标准。[①]

刘知幾提出"五虚美"，同样是基于对《春秋》史学价值的评判。他认为《春秋》承袭的是鲁国国史的旧文，其叙事方式和行文习惯与当时所存的其他史书是类似的，《春秋》在很多方面并没有像后世学者所称赞的那样完美，所以在他看来，后世对《春秋》的一些褒扬是"虚美"。比如，刘知幾说：

> 案古者国有史官，具列时事，观汲冢出记，皆与鲁史符同。至如周之东迁，其说稍备；隐、桓已上，难得而详。此之烦省，皆与《春秋》不别。又"获君曰止"，"诛臣曰刺"，"杀其大夫曰杀"，"执我行人"，"郑弃其师"，"陨石于宋五"。诸如此句，多是古史全文。则知夫子之所修者，但因其成事，就加雕饰，仍旧而已，有何力哉？加以史策有阙文，时月有失次，皆存而不正，无所用心，斯又不可弹说矣。而太史公云：夫子"为《春秋》，笔则笔，削则削，游、夏之徒，不能赞一辞"。其虚美一也。[②]

在这段话中，刘知幾表明其他诸侯国的国史在历史记载上与鲁国的《春秋》无太大分别，《春秋》中的一些内容就是古史中的原文，甚至史策中的缺失错漏之处孔子也未作分辨，均收入《春秋》之中。所以，刘知幾认为孔子作《春秋》更多的是因袭旧文，而非司马迁称赞的那样有笔削删改之功，以至于"游、夏之徒，不能赞一辞"。再如，刘知幾指出，春秋时期大多数史官是秉笔直书的，如"董狐书法而不隐，南史执简而累进"[③]；而孔子修《春秋》，却对他邦或本国的一些篡逆弑君之事缺而不录，这不符合书法无隐的修史原则。

由此可见，不论是在《疑古》篇还是在《惑经》篇中，刘知幾都是从史学的角度来质疑经书，或是按照史书的修撰标准对经书中不实的记载加以批

---

① 刘知幾：《史通》卷十四《惑经》，380～381 页，浦起龙通释本，上海，上海古籍出版社，2009。

② 刘知幾：《史通》卷十四《惑经》，382～383 页，浦起龙通释本，上海，上海古籍出版社，2009。

③ 同上书，384 页。

评的，他的这种以史疑经的思想其实反映了唐代史学地位的提高。值得注意的是，从经史关系上讲，当时的史学发展整体还是在经学思想指导下的，史学不可能完全摆脱经学的影响而独立。所以尽管刘知幾以史疑经，但他并没有否定经学，尤其是对于经学中所体现的名教思想，他在史书中还是主张要维护的。然而，这样一来，名教思想中为君隐讳、掩恶扬善的观念，就与秉笔直书的修史原则产生了一定的矛盾。在《惑经》篇中，这种矛盾就暴露了出来。刘知幾的基本原则还是要直笔让位于名教，他说："夫臣子所书，君父是党，虽事乖正直，而理合名教。"而在具体历史叙事中，刘知幾对何事该直书、何事应隐讳，做着艰难的区分：像"鲁之隐、桓戕弑，昭、哀放逐，姜氏淫奔，子般夭酷"这样的"邦之孔丑"应当隐讳，而像"公送晋葬，公与吴盟，为齐所止，为邾所败，盟而不至，会而后期"这样的小事还要隐讳的话，就显得"烦碎之甚"了。[①]

总而言之，刘知幾的疑古惑经思想体现的是他史学的学术立场，他以史疑经的做法促使人们从史学的角度对经书的内容进行反思，在一定程度上促进了经史之间的互动。

三、"新《春秋》学派"疑古惑经的经学立场

在唐代疑古惑经思潮发展过程中，基于经学而非史学的立场是比较普遍的现象。在经学立场上疑古惑经的主要代表，当属唐中后期的"新《春秋》学派"。

刘知幾之后的唐中后期，出现了以啖助、赵匡和陆淳为代表的"新《春秋》学派"引领的新一轮疑古惑经思潮。之所以称其为"新《春秋》学派"，是因为他们以研习、阐释《春秋》经义为主要治学方向，而且他们对《春秋》经文的解读不同于传统的《春秋》学，一方面兼采《春秋》"三传"的解释，不再固守一家；另一方面又以经驳传，主张从经文本身出发来阐发《春秋》大义，这也是其疑古惑经思想的由来。当然，这一时期的疑古惑经之风并不仅仅限于《春秋》及"三传"的研治，也包含对其他诸经的研治，如前文所提到的

---

① 刘知幾：《史通》卷十四《惑经》，377 页，浦起龙通释本，上海，上海古籍出版社，2009。

能"自名其学"的尚有施士匄治《诗》，仲子陵、袁彝、韦彤、韦茝治《礼》，蔡广成治《易》，强蒙治《论语》等。他们的经说都提出了新说，具有疑古惑经思想。但是，对当时社会政治以及后来学术的发展影响最大的，还属"新《春秋》学派"。他们的学说之所以有如此大的影响力，与他们选择《春秋》这部经典来进行研究有很大的关系。《春秋》常被看作是孔子所书"为后王法"的著作，其中所包含的褒贬之义可以为后世的政治统治提供借鉴和规范。"新《春秋》学派"就是看到了《春秋》的这种重要意义，所以试图通过阐发《春秋》大义来挽救当时唐朝藩镇割据、社会危机不断加重的政局。而且传统的《春秋》学发展到唐代已经走向僵化，学者固守"三传"的解释，而"三传"在许多问题上又各执一词，难有定论。"新《春秋》学派"认为这样的学术现状亟须改变，所以他们要建立解释《春秋》的新学说。"新《春秋》学派"的疑古惑经与刘知幾有很大的不同，他们并没有质疑经文本身，而是质疑传文，具体到《春秋》学就是质疑《春秋》"三传"。他们站在经学的立场上疑古惑经，以强调褒贬的"《春秋》微旨"来质疑"三传"，试图打破传统的经学解释模式，建立新的解经学说。

"新《春秋》学派"的疑古惑经思想，主要表现在以下几个方面。

首先，啖助等人以经学的观点来看待《春秋》，将《春秋》看作经书而非史书。他们也承认《春秋》承袭了鲁国史记旧文，是"因史制经"，但他们认为孔子作《春秋》的本意并不是要修一部史书，而是要通过鲁史旧文来"明王道"。赵匡就说："予谓《春秋》因史制经，以明王道。其指大要二端而已：兴常典也，著权制也。故凡郊庙、丧纪、朝聘、蒐狩、昏取，皆违礼则讥之，是兴常典也。非常之事，典礼所不及，则裁之圣心，以定褒贬，所以穷精理也。"[①]他将孔子作《春秋》的主张分为两点，一是"兴常典"，二是"著权制"。赵匡更看重的是"著权制"，是孔子在《春秋》中所表达的褒贬义理，这也是赵匡所认为的《春秋》与史籍的不同之处。《春秋集传纂例·赵氏损益义》载："或曰：圣人之教，求以训人也，微其辞何也？答曰：非微之也，事当尔也。人之善恶，必有浅深，不约其辞，不足以差之也。若广其辞，

---

① 陆淳：《春秋啖赵集传纂例》卷一《赵氏损益义第五》，6页，丛书集成初编本，上海，商务印书馆，1936。

则是史氏之书尔。"①赵匡认为圣人之教存于《春秋》的微言之中，也正是这些
微言才能表达出对人事善恶的褒贬之义，这是《春秋》作为经书的表达方式，
它不同于需要"广其辞"以记述事实的史书，它的主要目的是用微言褒贬来
为后世设教立法。

也正是由于经学的而非史学的立场，"新《春秋》学派"对解释《春秋》的
《公羊传》《穀梁传》与《左传》的评价有所区别。因为《公》《穀》二传是从经义
上解经，《左传》则是以史事解经，相对而言，"新《春秋》学派"更认同《公》
《穀》二传的观点，而对《左传》批评较多。前文已经提到，啖助认为正是之
前《左传》一直处在官方正统的地位上，人们只习《左传》而舍弃了《公》《穀》
二传，更舍弃了《春秋》经文，仅通过《左传》来了解《春秋》，这才导致人们
"如览史籍，不复知有《春秋》微旨"。赵匡也论述过《左传》与《公》《穀》二传
的区别，他认为"《公》《穀》守经，左氏通史"，"左氏解经，浅于《公》
《穀》"②。而且，对于《左传》中有传无经的内容，"新《春秋》学派"认为应当
删去，不应作为解经之辞。《春秋集传纂例·啖赵取舍三传义例》中有这样
一段话：

> 或问：无经之传，有仁义诚节，知谋功业，政理礼乐，谠言善训
> 多矣，顿皆除之，不亦惜乎？答曰：此经，《春秋》也；此传，《春秋》
> 传也，非传《春秋》之言，理自不能录耳，非谓其不善也。且历代史籍，
> 善言多矣，岂可尽入《春秋》乎？其当示于后代者，自可载于史书尔。③

"新《春秋》学派"认为凡是解释《春秋》的传文都应该以经文为本，所以即使
《左传》中的无经之传记载属实且多有善训，也不能作为解经之传，而应当
归入史籍。这说明他们对经与史有着严格的区分，而且强调经书不能与史
书混同。

---

① 陆淳：《春秋啖赵集传纂例》卷一《赵氏损益义第五》，7 页，丛书集成初编本，上海，商务
印书馆，1936。

② 同上书，8 页。

③ 陆淳：《春秋啖赵集传纂例》卷一《啖赵取舍三传义例第六》，11 页，丛书集成初编本，上
海，商务印书馆，1936。

其次，"新《春秋》学派"在质疑《春秋》"三传"的具体内容时，也是从道德教化的角度，用经学的褒贬之义来作为他们的评判标准的。陆淳在《春秋集传辨疑·凡例》中说："凡左氏叙战灭及奔杀等事，委曲繁碎，今悉略其文，举成败大纲而已。凡左氏无经之传，今皆不取。其有因盟会征伐等事而说忠臣义士及有谠言嘉谟与经相接者，略取其要。若说事迹与经符而无益于教者，则亦不取。"①可见，陆淳对《左传》中战灭奔杀等历史事件的具体过程并不看重，认为存其大纲就可以了。对于无经之传，陆淳与赵匡一样都主张不取，但陆淳进一步说，如果《左传》中所记载的事迹"无益于教"，那么这些内容即使与经相符也不取。可以看出，是否有益于道德教化是"新《春秋》学派"对解经之传的重要评判标准，这一点就充分体现了他们的经学立场。在对传文进行具体分析时，他们更是以是否有褒贬之义，以及是否符合教化之理作为疑古的出发点。例如，《春秋》隐公七年经文："公伐邾。"《春秋集传辨疑》载："左氏曰：'为宋讨也。'赵子曰：'邾伐宋在五年，不应二年方为之报。左氏此例甚多，既非褒贬之意，故不取。他放此。"②鲁隐公七年《春秋》经文记载隐公伐邾国，《左传》解释说这是为宋国而去进攻的。赵匡说邾国伐宋是在隐公五年，鲁隐公不应当过了两年才为宋报仇。而且，他认为《左传》的这种解释没有体现《春秋》的褒贬笔法，所以不予采取，《左传》中类似的情况也应如此。如果说赵匡一开始从邾伐宋和公伐邾的时间来分析还有一定的逻辑依据，那么后面的"非褒贬之意，故不取"，就体现出他以褒贬义理作为疑古的重要标准。

此外，"新《春秋》学派"还以这种褒贬义理作为质疑《左传》历史叙述的依据。例如，《左传》中详细叙述了隐公元年郑伯克段于鄢这件事的前因后果，然而啖助怀疑郑庄公并没有像《左传》说的那样囚禁母亲姜氏。他说："按庄公云：'姜氏欲之，焉避害？'又曰：'不义不昵，厚将崩。'此皆避恶名矣，但以不知大义，乃陷于杀弟，岂子囚母乎？此传近诬矣。"③啖助认为根据郑庄公的言论可以判断出他是知道避恶名的，只是不知大义才陷于杀弟，

①　陆淳：《春秋集传辨疑》卷首《凡例》，文渊阁四库全书本。
②　陆淳：《春秋集传辨疑》卷一《公伐邾》，文渊阁四库全书本。
③　陆淳：《春秋集传辨疑》卷一《郑伯克段于鄢》，文渊阁四库全书本。

所以他应当不会囚禁自己的母亲。在啖助看来，《左传》的记载是诬妄之辞。从啖助的论证过程来看，他没有像刘知幾疑古那样参考历史发展的经验或者援引其他典籍的相关记载作为论据，而是直接依靠道德义理角度的分析，从而对《左传》的历史记载进行质疑。再如，文公六年，《春秋》经文载："季孙行父如陈。"《左传》解释说："且娶焉。"但是赵匡不认同这种说法，他说："若实如此则非礼，经文当书之，经既不书，此说谬也。"①赵匡认为如果《左传》的这种不符合礼法的解释属实，经文一定会指出或有所体现，经文既然没有说季孙行父违背礼法，那么《左传》的说法就是不实的。可见他也是把"礼"这种道德规范作为标准，而且是以《春秋》经文为本的。

四、"新《春秋》学派"与唐中后期的史学变革

虽然"新《春秋》学派"的疑古惑经是站在经学的立场上对《春秋》"三传"进行批评、质疑，其观点、主张基本属于经学内部问题，而且他们强调经学与史学的区别，但是，他们的学说，尤其是这种注重褒贬义理的思想特点，对唐代中后期的史学变革产生了深远的影响。唐中叶以后，史学的发展与唐代前期相比发生了转变，史书的书写原则由重视直笔向强调褒贬过渡，撰史旨趣也逐渐由历史鉴戒转向经世致用，史学求道的倾向愈加明显。应当说，这些变化与"新《春秋》学"的兴起有很大的关系。

在唐代前期，史家撰写史书十分注重秉笔直书，强调实录精神。不论是唐初"五代史"、《晋书》等史书的修撰，还是后来刘知幾《史通》中史学思想的阐发，都体现了史家的直书原则和主张。而到了唐代中期以后，这种直笔观念有所转变，虽然很多史家依然遵循直笔的原则，但是他们更加注重史书书写的褒贬笔法。与唐代前期以史学实录为目的的书法无隐的精神不同，这种褒贬笔法是建立在道德教化基础上的，是以经学大义和名教观念为标准的。比如，柳宗元在《与韩愈论史官书》中就阐述了"史以名为褒贬"②的观点。柳宗元的许多史论都体现出了褒贬之义。例如，他在《晋文公问守原议》中批评晋文公仅以寺人勃鞮之言就决定了原地的守官。他说：

---

① 陆淳：《春秋集传辨疑》卷七《季孙行父如陈》，文渊阁四库全书本。
② 《柳宗元全集》卷三十一《与韩愈论史官书》，252页，上海，上海古籍出版社，1997。

"余谓守原，政之大者也，所以承天子，树霸功，致命诸侯，不宜谋及媒近，以忝王命。"①也就是说，柳宗元认为，任命原地守官是国之大事，晋文公应当在朝堂之上与卿相商议，而不是与寺人私议于宫。柳宗元对晋文公的批评其实是从名教礼法的角度出发的，像寺人这样的宦官内臣是不允许参与朝政的。而且，晋文公问守原这件事本载于《左传》之中，从《左传》的原文来看，并没有对晋文公此举加以批评。所以柳宗元的这种褒贬之义抛开了《左传》，而以他所认同的道德义理为标准来对史事加以评论。这一点与"新《春秋》学派"舍传求经的思想十分类似。②

值得注意的是，柳宗元本人与"新《春秋》学派"有直接的联系，他曾跟随"新《春秋》学派"的陆淳学习。在《答元饶州论春秋书》中他写道：

> 往年曾记裴封叔宅，闻兄与裴太常言晋人及姜戎败秦师于殽一义，尝讽习之。又闻韩宣英及亡友吕和叔辈言他义，知《春秋》之道久隐，而近乃出焉。京中于韩安平处，始得《微指》，和叔处始见《集注》，恒愿扫于陆先生之门。及先生为给事中，与宗元入尚书同日，居又与先生同巷，始得执弟子礼。③

从柳宗元的叙述中可以看出，他在成为陆淳的弟子之前就已经阅览过陆淳的《春秋》学著作，对其观点很是认同，对陆淳本人的学识也十分敬仰。而且，柳宗元还为陆淳写过墓表。在墓表中，他对陆淳的学术大加赞扬，称"其道以生人为主，以尧、舜为的，苞罗旁魄，胶辖下上，而不出于正。其法以文武为首，以周公为翼，揖让升降，好恶喜怒，而不过乎物"④。这些都可以说明，柳宗元深受"新《春秋》学派"思想的影响，所以他所强调的史学的褒贬之义应当与"新《春秋》学派"有很大的关系。

---

① 《柳宗元全集》卷四《晋文公问守原议》，29 页，上海，上海古籍出版社，1997。

② 参见赖亮郡：《中唐新〈春秋〉学对柳宗元的影响》，见林庆彰、蒋秋华主编：《啖助新〈春秋〉学派研究论集》，127～164 页，台北，"中研院"中国文哲研究所，2002。

③ 《柳宗元全集》卷三十一《答元饶州论春秋书》，256 页，上海，上海古籍出版社，1997。

④ 《柳宗元全集》卷九《唐故给事中皇太子侍读陆文通先生墓表》，65 页，上海，上海古籍出版社，1997。

　　除了史书书写原则的转变，在"新《春秋》学"兴起以后，史家的撰史旨趣也发生了变化。前文已经讲到，在唐代前期，史学著作往往重视历史经验的总结，历史鉴戒色彩十分浓厚。"新《春秋》学"的兴起促使这种撰史旨趣渐渐由历史鉴戒转向了经世致用。因为"新《春秋》学派"是从经学义理的角度来看待《春秋》的，他们认为孔子作《春秋》是为了阐发其褒贬之义，从而为后世治国经邦立法，所以在他们看来《春秋》本身就有很强的现实意义。而且，"新《春秋》学派"的主张也与当时的社会政治有着密切的联系，他们试图利用《春秋》学达到尊王室和维护大一统的政治目的。这样一来，"新《春秋》学派"就在当时掀起了一股经世致用之风。而这股经世之风也影响到了当时的史学，最集中的体现就是杜佑所作的《通典》。如前所言，杜佑在《通典》自序里说自己"不好章句之学"，这与"新《春秋》学"注重经书微言大义而非单纯的注疏训诂的思想是一脉相承的。《通典》以"征诸人事，将施有政"为撰述旨趣，落脚在"政"上，也就是具体的政治教化和制度上，这就明确表达了杜佑的经世思想。而且，《通典》是一部典制体的史书，旨在对历史上的典章制度的因革损益进行总结，与现实政治关系非常密切。

　　随着褒贬之义与经世致用的思想越来越为史家所重视，史学求道的倾向也愈加明显，这也与"新《春秋》学派"的主张息息相关。所谓"求道"，其实就是在史书当中要体现出一定的为政之理、教化之理，这与"新《春秋》学派"对《春秋》以褒贬之义来阐发治世之理和圣人之道的认识是一致的。啖助、赵匡的学说中，多次提到"理"。例如，啖助说："予所注经传，若旧注理通，则依而书之，小有不安，则随文改易，若理不尽者，则演而通之，理不通者，则全削而别注。"①啖助这里所说的"理"，指的就是他所认为的《春秋》应传达的褒贬义理和圣人之道。这种"理"的观念对韩愈、李翱等人的道统化的史学思想产生了一定的影响。韩愈就认为治史的目的是"诛奸谀于既死，发潜德之幽光"②，可见他强调的是史学在道德教化上的意义。谢

---

　　① 陆淳：《春秋啖赵集传纂例》卷一《啖氏集注义例第四》，5页，丛书集成初编本，上海，商务印书馆，1936。

　　② 《韩愈全集·文集》卷三《答崔立之书》，176页，上海，上海古籍出版社，1997。

保成总结这样的主张是"以史治心、治心以治世"①。李翱在谈论史书撰写时说："欲笔削国史，成不刊之书，用仲尼褒贬之心，取天下公是公非以为本。"②他所说的"仲尼褒贬之心"和"公是公非"，其实就是撰写史书所要遵循的道德标准。与韩愈、柳宗元同时代的柳冕，在其《答孟判官论宇文生评史官书》中也说："求圣人之道，在求圣人之心。求圣人之心，在书圣人之法。法者，凡例、褒贬是也，而迁舍之。《春秋》尚古，而迁变古，由不本于经也。"③他批评司马迁没有按照《春秋》褒贬之法来书写史书，并认为运用褒贬之法的最终目的就是要求得圣人之心、圣人之道。这种求道的思想一直影响着唐代中后期史学的发展，并且为宋代理学兴起以后义理化史学的产生奠定了基础。

　　总之，"新《春秋》学派"的疑古惑经思想及其相关主张，对唐代中期以后经学与史学的发展，以及经史关系的演变都有着重要的意义。一方面，从学术立场上看，"新《春秋》学派"的学术主张和观点基本属于经学范畴，而且他们在疑古惑经的过程中反对将《春秋》看作史书，强调经史之间的区分，他们的这种经史相分的主张影响了后世学者的经史观念。另一方面，尽管"新《春秋》学派"强调经史相分，但他们以褒贬之义质疑《春秋》"三传"的做法，在客观上对史学产生了影响，中唐以后史学的发展与史学思想的演变是与"新《春秋》学派"的影响分不开的。

---

　　① 谢保成：《隋唐五代史学》，222 页，北京，商务印书馆，2007。
　　② 李翱：《答皇甫湜书》，见董诰等编：《全唐文》卷六百三十五，2839 页，上海，上海古籍出版社，1990。
　　③ 柳冕：《答孟判官论宇文生评史官书》，见董诰等编：《全唐文》卷五百二十七，2371 页，上海，上海古籍出版社，1990。

第五章　宋元史学思想

绪　言

宋元是我国封建社会进一步发展时期，也是我国古代史学高度发达的一个历史时期。由于宋元时期的社会状况不尽相同，这一时期史学与史学思想的发展也明显呈现出前后不同的阶段性特点。

宋代史学的繁荣，与这一时期社会发展状况有着密切的关系。首先，政治上中央集权统治的高度强化和经济的迅速发展，为这一时期史学的发展和繁荣提供了一个相对稳定的社会环境和物质基础。其次，文化上实行"右文"的立国政策和科举制度的发展，扩大了读书人的队伍，促进了宋代文风的发达和文化的昌盛，也带动了史学的发展。再次，思想上适应封建政治统治需要的理学兴起，并逐渐成为一种时代哲学思潮，对史学的发展产生了重大影响。又次，科技上雕版印刷的普遍使用和活字印刷的发明，为包括史书在内的书籍的大量印制和流通创造了条件。最后，宋、辽、金政权之间严重的民族矛盾和宋代社会尖锐的阶级矛盾，致使封建国家的内忧外患始终不能消除，从而促使了史学家们去思考和探究这些问题。正是在这样一种背景下，封建史学迎来了大繁荣，表现在历史编纂上：一是产生了像《资治通鉴》和《通志》这样的通史名著，它们是这一时期史学成就的最高代表；二是诞生了纪事本末体、纲目体等新的史书体裁，传统史书体裁有了新的发展，像司马光对编年体的发展，王溥对会要体的发展等，历史编纂学取得了重大突破；三是高度重视当代史的撰述，其中李焘的《续资治通鉴长编》、李心传的《建炎以来系年要录》、徐梦莘的《三朝北盟汇编》等，都是这方面的巨制；四是历史文献学成就巨大，包括勘误、考异、辨伪、金石、考古等，在这一时期都取得了重要成果。

与这种社会的发展与历史编撰的繁荣相适应，宋代史学思想也出现了一些新的时代特点。

首先是深受理学影响而出现的史学思想义理化倾向。具体表现如下：一是贯通意识。理学"格物致知"的求理方法所形成的通天通地、贯古贯今的思维特征，在史学上的反映则是重视"通识"意识。例如，胡宏的《皇王大纪》、苏辙的《古史》等著作论及宇宙的运动、生命的起源和社会的产生与发展，通过贯通天地来对这些问题作出思考；又如，司马光的《资治通鉴》和《稽古录》、郑樵的《通志》等，都是在"通识"意识指导下写成的名著。二是天理史观。史家总结历史兴衰会受到天理史观的影响，普遍重视维护纲常伦理对国家兴衰的重要作用。史家们不但以天理的标准来评论历史事件和历史人物功过，而且以天理的标准来进行历史阶段的划分。从历史阶段划分而言，义理史学的典型观点是三代、汉唐分论，肯定三代是天理流行，汉唐则是人欲横流；三代以道治天下，汉唐以法把持天下。三是正统观念。史学正统观念具有强烈的理学色彩。例如，理学家兼史学家朱熹作《资治通鉴纲目》，在该书《序例》中明确指出"岁周于上而天道明矣，统正于下而人道定矣"[①]，表达了其正统之辨意在明定人道的是非善恶；范祖禹作《唐鉴》，将武周统治看作"母后祸乱"，黜去武周年号，表明不承认武则天统治的正统性；等等。四是《春秋》书法。例如，欧阳修认为孔子《春秋》是为后世制王法的重要经书，"一字一褒贬"，所作《新五代史》采用的褒贬义例皆"仰师《春秋》"；范祖禹《唐鉴》书武周历史，在纪年方式上援引"公在乾侯"例，纪年之后必书"帝在房州""帝在东宫"等，以此申明褒贬之义；朱熹的《资治通鉴纲目》是一部通过法《春秋》用字规则以明《春秋》之义的史著，其间出于序名分、明顺逆、倡明纲常伦理道德的需要，而为尊、亲、贤者虚美隐恶的现象比比皆是，将《春秋》书法发展到了无以复加的程度。

其次是忧患意识与资治思想。忧患意识是中国古代士人的一种传统意

---

① 朱熹：《资治通鉴纲目》卷首《朱子序例》，文渊阁四库全书本。

识，由于宋代立国的积贫积弱，宋代士大夫的这种忧患意识显得更加强烈。范仲淹在《岳阳楼记》中所谓"进亦忧，退亦忧"和"先天下之忧而忧，后天下之乐而乐"，便是这一时期一些积极入世的士大夫的忧患意识与境界的一种真实写照。相比较而言，史学家的忧患意识更具历史感。司马光在所撰《历年图序》中说"自古以来，治世至寡，乱世至多，得之甚难，失之甚易"[①]，反映的就是史家以史为鉴以肯定治国艰难的一种忧患意识。忧患意识必然会激起一种责任感，表现在历史撰述和史学思想上，是强调史书的资治作用。在这方面，司马光的《资治通鉴》堪称代表作。《资治通鉴》的撰述动机，是要为帝王撰写一部历史教科书，因此，其撰述旨趣非常明确，那就是要"监前世之兴衰，考当今之得失"。表现在选材上，则是"专取关国家兴衰，系生民休戚"，以体现帝王教科书的特点。[②] 理学家兼史学家朱熹更是有过之而无不及，通过撰写《资治通鉴纲目》，从而创立了一种更为简洁、更易明理的纲目体。同时，宋代史家出于对当时社会历史的关注，掀起了一股撰写当代史的潮流。

　　元朝是我国历史上继宋、辽、金第二次民族大交融之后，由蒙古族建立起来的大一统国家，其在文化上呈现出开放性、多元性的特点。反映到历史撰述上，首先，正史与国史的撰述上成果丰硕，以宋、辽、金三朝正史的修撰最为著名，撰述内容蕴含了丰富的多民族历史的内容；其次，马端临《文献通考》的撰成，是这一时期典制体繁荣与史学进步的重要表现；再次，元代别史、传记、史注的撰述成就斐然，如胡三省的《通鉴音注》便是"《通鉴》学"的杰作，苏天爵的《元朝名臣事略》则是著名的传记体史书；最后，元朝地志与行纪的撰述比较发达，像官修的《元大一统志》、郝衡私修的《舆地要览》等，都是一时之佳作。

　　元代史学思想，自然是这一时期政治、经济等因素在史学领域的反映。首先，史学思想内蕴有"夷夏之防"意识。由于元朝是少数民族入主中原而建，元初史学出现了如何对待元朝的统治和民族关系的各种思潮。例如，元初史家胡三省在其《通鉴音注》中，就通过斥责元朝统治者的暴行，来表

---

① 司马光：《稽古录》卷十六《历年图序》，180 页，北京，北京师范大学出版社，1988。
② 司马光：《资治通鉴》卷二百九十四《进书表》，9607～9608 页，北京，中华书局，1956。

达对故国的情思。元初还有一些学者通过研习朱熹的《资治通鉴纲目》，以此提倡正统观和"夷夏之辨"思想，以表示对元朝统治的不满。其次，重视对前朝历史经验教训的总结。宋元易鼎，作为元初统治者和广大士大夫，都需要从中总结历史的经验教训。忽必烈时，就有修撰辽、金史的动议，南宋亡后，又有修撰辽、金、宋三史的动议，可见元朝统治者修撰前朝史的急迫性；而宋、辽、金三史的最终撰成，便是这种历史总结思想的产物。元初史家马端临撰述《文献通考》，则是从典制方面对宋代历史进行总结的史学名著。再次，史学思想呈现开放性的特征。由于元朝实行对外开放政策，促使中外交往频繁，反映到史学上就是出现了一批记载中外交往和域外史地的史志，如《真腊风土记》《大德南海志》等，而这种历史撰述无疑是史学思想开放的表现。最后，正统观念的进步。这主要表现在元朝末年《宋史》《辽史》《金史》的修撰上。元代史家编纂三史，采取了"各为正统"的原则，表达了平等对待各民族历史的进步的历史观。也正因此，才保证了对宋、辽、金时期各民族历史进程的记载，从而为后世提供了丰富的民族史资料。

第一节　司马光的史学思想

司马光殚精竭虑十九年著成的《资治通鉴》一书，不但体大思精、网罗宏富，考史方法匠心独具，成为中国古代编年体史书撰述的最高典范，而且内蕴史学思想广博而深邃，其以"资治"名篇，更加凸显了史学的经世致用功能。

一、突出史学的经世致用功能

长期以来的政治实践证明，史学确实为封建政治统治提供过不少资政的经验和教训。史学的这种经世致用功能，已经不但为史学家、思想家们所认识，而且为历代开明统治者所认识。也正因为这样，随着封建统治经验的积累，统治阶级也愈益重视发挥史学的经世致用功能，利用史学为封建政治统治服务。司马光《资治通鉴》书名的由来，就是宋神宗认为该书"鉴于往事，有资于治道"，而钦赐此名的。由此可见，《资治通鉴》的得名，既是史家治史以资政的自觉意识增强的表现，也是封建帝王利用史学为政治服务的自觉意识增强的表现。《资治通鉴》突出史学的经世致用功能，其具体表现有如下几个方面。

第一，明确提出以"监前世之兴衰，考当今之得失"为撰述目的。司马光在《进书表》中说道：《资治通鉴》的撰写，是为了"监前世之兴衰，考当今之得失，嘉善矜恶，取是舍非，足以懋稽古之盛德，跻无前之至治"①。《资治通鉴》这一史学目的论是非常明确的，它就是要借助于历史的记述与评论，让人们从中"鉴"得以往历史的治乱兴衰，然后以古观今，"考当今之得失"，在对历史与现实政治进行"嘉""矜""取""舍"后，最终达到以史为用、以史资政的目的。司马光这样一种鲜明的历史撰述目的，加上《资治通鉴》博大精深的史学内涵和高超的历史编纂技巧，它们有机地结合在一起，使得《资治通鉴》一书很好地凸显了史学的经世致用功能。因此该书也得到了后代史家与统治者的高度重视，元代史家胡三省在《新注资治通鉴序》中对《资治通鉴》一书作了这样的评价："为人君而不知《通鉴》，则欲治而不知自治之源，恶乱而不知防乱之术。为人臣而不知《通鉴》，则上无以事君，下无以治民。为人子而不知《通鉴》，则谋身必至于辱先，作事不足以垂后。乃如用兵行师，创法立制，而不知迹古人之所以得，鉴古人之所以失，则求胜而败，图利而害，此必然者也。"②这段话对《资治通鉴》的作用给予了很高的评价，认为它是为人君、为人臣、为人子者不可不读之书，是"用兵行师""创法立制"者不可不读之书。很显然，胡三省对《资治通鉴》的经世作用是有很深的认识的。

第二，选材上体现帝王教科书的特点。司马光撰写《资治通鉴》的原始动机，是帮助"日理万机"的统治者鉴往知来，因此在史书的选材上必须既要有所删削，更要有所突出。对此，司马光在《进书表》中有一个明确的说明："每患迁、固以来，文字繁多，自布衣之士，读之不遍，况于人主，日有万机，何暇周览！臣常不自揆，欲删削冗长，举撮机要，专取关国家兴

---

① 司马光：《资治通鉴》卷二百九十四《进书表》，9608 页，北京，中华书局，1956。
② 胡三省：《新注资治通鉴序》，见司马光：《资治通鉴》卷首，24 页，北京，中华书局，1956。

衰，系生民休戚，善可为法，恶可为戒者，为编年一书。"①这就是说，《资治通鉴》与以往史书记载繁杂史事不同，它的撰写只是围绕或突出两大主题——"国家兴衰"和"生民休戚"，体现了帝王教科书的特点。《资治通鉴》正是在这样一种撰述思想指导下，详细叙述历史发展的治乱兴衰及其原因，叙述历代重大政治事件的发生、发展与影响，叙述历代军事战争及其成败之因。从认真总结历史经验教训出发，《资治通鉴》注重善恶必书，全书既注重书写历代明君的盛业，也注重书写历代昏君的误国；既注重叙述历代良臣的辅弼之功，也注重叙述历代奸臣的误国害民，目的是要使当代统治阶级可以"善可为法，恶可为戒"。同时，《资治通鉴》也非常重视记载国计民生大事，尤其注重叙述历代农民起义及其原因和后果，以对封建统治者作出警示，从而引起他们对国计民生的关注。

二、注重对历史盛衰之理的探讨

纵观古往今来的历史撰述，大多是以探寻历史盛衰之理为己任的。《资治通鉴》明确标榜要"专取关国家兴衰"，从表层来看，只是说司马光对历史盛衰的记述更加重视，更为集中。其实，随着时代的变迁和历史的发展，不同时代的史家对历史盛衰之理的认识是不一样的。在此，我们就是要从深层次去揭示司马光对历史盛衰之理的认识，以及他与前人对历史盛衰之理认识的异同。

首先，司马光从探讨易道阴阳消长之理入手，论证人类社会历史呈现治乱兴衰交替运动变化。众所周知，《周易》最重要、最基本的思维方式是变易思维。司马光认为，易道的变化其实就是阴阳变化，"易者，阴阳之变也"，"阴阳之交际，变化之本原也"②。也就是说，宇宙万物的生生不息，其实就是事物内部阴阳交际或矛盾的结果。而阴阳交际为何能导致宇宙万物的生息变化，司马光认为这是"阴阳相殊"，即阴阳的差异性所决定的。司马光认为，阴阳既有相互依赖的一面，"阳非阴则不成，阴非阳则不生，阴阳之道，表里相承"③，同时又有相互排斥的一面，即"不齐"性。阳具"刚

---

① 司马光：《资治通鉴》卷二百九十四《进书表》，9607页，北京，中华书局，1956。
② 司马光：《温公易说》卷六，92页，上海，上海古籍出版社，1989。
③ 司马光：《温公易说》卷一，9页，上海，上海古籍出版社，1989。

健"之性，阴具"柔顺"之性，阴阳相须、相互依赖，体现了事物的稳定性；阴阳交际、相互矛盾，则体现了事物的变化。司马光还进一步对阴阳变化规律进行了论述。他说："物极则反，天地之常也。"事物的阴阳之变呈一种"物极必反"律，"阴极则阳生"，"阳极则阴生"①，"阳盛则阴微，阴盛则阳微"②，阴阳二者"一往一来，迭为宾主"③。由于天地万物皆以阴阳为体，因此这种阴阳盛衰消长之变是普遍存在于宇宙万物之中的。

司马光认为，既然易道主变，天地万物皆有盛衰消长之变，因此，人类社会的历史不但有变化运动，而且呈现出治乱兴衰之变动。他说："阴阳之相生，昼夜之相承，善恶之相倾，治乱之相仍，得失之相乖，吉凶之相反，皆天人自然之理也。"④反观北宋以前中国历史发展总貌，司马光肯定从上古到三代，历史是不断进步、不断发展的。他说，"上古之民，处于草野，未知农桑，但逐捕禽兽，食其肉，衣其皮"⑤，古朴而未开化。以后伏羲氏、神农氏、黄帝等古圣王相继而出，他们的不断发明创制，使人类告别了洪荒时代，从而进入了"礼义教化"的时代。对于三代政治，司马光提出了"王霸无异道"的思想。在传统儒家的心目中，三代是不同于霸道的王道政治的楷模。而司马光则认为三代政治既有王道，也有霸道，而且王、霸无异道。他说：

> 昔三代之隆，礼乐、征伐自天子出，则谓之王。天子微弱不能治诸侯，诸侯有能率其与国同讨不庭以尊王室者，则谓之霸。其所以行之也，皆本仁祖义，任贤使能，赏善罚恶，禁暴诛乱；顾名位有尊卑，德泽有深浅，功业有钜细，政令有广狭耳，非若白黑、甘苦之相反也。⑥

---

① 司马光：《温公易说》卷六，92页，上海，上海古籍出版社，1989。
② 司马光：《温公易说》卷五，78页，上海，上海古籍出版社，1989。
③ 同上书，67页。
④ 扬雄著，司马光集注：《太玄集注》卷六司马光注语，203页，新编诸子集成本，北京，中华书局，2018。
⑤ 司马光：《稽古录》卷一《伏羲氏》，1页，北京，北京师范大学出版社，1988。
⑥ 司马光：《资治通鉴》卷二十七《汉纪十九》，881页，北京，中华书局，1956。

这段话的意思是说，王道、霸道并没有本质的区别，它们"皆本仁祖义，任贤使能，赏善罚恶，禁暴诛乱"，所不同的只是二者"名位有尊卑，德泽有深浅，功业有钜细，政令有广狭"，但是它们绝不是"若白黑、甘苦之相反"。对于汉唐政治，司马光认为总体上是逐渐衰落的。例如，两汉"虽不能若三代之盛王，然犹尊君卑臣，敦尚名节"，是一个遵守礼法的社会；魏晋以降，社会"风俗日坏"，"不顾名节"，是一个道德逐渐沦丧的时代；唐代进一步衰落，这个时代的社会"不复论尊卑之序、是非之理"；到了五代，社会已败落到极限，这个时代，"天下荡然莫知礼义为何物矣"。[1] 应该说，司马光对汉唐历史的评价，体现的是一种道德评价标准，因而明显地打上了理学家的烙印。不过，司马光并不是一个是古非今论者，他认为北宋前期社会经过太祖、太宗两朝的励精图治，已经形成太平盛世局面。他说："盖自宋兴二十年，然后大禹之迹复混而为一，以至于今八十有五年矣。朝廷清明，四方无虞，戎狄顺轨，群生遂性，民有自高曾以来，未尝识战斗之事者。盖自古太平未有若今之久也。"[2]这里司马光对宋朝前期社会政治的评价显然是从事功角度而论的，他肯定宋代政治，其现实意义显然是为了激励宋代政治，是希望宋代统治者有所作为。

综上所述，司马光通过对历史盛衰之理的探讨，而肯定历史发展变化是一种治乱兴衰的交替运动变化。这种历史变化观是一种辩证的思维，它的哲理基础是司马光的易学思想，司马光正是以易道观人道，基于物极必反、盛极而衰、衰可复振这样的理据来反观古代以来的历史，从而得出这一历史盛衰交替变化的认识的。

其次，司马光认为决定社会治乱兴衰的关键因素是人君。司马光说："夫万物，生之者天也，成之者地也，天地能生成之而不能治也。君者所以治人而成天地之功也，非后则天地何以得通乎！"[3]明确认为天地生成万物却不能治理万物，只有人君才能"治人而成天地之功"。也就是说，天地是造物主，而人君是万民的主宰者。司马光认为，人君既然肩负着治理万民以成就天地之功的重任，要想完成这一任务，首先就必须要有君德。司马光

---

① 司马光：《司马文正公传家集》卷二十四《上谨习疏》，文渊阁四库全书本。
② 司马光：《稽古录》卷十六，181 页，北京，北京师范大学出版社，1988。
③ 司马光：《温公易说》卷二，20 页，上海，上海古籍出版社，1989。

所谓"君德"，是指武、智、仁三德，"以正人为武，安人为智，利人为仁"①。不过，这武、智、仁三德（又称仁、明、武）是就人君内圣角度而言的，是未发之际，它们的发外为用，则表现为任官、赏功、罚罪。司马光说："夫治乱安危存亡之本源，皆在人君之心。仁、明、武，所出于内者也。用人、赏功、罚罪，所施于外者也。"②很显然，仁、明、武三德与用人、赏功、罚罪三政之间，是修身与治国、内圣与外王、未发与已发的关系，三德要通过三政来加以体现。司马光也很重视人君之"才"。在《历年图序》中，司马光从"才"的角度将历史上的君主分为五等：创业、守成、陵夷、中兴和乱亡，认为创业之君是"智勇冠于一时者"，守成之君是"中才能自修者"，陵夷之君是"中才不自修者"，中兴之君是"才过人而善自强者"，乱亡之君是"下愚不可移者"。很显然，在司马光看来，人君之"才"同样对国家治乱兴衰起着决定性的作用。所以司马光说："夫道有失得，故政有治乱。德有高下，故功有小大。才有美恶，故世有兴衰。"③因此可见，历史治乱兴衰取决于人君，其实就是取决于君道、君德和君才的得失、高下和美恶。当然，司马光强调人君对于治国安民的决定性作用，却也并不否定礼义制度对于政治治理的重要作用。《资治通鉴》开篇就明确提出了"礼为纪纲"的思想，认为正是依靠这种不可逾越的封建纲常等级关系，封建专制政治才能得到有效的推行。司马光说："礼之为物大矣！用之于身，则动静有法而百行备焉；用之于家，则内外有别而九族睦焉；用之于乡，则长幼有伦而俗化美焉；用之于国，则君臣有叙而政治成焉；用之于天下，则诸侯顺服而纪纲正焉。"④由此可见，小到修身齐家，大到治国平天下，"礼"都起着非常重要的作用。

总之，司马光强调人君是社会历史治乱兴衰的决定者，这当然是一种英雄史观。但是，他在肯定人君的决定性作用的同时，也赋予了人君对于历史治乱兴衰所承担的职责；在承认君主的绝对权威的同时，也对人君的德、才作了要求。同时，司马光还从易道的高度肯定"阴阳同功，君臣同

① 司马光：《温公易说》卷一，16页，上海，上海古籍出版社，1989。
② 司马光：《温国文正司马公文集》卷四十六《进修心治国之要札子状》，四部丛刊本。
③ 司马光：《稽古录》卷十六《历年图序》，179～180页，北京，中华书局，1988。
④ 司马光：《资治通鉴》卷十一《汉纪三》，375～376页，北京，中华书局，1956。

体"，认为必须君臣同心协力，才能造就太平盛世，从而肯定了人臣在治理国家中的重要作用。

三、"九州合为一统"的正闰观

正闰观是中国古代史学传统历史观的一个重要内涵，它是封建史家从封建正统观念或民族偏见出发，确立历史上某些封建王朝为合法政权，同时将另一些封建王朝斥责为僭伪，从而予以闰除的一种史观。正闰观追根溯源，肇端于汉朝。西汉思想家董仲舒以"三统"说来解释历史的变易及其法则，第一次将秦皇朝排除于历史王朝统绪之外，成为中国史学史上关于正统的争论之滥觞。不过，董仲舒的摒秦论并不彻底，因为他在其"有道伐无道"论中又肯定了"周无道而秦伐之"的合理性。到了西汉末年，刘歆提出五行相生之新五德终始说，以汉之火德上接周之木德，而认为秦为水德而处于周与汉的木、火之间为不得序，从而彻底将秦皇朝排除于历史王朝的统绪之外。刘歆的正闰观被东汉史家班固所接受，《汉书》公然宣称"汉绍尧运，以建帝业"[1]，当以其火德上承周之木德，从而在封建正史中第一次系统宣扬了以摒秦为内容的正闰史观。魏晋南北朝时期，由于政治上的分裂与诸国并存，正闰之辩又蕴含了一些新的内容。它们或是直接表明一种划分敌我的政治立场，如沈约著《宋书》，斥北魏为"索虏"；而魏收作《魏书》，则指南朝为"岛夷"。或是出于某种政治原因而为，如陈寿作《三国志》帝魏而传蜀、吴，实为西晋争正统；而习凿齿作《汉晋春秋》正蜀而伪魏，又系为偏安的东晋争统绪。自此以后，正闰之争史不绝书。

司马光也讲正闰，但是他的正闰之论与传统正闰观不同。司马光说："臣愚诚不足以识前代之正闰，窃以为苟不能使九州合为一统，皆有天子之名而无其实者也。虽华夏〔夷〕仁暴，小大强弱，或时不同，要皆与古之列国无异，岂得独尊奖一国谓之正统，而其余皆为僭伪哉！"他特别对那些将北朝"运历年纪，皆弃而不数"的做法提出批评，认为这是"私己之偏辞，非大公之通论也"。[2] 司马光的这段话，集中阐发了三个思想：其一，提出以

---

① 《汉书》卷一百下《叙传》，4235 页，北京，中华书局，1962。
② 司马光：《资治通鉴》卷六十九《魏纪一》，2186～2187 页，北京，中华书局，1956。

能否"使九州合为一统"作为正统王朝的标准，认为只有大一统王朝的天子才是名副其实的天子；其二，认为分裂时期的并存政权虽然有"仁暴"和"小大强弱"的不同，但其实它们与古代的列国是同一种类型的，因此不能"独尊奖一国谓之正统"，而斥责他国为僭伪；其三，指出不数北朝运历年纪是一种狭隘的民族观念，不是一种"大公之通论"。毫无疑问，与传统正闰观相比较，司马光的正闰观包含着不少积极的因素。首先，司马光是出于一种公心去谈论历史上的王朝正闰问题，因而没有纠缠于对分裂时期某一具体政权正统的争论，而是以能否使天下统一作为正闰与否的标准。司马光的政治寓意当然是明显的，他是希望宋王朝奋发有为，成为一个真正的大一统的正统封建王朝。其次，司马光不斤斤计较于"夷夏之别"，不主张以夷夏来作为正闰与否的评判标准，这是对传统夷夏观的一种突破。

在司马光的正闰观中，最值得一提的是他不以夷夏来作为正闰与否的评判标准，这与其强调民族和睦与民族一统思想是分不开的。司马光强调民族和睦的重要性，他说："华夷相安，为利甚大。"[1]因此，他反对历史上少数民族入侵中原的行为，希望维护汉民族政权的统一。为此，《资治通鉴》不但突出记载了汉武帝复"平城之辱"、唐太宗雪"帝突厥之耻"，重视表彰那些具有民族气节的志士，尤其对在少数民族政权统治下汉民饱受民族压迫之苦寄予深切的同情。当然，《资治通鉴》重视记载这些内容，在那个民族矛盾尖锐的宋代，显然是有着现实政治寓意的。但是，从民族一统的观念出发，司马光也反对汉族中央政权对四邻少数民族发动不义战争，他认为"以先王之政，叛则讨之，服则怀之，处之四裔，不使乱礼义之邦而已"，而不能对他们不分青红皂白，"悉艾杀之"[2]，这样是有违于做人父母之意的。他赞赏唐太宗推行安抚四夷、讲信修睦的民族政策，不但赢得唐政权内少数民族将领的拥戴，而且被边区少数民族首领尊称为"天可汗"。对于那些在中原建立过政权的少数民族杰出人物，司马光也能够从民族一统的角度对他们作出肯定。例如，他称赞前秦政权的建立者苻坚"举异才，修废职，课农桑，恤困穷，礼百神，立学校，旌节义，继绝世；秦民大悦"[3]；肯

① 司马光：《司马文正公传家集》卷五十二《乞抚纳西人札子》，文渊阁四库全书本。
② 司马光：《资治通鉴》卷五十六《汉纪四十八》，1817页，北京，中华书局，1956。
③ 司马光：《资治通鉴》卷一百《晋纪二十二》，3167页，北京，中华书局，1956。

定北魏孝文帝以公心、诚信处理民族关系，是"魏之贤君"①；等等。

四、《资治通鉴》的唐史观点与范祖禹《唐鉴》之异

司马光编撰《资治通鉴》，范祖禹是协修人员之一，主要负责唐史部分的撰写工作。书成六七百卷，被司马光删削成八十一卷。所成的《资治通鉴·唐纪》，按照刘羲仲《通鉴问疑》的说法，"其是非予夺之际，一出君实笔削"，体现的是司马光的"一家之言"。正因为未竟己意，范祖禹便又独自撰成《唐鉴》一书，纵横评说，驰骋议论，以阐发自己的唐史观点。故而二书的唐史观点存在着较大的差异。

（一）唐史评判标准不尽相同

司马光、范祖禹治史论史，都以封建纲常伦理道德为旨归。但是，司马光强调儒家礼制名分，却不拘泥于天理，且注重从史实出发；范祖禹史学义理色彩浓厚，他要陶铸历史于一理。因此，在唐史评判标准上，两人在是否执着于天理方面存在着分歧。

司马光在《资治通鉴》开篇章就阐明了"礼为纪纲"的思想，他说："臣闻天子之职莫大于礼，礼莫大于分，分莫大于名。何谓礼？纪纲是也。何谓分？君、臣是也。何谓名？公、侯、卿、大夫是也。夫以四海之广，兆民之众，受制于一人，虽有绝伦之力，高世之智，莫不奔走而服役者，岂非以礼为之纪纲哉！"②基于此种认识，司马光认为，评判历史，必须要以礼制名分作为基本标准。玄武门之变是唐史中一件大事，司马光在《资治通鉴》中有一段较长的评论，表达了自己对此事的看法：

> 立嫡以长，礼之正也。然高祖所以有天下，皆太宗之功；隐太子以庸劣居其右，地嫌势逼，必不相容。向使高祖有文王之明，隐太子有泰伯之贤，太宗有子臧之节，则乱何自而生矣！既不能然，太宗始欲俟其先发，然后应之，如此，则事非获已，犹为愈也。既而为群下所迫，遂至蹀血禁门，推刃同气，贻讥千古，惜哉！夫创业垂统之君，

---

① 司马光：《资治通鉴》卷一百三十八《齐纪四》，4338 页，北京，中华书局，1956。
② 司马光：《资治通鉴》卷一《周纪一》，2 页，北京，中华书局，1956。

子孙之所仪刑也，彼中、明、肃、代之传继，得非有所指拟以为口
实乎！①

在这段附论中，司马光一方面从礼制名分角度对唐太宗"喋血禁门"、杀兄
取位作了两点批评：一是背弃礼义名分，"贻讥千古"；二是作为"创业垂
统"之君不能为子孙"仪刑"，却开了唐朝君主以兵继统的恶例。另一方面，
司马光又从历史实际出发，肯定高祖夺天下"皆太宗之功"；在批评唐太宗
无子臧辞曹国而不受之节的同时，也指责了唐高祖没有周文王舍伯邑考而
立武王之明，太子李建成没有泰伯让国于弟季历之贤。并强调事变的发生
也是当时形势所迫的结果，一方面李建成"以庸劣居其右，地嫌势逼"，另
一方面唐太宗属下又积极鼓动，唐太宗发动事变只是迫不得已之举。很显
然，司马光评论玄武门之变，并没有拘泥于天理的标准。

范祖禹《唐鉴》评论玄武门之变，则完全是一派理学家的口吻。范祖禹
认为，李建成作为太子是"君之贰，父之统"，唐太宗以藩王杀太子是"无君
父也"，以弟杀兄是"为弟不弟"。因此，《唐鉴》直斥唐太宗"悖天理，灭人
伦"，认为以此手段得天下"不若亡之愈也"。有人将唐太宗杀建成、元吉比
作周公诛管、蔡，范祖禹明确表示"臣窃以为不然"。他认为管叔、蔡叔"启
商以叛周"是"得罪于天下"，周公诛杀他们"非周公诛之，天下之所当诛
也"；而李建成、李元吉并未得罪于天下，太宗诛杀他们是"己之私也，岂
周公之心乎"。②

对于唐朝推行的民族政策和民族关系，《资治通鉴》记载较详，持论比
较公允。司马光强调民族之间应该讲究"信义"。例如，关于唐太宗与薛延
陀真珠可汗绝婚一事，《资治通鉴》对唐太宗的失信之举提出了批评。司马
光说："孔子称去食、去兵，不可去信。唐太宗审知薛延陀不可妻，则初勿
许其婚可也；既许之矣，乃复恃强弃信而绝之，虽灭薛延陀，犹可羞也。"③
同时，司马光对唐太宗发动正义的抵抗战争，则给予充分肯定。例如，《资
治通鉴》卷一百九十三《唐纪九》就用了较长篇幅详细记载了抗击突厥，以及

① 司马光：《资治通鉴》卷一百九十一《唐纪七》，6012～6013 页，北京，中华书局，1956。
② 范祖禹：《唐鉴》卷一《高祖》，21～22 页，西安，三秦出版社，2003。
③ 司马光：《资治通鉴》卷一百九十七《唐纪十三》，6201～6202 页，北京，中华书局，1956。

唐太宗君臣议论安置突厥降众的整个过程，从中可见司马光对唐太宗能雪"帝突厥之耻"的喜悦心情。

对于唐朝推行的很多和戎的民族政策和具体做法，《唐鉴》从《春秋》"夷夏之防"立论给予否定。例如，贞观四年（630年）平定东突厥后，唐太宗安置降服的突厥人，"酋长至者，皆拜将军，中郎将布列朝廷。五品以上百余人，殆与朝士相半，因而入居长安者近万家"。对此，范祖禹评曰："先王之制，戎狄荒服，夷不乱华。所以辨族类别内外也。……太宗既灭突厥，而引诸戎入中国，使殊俗丑类与公卿大夫杂处于朝廷……是以唐室世有戎狄之乱，岂非太宗之所启乎！"①又如，贞观年间，唐太宗被各少数民族首领尊称为"天可汗"，范祖禹指责唐太宗"以万乘之主而兼为夷狄之君，不耻其名而受其佞"②。对于唐朝实行的和亲政策，如唐高祖接受西突厥统叶护可汗求婚、唐太宗以女新兴公主嫁薛延陀、唐中宗以女金城公主妻吐蕃赞普等，范祖禹评论说："夫匹士庶人求配偶，犹各以其类，况王姬公族而弃之远裔，变华为夷，岂不哀哉！"认为这种做法的结果，必然是使"中国与夷狄无异"。③从总体上看，范祖禹对夷狄是持蔑视态度的，将他们视为"殊俗丑类"，甚至认为"中国之有夷狄，如昼之有夜，阳之有阴，君子之有小人也"④，主张严明"夷夏之别"。结合前文的相关论述，如果说《资治通鉴》的民族观的重要特征是强调民族间的和睦与信义，那么《唐鉴》的民族观则更强调"夷夏之别"与"夷夏之防"，思想观念保守而落后。

（二）编年系事书法不一致

纪年问题，在中国古代史学史上是个关系到封建王朝正统的问题，因此，它受到史家的高度重视。唐王朝是一个大一统王朝，本不会有纪年书法问题。然而，唐高宗之后，在唐代历史上出现了一个持续21年之久的武周统治时期。对于是否采用女主武则天的年号来书写这段历史，司马光与范祖禹的看法不同，《资治通鉴》与《唐鉴》对这段历史的编年系事书法完全不一致。

---

① 范祖禹：《唐鉴》卷二《太宗上》，36页，西安，三秦出版社，2003。
② 同上页，35页。
③ 范祖禹：《唐鉴》卷一《高祖》，20页，西安，三秦出版社，2003。
④ 范祖禹：《唐鉴》卷三《太宗下》，82页，西安，三秦出版社，2003。

关于编年系事书法问题，司马光有一个比较明确的认识。他说："光学疏识浅，于正闰之际，尤所未达，故于所修《通鉴》，叙前世帝王，但以授受相承，借其年以记事尔，亦非有所取舍抑扬也。"①在司马光看来，用某一帝王年号纪年，只不过是"借其年以记事尔"，它只是史书编撰的一种需要，而不是为了要"有所取舍抑扬"，没有褒贬之义。至于该用某朝某帝年号纪年，则完全是以"授受相承"为原则。基于此种认识，司马光编撰《资治通鉴》，其编年系事未囿于《春秋》褒贬书法。他书写唐武周朝历史，沿袭司马迁为吕后作本纪、《旧唐书》《新唐书》为武则天作本纪的传统，直接用武则天年号纪年系事。在司马光看来，唐朝是个大一统王朝，只需借历朝帝王年号编年系事而已。武则天虽为女主，但毕竟是高宗死后直至中宗复位前唐朝21年统治时期的皇帝，既然纪年只是为记事，而不是为褒贬，就没有理由不将这段历史系于"则天后"编年之中。

范祖禹强调从天理的高度来评判历史，因此，他不承认女主武则天的统治。唐中宗嗣圣元年（684年）二月，中宗才继位不久便被武则天废为庐陵王，紧接着，武则天就做了皇帝，改元光宅。从中宗嗣圣元年，亦即武则天光宅元年开始，一直到长安四年（704年）中宗复辟，这21年唐朝历史是武则天统治时期。范祖禹从理学角度，将这21年历史看作"母后祸乱"时期。《唐鉴》书写这段历史，其纪年方式完全援引《春秋》"公在乾侯"例，以此申明褒贬之义。首先，《唐鉴》将仅存续了两个月的中宗嗣圣年号作为这21年的纪年，而不用武则天的年号。其次，从685年武则天迁唐中宗于房州后，《唐鉴》记载此后每年历史，纪年之后必书"帝在房州"；从699年起，因中宗已被召回居东宫，则书"帝在东宫"。

关于书写武则天统治时期所用编年系事书法问题，范祖禹在《唐鉴》中有一段较长的附论，从中可以看出他的基本思想。他说：

> 昔季氏出其君，鲁无君者八年，《春秋》每岁必书公之所在，及其居乾侯也。正月必书曰："公在乾侯。"不与季氏之专国也。自司马迁作《吕后本纪》，后世为史者因之，故唐史亦列武后于本纪。其于记事之

---

① 司马光：《司马文正公传家集》卷六十一《答郭长官纯书》，文渊阁四库全书本。

体则实矣,《春秋》之法则未用也。或曰武后母也,中宗子也。母虽不
慈,子不可以不孝。中宗欲以天下与韦元贞,不得为无罪。武后实有
天下,不得不列于本纪,不没其实,所以著其恶也。臣以为不然。中
宗之有天下,受之于高宗也。武后以无罪而废其子,是绝先君之世也。
况其革命乎?! 中宗曰:"我以天下与韦元贞,何不可?"此乃一时拒谏
之忿辞,非实欲行之也,若以为罪,则汉哀帝之欲禅位董贤,其臣亦
可废立也。《春秋》吴楚之君不称王,所以存周室也。天下者,唐之天
下也。武氏岂得而间之。故臣复系嗣圣之年,黜武氏之号,以为母后
祸乱之戒,窃取《春秋》之义,虽获罪于君子而不辞也。①

在这段附论中,范祖禹首先肯定了《春秋》书鲁昭公因季氏所逼而被迫逃亡
在外这段历史时所用的"公在乾侯"书法,指出《春秋》书法之义在于"不与季
氏之专国";同时对司马迁作《吕后本纪》,《旧唐书》《新唐书》列武后于本纪
的做法提出批评,认为没有用《春秋》之法。其次认为天下是李唐的天下,
武则天以无罪废中宗,以武周代李唐,是"母后祸乱"。因此,他作《唐鉴》
要取《春秋》之义,黜去武氏年号,而系之以中宗嗣圣年号。最后范祖禹明
确表示《唐鉴》编年系事书法"虽获罪于君子而不辞也",表明了其捍卫《春
秋》书法的决心。

由上可知,范祖禹与司马光在书写武则天朝历史时所用的编年系事书
法是截然不同的,这显然不是一般历史编纂方法上的分歧,而是历史写作
指导思想的不同。范祖禹出于义理史学的需要而摈弃女主,不承认武则天
的统治。所以他要用已经被废的唐中宗的年号,要书"帝在房州""帝在东
宫",以明示《春秋》褒贬奖惩之义。而司马光则不拘泥于天理,不主张用
《春秋》褒贬书法编年系事。他更多地是从历史事实出发,从历史编纂的角
度去理解编年系事书法问题。

----

① 范祖禹:《唐鉴》卷四《中宗》,104~105 页,西安,三秦出版社,2003。

第二节　郑樵的史学批评

史评包括历史评论和史学评论，近代史家梁启超称前者为史迹批评，后者为史书批评。他在回顾中国古代史学批评史时说："批评史书者，质言之，则所评即为历史研究法之一部分，而史学所赖以建设也。自有史学以来二千年间，得三人焉：在唐则刘知幾，其学说在《史通》；在宋则郑樵，其学说在《通志总序》及《艺文略》、《校雠略》、《图谱略》；在清则章学诚，其学说在《文史通义》。"①梁启超在此将郑樵与刘知幾、章学诚并称为中国古代三大史学批评（或称史书批评）家，足见郑樵在中国古代史学批评史上的崇高地位。

一、主"会通"的史学思想

《通志总序》开篇即说："百川异趋，必会于海，然后九州无浸淫之患；万国殊途，必通诸夏，然后八荒无壅滞之忧：会通之义大矣哉！"②所谓"会"，是指对各种史料进行综合，这是从横的方面或空间范围说的；所谓"通"，是指史书记载应该时代相续、联结，这是从纵的方面或时间长度说的。因此，所谓"会通"，就是要求历史记载要尽可能地汇总各种史料，连缀各时代史事，以期"极古今之变"。

"会通"既是郑樵评史的基本标准，也是其《通志》一书撰述的指导思想。从评史的角度来看，郑樵在《通志总序》中通过对孔子以来的历史撰述进行评论，借此系统地阐发了他的"会通"思想。例如，对于孔子，郑樵评论说："自书契以来，立言者虽多，惟仲尼以天纵之圣，故总《诗》《书》《礼》《乐》而会于一手，然后能同天下之文；贯二帝、三王而通为一家，然后能极古今之变。是以其道光明百世之上，百世之下不能及。"③这里所谓"同天下之文"，就是指汇总天下文献；而"极古今之变"，则是要贯通古今历史。前者

---

① 梁启超：《中国历史研究法》，28页，北京，东方出版社，1996。
② 郑樵：《通志》卷首《通志总序》，1页，北京，中华书局，1987。
③ 同上书，1页。

是横向立言，后者是纵向立言。当然，郑樵说孔子的学术"百世之下不能及"，如果从文献角度而论，显然是夸大事实了；如果从影响来说，确实不为过。

孔子之后，郑樵最为推崇的就是司马迁。尽管郑樵也指出《史记》有"博不足"和"雅不足"的缺陷，但还是认为它是《六经》之后最重要的著作，司马迁则是孔子之后大著述家。郑樵之所以特别推崇司马迁，是因为他认为《史记》乃会通之著述。郑樵说："司马氏世司典籍，工于制作，故能上稽仲尼之意，会《诗》《书》《左传》《国语》《世本》《战国策》《楚汉春秋》之言，通黄帝、尧、舜至于秦汉之世，勒成一书……使百代而下，史官不能易其法，学者不能舍其书。六经之后，惟有此作。"在此，郑樵认为《史记》重会通，也是从文献和历史贯通两方面说的。《史记》汇总文献，虽然受到时代的局限，"得书之路未广"，却还是尽可能地收罗了先秦各种典籍；至于《史记》的贯通，则上起黄帝、尧、舜，下至秦汉之世。正是由于《史记》的综罗文献和贯通百代，所以郑樵给予了高度的评价，认为"史官不能易其法，学者不能舍其书"。[①]

然而，郑樵对与《史记》齐名的《汉书》则颇有微词。其中既有思想上的批评，如认为班固宣扬"汉绍尧运"是无稽之谈，这显然有积极意义，是郑樵史学思想的一种体现；也有学术上的批评，如认为班固"无独断之学，惟依缘他人以成门户"[②]。郑樵的这一批评是严厉的，其立论依据主要是从史料而言。郑樵认为，《汉书》关于汉武帝以前的材料取自《史记》，自昭帝至平帝的历史记载"资于贾逵、刘歆"，而最终的完成则得力于班昭。《汉书》最出彩的篇章是《艺文志》，然而它却出自刘向、刘歆的《七略》："若班氏步步趋趋，不离于《七略》，未见其失也；间有《七略》所无，而班氏杂出者，则踬矣。"[③]在此，郑樵批评班固史学或有事实部分，但据此而认为其"无独断之学"则言过其实，《汉书》的独断与创制是有目共睹的。郑樵对《汉书》的批评，更主要的还是从"会通"的角度立意。他反对《汉书》断汉为史的做法，

---

① 郑樵：《通志》卷首《通志总序》，1页，北京，中华书局，1987。

② 郑樵：《通志》卷七十一《校雠第一·编书不明分类论三篇》，835页，北京，中华书局，1987。

③ 郑樵：《通志》卷七十一《校雠第一·编次不明论七篇》，836页，北京，中华书局，1987。

认为"断汉为书，是致周、秦不相因，古今成间隔"，割断了历史的前后联系，使人们无法了解古今之沿革变化。所以他指出："自班固断代为史，无复相因之义；虽有仲尼之圣，亦莫知其损益。"郑樵因此感叹地说："司马氏之门户，自此衰矣"，"会通之道，自此失矣"。①

从《通志》的撰述来看，郑樵非常重视以会通为指导思想。他撰成的《通志》一书，就是一部"会天下之书而修""集天下之书为一书"的大型纪传体通史著作。在这部包罗万象而又贯通古今的历史著作中，郑樵的会通思想得到了很好的贯彻。首先，《通志》全书不仅充分反映了古代社会的历史发展过程，而且兼叙天文、地理、动物、植物、文学、音韵等学术领域，注意到了从时间与空间上去把握和贯通会通之义。其次，从《通志》内含各种体例来看，《通志》二十略不但将典制体的记载扩大到二十个门类，大大拓展了史书记载和史学研究的领域，而且尽可能地探求各略的来龙去脉，注重溯源、探流、察终；《通志》的纪传体部分在删除旧史重复部分的同时，补充了历代正史的许多缺漏，同样体现了一种会通之义。毫无疑问，《通志》的撰述成功，使司马迁的通史撰书与会通精神得到了继承与光大。

有趣的是，刘知幾与郑樵同被梁启超视为古代杰出的史评家，刘知幾推崇班固断代为史，而不赞成司马迁的通史撰述；郑樵却与之相反，称颂司马迁的通史撰述，而极力反对班固断代为史的做法。我们认为，这只能说明两位史评家关于历史撰述的思想方法视野有异、认识不同，却不能任意对他们作出高下之分。因为史学撰述的实践表明，通史纪传与断代纪传本来就是互有利弊、无法替代的。

二、崇"实学"的史学精神

所谓"实学"，是指通过各种途径尤其是通过实际调查以获取真知，用以丰富历史撰述，或者订正书籍记载的讹误，以使史学更好地发挥它的社会作用。郑樵则崇尚实学，并对当时流行的义理之学与辞章之学提出批评，认为前者"尚攻击"，后者"务雕搜"；同时对历史撰述中有违于史学的褒贬书法和灾祥迷信进行了批判。

---

① 郑樵：《通志》卷首《通志总序》，1页，北京，中华书局，1987。

郑樵崇尚实学的精神，表现之一是强调"核实之法"。一方面，郑樵重视文献的考订和辨伪工作。《通志》的撰写，在文献上贯彻的一个基本原则是"传信存疑"。汉代《鲁诗》学者褚少孙概括司马迁《史记》的撰述原则，是"信以传信，疑以传疑"。郑樵撰写《通志》，不但推崇司马迁的通史撰述，而且继承了司马迁的撰史原则。《通志》"传信存疑"的具体表现，是对过往史事中有疑难问题的事都加上按语考辨订误。例如，关于三皇五帝三王之事，按语说："三皇五帝三王之事盖已久矣，臣之所志，在于传信，其有传疑者，则降而书之，以备记载云。"①纵观《通志》一书，像这样以按语的形式存疑辨疑还有很多。郑樵还注重使用文献的互校方法来考订、辨伪。例如，考武王伐商年代，他说："《泰誓》之序曰：十有一年，武王伐商。其书曰：十有三年春，大会于孟津。《洪范》亦曰：十有三祀，王访于箕子。则知武王伐商在十三年。由《泰誓》序之讹，以三为一，致后之说者纷纷也。"②在此，郑樵发现《泰誓》之序与书记载的矛盾，而以《洪范》互校，从而考订出了武王伐商的年代。另一方面，郑樵还重视"索象"的功夫，即重视对实物图谱的研究，以之同文献相佐证。郑樵说："图载象，谱载系，为图所以周知远近，为谱所以洞察古今。"③认为金石等实物经久不变，是考订文献的最好佐证。例如，在《通志·隐逸传》中，郑樵便根据出土文物，考证汉初"四皓"圈公等人姓名，纠正了后人误"圈"为"园"之谬。

表现之二是重视实践。郑樵注意到了传统学问由书斋出的局限与弊端。他说："大抵儒生家多不识田野之物，农圃人又不识《诗》《书》之旨，二者无由参合，遂使鸟兽草木之学不传。"④在此，郑樵认为鸟兽草木之学是实学，而这种实学却是儒生们所无法相传的，指出了书斋学问的弊端。郑樵针对时人所谓"读百遍，理自见"的论调，批评道："乃若天文、地理、车舆、器服、草木、虫鱼、鸟兽之名，不学问，虽读千回万复，亦无由识也。"⑤正是从这种从实践中求得真知的思想出发，郑樵自己治学便非常重视实践，强

① 郑樵：《通志》卷一《三皇纪第一》按语，31页，北京，中华书局，1987。
② 郑樵：《通志》卷三下《三王纪第三下》按语，48页，北京，中华书局，1987。
③ 郑樵：《通志》卷二十一《年谱第一·年谱序》，405页，北京，中华书局，1987。
④ 郑樵：《通志》卷七十五《昆虫草木略第一·序》，865页，北京，中华书局，1987。
⑤ 郑樵：《夹漈遗稿》卷二《寄方礼部书》，文渊阁四库全书本。

调实地调查。例如，他常常感叹历代写天文志的史官，居然自己还不识星象。他为了学天文、写《通志·天文略》，常常手持《步天歌》观察星象，"长诵一句，凝目一星"①，注重将书本知识的学习与实际考察相结合。又如，他为了掌握动植物的实际知识，常常亲自到田间向老农求教，进入深山密林观察动物的习性。他自称"结茅夹漈山中，与田夫野老往来，与夜鹤晓猿杂处，不问飞潜动植，皆欲穷其情性"②。郑樵的实学，其实就是他所倡导的独断之学。正是从这样一种实学的观点出发，他批评历朝史志虽然都洋洋大观，其实只不过是"采诸家之说而合集之耳，实无所质正也"③。毫无疑问，像郑樵这样重视实践、从实践中求得真知的治学精神，在中国古代学术发展史和史学史上可谓凤毛麟角。

表现之三是对虚妄之学的批判。如前所述，郑樵从提倡史学的角度，对当时流行的义理之学与辞章之学都予以批评。他认为辞章之学根本就无存在的价值，像《论语》《孟子》这些儒家经典，"皆义理之言，可详而知，无待注释，有注释则人必生疑"④。这实际上是说辞章之学是无事生非，平添疑乱。他批评义理之学是"空谷寻声"，空疏无物。

作为史学批评家，郑樵对虚妄之学的批判，主要还是表现在对以往历史撰述中出现的虚妄之学的批判。

首先是斥责灾祥说为"欺天之学"。前文已述，注重宣扬神意史观，这是封建史学的共同特点，也是封建史学二重性特点所决定的，只是在程度上有差异而已。从正史神意史观的表现来看，集中见诸对阴阳五行灾祥说的宣传上。郑樵反对神意，便将批判的矛头首先对准灾祥之说。他说：

> 说《洪范》者，皆谓箕子本《河图》《洛书》，以明五行之旨。刘向创释其传于前，诸史因之而为志于后，析天下灾祥之变，而推之于金、木、水、火、土之域，乃以时事之吉而曲为之配，此之谓欺天之学。⑤

① 郑樵：《通志》卷三十八《天文略第一·天文序》，525页，北京，中华书局，1987。
② 郑樵：《通志》卷七十五《昆虫草木略第一·序》，865页，北京，中华书局，1987。
③ 郑樵：《夹漈遗稿》卷二《寄方礼部书》，文渊阁四库全书本。
④ 郑樵：《尔雅注·序》，文渊阁四库全书本。
⑤ 郑樵：《通志》卷七十四《灾祥略第一·灾祥序》，853页，北京，中华书局，1987。

在此，郑樵回顾了宣传灾祥之说的历史，认为是刘向撰《洪范五行传》在前，诸史之志随之于后，明确指出这种以时事吉凶与五行灾祥相配的做法是一种"欺天之学"。郑樵依据《周易》卦义对五行灾祥之说进行驳斥，他说："'离'固为火矣，而'离'中有水；'坎'固为水矣，而'坎'中有火。安得直以秋大水为水行之应，成周宣榭火为火行之应乎？"在此，郑樵认为矛盾着的事物是相互包含的，固定以一种卦来代表一种固定的征兆是没有道理的。郑樵此论，是一种辩证的思维。郑樵还针对刘歆以来的五德终始说宣扬的汉为火德上继周之木德之说，认为它们的德属与实际所得的瑞应就有矛盾。他说："周得木德，而有赤乌之祥；汉得火德，而有黄龙之瑞。此理又如何邪？"其实，郑樵并不否定灾祥的存在，只是认为它是一种自然现象，与人类的吉凶祸福并没有联系。所以他说："天地之间，灾祥万种，人间祸福，冥不可知。奈何以一虫之妖，一气之戾，而一一质之，以为祸福之应，其愚甚矣！"又说，"国不可以灾祥论兴衰"，"家不可以变怪论休咎"。[1] 这就清楚地表明，灾祥不能作为人间祸福的符应，也与家国兴衰没有任何关系。虽然这里郑樵还是流露出了关于人间祸福的"冥不可知"的神秘论倾向，但是他视灾祥为自然现象，认为它们与人事没有关系，应该说是与唯物主义近在咫尺了。正是从这种批判灾祥迷信思想出发，郑樵郑重宣称，他所作的《灾祥略》只是"专以纪实迹，削去五行相应之说，所以绝其妖"[2]；所作的《天文略》也只是"识垂象以授民时之意，而杜绝其妖妄之源焉"[3]。在此郑樵不但明示其作灾祥、天文二略之志，而且直斥五行灾祥为"妖妄"。

其次是斥责任情褒贬美刺为"欺人之学"。郑樵反对五行灾祥之说，是因为它不能真正解说历史的发展与变动；同样，郑樵认为史书运用所谓春秋笔法任情褒贬，也是不能如实反映历史的发展与变化的。他斥责前者为"欺天之学"，斥责后者为"欺人之学"。郑樵说：

> 凡说《春秋》者，皆谓孔子寓褒贬于一字之间，以阴中时人，使人不可晓解，"三传"唱之于前，诸儒从之于后，尽推己意而诬以圣人之

---

[1] 郑樵：《通志》卷七十四《灾祥略第一·灾祥序》，853页，北京，中华书局，1987。
[2] 同上书，853页。
[3] 郑樵：《通志》卷三十八《天文略第一·天文序》，525页，北京，中华书局，1987。

意，此之谓欺人之学。①

这段话有两层含义，其一是斥责史书字字褒贬的做法是"欺人之学"；其二是认为所谓《春秋》褒贬书法并非孔子本意，而是"三传"以来后世之人的附会。郑樵认为，《春秋》只是"纪实事"，如实反映历史，因而它"主在法制，不在褒贬"②。在此，郑樵关于《春秋》"不在褒贬"的说法，与孟子以来传统儒家以及史家的说法是相左的，也不符合《春秋》一书的实际情况。我们认为，《春秋》主褒贬这是客观事实，但并非自《公羊传》以来后世儒者所宣扬的那样字字寓褒贬。由于宋代史学崇尚《春秋》褒贬之学，发明《春秋》书法已成为一种时尚，因此，郑樵认为《春秋》"不在褒贬"，旨在反对历史撰述任情褒贬的做法，这应该看作是郑樵崇尚实学的一种体现，这种精神和治学态度是应该称赞的。

那么，郑樵是如何看待史书笔法的呢？《通志总序》说："史册以详文该事，善恶已彰，无待美刺。读萧、曹之行事，岂不知其忠良！见莽、卓之所为，岂不知其凶逆！"郑樵这里所言，其实就是司马迁《史记》寓论断于序事之中的手法。既然史家的职责在于如实记载历史，而不需任意褒贬，因此，郑樵进而反对史家作史自撰论赞的做法。他说："纪传之中既载善恶，足为鉴戒，何必于纪传之后，更加褒贬；此乃诸生决科之文，安可施于著述！"他视这种任情褒贬之文为"决科之文"，而非史家之"著述"。对于《左传》的"君子曰"（前文郑樵说"三传"倡褒贬书法主要指《公羊传》《穀梁传》二家）与《史记》的"太史公曰"，郑樵有着自己的理解。他说："凡左氏之有'君子曰'者，皆经之新意；《史记》之有'太史公曰'者，皆史之外事，不为褒贬也；间有及褒贬者，褚先生之徒杂之耳。"③他肯定《左传》与《史记》是不主褒贬的。正是从这一思想出发，郑樵修《通志》引用前史时，对其论赞部分一概删而不录。

综上所述，郑樵崇尚实学和独断之学，反对各种虚妄之学，不但显示了理论家的勇气，也给当时的学术界带来了一股清新的空气。虽然其中一

---

①　郑樵：《通志》卷七十四《灾祥略第一·灾祥序》，853 页，北京，中华书局，1987。

②　郑樵：《夹漈遗稿》卷二《寄方礼部书》，文渊阁四库全书本。

③　郑樵：《通志》卷首《通志总序》，1～2 页，北京，中华书局，1987。

些论断不尽正确，但是基本精神是应该肯定的。

第三节　朱熹的义理化史学思想

作为理学集大成者，朱熹在史学领域所取得的成就相当大。朱熹撰写的历史专著就有三部，即《资治通鉴纲目》《伊洛渊源录》和《八朝名臣言行录》，其中《资治通鉴纲目》一书，其弟子赵师渊等也做了一定的工作。此外，还有大量的史论被收录在《朱文公文集》和《朱子语类》中。朱熹的历史撰述蕴含了丰富而深邃的史学思想，其天理史观、正统观念以及史书笔法与史料考辨思想等，在中国史学史上都有重要影响。

一、史学"会归一理之纯粹"

作为理学家兼史学家，朱熹只是将治史当作明理的一种手段。诚如他的学生李方子在《资治通鉴纲目后序》中所说，其治史旨在"陶镕历代之偏驳，会归一理之纯粹"。从哲学层面来说，朱熹"会归一理"的史学目的论，是其哲学上格物致知说的题中应有之义。既然天理在事物之中，求理便需要格物；而格物的对象是极其广博的，"如或读书讲明道义，或论古今人物而别其是非，或应接事物而处其当否，皆穷理也"①。这里所谓"读书""论古今人物""应接事物"，都是格物穷理的途径，而"论古今人物"便是指历史研究，即以史求理、格史致知。这就是说，朱熹是把历史研究当作格物求理的一个重要方面的。史中何以能求得理？朱熹认为史书是记事的，事中包含理，即事求理，自然无法舍弃载事的史书。所以他说："是其粲然之迹，必然之效，盖莫不具于经训史册之中。欲穷天下之理而不即是而求之，则是正墙面而立尔。"②以史求理还必须要对各类史事都能了解，这样求得的道理才能周全，"今也须如僧家行脚，接四方之贤士，察四方之事情，览山川

① 《朱熹集》卷十五《经筵讲义》，590页，成都，四川教育出版社，1996。
② 《朱熹集》卷十四《行宫便殿奏札二》，547页，成都，四川教育出版社，1996。

之形势，观古今兴亡治乱得失之迹，这道理方见得周遍"①。

与以史求理相对应，朱熹也重视以理论史。这个"史"，包括客观历史与史学本身。朱熹评论客观历史，秉持天理的标准。据此，他将宋代以前的中国历史分为三代、汉唐两段，美化三代，贬损汉唐。朱熹认为，夏、商、周三代是一个王道社会，三代圣王"至诚心以顺天理，而天下自服，王者之道也"②。认为正是这种王道政治造就了三代的太平盛世景象。与此相反，汉唐统治者只靠"智谋功力"，不讲义理，推行霸道政治。如汉高祖、唐太宗等人做事"都是自智谋功力中做来，不是自圣贤门户来，不是自自家心地义理中流出"③。朱熹把三代帝王喻为"金"，认为"汉祖唐宗用心行事之合理者，铁中之金也"，只是暗合了圣人之理，从总体言之，"却只在利欲上"。④ 这种急功近利的霸道政治，是导致汉唐统治不能长治久安的根本原因。显然，在朱熹看来，三代和汉唐的主要区别在于前者明天理、行王道，后者重利欲、行霸道。

值得注意的是，朱熹用天理的标准评论历史人物，却并不求全责备，如他所言，"若一一责以全，则后世之君，不复有一事可言"⑤。为此，他又立了一条"仁者之功"的标准。他认为，凡是资禀高，能做得一番大功业，主观上虽无救民之心和爱民之意，客观上却利泽于民者，这些人虽本于功利，却与一般"功利之徒"不一样，他们称不上是圣人、仁人，但却有"仁者之功"。朱熹认为，历史上的名君贤臣能得入此列的人不少，如管仲相齐，尊王室，攘夷狄，九合诸侯不以兵车，他所成就的事业，"其利泽及人，则有仁之功矣"⑥。又如汉高祖、唐太宗，虽称不上是仁人，"然自周室之衰，更春秋战国以至暴秦，其祸极矣！高祖一旦出来平定天下，至文景时几致刑措。自东汉以下，更六朝五胡以至于隋，虽曰统一，然炀帝继之，残虐

① 黎靖德编：《朱子语类》卷一百一十七，2552页，长沙，岳麓书社，1997。
② 朱熹：《四书或问·孟子或问》卷一，419页，上海，上海古籍出版社，2001。
③ 黎靖德编：《朱子语类》卷二十五，567页，长沙，岳麓书社，1997。
④ 《朱熹集》卷三十六《答陈同甫》，1603~1604、1600页，成都，四川教育出版社，1996。
⑤ 黎靖德编：《朱子语类》卷一百三十四，2895页，长沙，岳麓书社，1997。
⑥ 朱熹：《论语集注》卷七，见《四书章句集注》，154页，新编诸子集成本，北京，中华书局，2018。

尤甚，太宗一旦扫除以致贞观之治。此二君者，岂非是仁者之功耶"①。宋太祖也"直是明达。故当时创法立度，其节拍一一都是，盖缘都晓得许多道理故也"②。这里所谓"仁者之功"，应该就是暗合了圣人之理，依然还是从天理的标准立论的。

二、正统论的大一统与明顺逆之义

史学史上的正统之辨，都是史家为迎合某一或某些政权政治统治的需要，是史学为政治服务的一种表现，朱熹也不例外。但与以往史家相比，他的正统论确实又蕴含着不少新的积极的东西，值得我们去认真加以总结。

首先，朱熹将是否"天下为一"作为衡量政权是否得正统的唯一标准。朱熹认为，"只天下为一，诸侯朝觐狱讼皆归，便是得正统"；反之，国家分裂，诸国并立，"不能相君臣，皆不得正统"③。根据这一标准，被朱熹确定为正统的王朝，自周以降至五代，有周、秦、汉、晋、隋、唐六朝，而其余如三国、东晋、十六国、南北朝、五代十国等分裂时期的政权都"不得正统"。

"不得正统"的分裂时期各政权又被朱熹严格定分为无统和僭伪两类。朱熹认为，无统的政权有六种情形，即列国、建国、不成君、远方小国、正统之始和正统之余。列国是指正统王朝所封之国，如周所封鲁、齐、宋、卫、晋、燕等；建国是指仗义自主或相王者，如秦之楚、赵、齐、燕、韩、魏等；不成君是指仗义承统而不能成功者，如刘玄等。值得注意的是，朱熹从大一统之正统论出发，将正统王朝在建国初期尚未将全国统一起来的那段时间称作正统之始，"如秦初犹未得正统，及始皇并天下，方始得正统。晋初亦未得正统，自泰康以后，方始得正统。隋初亦未得正统，自灭陈后，方得正统。"这种"始不得正统，而后方得者，是正统之始"④，并明确提出正统之始应从无统之例，"晋、隋、唐创业时未有天下，自从无统之

---

① 黎靖德编：《朱子语类》卷四十四，1007 页，长沙，岳麓书社，1997。
② 黎靖德编：《朱子语类》卷一百三十六，2933 页，长沙，岳麓书社，1997。
③ 黎靖德编：《朱子语类》卷一百五，2371、2372 页，长沙，岳麓书社，1997。
④ 同上书，2372、2371～2372 页。

例"①。同样的道理，朱熹认为正统王朝一旦丧失大一统局面而成为偏安政权时，其正统地位也就随之而丧失，这样的偏安政权只是正统政权之余绪，叫作正统之余，如"蜀汉是正统之余，如东晋，亦是正统之余也"②。这种正统之余的政权只是正而无统，因此也属于无统之例。

僭伪一例的划定，显然具有贬损和挞伐之意。朱熹认为，僭伪可分为篡贼和僭国两类，前者指"篡位干统而不及传世者"③，如王莽、吕后、武后等；后者是指篡位、据土并且能够传世的，如汉之魏、吴，晋之汉、赵、诸燕、二魏、二秦、成汉、诸凉、代、夏等。与正统相对称，僭伪又叫"伪统""窃统"。

其次，朱熹的正统论蕴含了大一统、尊王攘夷与明顺逆、扶植纲常的旨意。众所周知，大一统和尊王攘夷是《春秋》两大宗旨，以绍道统、继绝学自居的朱熹，在其正统论中大力宣扬了《春秋》这两大宗旨。他依据是否大一统来严格分定封建王朝是否得正统，并为那些正而无统的封建王朝特创正统之始、正统之余诸例，一方面肯定这些政权是正的，与那些僭伪者有别；另一方面又认为这些政权毕竟没有完成国家的大一统，是正而无统，仍属无统之例。例如，关于三国正统的分定，朱熹认为蜀汉是东汉政权之余绪，属正而无统，而魏、吴则属僭伪。此外，在朱熹看来，凡属少数民族建立的政权都是不得正统的。显然，这是一种偏见。

朱熹大力宣扬大一统和尊王攘夷，是有着深刻政治寓意的。朱熹生活的南宋时代，中原已落入金王朝之手，西边还有西夏王朝。朱熹将少数民族建立的政权摒弃于正统之外，他是在明示金和西夏没有资格得正统；同时希望正而无统的南宋王朝能够励精图治，完成统一大业，做一个正统的封建王朝。

朱熹正统之辨的主旨之二是明顺逆、扶植纲常。朱熹说："岁周于上而天道明矣，统正于下而人道定矣。"④这就明确无误地告诉了人们，其正统之辨意在明定人道的是非善恶。朱熹的正统论将封建政权分为正统、正而无

① 朱熹：《资治通鉴纲目》卷首《凡例》，文渊阁四库全书本。
② 黎靖德编：《朱子语类》卷一百五，2372页，长沙，岳麓书社，1997。
③ 朱熹：《资治通鉴纲目》卷首《凡例》，文渊阁四库全书本。
④ 朱熹：《资治通鉴纲目》卷首《朱子序例》，文渊阁四库全书本。

统和伪统三类，他认为凡是正统、正而无统的政权都是顺和义的，而伪统政权则是逆和不义的。对逆和不义的伪统政权，史家应该口诛笔伐，在史书笔法上要做尽贬损、挞伐之能事。朱熹本人所著《资治通鉴纲目》就非常注重阐发《春秋》微言大义。朱熹定正统、明顺逆的目的，显然是整饬人心扶植纲常的一种需要，这是他思想上的局限性。

综上所述，我们认为朱熹的正统论是有一定的积极意义的。首先，他极力宣扬大一统思想，努力维护大一统社会政治局面，是顺应民心和社会发展需要的，值得肯定；其次，他将那些正而无统的王朝归于无统之例，意在激励当时南宋统治阶级奋发有为，完成统一大业，有现实意义；最后，朱熹的正统论毕竟为历史上的正统之辨立定了一个较明确的标准，应该说也是有一定意义的。

三、直书不隐与春秋笔法

朱熹崇尚直书，认为如实地反映和记录客观历史，让历史上的"善善恶恶，是是非非，皆着存得在那里"①，这是史家义不容辞的职责，也是衡量史家品德和史书价值的重要尺度。对于历史上那些直书不隐的史家，他总是给予肯定和赞许。例如，他在评价春秋时期晋国史家董狐和齐国太史不畏强权、仗义直书权臣弑君之事时说："晋董狐、齐太史，书赵盾、崔杼弑君而不隐，史氏之正法也。"②又说孔子作《春秋》，"不过直书其事，美恶人自见"③。这一说法是否符合实际姑且不论，但他肯定"直书其事"的书法则是显而易见的。从史体的角度而言，朱熹对司马迁纪传叙事法评价不高，但从书法的角度而言，朱熹对这部享有实录之称的《史记》却是倍加推崇的，他认为整部《史记》，于史实"无妄作"。他对范祖禹所作《唐鉴》和司马光所作《资治通鉴》都有较高的评价，称"《唐鉴》文章，议论最好"④，而惊叹《资治通鉴》是自汉以来所没有过的伟大史著。但从直书角度而言，朱熹对二书提出了批评。他认为"《唐鉴》也有缓而不精确处，如言租、庸、调及杨炎二

---

① 黎靖德编：《朱子语类》卷一百三十四，2903 页，长沙，岳麓书社，1997。
② 朱熹：《资治通鉴纲目》卷首《凡例》，文渊阁四库全书本。
③ 黎靖德编：《朱子语类》卷一百三十三，2886 页，长沙，岳麓书社，1997。
④ 黎靖德编：《朱子语类》卷一百三十，2801 页，长沙，岳麓书社，1997。

税之法，说得都无收杀"①，人们无法从中管窥到有唐一代制度全貌。又说
《资治通鉴》一书"凡涉智数险诈底事，往往不载，却不见得当时风俗"②。他
批评司马光只是根据个人好恶而不是根据史实来修史，说"温公不喜权谋，
至修书时颇删之"，认为据此而修成的史书，不仅史实多被埋没，社会风俗
无法知晓，而且文章显得枯燥无味，"只读着，都无血脉意思"③。

从存信求真的角度出发，朱熹甚至对任意删改古书的做法持反对态度。
他说："大抵古书有未安处，随事论著，使人知之可矣。若遽改之，以没其
实，则安知其果无未尽之意耶？"他认为，从孔孟到汉代诸儒，他们都是反
对依据己意而任意删改古书的，"汉儒释经，有欲改易处，但云'某当作
某'，后世犹或非之，况遽改乎？且非特汉儒而已，孔子删《书》，'血流漂
杵'之文因而不改，孟子继之，亦曰'吾于《武成》取二三策而已'，终不刊去
此文，以从己意之便也"④。应该说，朱熹这一存信求真思想，是其直书不
隐思想的外延和发挥。

朱熹对宋代有伤直书的史馆修史制度提出了尖锐的批评。他认为宋代
史馆所修之史，"大抵史皆不实"，如官修实录，只是徒有其名，实际上并
不能真实地反映客观事实。朱熹说："今日作史，左右史有《起居注》，宰执
有《时政记》，台官有《日历》，并送史馆著作处，参改入《实录》作史。大抵
史皆不实，紧切处不敢上史，亦不关报。"⑤当然，造成宋代史馆修史不实的
原因，除去史馆制度本身因素、史官个人品质因素等之外，也与宋代新旧
党派争论激烈有关。分属不同党派的史官，当然要维护各自党派的私利，
而不惜去故意删削、歪曲、篡改史实。在朱熹看来，不管出自何因，史馆
曲笔作史，都是"史之大弊"。

针对宋代史馆修史之弊，朱熹曾对史馆修纂当时历史的措施和方法提
出过一整套自己的看法，这集中体现在其《史馆修史例》一文中。此文虽被
收录在朱熹的文集中，却只涉及排列总目、注明立传人的仕历，以及立传

---

① 黎靖德编：《朱子语类》卷一百三十四，2895页，长沙，岳麓书社，1997。
② 黎靖德编：《朱子语类》卷八十三，1931页，长沙，岳麓书社，1997。
③ 黎靖德编：《朱子语类》卷一百三十四，2892页，长沙，岳麓书社，1997。
④ 《朱熹集》卷三十《与张钦夫论程集改字》，1298页，成都，四川教育出版社，1996。
⑤ 黎靖德编：《朱子语类》卷一百二十八，2777页，长沙，岳麓书社，1997。

人之论、著、碑状等资料的搜集登记，显然不是一个完整文件，但我们却能从中管窥到朱熹重视实录的精神和注重搜集史料的思想，这是朱熹直书不隐书法的一种体现。朱熹本人曾经入过史院参与修史工作，并且以秉笔直书而闻名于时。也正因此，当他被调离史院时，那些"秉笔之士，相顾嗟惜"①。对于朱熹的直笔书法，当时的史家、学者都是一致首肯的，如陈傅良在评论当时的史家时，就说："当今良史之才，莫如朱熹、叶适。"②

当然，朱熹毕竟是一位讲究义理的史家。出于"会归一理"、倡明纲常的需要，朱熹特别重视采用《春秋》书法来褒贬史事，这在其所编《资治通鉴纲目》一书中表现得非常突出。该书修撰的最初起意，即是对司马光《资治通鉴》正统观与史书笔法的不满。例如，在对诸葛亮北伐的书写上，朱熹认为："三国当以蜀汉为正（属'正统之余'例——引者注），而温公乃云：'某年某月，诸葛亮入寇。'是冠履倒置，何以示训？"③又说纪年，"温公旧例，年号皆以后改者为正，此殊未安。如汉建安二十五年之初，汉尚未亡，今便作魏黄初元年，夺汉太速，与魏太遽，大非《春秋》存陈之意"④，如此等等。朱熹认为司马光《资治通鉴》一书"推此意，修正处极多"⑤。

朱熹正统论的旨意之一是序名分、明顺逆。《资治通鉴纲目·凡例》据此褒贬史事，把《春秋》用字规则发挥得淋漓尽致。例如"征伐"条，凡正统，自下逆上曰"反"，有谋未发曰"谋反"，兵向阙曰"举兵犯阙"；"姓名"条，凡正统诸侯王既卒，皆以"薨"称；"祭祀"条，凡正统郊祀天地、建置迁徙皆书；"恩泽"条，凡恩泽皆书，正统曰"赦"，非正统者曰"赦其境内"；"朝会"条，凡正统曰"某侯来朝"，非正统而相朝者曰"某入朝于某"；如此等等。此外，为体现正统、明示顺逆，《资治通鉴纲目》在写法上还有朱书墨书、朱注墨注之分，有大书、分注之别，还有正例、变例之异，书法非常完备。同时，朱熹的正统论还强调严篡弑之诛，倡节义道德。"篡贼"条规定，凡正统，周秦以前列国弑君者曰"盗杀某君某"，史失贼曰"某国弑其君

---

① 陈傅良：《止斋先生文集》卷二十七《辞免实录院同修撰第二状》，四部丛刊本。
② 同上书。
③ 黎靖德编：《朱子语类》卷一百五，2372页，长沙，岳麓书社，1997。
④ 《朱熹集》卷三十三《答吕伯恭》，1446页，成都，四川教育出版社，1996。
⑤ 黎靖德编：《朱子语类》卷一百五，2372页，长沙，岳麓书社，1997。

某"，贼可见者曰"某弑某君某"……秦以后以兵弑者，天子则曰"某人弑帝
于某"，僭国无统则曰"某国某人弑其君于某"。凡以毒弑者，加"进毒"字而
不地，疑者曰"中毒崩"。朱熹不惜笔墨、不厌其烦地把弑君类型分得如此
之细，说明其对弑君干统者是何等的深恶痛绝！朱熹重视运用《春秋》书法
表彰节义道德。他赞叹东汉名士守节，认为"三代而下，唯东汉人才，大义
根于心，不顾厉害生死，不变其节"①。《资治通鉴纲目·凡例》明确规定：
"凡死节者皆异文以见褒。"此外，朱熹还运用《春秋》书法极力宣扬"夷夏之
辨"与"夷夏之防"。例如，《凡例》"征伐"条，凡正统用兵于夷狄，"若非其
臣子者曰'伐'、曰'攻'、曰'击'，其应兵曰'备'、曰'御'、曰'拒'"。相
反，夷狄入中原，"凡中国有主，则夷狄曰'入寇'，或曰'寇某郡'，事小曰
'扰某处'。中国无主，则但云'入边'，或云'如塞'，或云'入某郡，杀掠吏
民'。""崩葬"条，正统之君死叫"崩"，无统之君称帝者死叫"某王某'殂'"，
王公者之死叫"某王公某'薨'"，"盗贼酋帅"之死叫"死"，而蛮夷君长如匈
奴单于、乌孙昆弥等之死也叫"死"。可见，朱熹把"蛮夷酋长"与"盗贼酋
帅"是划为同类的，贬损之意昭然可见。

四、史料辨伪思想

朱熹在文献学上的突出贡献之一是疑古辨伪，其疑古涉猎的领域包括
经、史、子、集各个方面。白寿彝先生曾专门编写了一部《朱熹辨伪书语》，
该书比较全面地反映了朱熹的疑古辨伪思想和成就。朱熹的史料考辨思想，
主要表现在以下几个方面。

首先，注重从文字、文体着眼来考辨史料的真伪。梁启超说："各时代
之文体，盖有天然界画，多读书者自能知之。"②朱熹是个博大精深的学者，
因此，他考辨史料的真伪，比较注重从文字、文体着眼。例如，在谈论《尚
书》真伪时，朱熹说："今文乃伏生口传，古文乃壁中之《书》。《禹谟》《说
命》《高宗肜日》《西伯戡黎》《泰誓》等篇，凡易读者皆古文。况又是科斗书，
以伏生《书》字文考之，方读得。岂有数百年壁中之物，安得不讹损一字？

---

① 黎靖德编：《朱子语类》卷三十五，827 页，长沙，岳麓书社，1997。
② 梁启超：《中国历史研究法》，105 页，北京，东方出版社，1996。

又却是伏生记得者难读,此尤可疑。今人作全书解,必不是。"①明确表示出他对古文《尚书》的怀疑。他从文章风格上断定出古文《尚书》的序文并非西汉人孔安国所作,说:"《尚书序》不似孔安国作,其文软弱,不似西汉人文,西汉文粗豪;也不似东汉人文,东汉人文有骨肋;也不似东晋人文,东晋如孔坦《疏》也自得。他文是大段弱,读来却宛顺,是做《孔丛子》底人一手做。看《孔丛子》撰许多说话,极是陋。……看他文卑弱,说到后面,都无合杀。"②他还认为古文《尚书》孔安国传也是后人所作,说:"《尚书》孔安国传,此恐是魏晋间人所作",原因是《传》和《序》一样,都"文字善困,不类西汉人文章,亦非后汉之文"③。朱熹甚至从字义出现的先后推论出《尚书》中有些篇章是在《国语》之后为人所作,如"《典》《谟》中'百姓',只是说民,如'罔咈百姓'之类。若是《国语》中说'百姓',则多是指百官族姓"④。显然,《国语》中"百姓"一词是古义,而《尚书》之《典》《谟》中"百姓"词乃是后义,自然《典》《谟》成文要晚于《国语》。实际上,后人所疑《尚书》诸端,朱熹大都已先发现。

其次,注重用第一手和权威性的资料来考辨史料的真伪。朱熹认为,考辨文王之事,当以《尚书》《诗经》为重要依据,因为它们是现存的关于文王之事的最古老的资料。他根据这些资料考证出周文王革商一事与后代史实的普遍说法是有悖的。他认为:"后人把文王说得忒恁地,却做一个道行看著,不做声,不做气。如此形容文王,都没情理。以《诗》《书》考之,全不是如此。"在朱熹看来,周文王是早有革商之念和准备的,不然的话,"只当商之季,七颠八倒,上下崩颓,忽于岐山下突出许多人,也是谁当得?"他认为,关于周文王革商之事,孟子是知道的,他没有把文王早有革商之心告诉世人,而只是告诉当时列国国君说周文王是如何的"道行看著",这并不是孟子在欺骗列国国君。在朱熹看来,孟子这样说和做的本意,无非是要对当时的列国国君"勉之以王道",是出于一种政治教化和推行王道政

---

① 黎靖德编:《朱子语类》卷七十八,1776页,长沙,岳麓书社,1997。
② 黎靖德编:《朱子语类》卷一百二十五,2701页,长沙,岳麓书社,1997。
③ 黎靖德编:《朱子语类》卷七十八,1782页,长沙,岳麓书社,1997。
④ 同上书,1787~1788页。

治的需要，而非孟子不尊重史实，至少他的用意不在这里。① 又如，关于魏国后元年王位承继之事，朱熹以《竹书纪年》来证明出《史记》的记载有误，并肯定司马光修《资治通鉴》记录此事选取《竹书纪年》之说的正确性。朱熹说："《史记》，魏惠王三十六年，惠王死，襄王立。襄王死，哀王立。今《汲冢竹书》不如此，以为魏惠王先未称王时，为侯三十六年，乃称王，遂为后元年，又十六年而惠王卒。即无哀王。惠王三十六年，便是襄王。《史记》误以后元年为哀王立，故又多了一哀王。汲冢是魏安釐王冢，竹书记其本国事，必不会错。温公取《竹书》，不信《史记》此一段，却是。"②

再次，注重从义理着手来论断史料的真伪。朱熹认为，从义理角度看，《左传》的记载很多是不可信的，"如赵盾一事，后人费万千说话与出脱，其实此事甚分明。如司马昭之弑高贵乡公……自是后来三晋既得政，撰造掩覆，反有不得而掩者矣"③。弑君当然是违反纲常伦理的，赵氏后人得政后，自然要进行掩饰，这就造成了历史记载的不真实。同时，也可从中看出《左传》的成书时间当在三家分晋之后，因为只有赵盾后人建国掌政后，才有条件和可能对其前人不光彩的历史进行掩饰。又如，从义理上对《史记》加以考辨，其很多记载显然也是有问题的，如用庙号称高帝刘邦即是一例。朱熹说："《史记》亦疑当时不曾得删改脱稿。《高祖纪》记迎太公处，称'高祖'。此样处甚多。高帝未崩，安得'高祖'之号？《汉书》尽改之矣。"④还有《史记》载尧以其女妻舜之事，朱熹认为也有未妥之处。他说："若以为尧舜俱出黄帝，是为同姓之人，尧固不当以二女嫔于虞，舜亦岂容受尧二女而安于同姓之无别？"⑤在朱熹看来，尧、舜之时已是同姓不婚，故不可能出现尧以其女妻舜之事，他认为这是《史记》记载之"疏谬处"。

最后，注重从是否有悖于情理来考辨史料的真伪。有些史料，在朱熹看来，显然是有悖于情理的。例如大禹治水，这是一个为后人所尊信的史事，朱熹以情理论断，认为此说不可靠。他说："尧之水最可疑，禹治之，

---

① 黎靖德编：《朱子语类》卷五十一，1098页，长沙，岳麓书社，1997。
② 同上书，1097页。
③ 黎靖德编：《朱子语类》卷一百三十七，2950页，长沙，岳麓书社，1997。
④ 黎靖德编：《朱子语类》卷一百三十四，2890页，长沙，岳麓书社，1997。
⑤ 《朱熹集》卷四十四《答曹子野》，2135～2136页，成都，四川教育出版社，1996。

尤不可晓。胡安定说不可信。掘地注海之事，亦不知如何掘。必不是未有江河而然。……常疑恐只是治黄河费许多力。"①朱熹不但怀疑大禹治水的说法，而且对记载此事的《尚书·禹贡》这一经典的古地理文献也提出了疑问。朱熹在《九江彭蠡辨》《答程泰之》《答董叔重》等文中，反复辩难《禹贡》之不可信。例如，他说："《禹贡》说三江及荆扬间地理，是吾辈亲目见者，皆有疑；至北方即无疑，此无他，是不曾见耳。"②他还以情理论断《史记》记载长平之战坑杀赵卒四十万之说不可信，说："长平坑杀四十万人，史迁言不足信。败则有之，若谓之尽坑四十万人，将几多所在！又赵卒都是百战之士，岂有四十万人肯束手受死？决不可信。"③朱熹据此疑辨史料的例证还很多。

由上可知，朱熹在史料辨伪上是有着重要成就的，他的很多考史辨伪方法与思想，他对许多重要史籍尤其是《尚书》的种种质疑，对后代考据学者无疑有着重要的启迪和影响作用。他在总结其一生史料考辨的经验时，认为主要得益于两条："一则以义理之所当否而知之，二则以其左验之异同而质之，未有舍此两途而能直以臆度悬断之者也。"④

第四节　宋代历史编纂思想的新发展

宋代史学是中国封建史学发展的顶峰阶段。这种史学繁荣的最突出的表现，一是涌现出了一批杰出的大型通史著作，如《资治通鉴》《通志》等；二是产生了纪事本末体、纲目体等新的史书体裁。而这些历史编纂的突出成就，是与这一时期历史编纂思想的新发展分不开的。

一、《资治通鉴》的通史编年叙事

《资治通鉴》作为一部通史编年体史书，不但将传统编年体体裁发展到了极致，而且直接启发了南宋史家袁枢创立纪事本末体和朱熹创立纲目体。

---

① 黎靖德编：《朱子语类》卷五十五，1178 页，长沙，岳麓书社，1997。
② 黎靖德编：《朱子语类》卷八十三，1954 页，长沙，岳麓书社，1997。
③ 黎靖德编：《朱子语类》卷一百三十四，2901 页，长沙，岳麓书社，1997。
④ 《朱熹集》卷三十八《答袁机仲》，1682 页，成都，四川教育出版社，1996。

因此，《资治通鉴》所体现的历史编纂思想是值得总结的。

众所周知，编年纪事是一种古老的叙史方法，自《春秋》《左传》发凡起例以来，东汉荀悦著《汉纪》和东晋袁宏著《后汉纪》，对传统编年叙事法作出了一定的发展。自此以后直到《资治通鉴》问世，相比较于纪传体而言，编年体史书的撰写成就不大。编年体作为与纪传体并驾齐驱的一种史书体裁，以系年纪事为体裁特点，因此往往不能详尽事之本末。对于编年体的纪事缺点，刘知幾在《史通·二体》中作了详细评论。而这种纪事上的缺陷，也是编年体长期沉寂的一个原因。与编年体的沉寂相对应的，是纪传体史书撰述的兴盛。但是，确切地讲，纪传体的兴盛只是就其中的断代纪传体而言，而通史纪传也与编年体一样，自《史记》之后出现了长期沉寂的局面。在《资治通鉴》问世之前，通史撰述只有《通典》颇有影响。[①] 因此可以说，《资治通鉴》的问世以及在历史撰述上的巨大影响，不仅打破了编年体史书撰述长期沉寂的局面，而且打破了纪传体通史撰述长期沉寂的局面。

那么，《资治通鉴》在通史编年叙事上究竟有何突破？换言之，司马光是运用什么样的历史编纂思想指导其《资治通鉴》的撰写的？我们的回答是，一言以蔽之，就是尽可能地突出事件的完整性。众所周知，荀悦与袁宏的两《汉纪》其实已经对传统编年叙事的不足做过一些改进，如二书常常运用补叙、备叙和兼叙的方法，尽量使历史事件比较完整。司马光撰写《资治通鉴》，则是在前人做出的尝试的基础上，将这些行之有效的方法更加系统化、扩大化和完善化。具体做法是：以正史"本纪"为经，以"传"为纬，将"志"的内容编入相应之年，又充分运用追叙、补叙、并叙、带叙等方法。追叙法是先叙述事之由来，次叙及事件本身；补叙法是以时叙事，补充交代事件后果；并叙法是叙及一事，兼叙与所叙之事相关之事；带叙法是记人物首先必须交代人物的籍贯、世系，记王公大臣的官爵与封谥要附记于其薨卒之时，记重要人物要于拜官、到任或免卒之时叙述其生平事迹，带叙的目的是增强人物生平事件的完整性。《资治通鉴》的这些具体做法，较好地做到了将传统纪传体、编年体的优点荟萃为一。司马光所作的《资治通

---

① 《史记》之后的通史撰述，尚有梁武帝所撰《通史》、北魏所编《科录》以及唐李延寿的《南史》《北史》，但是前二书只不过是杂抄，李延寿之史所通的时间太短，严格来说还算不上是通史。

鉴》的姊妹篇《通鉴目录》，可以看作是正史"表"的一种演化。该《目录》的做法是分列三格，上格纪年，中标事目，下注卷数，就好比是《资治通鉴》的索引。毫无疑问，《资治通鉴》如此编年纪事，说明司马光已经充分注意到了对事件始末的记载或交代，这在很大程度上消除了传统编年叙史的弊端，是古代编年体史书体裁的重大发展与突破。《资治通鉴》在编年叙事上所取得的重大成就，也使传统的久已沉寂的编年体史书体裁焕发出了新的青春的活力。

二、朱熹"纲举目张"的叙事方法

《资治通鉴纲目》是南宋理学家兼史学家朱熹历史编纂思想的结晶。该书由朱熹与他的学生赵师渊共同完成，其中的《凡例》则由朱熹手订。《资治通鉴纲目》一书，顾名思义，一定与司马光的《资治通鉴》有着密切的关系。实际上也正是这样，朱熹之所以要撰写该书，从指导思想来讲，首先是不满于《资治通鉴》的正统观，认为其在正闰、改元等方面取"《春秋》之义"做得很不够，需要"修正处极多"，"遂欲起意成书"①。其次是认为《资治通鉴》作为帝王教科书，虽然已经裁汰了大量与"资治"关系不密切的史事，但还是太冗长，叙事不够明朗和直截了当，既不利于封建帝王作为案头阅读，也不符合史书的明理要求。因此，《凡例》明确规定，要把取"《春秋》之义"与法《春秋》用字规则有机地结合起来，从而使《资治通鉴纲目》一书成为宋代义理史学的典范。

如果说《资治通鉴纲目》的编撰，其指导思想是出于"资政"和"明理"的需要，那么，从历史编纂来讲，该书所采用的"纲举目张"的史书编纂方法，却是创立了历史撰述的一种新体裁、新方法，是宋代历史编纂思想新发展的具体表现。

对于编年叙事难详事之始末，朱熹有着自己的理解，他主张用"错综"的方法来改造编年体的叙事缺陷。朱熹说："错者，杂而互之也。综者，条而理之也。"②也就是说，要在传统编年体的基础上，条理出一种更易记述历

① 黎靖德编：《朱子语类》卷一百五，2372页，长沙，岳麓书社，1997。
② 《朱熹集》卷五十四《答王伯礼》，2730页，成都，四川教育出版社，1996。

史的新史体。朱熹认为先秦《国语》与南宋袁枢《通鉴纪事本末》就是一种"错综"的史体，他说：

> 古史之体可见者，《书》《春秋》而已。《春秋》编年通纪，以见事之先后，《书》则每事别记，以具事之首尾。意者当时史官既以编年纪事，至于事之大者，则又采合而别记之。……故左氏于《春秋》既依经以作传，复为《国语》二十余篇，国别事殊，或越数十年而遂其事，盖亦近《书》体以相错综云尔。然自汉以来，为史者一用太史公纪传之法，此意固不复讲。至司马温公受诏纂述《资治通鉴》，然后千三百六十二年之事编年系日，如指诸掌。……伟哉书乎！自汉以来，未始有也。然一事之首尾或散出于数十百年之间，不相缀属，读者病之。今建安袁君机仲（指袁枢——引者注）乃以暇日作为此书……于以错综温公之书，其亦《国语》之流矣。①

朱熹的《通鉴纲目》几乎与袁枢《通鉴纪事本末》同时问世②，与后者一样，《资治通鉴纲目》也是通过错综《资治通鉴》而成的。所不同的是，袁枢错综《资治通鉴》而创立了"纪事本末体"史书体裁，朱熹错综《资治通鉴》则创立了"纲目体"史书体裁。《资治通鉴纲目》的叙事方法是"表岁以首年，而因年以著统，大书以提要，而分注以备言"③。叙事内容分别以"纲"和"目"加以条理，"纲"为史事提纲，"目"为"纲"的具体叙述。这种史书体裁叙事的特点与好处是"纲举而不繁，目张而不紊，国家之理乱，君臣之得失，如指诸掌"④。很显然，这是一种叙事简洁而明晰的史体。近代史家梁启超也对纲目体给予了很高的评价，他说："此法很容易，很自由，提纲处写断案，低一格作注解。在文章上不必多下功夫，实为简单省事的方法。做得好，可以把自己研究的成果，畅所欲言，比前法（指《资治通鉴》编年纪

---

①　《朱熹集》卷八十一《跋通鉴纪事本末》，4171页，成都，四川教育出版社，1996。
②　一般认为《通鉴纪事本末》成书于乾道九年（1173年），《资治通鉴纲目》成书于乾道八年（1172年）。
③　朱熹：《资治通鉴纲目》卷首《朱子序例》，文渊阁四库全书本。
④　黄宗羲：《宋元学案》卷四十九《晦翁学案下》，见吴光主编：《黄宗羲全集》第4册，917页，杭州，浙江古籍出版社，2012。

事——引者注)方便多了。虽文章之美，不如前法，而伸缩自如，改动较易，又为前法所不及。"①梁启超对纲目体的评价是作文容易、叙事自由，又能畅所欲言。

由于朱熹在宋代以后思想史上的崇高地位，加上《资治通鉴纲目》在历史编纂上所展示的显而易见的优点，纲目体对此后的历史编纂甚至其他类别书籍的编纂都产生了巨大的影响。当然，事物都是一分为二的，纲目体以其简洁明理著称，却也因此而史料价值不高。

此外，朱熹出于宣扬理学的需要，还专门撰写了一部叙述理学发展史的著作——《伊洛渊源录》。该书以北宋著名的理学家二程(颢、颐)为中心，具体叙述了二程"洛学"及其师承和学派学术发展情况，同时也兼记了其他一些理学派别的学术情况，是一部集中反映宋代理学发展史的重要的学术性著作。《伊洛渊源录》的撰写，不但为人们研究宋代理学发展史提供了重要历史资料，而且成为学术体史书体裁之滥觞，为后人从事学术史的撰写提供了编纂模式。

三、袁枢"尽事之本末"的历史编纂思想

南宋史家袁枢通过对司马光《资治通鉴》进行改编，而撰成《通鉴纪事本末》一书。该书的撰述方法是按照《通鉴》的年次，以事件为中心，抄录《通鉴》原文，然后标上题目。依此，《通鉴纪事本末》一共归纳出了 239 个事目，并另附史事 66 件，统共记载史事 305 件。《通鉴纪事本末》所记史事全部抄自《通鉴》，却因此而创立了以事件为中心的纪事本末体新史书体裁，并与传统纪传体、编年体并称为中国古代史学史上三大史体。《通鉴纪事本末》的成功，是与袁枢所具有的渊博的史学知识和高深的史学见识分不开的。如果没有以对《通鉴》的熟读作基础，如果没有驾驭《通鉴》的史识，是不可能写出《通鉴纪事本末》的；同时，《通鉴纪事本末》的撰写成功，也与袁枢"尽事之本末"这样一种卓立不群的历史编纂思想分不开。

关于《通鉴纪事本末》的撰述动机与方法，《宋史》本传是这样说的："枢常喜诵司马光《资治通鉴》，苦其浩博，乃区别其事而贯通之，号《通鉴纪事

---

① 梁启超：《中国历史研究法》，179 页，北京，东方出版社，1996。

本末》。"①"苦其浩博",说明他的撰述比《通鉴》更简明扼要;而"区别其事而贯通之",则是指编纂方法,袁枢明确指出所作之书要变纪年为中心为纪事为中心,并且要贯通全书内容和事件始末。对于袁枢《通鉴纪事本末》的编纂思想,时人与后人皆有很多评说。袁枢的友人杨万里在《通鉴纪事本末叙》中说:

> 予每读《通鉴》之书,见事之肇于斯,则惜其事之不竟于斯。盖事以年隔,年以事析,遭其初莫绎其终,揽其终莫志其初,如山之峨,如海之茫,盖编年系日,其体然也。今读子袁子此书,如生乎其时,亲见乎其事,使人喜,使人悲,使人鼓舞。未既,而继之以叹且泣也。②

在此,杨万里指出了由于编年纪事的局限,《通鉴》无法尽事之本末,而袁枢《通鉴纪事本末》的问世,让他感到欢欣鼓舞。之所以如此,当然是因为《通鉴纪事本末》能够详明事情的原委终始。杨万里的评述,是从纪事本末体的优点去谈的。有的则从具体的编纂方法到体裁优点两方面都作了论述,如前引朱熹的说法,就认为《通鉴纪事本末》是一种"错综"的史体,综合了各种史体的优点。《四库全书总目提要》也从史书编纂的历史出发对《通鉴纪事本末》的编纂作了系统评论:

> 自汉以来,不过纪传、编年两法,乘除互用。然纪传之法,或一事而复见数篇,宾主莫辨;编年之法,或一事而隔越数卷,首尾难稽。枢乃自出新意,因司马光《资治通鉴》,区别门目,以类排纂,每事各详起讫,自为标题,每篇各编年月,自为首尾。……经纬明晰,节目详具,前后始末,一览了然。遂使纪传编年贯通为一,实前古之所未见也。③

---

① 《宋史》卷三百八十九《袁枢传》,11934页,北京,中华书局,1977。
② 杨万里:《通鉴纪事本末叙》,见袁枢:《通鉴纪事本末》卷首,1页,上海,上海古籍出版社,1997。
③ 《四库全书总目提要》卷四十九《纪事本末类·通鉴纪事本末四十二卷》,文渊阁四库全书本。

在此，《四库全书总目提要》一方面指出了传统纪传体与编年体在叙事上的不足，另一方面认为《通鉴纪事本末》"使纪传编年贯通为一"，从而详明了事之首尾始末，这是史书在叙事上所取得的前所未有的突破。清代史评家章学诚也说，袁枢创立的纪事本末体，"文省于纪传，事豁于编年"①，是兼有二体之长，又克服了二体之短。

综上所述，纪事本末体的主要优点可以概括为：一是选事设目自由，灵活度大；二是叙事明晰，具有故事性；三是叙事首尾详备，突出了事件的完整性。当然，纪事本末体也有保存史料不足和事件孤立叙述的缺陷。之所以保存史料不足，是因为很多史事是难以用标题列目叙述的；而标题叙事，只能是一个个孤立事件的罗列。对此，曾将这一史体称作"旧史界进化之极轨"的梁启超，也如实指出：纪事本末体"仅以一事为起讫，事与事之间不生联络；且社会活动状态，原不仅在区区数件大事，纪事纵极精善，犹是得肉遗血，得骨遗髓也"②。不过，总体来讲，纪事本末体的优点是非常突出的，也正因此，它不但得到时人与后人的普遍赞誉，而且这一史体诞生后，《通鉴纪事本末》的叙事方法得到了后世的普遍仿效，仿作、续作不断涌现，逐渐形成了一个庞大的纪事本末体书系。

第五节　马端临的史学思想

马端临是元朝初年著名的史学家。所著《文献通考》一书，是继杜佑《通典》和郑樵《通志略》③之后又一部典制体通史，在中国古代史学史上占有重要的地位。从史学思想而言，马端临不但继承了自杜佑以来重视"会通"和社会经济的思想，而且在历史编纂上进一步扩大了典制体史书的门类，提出了自己的关于典制体撰述的原则。无疑，《文献通考》所蕴含的史学思想是值得认真总结的。

---

① 章学诚：《文史通义》卷一《书教下》，51页，叶瑛校注本，北京，中华书局，1994。
② 梁启超：《中国历史研究法》，41页，北京，东方出版社，1996。
③ 《通志》只有其中"略"五十二卷属于典制体，因此本节主要探讨《通志略》。

一、注重"会通因仍之道"

注重"会通"，这是中国史学的优良传统之一。《史记》的"通古今之变"、《通典》的"统括史志"、《资治通鉴》的"贯通古今"以及《通志》的"会通之义"，都对马端临会通思想的产生有着重要影响。马端临为何要撰述《文献通考》？《文献通考·自序》对此作了回答。其一是认为自《汉书》断代为史之后，司马迁发明的"会通因仍之道"未得传承。《自序》说："《诗》、《书》、《春秋》之后，惟太史公号称良史，作为纪、传、书、表，纪传以述理乱兴衰，八书以述典章经制，后之执笔操简牍者，卒不易其体。然自班孟坚而后，断代为史，无会通因仍之道，读者病之。"其二是认为虽然前代司马光撰《资治通鉴》和杜佑作《通典》都强调会通之义，但是，对于司马光的《资治通鉴》，《自序》认为："司马温公作《通鉴》，取千三百余年之事迹，十七史之纪述，萃为一书，然后学者开卷之余，古今咸在。然公之书，详于理乱兴衰，而略于典章经制。"很显然，在马端临看来，《资治通鉴》的会通，主在"事迹"，而不在"典章经制"，而《文献通考》的撰述，是要说明历史典制的"相因"性，因此，二者的解说对象不同。对于杜佑的《通典》，《自序》则说："唐杜岐公始作《通典》，肇自上古，以至唐之天宝，凡历代因革之故，粲然可考。……天宝以后，盖阙焉。有如杜书纲领宏大，考订该洽，固无以议为也；然时有古今，述有详略，则夫节目之间，未为明备，而去取之际，颇欠精审，不无遗憾焉。"在此，马端临一方面称赞《通典》能考"历代因革之故"，但是因时代的局限而未能叙唐天宝以后的典制，另一方面也如实指出《通典》于"节目之间，未为明备，而去取之际，颇欠精审"。[①] 这就是说，马端临之所以要撰写《文献通考》，一则是对《通典》进行续作，一则是要对《通典》整齐类例，以贯通典制。由此可见，《文献通考》主在从内容、体例和思想上光大《通典》。

那么，《文献通考》究竟是如何贯彻其"会通因仍之道"的呢？

第一，原始要终，贯通史事。《文献通考》撰述动机之一是续作《通典》，但是它的历史记述并不是从唐天宝以后开始写的，而是上自上古时期，下

---

① 马端临：《文献通考》卷首《自序》，3页，杭州，浙江古籍出版社，1988。

迄宋宁宗嘉定末年。在这样一个古今时间段里，详细叙述历代典章制度及其时代特点和沿革情况，从而对几千年的各项典章制度作出系统而完整的把握。《文献通考》这种"原始要终"的编纂方法，旨在体现典章制度的系统性、连贯性，探讨其中的"因仍之道"。从时间跨度而言，《文献通考》可以被看作《通典》的扩写，它在《通典》的基础上将古代典章制度往后续写了约570年。当然，《文献通考》的"会通因仍之道"不仅表现在时间的跨度上，也表现在具体史事的贯通上。《文献通考》的每一"考"，都是本着一种贯通的思想去写作的，重在考察每一项典章制度的因革损益及其所表现出的时代特点。例如《学校考》，它详细叙述了自虞舜设立上庠、下庠之教到宋代官学与书院的兴盛的历代学校教育情况，其中对太学的出现、学舍的建立等一些重要教育制度的出现给予了特别的关注，对隋唐时期的外国留学风潮作了记述。可以说，它就是一部虽简明却完整的宋代及宋以前的古代教育史。

第二，区定类例，会聚文献。《文献通考》的会通思想，不仅表现为古今之"通"，而且表现为资料之"会"。前者从时间而言，后者从空间而言。而会聚文献，首先得区定类例。《文献通考》继承了《通典》的"立分门"的思想，却也认为《通典》"节目之间，未为明备"，故而在《通典》的基础上，进一步增加了典制体史书的门类。《通典》一共有食货、选举、职官、礼、乐、兵、刑、州郡和边防九大门类，《文献通考》则设有二十四门，其中田赋、钱币、户口、职役、征榷、市籴、土贡、国用、选举、学校、职官、郊社、宗庙、王礼、乐、兵、刑、舆地、四夷十九门是离析《通典》门类而成，而经籍、帝系、封建、象纬和物异五个门类则是马端临新增设的。马端临为何要对《通典》所设门类或离析或增加，《文献通考·自序》对此都作了说明。例如为何要对《通典》的《食货典》《选举典》和《礼典》作离析，并以《兵典》专论"成败之迹"，马端临是这样说的："古者因田制赋，赋乃米粟之属，非可析之于田制之外也。古者任土作贡，贡乃包筐之属，非可杂之于税法之中也。乃若叙选举则秀、孝与铨选不分，叙典礼则经文与传注相汨，叙兵则尽遗赋调之规而姑及成败之迹。"又如为何要增设对应正史典制之天文、五行和艺文的象纬、物异和经籍三"考"，马端临说："至于天文、五行、艺文，历代各有志，而《通典》无述焉。"所以他要补撰。又如为何要增帝系和封建，马端临认为《史记》和《汉书》都作诸侯王列侯表，范晔《后汉书》以后的纪传体史书不传，只有王溥的《唐会要》和《五代会要》首立帝系一门，而在他看来，"凡是二者，盖历代之统纪、典章系焉，而杜书亦复不及，则亦未为集著述之大成也"。① 如果我们将《文献通考》的门类与郑樵《通志略》作一比较，则其帝系与封建二"考"也是后者所没有的。由此来看，《文献通考》的类例区定较之于《通典》和《通志略》都更加完善。

《文献通考》的会聚文献，便是在这样一个类例区定的基础上进行的。从总体来讲，《文献通考》可谓取材广博，网罗宏富，论述所及，包括从经济基础到上层建筑的封建社会各种典章制度。具体而言，首先，《文献通考》根据所立的二十四"考"，对于中唐以前至上古的典制叙述，以《通典》为基础，对《通典》所叙述的典章制度作了补充，进行了扩写。对于中唐以后的历代典章制度，也是以这二十四"考"来会聚文献、贯通史事。其次，马端临清楚地认识到"时有古今，述有详略"，而采取"详今略远"的撰述原则。《文献通考》虽然贯通古今，而重点却是宋代，这与《文献通考》"有志于经邦稽古者，或可考焉"②的撰述旨趣也是相吻合的。该书宋代内容所占的比重很大，超过全书一半的篇幅。值得注意的是，马端临撰述宋代典制所搜集的史料非常丰富，以至于《文献通考》所反映的宋代典制内容，很多都是元人所修《宋史》诸志所无，因而具有极高的史料价值，同时这也是马端临注重会聚文献的具体体现。

二、重视社会经济的朴素唯物史观

《文献通考》中蕴含了丰富而进步的历史观，重视社会经济是其中的一个重要方面。杜佑《通典》首列"食货"，表明其对社会经济的重视。但是，《通典》的《食货典》只有七卷，不足全书总卷数的二十分之一。郑樵作《通志略》，则将"食货"一门移至"选举"和"刑法"之后，这表明其对社会经济的重视程度不如杜佑。马端临作《文献通考》，继承并发扬了《通典》"食货为之首"的朴素唯物思想。《文献通考》一方面重新将"食货"列于全书之首；一方面则将《通典》的"食货"一门离析为八门之多，它们分别是田赋、钱币、户

---

① 马端临：《文献通考》卷首《自序》，3页，杭州，浙江古籍出版社，1988。
② 同上书，3页。

口、职役、征榷、市籴、土贡和国用等"考"，占全书总类目的三分之一。《文献通考》离析"食货"为八"考"，是通过对以往史书关于典制撰述分门立目的得失和封建社会经济关系的考察而提出来的，从而使社会经济的发展在国家经济制度上有了更加明确的反映和体现；同时，这种在典制体史书中大大增加关于社会经济内容的分量的做法，也充分反映了马端临对社会经济之于封建国家的统治和社会的发展所起的重要作用有着充分的认识。

《文献通考》重视社会经济，还表现在通过对具体经济典制的论述而体现出的民本思想上。马端临深知"民众则其国强，民寡则其国弱"①的道理，故而他重视从民之利害去论述典制的得失，从民心之向背去看国家的兴亡。例如，关于国用与政治统治关系的论述，《文献通考·自序》便借用了西汉思想家贾山《至言》所论，以历史上周朝财少而国延、秦朝财多而国促为例，认为"国之废兴，非财也"。这里所谓"非财"，当然不是说不要财，而是说国家的兴衰并不完全取决于财富的多少。其中的关键是国家的财富要有一个合理的用途。所以马端临进一步说，国家的财富有两种归属，一种是"国家之帑藏"，一种是"人主之私蓄"，认为"恭俭贤主，常捐内帑以济军国之用，故民裕而其祚昌；淫侈僻王，至麋外府以供耳目之娱，故财匮而其民怨。此又历代制国用者龟鉴也"。在此，马端临明确提出了只有"民裕"，政权才能长久；而"民怨"的结果，则必然导致国运短祚。这显然是一种藏富于民的思想。又如关于"征榷"之设，马端临也提出了自己的看法。他认为，"征榷"之设的本意是不使农民遭受富商大贾的盘剥，是一项利民的举措，但结果却反而使农民更加深受其害。他说："盖昔之榷利，曰取之豪强商贾之徒，以优农民；及其久也，则农民不获豪强商贾之利，而代受豪强商贾之榷。"②在此，马端临对统治者巧立名目以盘剥农民的行径进行了揭露。马端临还举例说，南宋初年占据湖南的起义军首领马友在潭州(今长沙)行税酒法，人民感到很方便。然而后来宋孝宗改行榷酒，反而遭到人民的反对。于是马端临说："县官惟务榷利，而便民之事乃愧于一'剧盗'，何邪？"③这显然是对官家行榷酒之法的一种讽刺。

---

① 马端临：《文献通考》卷首《自序》，4 页，杭州，浙江古籍出版社，1988。
② 同上书，5、4 页。
③ 马端临：《文献通考》卷十七《征榷考四》，172 页，杭州，浙江古籍出版社，1988。

三、历史编纂的三个原则

这里所谓编纂原则，就是指编纂方法。马端临在前人的基础上，归纳出一套编纂典制体史书的行之有效的方法，即所谓文、献、注三个原则。马端临说：

> 凡叙事，则本之经史，而参之以历代会要，以及百家传记之书。信而有证者从之，乖异传疑者不录，所谓"文"也。凡论事，则先取当时臣僚之奏疏，次及近代诸儒之评论，以至名流之燕谈，稗官之纪录。凡一话一言，可以订典故之得失，证史传之是非者，则采而录之，所谓"献"也。其载诸史传之纪录而可疑，稽诸先儒之论辨而未当者，研精覃思，悠然有得，则窃著己意，附其后焉。[1]

这里所谓"文"，是指叙事。如何叙事，重在广泛搜集史料，包括经史、会要以及百家传记，都是编撰典制所应搜集和参阅的资料。对于搜集到的资料，其去取原则是"信而有证者从之，乖异传疑者不录"，表现出了史家的一种求实的态度，由此也保证了《文献通考》史料的翔实性和准确性。为了便于区别，凡是叙事之文，在书法上一律顶格而写。所谓"献"，是指论事，即是对历代史事与人物的评论。如何论事，《文献通考》广泛搜集了历代名人包括当时臣僚、近代诸儒以及名流、稗官的议论，附录在具体史事下面。凡论事之文，在书法上臣僚之奏疏低一格而写；诸儒之议论则低两格而写，通常标出"某人曰"，其父之言则标出"先公曰"等。所谓"注"，则是史家马端临自己的议论和见解，这些议论和见解，当然都是马端临对"纪录而可疑"和"论辨而未当者"经过自己的"研精覃思"之后的心得。在书法上，"注"文与诸儒议论平列，但附于文尾。

《文献通考》在编纂上所采取的文、献、注三个原则，不失为马端临的一个重要创造。这种编纂方法叙事灵活、自由、明了，是典制体史书在编纂方法上的一大发展。

---

[1]　马端临：《文献通考》卷首《自序》，3页，杭州，浙江古籍出版社，1988。

第六章　明与清前中期史学思想

绪　言

　　明与清前中期，这是我国封建社会走向没落和崩溃的时期。这一时期总的社会状况是：封建专制统治日益强化，也日益腐朽；社会矛盾日益尖锐，农民起义时有爆发；经济上新的社会生产方式开始萌生，封建经济日益衰落；意识形态上理学思想进一步强化，"四书五经"成为科举应试的基本内容；学术思想上明清之际兴起实学思潮，乾嘉时期不但考据学成就突出，而且传统史学理论也得到了进一步发展，总体上呈现出总结与嬗变的特点。明与清前中期史学及史学思想的发展和演变，便是在这样一个历史背景下进行的。

　　纵观明与清前中期史学及史学思想的发展和演变，大致可以分为明代、明清之际和清前中期三个时期，以下分别作一概论。

　　第一个时期为明代。明代为中国封建社会开始走向衰老的历史转折时期，同时也是商品经济出现了一定的繁荣的时期。这一时期社会状况的总体表现是新旧矛盾的斗争日益激烈而复杂。反映到历史撰述上，则是官修史书成绩平平，主要编修了《元史》《会典》《明实录》《大明一统志》《永乐大典》五部书；相比较而言，私人撰述却很发达，其中不乏力作，如柯维骐的《宋史新编》、陈邦瞻的《宋史纪事本末》和《元史纪事本末》、李贽的《藏书》和《续藏书》、胡应麟的《史书占毕》等。这一时期私家修史发达，一方面是官修史书令人不满，另一方面则是因党争激烈，人们借修史来褒贬人物和表达政治观点。

明代的史学思想也出现了一种新旧交锋的特点，其具体表现：一是在历史观上，人们重视关于历史的治与乱、是与非、公与私、时与势、道德与事功、改革与保守等诸多历史理论问题的论辩。二是史学观上，首先是经史关系的论辩受到关注，王阳明、王世贞、李贽等史家对此都提出了自己的重要见解；其次是对史家修养、史书文字表述以及评史方法等具体史学理论问题都普遍作了论述，其中以胡应麟关于史家修养的"二善"说影响较大。

第二个时期为明清之际。经历易鼎之变后，一些怀有民族气节的读书人痛定思痛，深深感受到宋明以来理学的种种弊端，对那种空谈性命道理、脱离实际的浮华学风深恶痛绝。他们提出"经世致用"的口号，强调治史要关心"当世之务"，即要通过探索历史治乱兴衰，特别是明朝灭亡的原因，以寻求改革社会、振兴国家的方法，同时寄托他们的反清复明之志。这些思想引起了当时社会的广泛共鸣，由此形成一股影响很大的"经世致用"实学思潮，黄宗羲、顾炎武和王夫之便是其中的重要代表。

这一时期史学思想的具体表现，一是对封建专制统治的批判。黄宗羲、顾炎武和王夫之都深知明清易代局面的出现，与明王朝的腐朽统治密切相关，故而他们抨击明王朝的腐朽统治，并进而对整个封建专制统治进行了批判，同时还提出了限制君权和改革政治的具体主张。例如，黄宗羲撰写《明夷待访录》，从君主的起源来论述君主专制体制的弊端。二是倡导"实学"和"经世致用"的学风。例如，顾炎武撰写《天下郡国利病书》，便是通过记述天下利病，以便针对时弊进行改革；他撰写《日知录》，也是基于"引古筹今，亦吾儒经世之用"[①]的考虑；他提倡考据，是要以征实去伪之学取代那"学无根底""束书不观"的空疏之学。三是主张存史，尤其是故国之史。例如，黄宗羲在批判明王朝的腐朽统治之余，也对故国怀有一种深深的怀念，故而他提出"国可灭，史不可灭"的存史思想，其《明儒学案》的撰写，其中一个目的就是要存留有明近三百年学术史。四是历史编纂思想的重大

---

① 顾炎武：《亭林文集》卷四《与人书八》，见黄珅等主编：《顾炎武全集》第 21 册，141 页，上海，上海古籍出版社，2011。

突破。例如，黄宗羲的《明儒学案》是我国古代第一部完备的学案体专著，对古代学术发展史的编纂以及历史编纂思想的发展都有重大贡献；王夫之撰写的《读通鉴论》和《宋论》二书，是中国古代历史评论的总结性成果。

第三个时期为清前中期。清康雍乾时期不但继承了明朝高度专制的中央集权体制，而且糅进了浓厚的民族专制色彩。对于学术思想，则采取了较以往任何朝代都更为严厉的控制措施。这种社会政治状况反映在历史撰述上，一是扩大了官修史书规模，以加强对史学的控制。这一时期官修史书的成就还是比较突出的，主要有：《明史》的修撰，它虽然集中体现了清朝统治者的意愿，却也是官修正史中从史料、体例到内容都比较好的一部；典制体的修撰，主要有"六通"——《续通典》《续通志》《续文献通考》《清文献通考》《清通典》《清通志》，以及《会典》等；大型类书《古今图书集成》和丛书《四库全书》的编纂；此外尚有当朝实录的编纂，等等。二是私家治史重于博古和考据。以王鸣盛、赵翼和钱大昕最著名，被称为乾嘉"三大考史家"，各自所撰《十七史商榷》《廿二史札记》和《廿二史考异》为乾嘉"三大考史名著"。当然，乾嘉史学也出现了章学诚这样的史学理论大家，所撰《文史通义》是我国古代史学理论的总结性成果。

这一时期的史学思想也呈现出了一些时代特点。首先是经史关系论。乾嘉学风尊经卑史，反映在史学思想上，是受经学思想的影响明显，往往以经义作为史事是非评判的标准；同时也有少数史家如章学诚等，不囿于世俗之见，大力提倡"六经皆史"说，这是乾嘉时期最为闪光的史学思想。其次是历史考据学思想。乾嘉史学注重考证，主张实事求是，这是正确的；但是，它在强调"求实"一面的同时，也存在着明显的客观主义倾向，甚至将历史考证等同于史学研究。最后是史学理论的总结。以章学诚及其《文史通义》为代表。《文史通义》对经史关系、历史撰述宗旨、史家修养、历史编纂方法以及方志编纂理论等诸多史学理论问题都作了系统论述，对我国古代史学理论进行了一次全面的总结。

到了嘉道时期，清朝全面走向衰落。这一时期政治统治腐败，阶级矛盾激化，边防危机不断，是一个"大乱将起"的衰世。在这样一个特定历史时期，出现了龚自珍这样极具时代感的史评家。面对这样一个封建衰局，龚自珍在批判之余，提出了以公羊"三世"说为思想武器的社会改革论，同时为御侮图强，高度重视考察边疆史地；此外，他还大力提倡"尊史"论，肯定史学为一切知识之源，是经世所必需的学问。应该说，龚自珍的史学思想是传统进步的经世致用史学思想在新时期的发展。

第一节　李贽的历史评论

李贽是明朝后期一位特立独行的孤寂的思想家，也是一位执着地追求真理的思想家。蔡尚思在《焚书·续焚书》前言中说，在中国思想史上，李贽有着其他思想家所难比的地位，因为他是中国思想史上以学术问题而被害死的唯一的思想家。[①] 李贽的历史评论，多与正统观点不相吻合，有着自己的独立见解，并且充满着一种批判的精神。

一、对历史进程的认识

历代思想家、史学家都重视对历史进程的思考，由此而提出了种种历史运动观。李贽通过对历史进程的考察，提出历史的进程是一个"治"与"乱"相互依存、相互转化的过程，"乱之终而治之始也"，"治之极而乱之兆也"。他以人们物质生活的"文"与"质"的相互转化来说明战国以来历史进程中的这一现象。他说：

> 一治一乱若循环，自战国以来，不知凡几治几乱矣。……儒者乃以忠、质、文并言，不知何说。又谓以忠易质，以质拣文，是尤不根之甚矣。夫人生斯世，惟是质、文两者。两者之生，原于治乱。其质也，乱之终而治之始也，乃其中心之不得不质者也，非矫也。其积渐而至于文也，治之极而乱之兆也，乃其中心之不能不文者也，皆忠也。夫当秦之时，其文极矣，故天下遂大乱而兴汉。汉初，天子不能具钧驷，虽欲不质，可得耶？至于陈陈相因，贯朽粟腐，则自然启武帝大

---

① 李贽：《焚书·续焚书》，前言，1页，长沙，岳麓书社，1990。

有为之业矣。^①

从这段史论可知，李贽反对董仲舒、司马迁所提出的忠、质、文历史变易说，而认为历史变易过程，其实就是一个治乱互变、盛衰交替和文质相嬗的过程。同时，李贽以秦汉史实为例，强调这种质、文互变具有一种历史必然之"势"，是人为所不能改变的。

李贽关于历史进程的治乱、文质之变的认识，应该说是具有朴素唯物思想和辩证法思想的。他看到了事物具有盛衰相包与转化的特点，而且肯定这种转化是一种必然之势。这就要求人们既要有一种见盛观衰的历史意识，又要懂得及时变易制度的道理。李贽的这种治乱互变的历史观，对于后人是有思想启迪作用的。然而，李贽认为"一治一乱若循环"，毕竟还只是把握住了事物变化的现象，而没有揭示出事物变易的本质，没有看到历史在这"一治一乱"中的向前发展，这是其历史观的一种局限性。

历史的进程离不开人类的活动，同样，历史的一治一乱也是与人的活动息息相关的。李贽考察历史进程，重视将历史进程看作种种不同历史人物活动的轨迹。或者说，正是历史人物的不同活动所留下的不同的历史轨迹，构成了一条历史盛衰变动的长链。《藏书·世纪》便是基于这样一种认识而编撰成的，如"混一诸侯"目下列举了秦始皇，"匹夫首倡"目下列举了陈胜，"英雄草创"目下列举了项羽，"乘时复业"目下列举了田横，"神圣开基"目下列举了汉高祖刘邦，这种分类显然是根据历史人物对历史的不同作用与影响来标列的，从这些历史人物的事迹当中可以清楚地看到历史的治乱兴衰之变。应该说，这种人物事迹的叙述方法，确实是别出心裁，反映了李贽重视历史进程的思想。

二、对历史人物的评价

李贽对历史人物的评价，首先表现为通过对历史人物的分类，以对各类历史人物作出评判。《藏书世纪列传总目后论》对影响历史盛衰的人物作

---

① 李贽：《藏书》卷一《世纪总论》，见张建业主编：《李贽文集》第二卷，1页，北京，社会科学文献出版社，2000。

了具体划分，除去圣贤之外，尚有大臣、名臣、儒臣、武臣、贼臣、亲臣、近臣和外臣八类，每类又分若干门，并且表述了对每类人物的看法。一是"大臣"。李贽认为，"圣主不世出，贤主不恒有"，因此，贤明大臣的历史作用就尤显突出。李贽依据大臣的不同品行，而将他们分为五门：因时、忍辱、结主、容人和忠诚。李贽说："有因时而若无能者，有忍辱而若自污者，有结主而若媚，有容人而若愚，有忠诚而若可欺以罔者。"但是，品行不一的大臣都是"随其资之所及，极其力之所造，皆可以辅危乱而致太平"的人物。二是"名臣"。李贽将名臣又分为经世、强主、富强、讽谏、循良、才力、智谋和直节八门。李贽认为，大臣与圣贤之主一样，都是难以遭遇的，因此，名臣是对历史有影响的重要历史人物，"倘得名臣以辅之，亦可以辅幼弱而致富强"。三是儒臣。李贽将儒臣分成德行与文学二门，其中德行包括德业、行业，文学包括词学、史学、数学、经学、艺学等。对于儒臣，李贽的评价不高，认为他们"虽名为学而实不知学"，因而难以胜任治理国家的重任。四是武臣。李贽反对将臣子分为文、武二途，认为圣王统治是没有这样的划分的，而"自儒者以文学名为儒，故用武者遂以不文名为武，而文武从此分矣"。由此也就有了武臣一目。对于武臣的作用，李贽认为"武臣之兴，起于危乱"。五是贼臣。李贽分贼臣为七门：盗贼，如西汉刘盆子、后魏破六韩拔陵、唐黄巢等；妖贼，如东汉张角、张鲁，东晋孙恩等；贪贼，如宋蔡京、贾似道等；反贼，如唐仆固怀恩、李怀光等；残贼，如汉宁成、张汤，宋蔡确等；逆贼，如东汉董卓，晋王敦，唐安禄山、史思明等；奸贼，如唐李林甫、宋秦桧等。这里所列贼臣七门成分复杂，但有一点却是共同的，那就是他们都是导致社会动乱、政治衰败的历史人物。六是亲臣、近臣。所谓亲臣，是指皇亲国戚；所谓近臣，是指宦官、嬖幸和方士之流。对于这些人，李贽认为"危乱之来，由于嬖宠"，他们中的大多数是导致政治衰败的重要因素。七是外臣。外臣即隐逸之臣，李贽将他们分成时隐、身隐、心隐和吏隐四门。在李贽看来，"天下乱则贤人隐，故以外臣终焉"。他们在李贽的眼里都是贤者，不过，四门中李贽最推崇吏隐。① 从

---

① 李贽：《藏书世纪列传总目后论》，见张建业主编：《李贽文集》第二卷，卷首，8页，北京，社会科学文献出版社，2000。

上述李贽对历史人物的分类和评价可知，总体来看，前四类历史人物对社会历史的发展起着积极的作用，尽管李贽对儒臣的评价不高；最后一类外臣是乱世时期的贤者；其余三类则是导致社会危乱的反面历史人物。

其次是提出了对历史人物评价的新标准。上述关于历史人物的分类，其实就是李贽在自己的历史人物评价标准指导下作出的。李贽对历史人物的评价标准有一个非常鲜明的特点，那就是他往往能是前人所未能是，非前人所不敢非。众所周知，在理学盛行的明代，人们评判历史事件与历史人物的善恶是非，往往都取决于是否符合孔子的言论和正统的伦理道德。对此，李贽提出了不同的看法。他认为："人之是非，初无定质。人之是非人也，亦无定论。"又说："夫是非之争也，如岁时然，昼夜更迭，不相一也。昨日是而今日非矣，今日非而后日又是矣。"[1]在此，李贽提出人之是非"无定质"，因而对人的评判也"无定论"的观点。那么，这是不是说人的是非没有一定的标准？当然不是。李贽不是老庄相对主义论者，他的是非"无定质"论，只是用一种真理的相对性来反对现实中以孔子的是非为是非的价值观的绝对化倾向，是要人们通过理智和判断来避免盲目信从，要"一切断于己意"。所以他说："夫天生一人自有一人之用，不待取给于孔子而后足也。若必待取足于孔子，则千古以前无孔子，终不得为人乎？"[2]

李贽正是"一切断于己意"，依据自己的而非孔子的是非观，来对中国历史上的重要人物进行了重新评价。从总体来说，他的这套评价体系体现的是一种功利主义的价值观。具体而言，第一，李贽肯定统一国家的历史人物。例如秦始皇，按照理学家的观点，当然是一个暴君，是应该被否定的历史人物。而李贽却高度赞扬了秦始皇统一六国、"混一诸侯"的功劳，称赞他为"千古一帝"。他甚至从个人的表现和作用的角度，认为同样是一统之君的隋文帝也不如秦始皇。又如，曹操一向以"奸臣"而闻名，然而《藏书》的"奸臣"类中却没有曹操的名字，李贽是把他放在"三国兵争"中去加以论述的。李贽盛赞曹操平定天下的功绩，认为如果没有曹操，当时不知道

---

[1] 李贽：《藏书世纪列传总目前论》，见张建业主编：《李贽文集》第二卷，卷首，7页，北京，社会科学文献出版社，2000。
[2] 李贽：《焚书》卷一《答耿中丞》，见张建业主编：《李贽文集》第一卷，15页，北京，社会科学文献出版社，2000。

会有多少人称王称帝，故而他称赞曹操有"廿分识，廿分才，廿分胆"，是"真知人，真爱才，真英雄"。第二，李贽肯定理财富强国家的历史人物。《藏书》特辟"富国名臣"一目，肯定那些被道学家视为"聚敛之臣"者的历史地位。他称赞李悝变法，"行于魏国，国以富强"①；商鞅变法，"秦民大悦，道不拾遗，山无盗贼，家给人足"②。第三，李贽虽然将历史上一些农民起义的领袖诬蔑为"盗贼""妖贼"，但是，他也给一些农民起义的领袖以很高的评价。例如，李贽将陈胜、项羽、李密、窦建德等农民起义的领袖人物都列入《世纪》中，称赞陈胜为"匹夫首创"，称赞项羽为"英雄草创"。第四，李贽敢于打破道学家们所谓"忠臣不事二主"的论调，而对一些"贰臣"给予肯定的评价。例如，在历史上遭到人们唾骂的谯周和冯道，前者为蜀汉之臣而降魏，后者更是"历四姓，事一十二君"。李贽认为他们在"刘禅之昏庸、五季之沦陷"的情况下另投新主，这种选择是值得肯定的，因为这样做可以使老百姓"卒免锋镝之苦"。③ 李贽此论在当时被视为离经叛道，但今天回顾这段历史，我们不得不承认李贽的评论确实是有道理的。

由上可知，李贽关于历史人物的评价，其标准确实与当时道学家乃至一般人心目中的标准都大相径庭，也正因此，他的思想才被人们视为"异端"。

第二节　胡应麟的史学理论

胡应麟是明朝中后期著名学者、史学评论家。胡应麟关于史学理论问题的论述，散见于他的许多论著与文集之中，而其中表述最为集中的，当数《史书占毕》一书。该书的内容分为"内篇""外篇""冗篇""杂篇"四个部分，其中"内篇"论史学，"外篇"论史事，"冗篇"为考史，"杂篇"论琐事。《史书

---

① 李贽：《藏书》卷十七《名臣传·富国名臣·李悝》，见张建业主编：《李贽文集》第二卷，339页，北京，社会科学文献出版社，2000。

② 李贽：《藏书》卷十五《名臣传·强主名臣·商鞅》，见张建业主编：《李贽文集》第二卷，289页，北京，社会科学文献出版社，2000。

③ 李贽：《藏书》卷六十八《外臣传·吏隐外臣·冯道》，见张建业主编：《李贽文集》第二卷，1298页，北京，社会科学文献出版社，2000。

占毕》从形式到内容，都明显受到刘知幾《史通》的影响，是"从唐代刘知幾的《史通》到清代章学诚的《文史通义》，中国古代史学理论专门著作发展过程中值得一提的一环"①。

一、提出史家修养之"二善"说

史学主体即史家的品质，是一个一直备受关注的重要史学理论问题。在胡应麟之前，人们对此已经作了很多论述，也提出了不少真知灼见，其中以刘勰的"素心"说和刘知幾的"史才三长"论最为著名。作为史学评论家，胡应麟也非常重视史家品质问题。胡应麟认为，修史是一项非常艰难的工作，而修史之难是难在予夺褒贬，而不在史料的搜罗。他说："史百代者，蒐罗放轶难矣，而其实易也；史一代者，耳目见闻易矣，而其实难也，予夺褒贬之权异矣。"②这就是说，撰述过往百代之史，虽然搜集资料难，但是予夺褒贬容易，因而实际撰述并不难；相反，撰述当前一代之史，虽然都是"耳目见闻"，却因予夺褒贬难，而实际撰述更不易。很显然，这里决定历史撰述的关键因素是史家的予夺褒贬。那么，史家的予夺褒贬又取决于什么呢？胡应麟的回答是史家的品质。在胡应麟看来，一部史书的优劣，主要取决于史家品质的优劣。据此，胡应麟将过往的历史撰述分为五类，即"圣人之史"，以《尚书》和《春秋》为代表；"贤人之史"，以《礼记》和《左传》为代表；"文人之史"，以《史记》和《汉书》为代表；"小人之史"，以《三国志》和《魏书》为代表；"北人之史"，以《宋史》《辽史》和《金史》为代表。

从这种重视史书予夺褒贬和史家品质的认识出发，胡应麟认为刘知幾关于史家修养的"史才三长"论并不全面，他结合过往的史学发展史对此作了论述：

> 才、学、识三长足尽史乎？未也。有公心焉、直笔焉，五者兼之，仲尼是也。董狐、南史制作亡征，维公与直庶几尽矣。秦汉而下，三长不乏，二善靡闻。左、马恢恢，差无异说；班书、陈志，金粟交关；

---

① 向燕南：《中国史学思想通史·明代卷》，370页，合肥，黄山书社，2002。

② 胡应麟：《少室山房笔丛》卷十三《史书占毕一》，128页，上海，上海书店出版社，2009。

沈传、裴略，家门互异。史乎，史乎！①

这段话集中表述了两层意思：其一，刘知幾的才、学、识"三长"论并不足以概括史家的全部修养，史家除去具备"三长"外，还应具有公心、直笔之"二善"。其二，史学史上只有孔子"五者兼之"，董狐和南史能具备"二善"，左丘明和司马迁基本上能做到"二善"，至于班固以下诸人则"三长不乏，二善靡闻"，他们撰史多从私心出发，撰成的史书难免有曲笔之嫌。在此，胡应麟关于刘知幾的史家"三长"论的认识其实并不准确。如前所述，刘知幾"史识"的一项重要内容就是直书不隐，而且《史通》还专门辟有《直书》《曲笔》二篇，集中谈论史家品质问题。但是，刘知幾的史家修养论毕竟没有将史家品质问题独立提出来，从这个意义上讲，胡应麟关于史家修养的"二善"说还是具有理论意义的。至于这段话中提到的"秦汉而下，三长不乏，二善靡闻"，应该说也并不准确。说秦汉以下的史家"三长不乏"，实属夸大其词，因为史家兼备"三长"着实不易；而认为"二善靡闻"，也不符合实际，因为秦汉以后不少史著的撰述是本着直书不隐的作史态度的。例如史家陈寿，胡应麟不但认为他不具有"二善"，而且将其所作《三国志》列入"小人之史"当中，胡应麟的依据就是陈寿"借米而方传"，而实际上《晋书》这条记载已被后人考证为子虚乌有之事，《三国志》也被后人公认为基本上是直书不隐的。

应该说，胡应麟关于以往史家素质与史书优劣的论述，有些不完全与事实相符，有些近乎苛刻。但是，胡应麟明确以"公心"和"直笔"之"二善"作为史家的重要修养提出来，这一史学理论在史学史上是有重要意义的。其一，它突出了史学主体的品质修养问题，认为这是决定史书优劣高下的关键；其二，它继承和发展了刘知幾的"史才三长"论，并成为章学诚"史德"说的前导，因而是中国古代史家修养理论的一个重要环节。

二、主张史文要"简者约而该、繁者赡而整"

史书文字表述的简繁与否，也是人们衡量史书优劣的一个标准，同时

---

① 胡应麟：《少室山房笔丛》卷十三《史书占毕一》，127～128页，上海，上海书店出版社，2009。

又是一个颇有争议的问题。从以往的史学批评史来看，像西晋的张辅就认为《汉书》之所以不如《史记》，其中一个原因就是二者"繁省不同"；唐代刘知几则强调"夫国史之美者，以叙事为工；而叙事之工者，以简要为主"[1]。对此，胡应麟的基本观点如下。

第一，认为"文之繁简可以定史之优劣"。胡应麟认为，史书的文字表述应该从简。从史学史来看，"史恶繁而尚简，素矣"。从简是历史撰述的一种主流思想。但是，胡应麟所认为的史书繁简，不是指史书文字的长短。他说："曷谓繁？丛脞冗阘之谓也，非文多之谓也。曷谓简？峻洁谨严之谓也，非文寡之谓也。"[2]这就清楚地告诉人们，所谓繁，指的是"丛脞冗阘"；所谓简，则指的是"峻洁谨严"。因此，繁简与否与史文的长短没有必然关系。胡应麟所要反对的，是冗长无物的文字表述；所要提倡的，则是一种简洁谨严的文风。他认为这样的史文繁简，是可以定史书之优劣的。

第二，认为繁简是一个相对的概念。胡应麟并非一味地反对史文的繁，认为史文的长短与否，是由所记述的历史内容来决定的。因此，一味地是简非繁，以简单的史文繁简来定史书的优劣也是不对的。胡应麟举例说："昔人谓《史记》不如《左传》、《左传》不如《檀弓》，似也，而以一事之繁简定三氏之差等则非也。"他明确反对以史文的长短来论定《史记》《左传》《檀弓》这三部史书的优劣。同时胡应麟又认为，繁与简，都是既有利又有弊的。所以他说："简之胜繁，以简之得者论也；繁之逊简，以繁之失者论也。要各有攸当焉。繁之失者遇简之得者，则简胜；简之失者遇繁之得者，则繁胜。执是以论繁简，庶几乎。"[3]这就清楚地表明，所谓繁简失得，只是相对的，得当的繁胜过简，同样，得当的简也一定胜过繁，关键是一个"得"字。

第三，强调要把握好繁与简的"度"。既然繁与简的关键是一个"得"字，那么，史家究竟如何做才算得当呢？对此，胡应麟提出了一个文字表述如何繁简的问题。他的基本思想是："合作则简者约而该、繁者赡而整，不合作则繁者猥而冗、简者涩而枯。"[4]在此，胡应麟提出了"合作"这一概念，就

---

[1] 刘知幾：《史通》卷六《叙事》，156 页，浦起龙通释本，上海，上海古籍出版社，2009。

[2] 胡应麟：《少室山房笔丛》卷十三《史书占毕一》，129 页，上海，上海书店出版社，2009。

[3] 同上书，130 页。

[4] 同上书，130 页。

是要做到"约"与"该"的结合，"赡"与"整"的统一。从这样一种史书繁简论出发，胡应麟对史学史上不少名著作了评述。例如，针对人们普遍认为欧阳修的《新唐书》不如《旧唐书》修得好，胡应麟认为《旧唐书》虽然叙事有足称者，但是言辞却"猥而冗"，而《新唐书》则"气法劲悍，犹足成一家言"。他从繁简的角度肯定了后者，而否定了前者。又如同为史文繁或简的史书，它们却是有好坏高下之分的。同样都是史文繁的史书，《后汉书》就繁得"可"，而《旧唐书》就繁得"不可"；相反，同样都是史文简约的史书，《三国志》就简得"可"，而《新唐书》就简得"不可"。一言以蔽之，在胡应麟看来，史文的简不能"涩而枯"，而史文的繁也不能"猥而冗"，只有做到"约而该""赡而整"，才算是真正掌握了史文繁与简的"度"。

三、强调评史要"务成曩美，毋薄前修"

胡应麟深知学问不易、作史之难，既有史料搜集选取之难，又有予夺褒贬之难，还有史家知识、素养的不一。正因此，他主张对待前人的著述，应该本着一种"务成曩美，毋薄前修"的宽容、客观态度，而不应该去苛求前人、任意贬损。他说：

> 读书大患在好诋诃昔人，夫智者千虑必有一失，昔人所见岂必皆长？第文字烟埃，纪籍渊薮，引用出处时或参商，意义重轻各有权度，加以鲁鱼亥豕，讹谬万端，凡遇此类，当博稽典故，细绎旨归，统会殊文，厘正脱简，务成曩美，毋薄前修，力求弗合，各申己见可也。今偶睹一斑便为奇货，恐后视今犹今视昔矣。①

在此，胡应麟认为前人的见识有其短处，著述有其弊端，这都是正常和必然的，问题是后人对他们的著述所持的态度。胡应麟强调后人对待前人的著述，应该既要本着一种求实的态度，去"博稽典故，细绎旨归，统会殊文，厘正脱简"，还要本着一种宽容的态度，要"务成曩美，毋薄前修"。否则，如果"偶睹一斑便为奇货"，如此去苛求前人的著述，那么，我们的后

---

① 胡应麟：《少室山房笔丛》卷三十九《华阳博议下》，409页，上海，上海书店出版社，2009。

人也会这样去对待我们的著述。

那么，究竟应该如何去"务成曩美，毋薄前修"呢？胡应麟主张评史应该从大处着眼，要有一个全面的评价。他认为评诗应该从诗人的全部创作实践出发，同样的道理，评史也应该要"举其全、挈其大，齐其本、揣其末"，认为只有这样，才"可与言古人矣"①。比如，对陈寿与《三国志》的评价，胡应麟从史家品质角度将《三国志》列入"小人之史"类，从史文简繁角度则认为其"简而可"，有否定有肯定。同时，胡应麟还强调应该从史家撰述的具体情况去考量其历史著述，以求得对其史著的客观、公正评价。针对人们对《三国志》帝魏和批评诸葛亮"将略非其所长"的指责，胡应麟指出这些人的批评，"皆不详核传文之颠末，且不知寿之所处何时，而托摭片言以藉口者也"，认为这样的批评是有失公正的。他认为陈寿既是蜀汉的遗民，也是西晋的史臣，他怎么能"抗节首阳，不食晋粟，作蜀汉先朝之史以彰直笔，而死生利害一置无心"呢？②他帝魏是为西晋争正统。至于批评诸葛亮"将略非其所长"，胡应麟认为，其实《三国志》的《诸葛亮传》是所有传文中最为"联篇累牍，极其揄扬而弗能自已"的一篇，不但叙事具体，而且饱含激情。他指出，人们只是抓住"将略非其所长"一语，而对"全文漠然不考，又往往不省其著作之时，讳避之体，而讥弹一辙，不惟上负前人叙述之素心，而且贻累武乡之盛德"。③

以上只是就胡应麟史学理论之荦荦大端而论，此外，胡应麟还对一些具体史学理论问题提出了自己的看法。例如，关于纪传体史书的志表问题，胡应麟提出了不以有无表志定纪传史之优劣的主张。关于纪传体史书志表的地位问题，宋代史家郑樵在《通志总序》中有一段论述："江淹有言：'修史之难，无出于志。'诚以志者，宪章之所系，非老于典故者，不能为也。不比纪传，纪则以年包事，传则以事系人，儒学之士皆能为之。惟有志难，其次莫如表。所以，范晔、陈寿之徒，能为纪传而不敢作表志。"④郑樵所言，要在强调纪传体史书志表难作。胡应麟明确表示不赞成郑樵的说法，

---

① 胡应麟：《少室山房笔丛》卷十三《史书占毕一》，130页，上海，上海书店出版社，2009。
② 胡应麟：《少室山房集》卷九十八《史论五首·陈寿上》，文渊阁四库全书本。
③ 同上书。
④ 郑樵：《通志》卷首《通志总序》，2页，北京，中华书局，1987。

认为郑樵之论是"乡社老人动止供笑之论"①。其理由是纪传体史书重在纪传，而非志表，志表只是"闰余"；至于范晔、陈寿不作表志，是"咸有他故"。胡应麟还举例驳斥道："若以表志有无为史才优劣，则沈约、魏收之史《宋》《魏》，固皆有之，而李延寿《南北史》之无表志者，一出而沈、魏咸废何耶？且唐而后宋、辽、金、元，表志咸备，而其文益下又何耶？"②应该说，胡应麟上述某些说法是有道理的，如说范晔、陈寿不作表志是"咸有他故"，肯定李延寿《南史》《北史》高于《宋书》和《魏书》。但是，他认为纪传体史书的志表不重要，则是不对的；同时，他以一些史书有志表反而不如一些未作志表的史书著名，这种说法也丝毫不能说明问题，因为他所举例的这些不太著名的史书，其纪传部分也并不出色，并不是有志表的缘故。何况纪传体史书志表难作是公认的事实，它确实能衡量出一个史家史才的高下。

又如，关于历史著述的独撰与合撰问题，胡应麟也明确主张史书撰述应该"独任"。胡应麟以过往的历史撰述为例，认为唐朝以前史书多为史家个人撰述，而唐以后史书多为多人合著，其结果是合著不如"独任"。例如，《史记》与《汉书》之所以能传承百代，是因为它们都是私家个人著述；相反，如果"司马、班氏，合而为史，其史也，史一代而不足"③。又如，唐李延寿与宋欧阳修都是既有私家著述，又参加了官家史馆集体撰述，其结果则是："夫李延寿尝与修诸史矣，胡以弗南、北若也？夫欧阳修尝与修《唐书》矣，胡以弗《五代》如也？斯独任之衡也。"同为一人作史，其"独任"明显要优于参加集体撰述。胡应麟又说："唐以前史之人一而其业精，故史无弗成而无弗善；唐以后史之人二而其任重，故史有弗善而无弗成。唐之时史之人杂而其秩轻，其责小而其谤钜，故作者不必成、成者不必善。"④在此，胡应麟进一步将唐朝以前与唐朝以后一人撰史与多人撰史作了比较，认为前者为精善之作却可能无法完成撰述，后者无精善之作却能够完成撰述工作。胡应麟还特别对唐朝官修史书提出批评，认为其"史之人杂而其秩轻，其责小

①　胡应麟：《少室山房集》卷一百一《读通志略》，文渊阁四库全书本。
②　胡应麟：《少室山房集》卷一百一《读隋书》，文渊阁四库全书本。
③　胡应麟：《少室山房笔丛》卷十三《史书占毕一》，129 页，上海，上海书店出版社，2009。
④　同上书，131～132 页。

而其谤钜"，这样去撰写历史，或者"不必成"，或者"成者不必善"。毫无疑问，胡应麟关于历史著述的独撰与合撰问题的论述，显然继承了唐刘知幾的史学批评思想，他对官修史书的批评，提出史书撰述应该"独任"的主张，都是有一定道理的。

第三节　明末清初的史学思潮

明清易鼎之际，不少进步的学者面对国破家亡的现实，开始抛弃空谈心性的理学，而积极投身到抗清复明的运动中去。斗争失败以后，则采取与清朝政权不合作的态度，隐居以著书立说，大倡经世致用之学。黄宗羲、顾炎武和王夫之便是这些进步学者当中的杰出代表，是这一特定历史时代涌现出的大思想家、大史学家，并分别代表了清初浙东、浙西和湘西三大经世致用的史学流派。

一、黄宗羲的尊经重史与历史编撰思想

黄宗羲作为浙东后学、清初浙东学派的领军人物，继承了浙东学术尊经重史的传统。他提出"言性命者必究于史"的经史关系论，认为学问之道必须"本之经""参之史"；他强调"国可灭，史不可灭"，具有浓厚的存史意识；他重视学术总结，所作《明儒学案》为中国史学史上第一部体例完备的学术体史书。

（一）"言性命者必究于史"的经史关系论

史学从来就是经世之学，黄宗羲强调学以致用，自然也会重视史学。同时，黄宗羲作为浙东后学，也承继了浙东学术经史并重的传统。对于黄宗羲的学术思想渊源，全祖望作如是说："公以濂洛之统，综会诸家：横渠之礼教，康节之数学，东莱之文献，艮斋、止斋之经制，水心之文章，莫不旁推交通，连珠合璧，自来儒林所未有也。"[1]在此，全祖望认为黄宗羲的

---

[1]　全祖望：《鲒埼亭集·内编》卷十一《梨洲先生神道碑文》，见《全祖望集》，220页，朱铸禹汇校集注本，上海，上海古籍出版社，2018。

学术是远绍周程濂洛正统，然后综会诸家而集大成的。这里所谓"诸家"，就包括北宋理学中的张载关学和邵雍象数学，以及吕祖谦、陈傅良、薛季宣、叶适等南宋浙东学派的重要代表人物。很显然，黄宗羲是浙东学术的传人。而南宋浙东学术的特点，即是尊经重史。像吕祖谦、陈傅良、薛季宣、叶适等人，不但于理学、经学多有成就，史学成就同样很高，都是一时重要的史家。清代浙东史学的殿军人物章学诚在总结浙东学术规模宏大的原因时，认为"浙东之学，言性命者必究于史，此其所以卓也"①，一语点出了浙东学术的特点。南宋时期浙东学术的尊经重史，与这一时期理学的重经轻史观是不尽相同的，这也决定了浙东学术事功色彩更为浓厚。像陈亮被朱熹称为"一生被史坏了"②，却是南宋事功学派的重要代表人物；薛季宣是永嘉事功学派的创始人，叶适则是永嘉学派集大成者，他们都在史学上颇有建树。浙东尊经重史的学风历经元与明初的沉寂，到了王学兴起之后再次崭露头角。王学末流虽然有束书不观的倾向，但是王学以及后期王学异端思想，对史学自我意识觉醒的激发，关于"六经皆史"的讨论，以及黜虚征实风气的养成，对于晚明史学的崛起是起到了促进作用的。

　　黄宗羲作为明末清初浙东学术的领军人物，继承了自宋代以来浙东学术"言性命者必究于史"③的传统。黄宗羲认为，学问之道需要"本之经以穷其源，参之史以究其委"④。经文载道，所以是依据；史文经世，可以应务。读经不读史，会流于空疏；读史不读经，心中没有权衡。所以"学必原本于经术而后不为蹈虚，必证明于史籍而后足以应务"⑤。黄宗羲将史学置于经学同等地位，认为"夫二十一史所载，凡经世之业亦无不备矣"⑥。黄宗羲重史，一生治史勤奋，著述颇丰。其中最具代表性的著作有史论著作《明夷待

---

　　① 章学诚：《文史通义》卷五《浙东学术》，523～524页，叶瑛校注本，北京，中华书局，1994。

　　② 黎靖德编：《朱子语类》卷一百二十三，2676页，长沙，岳麓书社，1997。

　　③ 章学诚：《文史通义》卷五《浙东学术》，523页，叶瑛校注本，北京，中华书局，1994。

　　④ 黄宗羲：《南雷诗文集上·沈昭子耿岩草序》，见吴光主编：《黄宗羲全集》第10册，58页，杭州，浙江古籍出版社，2012。

　　⑤ 全祖望：《鲒埼亭集·外编》卷十六《甬上证人书院记》，见《全祖望集》，1061页，朱铸禹汇校集注本，上海，上海古籍出版社，2018。

　　⑥ 黄宗羲：《南雷诗文集上·补历代史表序》，见吴光主编：《黄宗羲全集》第10册，81页，杭州，浙江古籍出版社，2012。

访录》，学案体著作《明儒学案》和《宋元学案》等。《明夷待访录》是一部具有批判思想、经世色彩浓厚的政论著作，同时也是一部重要的史论著作。黄宗羲通过对封建专制主义的批判，阐明了自己对历史的批判性见解和进步的历史观。比如，他从历史发展的角度论述了封建君主"以我大私为天下之大公"的变化过程，认为上古是以"天下为主，君为客"的，后来却变成了以"君为主，天下为客"的局面。对于君主世袭制度、为臣之道以及法的本质等封建制度问题，黄宗羲也是将其置于历史过程中作出评述与批判的。他从传贤与传子的角度论述君主世袭制度的不合理性，认为"为万民"还是"为一姓"是为臣之道的根本区别，法的本质其实就是"一家之法"还是"天下之法"的区别。很显然，黄宗羲的史论已经具有了早期启蒙思想的色彩。《明儒学案》与《宋元学案》是两部分别反映明代和宋元时期学术发展史的著作，前者是中国古代第一部体例完备的学案体著作，后者乃黄宗羲晚年着手撰写但尚未完成的一部学案体著作，后经其子黄百家、后学全祖望之手才得以最终完成。《宋元学案》的体例大体同于《明儒学案》，但也有所发展。比如，每一学案增设一表，案文后多载时人或后人评论，全祖望还仿效司马迁《史记·太史公自序》之例作《序录》一篇。同为学术史总结之作，二书都表现出了对政治的关心。

（二）"国可灭，史不可灭"的存史意识

明末清初的历史巨变，使得黄宗羲既痛恨、抨击明王朝的腐朽统治，重视总结明王朝灭亡的教训，同时又对明朝故国有着一种深深的怀念，从而以保存有明一朝的史实作为自己的一种历史责任。黄宗羲的"国可灭，史不可灭"的存史意识，便是在这样一种特定历史背景下产生的。黄宗羲说：

> 尝读《宋史》所载二王之事，何其略也！夫其立国亦且三年，文、陆、陈、谢之外，岂遂无人物？顾闻陆君实有日记，邓中甫有《填海录》，吴立夫有《桑海遗录》，当时与文、陆、陈、谢同事之人，必有见其中者，今亦不闻存于人间矣。国可灭，史不可灭，后之君子能无遗憾耶？①

① 黄宗羲：《南雷诗文集上·户部贵州清吏司主事兼经筵日讲官次公董公墓志铭》，见吴光主编：《黄宗羲全集》第10册，308～309页，杭州，浙江古籍出版社，2012。

这段话讲的是南宋灭亡后文天祥等人抗元斗争数年间的一段历史，言语之中，浸透着黄宗羲的无限遗憾，因为关于这段历史所留存的史文太简略了。黄宗羲讲述这段宋末元初的历史与历史撰述情况，当然是要人们引以为戒，去关注明末清初那段南明之史，因为"国可灭，史不可灭"，人们应该避免再次出现这种存史不足的情况。

黄宗羲之所以重视存史，尤其重视保存故国的历史，是因为在他看来，前事不忘，后事之师，故国虽然灭亡了，但是它为何会灭亡，是需要史家们去认真总结的。所以他说："国可灭，史不可灭，后之君子，而推寻桑海余事，知横流在辰，犹以风教为急务也。"①同时，历史王朝灭亡，它的历史却不应该随之而湮没，如果不及时去保存故国文献，就有可能出现国亡史灭的局面。很显然，黄宗羲的存史论，既是为了政治上"风教"的需要，也是为了学术上保存文献的需要，还是由对故国的情感而演化的一种史家责任感的体现。

从这样一种保存故国文献的史学思想出发，黄宗羲还身体力行地做了大量的具体的明史资料的保存与编纂工作。具体表现，一是重视搜集关于南明史的资料，编撰了《行朝录》《弘光实录钞》《海外恸哭记》《思旧录》等关于南明史事的著作。二是编纂有明一代的学术文章《明文案》和文学作品集《明文海》等。这些虽属文学作品，却对有明一代的文风、学风以及朝章典故、社会风尚等都有所反映，有补于史书之不足。三是重视对明史的编写。黄宗羲曾经编成过《明史案》一书，可惜已散佚。值得注意的是，黄宗羲虽然没有应清廷征召去修《明史》，却让其高足万斯同以布衣的身份参与《明史》修撰之事，而且他本人非常关心《明史》的修撰工作，难怪全祖望在《梨洲先生神道碑文》中说："公虽不赴征书，而史局大案，必咨于公。"②在这些关于明史的文献编纂中，黄宗羲非常重视探寻明朝灭亡的原因，同时对死义、死节者给予大力表彰，这明显蕴含了经世致用的史学思想。

（三）《明儒学案》的历史编纂思想

《明儒学案》是黄宗羲通过对有明一代学术史的研究而撰成的我国古代

---

① 黄宗羲：《南雷诗文集上·旌表节孝冯母郑太安人墓志铭》，见吴光主编：《黄宗羲全集》第10册，339页，杭州，浙江古籍出版社，2012。

② 全祖望：《鲒埼亭集·内编》卷十一《梨洲先生神道碑文》，见《全祖望集》，223页，朱铸禹汇校集注本，上海，上海古籍出版社，2018。

史学史上第一部完整的学术体史书。它不但是黄宗羲重视保存故国文献思想深化的产物，而且蕴含着丰富的历史编纂思想。具体而言，《明儒学案》的历史编纂思想有以下数端。

第一，主张"学有宗旨"。《明儒学案》的一个重要编纂旨趣，是阐述有明一代学术思想史上各派学术的宗旨。对此，《明儒学案发凡》作了具体交代：

> 大凡学有宗旨，是其人之得力处，亦是学者之入门处。天下之义理无穷，苟非定以一二字，如何约之，使其在我。故讲学而无宗旨，即有嘉言，是无头绪之乱丝也。学者而不能得其人之宗旨，即读其书，亦犹张骞初至大夏，不能得月氏要领也。①

黄宗羲认为，讲学要有宗旨，否则即使有嘉言，也是"无头绪之乱丝"；同样，读书也要领会其宗旨，否则，将不能得其要领。在黄宗羲看来，学术宗旨是学脉源流的标志，是自得之学的结晶，也是学术精神的体现。他既是本着"学有宗旨"的精神去撰述《明儒学案》的，也是本着这一精神去认识和看待有明一代的学术思想的。据此，《明儒学案》一书不但重视把握对明代学术变迁的总体认识，而且善于对每个学派学术宗旨的追根究底。

《明儒学案》的具体写作方法，也体现了作者重视"学有宗旨"的思想。该书所论及的每一个学案，都由三个部分组成。其中的"序"，叙述的内容包括学派的学术变迁、师承关系、学术地位及学派影响等，旨在厘清学派的渊源与脉络；"传记"部分，重在叙述学派各案主的学术及其宗旨，旨在了明了各案主的学术思想与治学方法；资料选辑部分，包括学派各案主的论著和语录等，主要是围绕着案主的学术宗旨去纂要钩玄其史料，从而更加明了了案主的学术精神。

第二，反对学术定于一尊。《明儒学案》的编纂旨趣之二，是强调"学要有宗旨，但不可有门户"，反对将学术定于一尊，"出于一途"。黄宗羲说：

---

① 黄宗羲：《明儒学案》卷首《明儒学案发凡》，17 页，北京，中华书局，1985。

> 学术之不同，正以见道体之无尽也。奈何今之君子，必欲出于一途，剿其成说，以衡量古今，稍有异同，即诋之为离经畔道，时风众势，不免为黄茅白苇之归耳。夫道犹海也，江、淮、河、汉以至泾、渭蹄跰，莫不昼夜曲折以趋之，其各自为水者，至于海而为一水矣。[①]

这段话明确指出，学术研究就如同百川归海，应该允许各家各派的存在，而不应该将不同学派与学术说成是"离经畔道"。从《明儒学案》所立学派以及具体论述来看，尊崇王阳明及其王学是其特色。这一方面是因为黄宗羲师从刘宗周，而刘宗周是王门后学，《明儒学案》重视"师承""师说"，强调师门学术宗旨；另一方面王学也确实是有明一代风靡一时的显学，时代精神即是如此，作为学术史著作，理应要将居统治地位的学派及其学术思想反映出来，否则就无法真正反映出一代学术风貌。值得注意的是，《明儒学案》尊崇王学，却并不贬抑与王学相对的朱学，如该书首列《崇仁学案》，具体叙述明代前期朱学人物吴与弼的学术思想，视他为有明一代学术的开山祖，并具体叙述了从吴与弼到陈献章再到王阳明的学术流变过程。从学术思想而言，《明儒学案》还注意和会朱王，尽量避免门户之偏。由此可见，黄宗羲不但反对学术定于一尊，而且其《明儒学案》还率先垂范，这种学术胸襟与气度是值得赞赏和肯定的。

第三，提倡自得之学。这是《明儒学案》的又一个编纂旨趣。黄宗羲在《明儒学案发凡》中说："学问之道，以各人自用得著为真。凡倚门傍户，依样葫芦者，非流俗之士，则经生之业也。此编所列，有一偏之见，有相反之论。学者于其不同处，正宜著眼理会，所谓一本而万殊也。"并说《明儒学案》的编纂，"皆从全集纂要钩玄，未尝袭前人之旧本也"。[②] 黄宗羲所言，表述了两层意思。其一是说做学问不应该"倚门傍户，依样葫芦"，而应该有自得之学、独断之学，哪怕是"一偏之见"，或是"相反之论"，只要是自己的心得，便是真学术、真学问。其二是告示人们，他的《明儒学案》，便是从提倡自得之学的思想出发，进行史料搜集、去取与史书的编纂的，因

---

① 黄宗羲：《明儒学案》卷首《明儒学案序》，7 页，北京，中华书局，1985。
② 黄宗羲：《明儒学案》卷首《明儒学案发凡》，17～18 页，北京，中华书局，1985。

此，凡是"倚门傍户，依样葫芦"之学，一概不取；凡是自得之学，即使是"一偏之见"，或是"相反之论"，也都加以论述。当然，黄宗羲编纂《明儒学案》，以期全面反映有明一代的学术发展史，从而为后人留下了一部完整的学术体著作，创立了学术体新体裁，这本身就是其提倡自得之学的最好体现。

《明儒学案》撰成后，黄宗羲于晚年还着手编纂《宋元学案》一书，没有完成就去世了，后由其子黄百家与私淑弟子全祖望相继补撰成书。如果将《明儒学案》与《宋元学案》作一比较，在突出宗旨和取材精审上前者要优于后者；而从体例完备与立论公允而言，后者要优于前者。

二、顾炎武的经世致用史学思想

顾炎武一生"行奇学博"，早年参加抗清斗争，以后又弃家北上巡游各地，常以二马二骡载装书卷，往来于山东、河南、河北、山西、北京及陕西各地，结合书本进行实地考察，可谓行万里路，读万卷书。顾炎武学术造诣博大精深，在经学、史学、方志舆地、金石考古、音韵文字和诗文等方面都有重大成就，一生著述很多，主要有《日知录》《天下郡国利病书》《肇域志》《明季实录》《历代宅京记》《音学五书》以及后人编辑的单篇论著集《亭林文集》等。顾炎武治学之最为突出的特点，是强调经世致用。

（一）"文须有益于天下"的经史观

顾炎武治学的基本指导思想是"文须有益于天下"。他说："文之不可绝于天地间者，曰明道也，纪政事也，察民隐也，乐道人之善也。若此者有益于天下，有益于将来，多一篇，多一篇之益矣。若夫怪力乱神之事，无稽之言，剿袭之说，谀佞之文，若此者有损于己，无益于人，多一篇，多一篇之损矣。"①又说："君子之为学，以明道也，以救世也，徒以诗文而已，所谓雕虫篆刻，亦何益哉！"②在此，顾炎武不但为人们区分了什么是有益于天下、有益于将来之学，什么是有损于己、不利于人之学，而且指出君子

---

① 顾炎武：《日知录》卷十九《文须有益于天下》，见黄珅等主编：《顾炎武全集》第 19 册，739 页，上海，上海古籍出版社，2011。
② 顾炎武：《亭林文集》卷四《与人书二十五》，见黄珅等主编：《顾炎武全集》第 21 册，148 页，上海，上海古籍出版社，2011。

为学当以"明道""救世"为己任。

出于"明道""救世"的需要，顾炎武对明代脱离现实的空疏学风进行了批判。对于明代中后期的学风，全祖望作如是说："自明中叶以后，讲学之风已为极敝，高谈性命，直入禅障，束书不观，其稍平者则为学究，皆无根之徒耳。"①对于造成这种空疏学风的根源，顾炎武是有认真思考的，他在揭示具体原因的过程中，同时也作出了批判。首先是清谈所致。顾炎武认为，明中后期的空疏学风与这一时期清谈风气的出现有密切关系，而这种清谈又直接影响到了明中后期的政治。其次是"溺于禅"。明代学术"溺于禅"已经非常普遍，人们"终日言性与天道，而不自知其堕于禅学也"②。顾炎武批判宋明理学"溺于禅"，其间蕴含了其实学思想。顾炎武反对用心于内的学术，是在提倡用心于外、重在实践的学术。最后是科举取士的诱导作用。明代科举从内容到形式都趋于僵化，这样的科举考试，士子们流于对"四书五经"以及用于标准答案的各种注疏的背诵，故而被讥讽为是"代圣人立言"，这必然会将学术引向空疏方向。所以顾炎武说："今之经义、论、策，其名虽正，而最便于空疏不学之人。"③

顾炎武认为，经史之学都应该是有益于天下的学问，经学在于明道，史学善于应务，为此，顾炎武对经史关系作了系统阐发。第一，只有经史兼通，才能洞察天下之事。在顾炎武看来，治经能够端正观念，治史能够提高认识。经史兼备，便能具有洞察天下之事的能力。所以顾炎武说："人苟遍读《五经》，略通史鉴，天下之事，自可洞然。"④第二，只有经史兼通，才能成为对国家有用之人。既然经与史都是政治治理不可或缺的学问，要想成为对国家有用的人，就必须要经史兼通。所以顾炎武说："必选夫五经兼通者而后充之，又课之以二十一史与当世之务而后升之。……如此而国

① 全祖望：《鲒埼亭集·外编》卷十六《甬上证人书院记》，见《全祖望集》，1061页，朱铸禹汇校集注本，上海，上海古籍出版社，2018。
② 顾炎武：《日知录》卷七《夫子之言性与天道》，见黄珅等主编：《顾炎武全集》第18册，307页，上海，上海古籍出版社，2011。
③ 顾炎武：《日知录》卷十六《经义论策》，见黄珅等主编：《顾炎武全集》第18册，644页，上海，上海古籍出版社，2011。
④ 顾炎武：《亭林文集》卷六《与杨雪臣》，见黄珅等主编：《顾炎武全集》第21册，203页，上海，上海古籍出版社，2011。

有实用之人，邑有通经之士，其人材必盛于今日也。"①第三，提出"六经皆史"的思想。"六经皆史"是明代史学着重阐发的一个命题。清初顾炎武再提"六经皆史"的主张，其旨趣是有明显不同的。他说："孟子曰'其文则史'，不独《春秋》也，虽六经皆然。"②顾炎武认为，孟子所谓《春秋》"其文则史"，其实并不仅仅《春秋》才是史，"六经"都可以说是史文。只是相比较而言，《春秋》史的特色更为鲜明："夫《春秋》之作，言焉而已，而谓之行事者，天下后世用以治人之书，将欲谓之空言而不可也。"③《春秋》是记事而非载录空言之书，所以是用来治人的史书。其他五经同样具有这种性质。顾炎武的"六经皆史"说，无非是再次强调了"六经"重视载录史事，具有经世致用的价值。

（二）"引古筹今"的史学价值论

顾炎武主张学以致用，而史学则是经世之大端，因而受到了顾炎武的特别重视。他认为史学的功用在于鉴戒，"夫史书之作，鉴往所以训今"④，"引古筹今，亦吾儒经世之用"⑤。这里所谓史学的"鉴往训今"与"引古筹今"，说的都是古与今的关系。史学既然是一种与现实息息相关的学问，当然也就是一种经世致用之学。顾炎武还进一步指出，人们只有学习历史，才能知晓历史治乱的关键所在。他说："目击世趋，方知治乱之关，必在人心风俗，而所以转移人心、整顿风俗，则教化纪纲为不可阙矣。百年必世养之而不足，一朝一夕败之而有余。"⑥在此，顾炎武通过对"世趋"即历史发展之"势"的认识，而得出结论：历史治乱兴衰的关键是人心风俗，人心风俗的关键是教化纪纲，而教化纪纲养之则难败之则易。出于对史学重要性

① 顾炎武：《亭林文集》卷一《生员论上》，见黄珅等主编：《顾炎武全集》第 21 册，69 页，上海，上海古籍出版社，2011。
② 顾炎武：《日知录》卷三《鲁颂商颂》，见黄珅等主编：《顾炎武全集》第 18 册，158 页，上海，上海古籍出版社，2011。
③ 顾炎武：《亭林文集》卷四《与人书三》，见黄珅等主编：《顾炎武全集》第 21 册，139 页，上海，上海古籍出版社，2011。
④ 顾炎武：《亭林文集》卷六《答徐甥公肃书》，见黄珅等主编：《顾炎武全集》第 21 册，201 页，上海，上海古籍出版社，2011。
⑤ 顾炎武：《亭林文集》卷四《与人书八》，见黄珅等主编：《顾炎武全集》第 21 册，141 页，上海，上海古籍出版社，2011。
⑥ 顾炎武：《亭林文集》卷四《与人书九》，见黄珅等主编：《顾炎武全集》第 21 册，141~142 页，上海，上海古籍出版社，2011。

的认识，顾炎武在《日知录》中，论述了在科举中增设史学项目的重要性。他引唐人殷侑批评"史学废绝"、建议在科举考试中加强"史科"的话语，指出"今史学废绝，又甚唐时。若能依此法举之，十年之间，可得通达政体之士，未必无益于国家也"[①]，明确认为史学可以造就"通达政体之士"。

顾炎武本人的史学活动，更是突出体现了这种经世致用的史学思想。例如，凝聚了顾炎武一生心血的《日知录》是史学史上的名著，其撰述目的就是"明学术，正人心，拨乱世以兴太平之事"[②]。该书涉猎极其广博，包括上下古今、经史百家，大凡一切有益于经世致用的各方面学术知识，都有论述，通过探究利弊，以期达到"规切时弊"的目的。例如，在该书卷十三中，顾炎武通过对"周末风俗"、"两汉风俗"和"宋世风俗"之中国历史不同阶段风俗史的系统研究，从而提出了"天下无不可变之风俗"的结论，用史实证明了随着历史的变化，一切社会制度与风俗观念都是可以变化的，这就为他以古方今提供了历史依据。又如《天下郡国利病书》，这是一部地理书，却集中反映了顾炎武的经世致用的史学思想。顾炎武在该书的序文中具体交代了他撰述此书的旨趣。他说："感四国之多虞，耻经生之寡术，于是历览二十一史以及天下郡县志书、一代名公文集，间及章奏、文册之类，有得即录，共成四十余帙，一为舆地之记，一为利病之书。"[③]在此，"感四国之多虞，耻经生之寡术"，充分表达了顾炎武经世济国的抱负。该书由地理而论"利病"，记述的地理包括自然环境、政区划分和戍守形势等。与一般的史地书不同，《天下郡国利病书》重视记述经济状况，而且涉及的方面很广，主要包括土地、赋税、徭役、户口、水利、屯田、漕渠、仓廪、粮额、马政、盐政、草场、方物等，尤其对土地、赋役和水利最为关注，着墨最多。毫无疑问，《天下郡国利病书》以历史的视角，由地理而经济、由经济而政治，蕴含了丰富而深刻的经世致用的思想。

[①]　顾炎武：《日知录》卷十六《史学》，见黄珅等主编：《顾炎武全集》第18册，657页，上海，上海古籍出版社，2011。
[②]　顾炎武：《亭林文集》卷二《初刻日知录自序》，见黄珅等主编：《顾炎武全集》第21册，76页，上海，上海古籍出版社，2011。
[③]　顾炎武：《天下郡国利病书·序》，见黄珅等主编：《顾炎武全集》第12册，卷首，1页，上海，上海古籍出版社，2011。

（三）征实去伪的历史考据思想

从经世致用的思想出发，顾炎武批评宋明理学是一种"学无根底""束书不观"的空疏之学，而主张以征实去伪之学取而代之。顾炎武认为，这样的实学应该从小学入手，从而求得训诂名物的真意。他说："愚以为读九经自考文始，考文自知音始。以至诸子百家之书，亦莫不然。"①顾炎武身体力行，他的很多著作都是用考据的方法写成的，《日知录》是其中最杰出的代表。由于顾炎武大力提倡朴实考据的学风，从而影响了有清一代的学风，顾炎武也因此成为清代考据学的鼻祖。无疑，顾炎武的考据学思想是其经世致用史学思想的重要组成部分。纵观顾炎武的考据学思想内涵，主要有以下数端。

第一，注重考镜源流。注重考镜源流，这是顾炎武治学的一大特点。潘耒在《日知录序》中对顾炎武的这一治学风格称赞说："综贯百家，上下千载，详考其得失之故，而断之于心，笔之于书，朝章国典、民风土俗，元元本本，无不洞悉"，"凡经义、史学、官方、吏治、财赋、典礼、舆地、艺文之属，一一疏通其源流，考证其谬误"②。比如经学，顾炎武就认为"经学自有源流，自汉而六朝而唐而宋，必一一考究，而后及于近儒之所著，然后可以知其异同离合之指"③。他通过对经学源流的考究，认为它在历史上出现过两次大的变化，一变是天宝初，诏集贤学士卫包改为今文，而古文之传遂泯；再一变是朱熹正《大学》《系传》。又比如史学，顾炎武非常重视探究古今史学的变化，认为史学本是一门经世之学，自唐代以后，却逐渐开始出现鄙视史学的不良风气。他一方面斥责那些不重视史学的人为"俗佞"；一方面大声疾呼史学的重要性，认为史学所内含的"进取之得失，守御之当否，筹策之疏密，区处兵民之方，形势成败之迹"，都是人们所应该

---

① 顾炎武：《亭林文集》卷四《答李子德书》，见黄珅等主编：《顾炎武全集》第 21 册，127 页，上海，上海古籍出版社，2011。

② 潘耒：《日知录序》，见黄珅等主编：《顾炎武全集》第 18 册，11～12 页，上海，上海古籍出版社，2011。

③ 顾炎武：《亭林文集》卷四《与人书四》，见黄珅等主编：《顾炎武全集》第 21 册，139～140 页，上海，上海古籍出版社，2011。

加以探究的，因为这些都"有补国家"。①

第二，注重广求证据。经世致用之学是实学，实学就得讲证据，靠材料说话，故而注重广求证据是顾炎武治学的又一特点。首先，重视原始资料。顾炎武治学，从不凭道听途说，反对作杜撰之文。他说："今之所谓时文，既非经传，复非子史，展转相承，皆杜撰无根之语。"②为了避免作这种"无根之语"的"时文"，顾炎武首先主张力求使用第一手资料，如他的《日知录》就大量使用了明代历朝实录；明末实录未及编写，他便主张多用《邸报》的材料。他对史料的态度是"一切存之，无轻删抹，而微其论断之辞，以待后人之自定"③，这是一种避免主观臆断的做法。顾炎武还重视搜求金石文字资料，他认为金石文字是最不易篡改的，因而也是最为可信的。他曾经将自己搜求的金石资料编成《求古录》和《金石文字记》二书，用以考史之用。其次，主张引文要注明出处。他说："今但令士子作文，自注出处，无根之语，不得入文。"④顾炎武自己著书，非常重视注明出处，如《日知录》卷十"马政"条论述"文景之富"一段引用《汉书》材料时，他便明确注明哪是采自《食货志》，哪是采自《货殖传》，哪是采自《叙传》等，标注得非常清楚。再次，提倡钞书。顾炎武曾经提出一个观点，"著书不如钞书"⑤。他所著的《日知录》和《天下郡国利病书》，便是通过大量钞书而成。在他看来，钞书就是靠资料说话，这是最可信的。他曾经将自己所作的《日知录》比作"采山之铜"："尝谓今人纂辑之书，正如今人之铸钱。古人采铜于山，今人则买旧钱，名之曰废铜，以充铸而已。"⑥这个比喻再恰当不过了。最后，注重调查研究。顾炎武的著作不是坐禅顿悟得来的，而是将前人的记载与亲身的

---

①　顾炎武：《日知录》卷十六《史学》，见黄珅等主编：《顾炎武全集》第18册，657页，上海，上海古籍出版社，2011。

②　顾炎武：《日知录》卷十六《经义论策》，见黄珅等主编：《顾炎武全集》第18册，645页，上海，上海古籍出版社，2011。

③　顾炎武：《亭林文集》卷四《与次耕书》，见黄珅等主编：《顾炎武全集》第21册，131页，上海，上海古籍出版社，2011。

④　顾炎武：《日知录》卷十六《经义论策》自注，见黄珅等主编：《顾炎武全集》第18册，645页，上海，上海古籍出版社，2011。

⑤　顾炎武：《亭林文集》卷二《钞书自序》，见黄珅等主编：《顾炎武全集》第21册，79页，上海，上海古籍出版社，2011。

⑥　顾炎武：《亭林文集》卷四《与人书十》，见黄珅等主编：《顾炎武全集》第21册，142页，上海，上海古籍出版社，2011。

调查研究相结合的结晶。前已述及，顾炎武在抗清斗争失败以后，便弃家北上巡游，访察祖国的山川地势和关津险隘，遍访老病退卒，广交名流才士，将这样得来的知识再与书本相对照，他的《天下郡国利病书》等著作就是这样写成的。

三、王夫之的历史评论

王夫之的人生经历与黄宗羲、顾炎武相似，在明清易鼎之时，也曾经参加过抵抗运动。斗争失败后，便隐居著书立说。王夫之学识渊博，对天文、地理、历法、数学、诗歌及诸子百家学术都有研究，尤其精通经史。王夫之是清初一代大儒，十三岁便读通十三经，十六岁开始研习史学，一生不辍，所著《读通鉴论》和《宋论》二书，是中国古代历史评论的总结性成果。

（一）历史发展观

在中国古代历史变易观上，有复古论、循环论和发展论等多种不同的历史观点。王夫之所处的时代，占统治地位的思想潮流——理学，所持的主要是一种是古非今的复古史观。与这种理学复古论调不同，王夫之的历史变易观是肯定历史的发展与进步的。王夫之通过对上古三代历史的考察，认为："唐、虞以前，无得而详考也，然衣裳未正，五品未清，昏姻未别，丧祭未修，狌狌猱猱，人之异于禽兽无几也。""若夫三代之季，尤历历可征焉。当纣之时世，朝歌之沈酗，南国之淫奔，亦孔丑矣。""春秋之民，无以异于三代之始。帝王经理之余，孔子垂训之后，民固不乏败类，而视唐、虞、三代帝王初兴，政教未孚之日，其愈也多矣。"很显然，在王夫之看来，所谓上古三代盛世，只是被理学家们美化了而已，其实它并不是一种理想的社会。相反，对于被理学家们视为人欲横流的汉唐社会，王夫之通过自己的考察，却提出了截然相反的看法。他说，唐朝"以太宗为君，魏徵为相，聊修仁义之文，而天下已帖然受治，施及四夷，解辫归诚，不待尧、舜、汤、武也。垂之十余世而虽乱不亡，事半功倍，孰谓后世之天下难与言仁义哉"。[①] 在此，王夫之以历史事实证明了历史是发展的，后世也是可

---

① 王夫之：《读通鉴论》卷二十《太宗》，1578～1580 页，北京，中华书局，1975。

以胜过前世的。

王夫之还进一步引入"理"与"势"的概念来解说历史的发展，肯定历史的发展不是人的主观意志决定的，而是蕴含着一种必然之"理"和必然之"势"，是"理"与"势"统一的结果。那么，何谓"理"？王夫之说："理者，物之固然，事之所以然也。"①这就是说，"理"是事物运动的一种必然法则。何谓"势"？王夫之说："凡言势者，皆顺而不逆之谓也；从高趋卑，从大包小，不容违阻之谓也。"②也就是说，"势"是事物发展的一种不可逆性。同时，"理"与"势"又是相互关联、相互依存和相互作用的，一方面"理"中有"势"，"势"中有"理"，"离势无理，离理无势"③。另一方面，"势"的发展要受到"理"的支配，"势之所趋，岂非理而能然哉"；"理"也不能脱离"势"的变化而一成不变，"势相激而理随以易"。④ 王夫之以这种"理势"论对中国古代"封建"与"郡县"问题作了具体解说。他认为三代实行分封，使社会由无合无治到有合有治，是合乎历史进化之理、顺乎历史进化之势的。但是，到了战国末年以后，旧有体制已经不符合历史发展之"理"的需要了，从而出现了秦行郡县的新的历史趋势，"郡县之制，垂二千年而弗能改矣，合古今上下皆安之，势之所趋，岂非理而能然哉？"⑤这就是说，秦以后郡县制代替分封制也是顺势成理的一种历史发展的必然。

（二）历史盛衰论

王夫之不但肯定历史是发展变化的，而且认为历史的发展变化是一种盛衰之变。他说："乱极而治，非一旦之治也；治极而乱，非一旦之乱也。"⑥这就是说，历史的发展是在一治一乱的更替中进行的。但是，王夫之认为，这种一治一乱绝不是一种简单的重复，而是存在着复杂的治乱离合的。王夫之通过对中国古代历史的考察，认为这种治乱更替"迄于今，凡三

---

① 王夫之：《张子正蒙注》卷五《至当篇》，见《船山全书》第 12 册，194 页，长沙，岳麓书社，2011。

② 王夫之：《读四书大全说》卷九《孟子·离娄上》，见《船山全书》第 6 册，992 页，长沙，岳麓书社，2011。

③ 王夫之：《尚书引义》卷四《武成》，见《船山全书》第 2 册，335 页，长沙，岳麓书社，2011。

④ 王夫之：《读通鉴论》卷一《秦始皇》，1、2 页，北京，中华书局，1975。

⑤ 同上书，1 页。

⑥ 王夫之：《诗广传》卷四《大雅》，见《船山全书》第 3 册，479 页，长沙，岳麓书社，2011。

变矣",即到他所处的时代为止已经经历了三个阶段。其中第一阶段是唐虞三代,这是统一国家政权建立的时期,也是社会开始进入有序时代的时期;第二阶段是春秋至宋以前,这一阶段治乱交相更替,治表现为天下共主与稳定,乱表现为天下分裂与动荡;第三阶段是宋代以后,这一阶段的治乱区别不在于国家的统一与分裂,而在于天下之主是汉族还是非汉族,这一点明显地反映出了王夫之的"夷夏之防"的思想。

王夫之的历史盛衰论当然不只是去描述一种历史发展的现象或趋势,而是要探讨造成这种现象或形成这种趋势的内在原因。在王夫之看来,决定历史盛衰的因素很多,而其荦荦大者主要有以下二端:第一,君主要知人善任。王夫之肯定君主对于历史盛衰的决定性作用,他说:"夫人主立臣民之上,生杀在己,取与在己,兴革在己。"①然而,君主又须借助于人臣去对万民进行统治,从这个意义而言,人臣对于历史盛衰实际上是起着直接的作用的。正因此,君主就必须要知人善任。为此,王夫之提出了一个重要观点:国有谀臣则亡,国无谀臣则兴。他结合历史评述道:"秦始皇之宜短祚也不一,而莫甚于不知人。非其不察也,惟其好谀也。托国于赵高之手,虽中主不足以存,况胡亥哉!汉高之知周勃也,宋太祖之任赵普也,未能已乱而足以不亡。建文立而无托孤之旧臣,则兵连祸结而尤为人伦之大变。徐达、刘基有一存焉,奚至此哉?虽然,国祚之所以不倾者,无谀臣也。"②应该说,王夫之的这一说法是符合历史实际的。第二,风教的兴废与历史盛衰密切相关。如前所述,顾炎武认为人心风俗与教化纪纲是历史治乱兴衰的关键。无独有偶,王夫之也重视风教对历史盛衰的重要作用。这里所谓"风教",指的是一种政治品质。王夫之以史实为例,对风教与政治的关系作了评述,他说:

> 大臣者,风教之去留所托也。晋、宋以降,为大臣者,怙其世族之荣,以瓦全为善术,而视天位之去来,如浮云之过目。故晋之王谧,宋之褚渊,齐之王晏、徐孝嗣,皆世臣而托国者也,乃取人之天下以

① 王夫之:《读通鉴论》卷二十九《五代中》,2423页,北京,中华书局,1975。
② 王夫之:《读通鉴论》卷一《秦始皇》,6~7页,北京,中华书局,1975。

与人，恬不知耻，而希佐命之功。风教所移，递相师效，以为固然，而矜其通识。①

这段话深刻反映了东晋、南朝时期门阀世族地主的特点，他们总是将家族的利益置于国家的利益之上；而这样一种风教，无疑是这一时期政权更替频繁的重要原因。

（三）进步的史学观

首先，王夫之强调史学的宗旨在于经世致用。与黄宗羲、顾炎武一样，王夫之也认为史学是一种经世致用之学、鉴往知来之学。王夫之说："所贵乎史者，述往以为来者师也。为史者，记载徒繁，而经世之大略不著，后人欲得其得失之枢机以效法之无由也。"②在王夫之看来，史学的目的是"述往以为来者师"，因此，它的重点是记载"经世之大略""得失之枢机"，以使人们对历史上的政治得失有一个清楚的认识，而不应该事无巨细地加以记述。王夫之批评班固、荀悦等人只是为修史而修史，却不懂得去总结历史经验教训，认为这样的历史撰述"徒为藻悦之文，而无意于天下之略也，后起者其何征焉"③。这里王夫之对班固特别是荀悦的批评并不符合史实，因为《汉纪》本来就是受汉献帝之命而作，其鉴戒色彩是很浓厚的。不过，王夫之批评"徒为藻悦之文"的历史撰述，这无疑是正确的。王夫之也反对将史学仅仅当作一门知识来看待，他认为"曰'资治'者，非知治知乱而已也，所以为力行求治之资也"，即是说要从对历史的学习中求得治理国家之"资"。他批评那种只求闻见而不重经世的史学，认为这种人读史往往是"览往代之治而快然，览往代之乱而愀然，知其有以致治而治，则称说其美；知其有以召乱而乱，则诟厉其恶；言已终，卷已掩，好恶之情已竭，颓然若忘，临事而仍用其故心"。那么，究竟应该如何读史、以史为鉴呢？王夫之形象地将史"鉴"与悬挂于壁上之"鉴"加以比较，对此作了阐述。他说："故论鉴者，于其得也，而必推其所以得；于其失也，而必推其所以失。其得也，必思易其迹而何以亦得；其失也，必思就其偏而何以救失；乃可为

---

① 王夫之：《读通鉴论》卷十七《梁武帝》，1252 页，北京，中华书局，1975。
② 王夫之：《读通鉴论》卷六《光武》，350～351 页，北京，中华书局，1975。
③ 同上书，353 页。

治之资，而不仅如鉴之徒县于室，无与照之者也。"①这就是说，读史须发挥主观能动性，必须推究其治乱兴衰之所以然，这样的史学才是真正的经世之学、致用之学。

其次，王夫之对传统的正统论提出批评。在中国古代史学史上，正统之争由来已久。宋明理学兴盛之后，大倡道统论，史学领域的正统论也因此而更为盛行。对于这样一种传统的史学观，王夫之提出了批评。王夫之认为，历史的发展有治乱离合的更替，却没有一以贯之的统系，更没有什么正统。他认为天下有离而不合的时候，如三国、十六国、五代皆是也；有绝而不续的时候，如蒙古入主中原建立元朝，汉族的统治就绝续了。由此可见，"天下之生，一治一乱，当其治，无不正者以相干，而何有于正？当其乱，既不正矣，而又孰为正？有离有绝，故无统也，而又何正何不正邪？"②在王夫之看来，政治统治的正与不正在于人，而历史的治乱兴衰在于天，所谓正统之论，只是"臣子私其君"而已。所以他认为，只有天下统一、百姓安居乐业，这样的君主才能"大造于天人者不可忘，则与天下尊之，而合乎人心之大顺"③，才能得到人民的拥护。应该说，王夫之对传统正统论的批评，除去斤斤计较于"夷夏之辨"，有着明显的大汉族主义思想倾向外，无疑是一种进步的史学观，不但视野开阔，而且其中蕴含着一种不主一尊的民主意识，这与他在政治上反对封建专制，认为"天下非一姓之私"的观点是相一致的。

第四节　乾嘉考证史学的思想与方法

乾嘉考据学作为时代治学风气，当然不只是经学考据，也影响到当时各门学科的治学方法。作为与经学关系最为密切，同时致用色彩鲜明的史学，自然也受到乾嘉经学考据风气的影响，从而演变为考证史学。在乾嘉考据学背景下，考证史学取得了重大成就，名家辈出，名著纷纷涌现。其

---

① 王夫之：《读通鉴论》卷末《叙论四》，2551～2554 页，北京，中华书局，1975。
② 王夫之：《读通鉴论》卷末《叙论一》，2538 页，北京，中华书局，1975。
③ 王夫之：《读通鉴论》卷二十二《玄宗》，1779 页，北京，中华书局，1975。

中最具代表性的当数王鸣盛、赵翼和钱大昕，他们被誉为乾嘉"三大考史家"，各自所撰考史名著《十七史商榷》《廿二史札记》和《廿二史考异》被誉为乾嘉"三大考史名著"。在这三人当中，只有赵翼没有深厚的经学根基，而王鸣盛、钱大昕都是吴派汉学的重要代表，他们的考史明显打上了汉学考据的烙印。在三大考史家之后，崔述的考证史学以考信为旨趣，以宗经为特色，开启了一股时代新风。

一、三大考史名著的考证方法与撰述旨趣

关于《十七史商榷》的名称由来和具体考证的内容，王鸣盛在该书自序开篇即作如是说：

> 十七史者，上起《史记》，下讫《五代史》，宋时尝汇而刻之者也。商榷者，商度而扬榷之也。海虞毛晋汲古阁所刻行世已久，而从未有全校之一周者，予为改讹文，补脱文，去衍文，又举其中典制事迹，诠解蒙滞，审核蹖驳，以成是书，故名曰《商榷》也。[①]

据此可知，《十七史商榷》的主要考证工作有二：一是关于十七史文字的考订，一是关于十七史所涉及历史事实的考订。文字考订的工作主要包括改讹文、补脱文、去衍文等，这是因为十七史在长期传抄、刊刻的过程中，难免会出现文字上的各种舛误。历史事实方面的考证以典章制度和历史事迹为主，而地理与职官典制考证又是其中最重要部分。

关于十七史的具体考证原则，王鸣盛也作了具体说明，他说：

> 大抵史家所记典制有得有失，读史者不必横生意见，驰骋议论，以明法戒也，但当考其典制之实，俾数千百年建置沿革，瞭如指掌，而或宜法，或宜戒，待人之自择焉可矣。其事迹有美有恶，读史者亦不必强立文法，擅加与夺，以为褒贬也，但当考其事迹之实，俾年经事纬，部居州次，纪载之异同，见闻之离合，一一条析无疑，而若者

---

① 王鸣盛：《十七史商榷》卷首自序，1页，上海，上海古籍出版社，2013。

可褒，若者可贬，听诸天下之公论焉可矣。书生匈臆每患迂愚，即使考之已详，而议论褒贬犹恐未当，况其考之未确者哉。盖学问之道，求于虚不如求于实，议论褒贬皆虚文耳，作史者之所记录，读史者之所考核，总期于能得其实焉而已矣，外此又何多求邪？①

这段话充分体现了王鸣盛历史考证的汉学本色。在王鸣盛看来，历史记录与历史考证的最高宗旨便是一个"实"字，"当考其典制之实"，"当考其事迹之实"。如何求实，当然需要讲究考证功夫，要对典章制度的建置沿革情况通过考证以求了如指掌，要对历史事迹记载与见闻的异同"一一条析无疑"。与此相反，王鸣盛认为法戒、褒贬和议论并不是历史记录与考证的重点，这些都是"虚文"，考史家、读史者都不必去"强为之"，因为这样的"强为之"往往会背离历史之"实"。《十七史商榷》正是贯彻了这样一种考史原则，从而对《史记》以降的十七部正史从文字到史事都进行了全面系统的考证，为正史的考订作出了重要贡献。

钱大昕《廿二史考异》所考之二十二史，具体指《史记》《汉书》《后汉书》《续汉书》《三国志》《晋书》《宋书》《南齐书》《梁书》《陈书》《魏书》《北齐书》《周书》《隋书》《南史》《北史》《唐书》《旧唐书》《五代史》《宋史》《辽史》《金史》《元史》。钱大昕将司马彪《续汉书》八志从《后汉书》中离析出来单独成目，因此实际仍为二十二部史书。值得注意的是，位列"二十四史"中的《旧五代史》和《明史》不在其考异之列。究其原因，学者认为是对满族统治的隐晦的不满。② 因为《明史》乃清朝官修，而《旧五代史》虽为北宋官修，后来却由于散佚，在清修《四库全书》时方辑佚而成，算是清朝官辑史书。

对于《廿二史考异》的撰述旨趣与考异内容，钱大昕在自序中作如是说：

廿二家之书，文字烦多，义例纷纠。舆地则今昔异名，侨置殊所；职官则沿革迭代，冗要逐时。欲其条理贯串，瞭如指掌，良非易事。以予伧劣，敢云有得。但涉猎既久，启悟遂多……且夫史非一家之书，

① 王鸣盛：《十七史商榷》卷首自序，1页，上海，上海古籍出版社，2013。
② 参见方诗铭：《廿二史考异前言》，见钱大昕：《廿二史考异》卷首，6～7页，上海，上海古籍出版社，2014。

实千载之书，袪其疑，乃能坚其信，指其瑕，益以见其美。拾遗规过，匪为龄龁前人，实以开导后学。①

这段话首先回答了《廿二史考异》的"考异"对象，也就是全书的内容，主要有四个方面，即文字、义例、舆地、职官。其次指出了撰述此书的目的：袪疑指瑕，开导后学。该书考订文字的办法，是先抄出所考之事与文，然后考其讹误错漏。考证文字简短者仅有数字，多者则有千余言，旁征博引，多方搜求证据。该书重视义例的统一，但凡正史中出现义例不统一的现象均一一指出，作出说明。舆地、职官和氏族是该书考证的中心内容，钱大昕对此三项内容的考证非常重视。他说："予尝论史家先通官制，次精舆地，次辨氏族，否则涉笔便误。"②正因此，《廿二史考异》关于职官、舆地和氏族三者的考异分量极重。其中职官方面涉及各部正史的《百官志》《职官志》等，舆地方面涉及《地理志》《郡国志》等，氏族方面主要涉及魏晋南北朝的门阀谱系和辽、金、元的族姓等。当然，相关的内容还有一部分出现在列传等体例当中，该书对这些内容都详细加以考订。

特别值得一提的是钱大昕对《元史》的考订工作。钱大昕认为，"史之芜陋，未有甚于《元史》者"，究其原因，乃编修者"皆草泽迂生，不谙掌故，于蒙古语言文字，素未有习，所以动笔即讹"。正因此，钱大昕对《元史》的考证用力甚勤。他不但对《元史》本身做了大量的纠误工作，而且"搜罗元人诗文集、小说、笔记、金石、碑版，重修《元史》，后恐有违功令，改为《元诗纪事》"。③梁启超对钱大昕所撰《补元史艺文志》和《补元史氏族表》给予了很高的评价，认为这二补"可据之资料极贫乏，而能钩索补缀，蔚为大观。……凡此皆清儒绝诣，而成绩永不可没者也"④。

钱大昕《廿二史考异》最显著的特点是严谨、求真，汉学色彩浓厚。在回答《廿二史考异》如何对二十二部正史袪疑指瑕时，钱大昕说："惟有实事

---

① 钱大昕：《廿二史考异》卷首自序，1 页，上海，上海古籍出版社，2014。
② 钱大昕：《廿二史考异》卷四十《北史三》，646 页，上海，上海古籍出版社，2014。
③ 江藩：《国朝汉学师承记》卷三《钱大昕》，49～50 页，北京，中华书局，1983。
④ 梁启超：《中国近三百年学术史》，315 页，北京，东方出版社，1996。

求是，护惜古人之苦心，可与海内共白。"①《廿二史考异》因严谨而表现出的汉学学风，后人也是颇为认同的。王树民先生在比较三部考史名著特点时曾说："钱、王二氏态度比较严谨，书中错误较少，尤以钱氏之书为精密，是受经学余风之惠。"②

赵翼《廿二史札记》从书名来看，似乎跟钱大昕《廿二史考异》相同，书名都是对二十二部正史的考证，其实不然。钱氏"二十二史"不包括"二十四史"中的《旧五代史》和《明史》，实数就是二十二部；赵氏"二十二史"则实际上涵盖了自《史记》至《明史》的全部"二十四史"的内容，只是由于该书已经论及的《旧唐书》和《旧五代史》在当时尚未列入正史当中，故仍名为"二十二史"。因此，《廿二史札记》是三部考史著作中唯一一部真正对"二十四史"进行系统考证的著作。《廿二史札记》虽然只有三十六卷，但字数却超过了王、钱二书，内容翔实。

关于该书的撰述旨趣与具体内容，赵翼在《廿二史札记小引》中作如是说：

> 此编多就正史纪、传、志、表中参互勘校，其有牴牾处，自见辄摘出，以俟博雅君子订正焉。至古今风会之递变，政事之屡更，有关于治乱兴衰之故者，亦随所见附著之。自惟中岁归田，遭时承平，得优游林下，寝馈于文史以送老，书生之幸多矣。或以比顾亭林《日知录》，谓身虽不仕，而其言有可用者，则吾岂敢。③

从上文可知，赵翼所著《廿二史札记》涉及的内容主要有两个方面：其一是针对正史中所出现的抵牾之处"参互勘校"，这是考证功夫；其二是针对历史与政事的变化，探讨历史的治乱兴衰之"故"，这就突破了历史考证的范围，主要是一种历史评论，是为了发挥对历史之变的见解。如何"参互勘

---

① 钱大昕：《廿二史考异》卷首自序，1页，上海，上海古籍出版社，2014。
② 王树民：《廿二史札记校证前言》，见赵翼：《廿二史札记》卷首，2页，王树民校证本，北京，中华书局，1984。
③ 赵翼：《廿二史札记》卷首《廿二史札记小引》，1页，王树民校证本，北京，中华书局，1984。

校"？基本方法有两种，一是一史之中的纪、传、志、表的比勘、考校，二是相关史书的对比、考订。从考订的内容来看，重点不在文字校勘，而在记事得失与异同。赵翼的史论，也主要围绕两个方面进行，一是史事评论，二是史学评论。其史事评论有顾炎武"身虽不仕，而其言有可用者"的经世遗风，旨在揭示历史的治乱兴衰之理，所论对后世多有启发。其史学评论持论总体比较平实，如对于《史记》《汉书》之优劣，认为"互有得失"①。对于各部正史特色也能如实评述，如说《齐书》类叙法最善"②，《新五代史》"书法谨严"③，"《宋史》事最详"④，"《辽史》立表最善"⑤，如此等等。

对于赵翼《廿二史札记》的撰述特点，时人钱大昕在序文中评价说："读之窃叹其记诵之博，义例之精，论议之和平，识见之宏远，洵儒者有体有用之学，可坐而言，可起而行者也。"⑥钱氏肯定该书考证广博、义例严谨、论议平和，确实反映了《廿二史札记》的基本风格。清人李慈铭也认为："此书贯串全史，参互考订，不特阙文误义多所辨明，而各朝之史，皆综其要义，诠其异闻，使首尾井然，一览为悉。……其书以议论为主，又专取各史本书，相为援证，不旁及他书，盖不以考核见长。"⑦在李慈铭看来，《廿二史札记》对于正史考证虽然"多所辨明"，然而"考核"却并非该书所长，原因是援证不广。同时，李慈铭强调，"以议论为主"是该书的重要特点。今人陈垣先生在为《廿二史札记》作题记时也说该书"每史先考史法，次论史事"⑧。这里所谓"史法"，就是赵翼自序所谓"参互勘校"的考证部分；而所谓"史事"，则是自序所谓论议治乱兴衰部分。

---

① 赵翼：《廿二史札记》卷一《史记汉书》，18页，王树民校证本，北京，中华书局，1984。
② 赵翼：《廿二史札记》卷九《宋齐梁陈书》，191页，王树民校证本，北京，中华书局，1984。
③ 赵翼：《廿二史札记》卷二十一《五代史》，460页，王树民校证本，北京，中华书局，1984。
④ 赵翼：《廿二史札记》卷二十三《宋辽金史》，496页，王树民校证本，北京，中华书局，1984。
⑤ 赵翼：《廿二史札记》卷二十七《辽史金史》，586页，王树民校证本，北京，中华书局，1984。
⑥ 赵翼：《廿二史札记》附录二《钱大昕序》，885页，王树民校证本，北京，中华书局，1984。
⑦ 赵翼：《廿二史札记》附录二《李慈铭题记与跋语·题记》，887～888页，王树民校证本，北京，中华书局，1984。
⑧ 赵翼：《廿二史札记》附录二《陈垣题记》，888页，王树民校证本，北京，中华书局，1984。

二、三大考史名著异同比较

王鸣盛《十七史商榷》、钱大昕《廿二史考异》和赵翼《廿二史札记》之三部考史名著的共同点,是同为对历代正史进行贯通考证而成的考证史学名著,都是乾嘉考证史学的杰出代表。因此,重视对历代正史的考证,精于校勘,求真务实,引证广博,这是三书具有的共同特色。然而,三书的考证除去前述考证正史的数量、内容不尽相同之外,还存在着一些明显的差异。其中王鸣盛与钱大昕同为吴派学者,二人的考史风格比较接近,差异性较小;而赵翼算不上经学中人,其考史风格与王、钱的区别比较明显。

首先,经学色彩浓厚不一。王、钱、赵三人的学术训练与经学素养有很大的不同,这在一定程度上决定了三书经学色彩浓厚不一。王鸣盛与钱大昕同为江苏嘉定人,学术经历比较相似。他们自幼接受到良好的学术训练,不但学有师承,而且都在青年时期博取到功名,仕途通达。从治学特点来讲,两人都是乾嘉吴派汉学的代表人物,经学修养深厚。因此,《十七史商榷》与《廿二史考异》的历史考证,多从经学入手,普遍拘泥于细节的考证,表现出浓厚的汉学重视考据的特色。当然,二人之间也存在些微差异,王鸣盛迷信汉儒,钱大昕虽然崇汉,却更重视"师其是",在历史考证上求真求实特点更为鲜明。与王、钱相比较,赵翼自幼家贫,学无师承,没有受到过系统的学术训练。早年主要兴趣在文学上,诗文基础较好,而学问功底则不如王、钱二人,尤其在经学修养上与王、钱差距较大。赵翼接触经学要到成年之后,起步很晚,此后也未在经学领域取得过什么成绩。赵翼曾经谦虚地说过自己"资性粗钝,不能研究经学"①。这样一种缺乏经学考据功底的学术经历,使得其史学考证表现出了与王、钱以经学入史的不同特点,而主要是由文入史,经学气味较淡。而且没有师承,也少了一些"严守家法"的束缚,反而更容易开阔眼界,史学考证更加重视把握主要关节。

其次,经世色彩浓厚不一。进行史学考证的目的究竟是什么,王、钱、赵三人对此的回答不尽相同。如前所述,王、钱二人的史学考证,是以

---

① 赵翼:《廿二史札记》卷首《廿二史札记小引》,1页,王树民校证本,北京,中华书局,1984。

"实"的标准对历代正史进行的系统考证，主要内容包括文字、义例、史事等方面，考证的目的是对历代正史祛疑指瑕、纠谬勘误，表现出汉学为考证而考证的特点。相比较而言，赵翼的历史考证，除去这种文字、义例与史事的纠谬勘误之外，还重视议论，意在探寻历史治乱兴衰之理，具有鲜明的经世致用色彩。所以李慈铭在评述《廿二史札记》时认为，议论是该书所重，而考核非该书所长。正是为了对历史与史学进行议论，以发挥史学的经世致用功能，赵翼的历史考证与评论范围非常广泛，大凡历代政治、制度、风俗等涉及治乱兴衰的大问题，皆予以关注。此外，为了发挥其议论，赵翼一方面与王、钱一样，强调历史"直书其事"，讲究实事求是；另一方面还推崇《春秋》褒贬书法，希望通过对历史的褒贬，达到扬善惩恶的经世目的，这是汉学色彩浓厚的王、钱所不具有的特点。

三、钱大昕的经史关系论

乾嘉学者系统阐发经史关系者首推钱大昕。前已述及，钱大昕是乾嘉汉学吴派重要代表，同时也是《廿二史考异》的作者、乾嘉考证史学的重要代表。从其经史之学的实践即可看出，他治学是秉持经史并重的。同时，钱大昕对经史关系也有着自己卓尔不凡的论述。在为赵翼的考史名著《廿二史札记》所作的序文中，钱大昕针对赵翼《小引》所谓"资性粗钝，不能研究经学，惟历代史书，事显而义浅，便于流览，爰取为日课，有所得辄札记别纸，积久遂多"的自谦之语，通过对经史关系的历史考察，发表了关于经与史"岂有二学"的观点。他说：

> 昔宣尼赞修六经，而《尚书》《春秋》实为史家之权舆。汉世刘向父子校理秘文为六略，而《世本》《楚汉春秋》《太史公书》《汉著纪》列于《春秋家》，《高祖传》《孝文传》列于《儒家》，初无经史之别。厥后兰台、东观，作者益繁，李充、荀勖等创立四部，而经史始分，然不闻陋史而荣经也。自王安石以猖狂诡诞之学要君窃位，自造《三经新义》，驱海内而诵习之，甚至诋《春秋》为断烂朝报。章、蔡用事，祖述荆、舒，屏弃《通鉴》为元祐学术，而十七史皆束之高阁矣。嗣是道学诸儒，讲求心性，惧门弟子之泛滥无所归也，则有诃读史为玩物丧志者，又有

> 谓读史令人心粗者。此特有为言之，而空疏浅薄者托以借口，由是说经者日多，治史者日少。彼之言曰，经精而史粗也，经正而史杂也。①

在这段话中，钱大昕认为孔子作"六经"，其中的《尚书》《春秋》其实就是"史家之权舆"。接着他从目录学的角度论述了汉晋时期的经史关系，认为汉代的目录学著作《六略》（即《七略》，见《汉书·艺文志》）以史附经，经史未作区分；两晋荀勖作《中经新簿》、李充作《晋元帝四部书目》创立四部后，经史开始分途。但是，在此之前人们并没有对经史的地位关系作出过评述。到了宋儒王安石废除汉唐注疏之学，倡导义理新学，直斥《春秋》为"断烂朝报"后，开始贬损史学；后来的道学人士大力提倡心性之学，担心门弟子读史玩物丧志，于是有了"经精史粗""经正史杂"的训诫；而那些空疏浅薄者们更是以道学诸儒的训诫为托词，只说经而不治史，宋代"荣经陋史"的风气由此而兴。毫无疑问，在钱大昕看来，尊经轻史的风气开始于宋学。应该说，如果钱氏此说只是反映了宋代义理之学的一种普遍的荣经风气的话，那么这无疑是正确的；如果认为宋代义理之学都是"荣经"而"陋史"的，那么这一提法至少是不全面的。比如司马光、朱熹、吕祖谦等人，都是史学家与理学家一身二任的，他们都是在重视理学的同时，也非常重视史学的资治、明理作用。

钱大昕认为，自宋学荣经陋史风气出现以后，尊经轻史就成为宋元明时期的一种普遍现象。特别是随着清代考据经学的兴盛，史学更是不被人们所重视。钱大昕明确指出："尝谓自惠戴之学盛行于世，天下学者但治古经，略涉三史，三史以下茫然不知，得谓之通儒乎！"②在钱大昕看来，要想贯通圣学成为一代通儒，就不能只治经而不重史。道理很简单，传承儒家圣学的不仅仅是经学，史学同样功不可没，完全可以与儒家"六经"并行相传于世。钱大昕在《廿二史札记序》说："予谓经以明伦，虚灵玄妙之论，似精实非精也。经以致用，迂阔刻深之谈，似正实非正也。太史公尊孔子为世家，谓：'载籍极博，必考信于六艺。'班氏《古今人表》尊孔、孟而降老、

---

① 赵翼：《廿二史札记》附录二《钱大昕序》，885页，王树民校证本，北京，中华书局，1984。
② 江藩：《国朝汉学师承记》卷三《钱大昕》，49页，北京，中华书局，1983。

庄。皆卓然有功于圣学，故其文与六经并传而不愧。"①从序文中可以看出，钱大昕与当时的考据学家一味重视经学不同，他对史学的作用确有不同的见识，这是其能在经学与史学两个领域都取得重要成就的重要原因。

四、崔述的考信史学及其宗经特色

崔述是乾嘉后期著名的考史辨伪学家，平生著书三十余种，《考信录》三十六卷是其倾注毕生心血的代表作。学者认为，"崔述的考信之作，在乾嘉时期是一股新风"②。与前期乾嘉考证史学相比，崔述的考信之"新风"究竟有何具体体现呢？

首先，宗"六经"而疑传记。以三大考史名著为代表的乾嘉考证史学，其历史考证并没有崇经疑传的现象，他们只是唯汉是尊，把汉代形成的经传、诸子典籍特别是古文注疏，都当作信说、信史。崔述则与之不同，他的历史考证只以"六经"为依据，而不信从传记。《考信录》书名，即是因司马迁《史记·伯夷列传》所言"学者载籍极博，犹考信于六艺"而来。司马迁作《史记》"考信于六艺"，崔述作《考信录》更是完全以"六经"为史实依据。对于《考信录》的这一考史旨趣，崔述在《考信录提要》中有具体说明："余少年读书，见古帝王圣贤之事往往有可疑者，初未尝分别观之也。壮岁以后，抄录其事，记其所本，则向所疑者皆出于传记，而经文皆可信，然后知《六经》之精粹也。"③在此，崔述将"六经"作为考证古史的唯一依据，而认为传记往往不可轻易信从。崔述还明确表示："今为《考信录》，于殷、周以前事但以《诗》《书》为据，而不敢以秦、汉之书遂为实录。"④

其次，由辨伪书而辨伪史。王鸣盛、钱大昕、赵翼的考证史学以历代正史为考证对象，这种考证不存在伪书问题，而只有正史记载是否有误的问题，因而这是一种正误、是非的考证。与此不同，《考信录》的历史考证以先秦古史作为考证对象，故而首先必须考证记载这些古史的古书是否可

---

①　赵翼：《廿二史札记》附录二《钱大昕序》，885 页，王树民校证本，北京，中华书局，1984。

②　吴怀祺：《中国史学思想史》，290 页，合肥，安徽人民出版社，1996。

③　崔述：《考信录提要》卷下《总目》，见顾颉刚编订：《崔东壁遗书》，16 页，上海，上海古籍出版社，1983。

④　崔述：《考信录提要》卷上《释例》，见顾颉刚编订：《崔东壁遗书》，6 页，上海，上海古籍出版社，1983。

信，然后才能够辨明古史是否真实，因而是先辨伪书，进而再辨伪史的。在崔述看来，若是书籍作伪，那么所记史事自然也多不可信。比如《周官》所记"外史掌三皇、五帝之书"的说法，以及孔安国《伪尚书序》对于"三坟"乃伏羲、神农、黄帝之书，"五典"乃少昊、颛顼、高辛、唐、虞之书的解说，崔述皆认为是后人附会之说。其证据是，作为信史的孔子之《论语》只称尧、舜，孟子道统说也只是溯源于尧、舜，由此可见尧、舜以前"无书明矣"。《孔传》之伪自然不用多说，而《周官》一书，崔述认为"所载制度皆与经传不合，而文亦多排比，显为战国以后所作"。既然二书为伪书，其记载自不可信。他不但以孔、孟之说证明二书之说皆伪，而且提出"必无甫有文字即有史官之理"的正确推断。①

再次，先辨虚实而后论得失。前述三大考史家的历史考证，其中王鸣盛、钱大昕的历史考证汉学色彩浓厚，只辨虚实，不重议论；赵翼的历史考证则史学色彩更浓，既辨虚实，更重议论。崔述与三人皆有所不同，他重视评论得失，自然与王、钱二人有较大的差异，同时也与赵氏不同。崔述的议论建立在虚实之辨的基础之上，没有虚实之辨，也就无所谓议论，因而是将考实与议论紧密结合在一起的。以《史记·乐毅列传》所记乐毅伐齐之事为例，原文记载"毅留徇齐五年，下齐七十余城，唯独莒、即墨未服"，崔述认为原文意思很明确，是指乐毅"日攻齐城，积渐克之，五载之中共下七十余城，唯此两城尚未下也"。然而曹魏夏侯玄、北宋苏轼、明朝方孝孺对原文的理解却都产生了歧义，夏侯玄认为是"谓毅下七十余城之后，辍兵五年不攻，欲以仁义服之：以此为毅之贤"；苏轼认为是"谓毅不当以仁义服齐，辍兵五年不攻，以致前功尽弃：以此为毅之罪"；方孝孺则又不同于前二人的说法，认为"毅初未尝欲以仁义服齐，乃下七十余城之后，恃胜而骄，是以顿兵两城之下，五年而不拔耳"。对史实的理解错误，也就导致三人的评论失真。正因此，崔述对这种"好议论古人得失，而不考其事之虚实"的做法提出批评，进而强调他所著《考信录》旨在"专以辨其虚

---

① 崔述：《补上古考信录序》，见顾颉刚编订：《崔东壁遗书》，25 页，上海，上海古籍出版社，1983。

实为先务，而论得失者次之，亦正本清源之意也"。^①

最后，"时愈后则其传闻愈繁"。崔述通过对古史的考证，总结出一条普遍的规律，那就是"识愈下则其称引愈远"，"世愈后则其传闻愈繁"。崔述说："夫《尚书》但始于唐、虞，及司马迁作《史记》乃起于黄帝，谯周、皇甫谧又推之以至于伏羲氏，而徐整以后诸家遂上溯于开辟之初，岂非以其识愈下则其称引愈远，其世愈后则其传闻愈繁乎！且《左氏春秋传》最好称引上古事，然黄、炎以前事皆不载，其时在焚书之前，不应后人所知乃反详于古人如是也。"^②崔述上述关于古史构建的认识，在20世纪疑古思潮出现以前，无疑是最为进步的。

从以上所述可知，崔述考信史学的主要特点是崇经而疑传记诸子，并且尝试揭示古史构建的一般规律。前者表现出其史学考信浓厚的经学特色，后者彰显其考信理论的进步性。对于崔述史学考信之于后世史学考证乃至20世纪疑古辨伪的影响，顾颉刚作了充分肯定。他说：崔述"以为后世所传的古史，大半是战国诸子所假造的，主张信史起自唐、虞，唐、虞以上便不甚可稽考了。我们今日讲疑古辨伪，大部分只是承受和改进他的研究"。同时，顾颉刚对其历史考信的不足也如实加以指出："他虽敢打破传记诸子而终不敢打破经"，"他根本的误处，是信古史系统能从古书中建立起来，而不知古书中的材料只够打破古史系统而不够建立古史系统"。^③ 当然，这样的要求对于乾嘉后期的史家来说，多少是有所苛刻的。

第五节　章学诚的史学理论

章学诚为清代乾嘉时期杰出的史学理论家，所撰《文史通义》是继刘知幾《史通》后我国古代最重要的史学评论专著。作为浙东史学的殿军人物，

---

① 崔述：《考信录提要》卷上《释例》，见顾颉刚编订：《崔东壁遗书》，14页，上海，上海古籍出版社，1983。

② 崔述：《补上古考信录》卷上《开辟之初》，见顾颉刚编订：《崔东壁遗书》，28页，上海，上海古籍出版社，1983。

③ 顾颉刚：《崔东壁遗书序》，见顾颉刚编订：《崔东壁遗书》卷首，60、63、64页，上海，上海古籍出版社，1983。

章学诚继承了浙东史学开山鼻祖黄宗羲的治学宗旨，提出了"史学所以经世"的主张；同时，他的"六经皆史"说、"史义"论、"史德"论、历史编纂思想和方志编纂理论，都可谓"为千古史学辟其榛芜"①"多为后世开山"②之言。毫无疑问，章学诚的史学理论，是中国古代史学理论的一份极为宝贵的遗产，值得我们认真加以总结。

一、"六经皆史"说

在章学诚之前，"六经皆史"说已经成为明代学术史、经学史与史学史上一个重要命题。从王阳明的"五经亦史"说，到王世贞的"六经，史之言理者"，再到李贽的"六经皆史"说，人们关于经史关系的论述不断得以深入。章学诚的"六经皆史"说，是在前贤经史关系论的基础上所作的最为系统而深入的阐述。

（一）"六经皆史"说的理论渊源

谈到"六经皆史"命题，人们往往要追溯到隋朝的王通，学界一般认为他是最早提出"以经为史"的人。③ 王通说："昔圣人述史三焉：其述《书》也，帝王之制备矣，故索焉而皆获；其述《诗》也，兴衰之由显，故究焉而皆得；其述《春秋》也，邪正之迹明，故考焉而皆当。此三者，同出于史而不可杂也，故圣人分焉。"④在此，王通提出了"六经"中的《尚书》《诗经》《春秋》"同出于史"的观点。在王通看来，《尚书》《诗经》《春秋》"三经"的立意有别于其他经书，圣人分此三经以述史，旨在备帝王之制、显兴衰之由和明邪正之

---

① 《章学诚遗书》卷九《与汪龙庄书》，82页，北京，文物出版社，1985。

② 《章学诚遗书》卷九《家书二》，92页，北京，文物出版社，1985。

③ 也有一些学者不同意这一说法，如钱锺书就认为此说与先秦道家有关系。他说："《庄子·天运》篇记老子曰：'夫六经，先王之陈迹也，岂其所以迹哉'；《天道》篇记，桓公读圣人之书，轮扁谓书乃古人糟粕，道之精微，不可得传。《三国志·荀彧传》注引何劭为《荀粲传》，记粲谓：'孔子言性与天道，不可得闻，六籍虽存，固圣人之糠秕'云云。是则以六经为存迹之书，乃道家之常言，六经皆史之旨，实肇端于此。"（钱锺书：《谈艺录》，265页，北京，中华书局，1984）周予同则认为："古代'经''史'不分，隋朝王通也不能说是'以经为史'的最早者。如果上溯的话，孔子即曾说过：'《春秋》其文则史，其义则丘窃取之矣！'那么，孔子就是以《春秋》为史了。"（周予同：《章学诚"六经皆史说"初探》，见朱维铮编：《周予同经学史论著选集》，716页，上海，上海人民出版社，1983）我们认为，先秦道家和孔子的"以经为史"，是经史未分时代的一种说法，与经史已分时代的隋朝王通的"三经亦史"说及其以后的"五经亦史""六经皆史"说所谈论的经史关系还不是一个概念。

④ 王通：《文中子中说》卷一《王道篇》，2页，阮逸注本，南京，凤凰出版社，2017。

迹。很显然，述史述经，只是圣人的一种分说，本身并不体现经与史孰尊孰卑的问题；同时，"三经亦史"说可能在形式上对后来明清时期"六经皆史"命题的提出有启发作用，但二者之间存在着本质的区别。

明代心学家王阳明在批判与继承宋儒经史关系论的基础上，明确提出了"五经亦史"的观点，成为中国古代学术史上"六经皆史"说最早的系统阐述者之一。王阳明一方面从"心即理""心理无二"的心学观点出发，反对宋代理学家们将"理"看作超然之物、绝对观念；另一方面又继承了宋儒从理事、道器的哲理高度探讨经史关系的传统。王阳明认为，经史之间的关系，"以事言谓之史，以道言谓之经。事即道，道即事，《春秋》亦经，'五经'亦史。《易》是包牺氏之史，《书》是尧、舜以下史，《礼》《乐》是三代史，其事同，其道同，安有所谓异？"又说："'五经'亦只是史。史以明善恶，示训戒。善可为训者，时存其迹以示法；恶可为戒者，存其戒而削其事以杜其奸。"①从这两段话中可以清楚地看到王阳明经史关系论的基本内涵：其一是不仅提出了"五经亦史"的经史命题，还从理事、道器合一的哲理高度对"五经亦史"说作出了理论论证；其二是从"事即道，道即事"的经史观出发，肯定存史的目的即在于存"道"，在于"明善恶，示训戒"。因此，王阳明"五经亦史"的理论意义，是肯定了经史、事道之相同、无异和合一的关系。

王阳明之后的明儒，显然是受到王阳明的影响，似乎都热衷于讨论经史关系问题，注重阐发"六经皆史"的命题，其中最具代表性的学者有王世贞、李贽等人。王世贞认为："天地间无非史而已。……六经，史之言理者也；曰编年、曰本纪、曰志、曰表、曰书、曰世家、曰列传，史之正文也；曰叙、曰记、曰碑、曰碣、曰铭、曰述，史之变文也……"②这就是说，所谓经书，其实也就是史书之一种。王世贞还继承了王阳明的理事、道器合一说，认为史中含道，道依赖史而得以相传。他说："史不传则道没，史即传而道亦系之而传。"③王世贞甚至将史的作用看得比经还重要，他说："经载道者也，史纪事者也。以纪事之书较之载道之书，孰要？人必曰经为载道之书，则要者属经，如是遂将去史弗务。嗟乎！智愈智，愚愈愚，智

---

① 《王阳明全集》卷一《传习录上》，10页，上海，上海古籍出版社，1992。
② 王世贞：《弇州山人四部稿》卷一百四十四，明万历刻本。
③ 王世贞：《纲鉴会纂序》，见《纲鉴会纂》卷首，明刊本。

人之所以为智，愚人之所以为愚，其皆出于此乎?"在王世贞看来，造成"愚愈愚"局面的原因，就在于世人重经轻史，所以他大声疾呼"史学在今日倍急于经，而不可以一日而去者也"，"君子贵读史"。① 王世贞的"贵史"论，不但与宋儒过分荣经有明显的不同，而且对晚明以来学风的转移和重史思潮的出现也是有一定影响的。

李贽是一位被称为具有"异端"思想的学者，他评价历史事件与历史人物不以孔子和儒家的是非为是非，而是"一切断以己意"②。他曾作《经史相为表里》一文，对经史关系作出论述："经史一物也。史而不经，则为秽史，何以垂戒鉴乎? 经而不史，则为说白话矣，何以彰事实乎? 故《春秋》一经，春秋一时之史也。《诗经》《书经》，二帝三王以来之史也。而《易经》则又示人以经之所自出，史之所从来，为道屡迁，变易匪常，不可以一定执也，故谓'六经'皆史可也。"③在此，李贽一方面以理事合说经史，肯定史以经明理、经以史彰事，二者是统一的关系；另一方面明确提出了"六经皆史"的说法，这在中国古代学术史上至少在字面上还是第一次。李贽提出"六经皆史"说，其主旨是利用王学此说的积极因素，进一步在思想领域反对程朱理学，挑战程朱理学的正统与权威。

毫无疑问，这些经史关系论对章学诚关于经史关系的探讨是有影响的。但是，在章学诚之前，人们并没有对这一论题展开系统而深入地论述。

（二）章学诚的"六经皆史"说

对"六经皆史"命题作出最系统阐述的，还得数清代史评家章学诚。关于章学诚"六经皆史"说的提出及其理论价值，学术界的认识与评价存在着很大的分歧，褒之者认为"六经皆史"说是章学诚的一种创见，它将"六经""从神圣的宝座拉下来"，在思想上有进步意义④；贬之者认为"六经皆史"说

① 王世贞：《纲鉴会纂序》，见《纲鉴会纂》，明刊本。
② 梅国桢：《藏书序》，见张建业主编：《李贽文集》第二卷，卷首，3 页，北京，社会科学文献出版社，2000。
③ 李贽：《焚书》卷五《经史相为表里》，见张建业主编：《李贽文集》第一卷，201～202 页，北京，社会科学文献出版社，2000。
④ 侯外庐：《中国早期启蒙思想史——十七世纪至十九世纪四十年代》，509 页，北京，人民出版社，1956。

并非章学诚首倡，甚至他关于此说的表述还没有王阳明"清楚明白"①；也有学者中肯地提出"六经皆史"说的发明权不属于章学诚，不过他却赋予这一命题"以充实的内容和系统理论"②。之所以会出现各种分歧，既有研究者主观的学术素养与思想认识上的差异，也与章氏该命题本身内容繁复、概念的内涵与外延全书不统一有一定的关系。

章学诚著《文史通义》，一开篇就提出了"六经皆史"说："六经皆史也。古人不著书，古人未尝离事而言理，六经皆先王之政典也。"③该书的许多篇章也反复对这一论断作了阐述。由此可见，"六经皆史"是贯穿于章学诚整个史学理论体系的一个重要命题。那么，章学诚是如何论证"六经皆史"的呢？他又赋予了"六经皆史"说以何种新意？

1. 章学诚对"六经皆史"说的具体论证

第一，古代无经史之别。章学诚认为，古代"无经史之别，六艺皆掌之史官，不特《尚书》与《春秋》也"④。又说："三代以前，《诗》《书》六艺，未尝不以教人，不如后世尊奉六经，别为儒学一门，而专称为载道之书者。"⑤这就清楚地告诉人们，所谓视"六经"为专门的载道之书，那是后世儒者所为，其实在三代以前，经史没有区别，"六经"就是由史官执掌的教人行事之书。这就还原了儒家"六经"的本来面目。

第二，"六经"是"切人事"的学问。章学诚认为，"三代学术，知有史而不知有经，切人事也"⑥。这就是说，三代的学术并没有将后世所谓"六经"当作经书来看待，而只是将这些典籍当作"切人事"之史来看。章学诚认为"六经"这一专有名称"起于孔门弟子"，是儒家开始尊奉它们为经的。而其实在当时，虽然有"经"书，但它不过是诸子书的一种分类，"诸子著书，往往自分经传，如撰辑《管子》者之分别经言，《墨子》亦有《经》篇，《韩非》则有《储说》经传，盖亦因时立义，自以其说相经纬耳"⑦。

① 参见喻博文：《两则史料辨证》，载《学术月刊》，1981(5)。
② 仓修良、叶建华：《章学诚评传》，158页，南京，南京大学出版社，1996。
③ 章学诚：《文史通义》卷一《易教上》，1页，叶瑛校注本，北京，中华书局，1994。
④ 《章学诚遗书》卷十三《论修史籍考要略》，116页，北京，文物出版社，1985。
⑤ 章学诚：《文史通义》卷二《原道中》，132页，叶瑛校注本，北京，中华书局，1994。
⑥ 章学诚：《文史通义》卷五《浙东学术》，523页，叶瑛校注本，北京，中华书局，1994。
⑦ 章学诚：《文史通义》卷一《经解上》，94页，叶瑛校注本，北京，中华书局，1994。

第三，"六经"是三代政典。"六经"就其本质而言，如《文史通义》开篇所言，"古人未尝离事而言理，六经皆先王之政典也"。对此，章学诚作了具体解说："后世文字，必溯源于六艺。六艺非孔氏之书，乃《周官》之旧典也。《易》掌太卜，《书》藏外史，《礼》在宗伯，《乐》隶司乐，《诗》领于太师，《春秋》存乎国史。夫子自谓述而不作，明乎官司失守，而师弟子之传业，于是判焉。"①由此可见，古代"六经"其实是由官家所掌，而非私门著述，孔子也自称"述而不作"，因此，它们不过是记载当时政典史事之书罢了。对此，《文史通义·经解上》还进一步作了表述："古之所谓经，乃三代盛时，典章法度，见于政教行事之实，而非圣人有意作为文字以传后世也。"②《言公上》也说："六艺皆周公之旧典，夫子无所事作也。"③这些论述都明确指出，"六经"是"三代盛世典章法度"，而非孔子留于后人的载道之书。

第四，后世史学源于《春秋》。前三个方面是站在古代的角度，肯定经史合一、六经皆史。由于后世经史分途，经毕竟不等于史，于是，章学诚又从史源学上说明了经与史的关系，提出后世史学源于《春秋》的论断。章学诚说："盖《六艺》之教通于后世有三：《春秋》流为史学；官礼诸记，流为诸子；论议诗教，流为辞章辞命。其他《乐》亡而入于《诗》《礼》；《书》亡而入于《春秋》。《易》学亦入官礼，而诸子家言，源委自可考也。"又说："叙事实出史学，其源本于《春秋》比事属辞，左史班陈，家学源源，甚于汉廷经师之授受。马曰：好学深思，心知其意；班曰：纬六经，缀道纲，函雅故，通古今者。《春秋》家学，递相祖述，虽沈约、魏收之徒，去之甚远；而别识心裁，时有得其仿佛。"④由此可知，史学属于《春秋》家学。

从以上所述可知，尽管"六经皆史"说并非章学诚最先提出，但是，最先对此作出系统论证的当数章学诚。

2. 章学诚赋予"六经皆史"说的新意

如前所述，王阳明、李贽等人都提倡过"六经皆史"说，但是王阳明说

---

① 章学诚：《校雠通义》卷一《原道》，见《文史通义》附，951页，叶瑛校注本，中华书局，1994。

② 章学诚：《文史通义》卷一《经解上》，94页，叶瑛校注本，北京，中华书局，1994。

③ 章学诚：《文史通义》卷二《言公上》，170页，叶瑛校注本，北京，中华书局，1994。

④ 章学诚：《上朱大司马论文》，见《章学诚遗书·补遗》，612页，北京，文物出版社，1985。

"五经亦只是史"，是从心学角度肯定五经皆"吾心之记籍"，以此反对程朱理学那套束缚人的教条；李贽作为王学左派，也大倡"六经皆史"说，则是利用了王学此说的积极因素，以便进一步反对程朱理学。相比较而言，章学诚不但系统论证了"六经皆史"说，还赋予此说以重要的理论意义和现实意义。

第一，"六经皆史"说的提出，为阐发经世致用史学思想提供了理论依据。章学诚治史，是以经世致用为目的的，他说："史学所以经世，固非空言著述也。"①而章学诚提倡"六经皆史"说，则是为其经世致用的史学思想提供理论依据的。我们认为，章学诚倡导"六经皆史"说，是有着强烈的现实意义的。众所周知，章学诚所处的乾嘉时代，是考据之风大盛的时代。如果说当年顾炎武是为了宣扬经世致用的学风而提倡考据实学，那么这个时期的考据学则完全成了一种脱离现实、逃避现实的学术，人们埋头于故纸堆，与现实隔膜。同时，这一时期的宋学尽管相对微弱，却仍然以空谈性命道理为务。毫无疑问，清初所提倡的那种经世致用学风到了这一时期已经丧失殆尽。章学诚在这样一种特定的历史时代大倡"六经皆史"说，就是要将斗争的锋芒直指向空谈性命的宋学和务求考索的汉学。章学诚肯定"六经皆史"，其实就是要从源头上去论证史学的经世致用性。在章学诚看来，既然"六经"是先王的政典，是言事的，具有实在的内容，因而是一种"切人事"的学术，后人学习经书，就应该要弘扬这种"经世"的学风，继承这种"经世"的精神，而不应该将经学变成一种只是空谈义理，或是专务考索的学术，那样就完全偏离了经学的本意。

第二，"六经皆史"说的提出，对于史学本身也有重要意义。这一方面是从历史研究的史料价值而言的。章学诚所谓"六经皆史"之"史"，当然是具有史料含义的。因为章学诚明确认为"六经"是先王的政教典章，是历史的记录，是"切人事"的文献。而且孔子对"六经"只是作了删定工作，而这种删定，按照章学诚的编纂分类来说，它只是记注，而不是著述。既然是记注，当然也就是史料。肯定"六经"是史料，它的史学意义是重大的：人们因此可以将"六经"当作先王时期的重要史料来看待，以对先王时期的各

---

① 章学诚：《文史通义》卷五《浙东学术》，524页，叶瑛校注本，北京，中华书局，1994。

种社会政治制度作出研究，从而有助于我们对先王时期历史的认识；经史合一，既扩大了人们的史料搜集和历史研究范围，又有助于人们对历史的全面了解和正确解读。另一方面则是从史学思想而言的。我们认为，章学诚对"六经皆史"的理解绝不仅限于史料范围。他之所以强调"六经"乃先王之政典，是希望封建统治者治国经邦能够以"六经"为依据，这体现的是一种经世致用的思想；同时，章学诚对"六经皆史"的理解也不仅限于历史编撰的范围。从历史编撰角度来讲，"六经"当中严格来说只有《春秋》和《尚书》可以视为史书，而其他诸经要说成史书就勉为其难了。实际上章学诚所谓"六经皆史"，更重要的是从史学思想来讲的。说"六经皆史"，是因为"六经"都注重阐发历史观点，而正是这种历史观点给予了史学及史学思想的发展以极大的影响。正如吴怀祺先生所言，说"六经"是史，"这主要不是从历史编纂学上说，也不是着重从史料学上说，应当从历史意识上、从史学思想上来理解这个问题。中国的史学思想的主要思潮，溯源探流，都可以追寻到《六经》那里。《六经》的每一部经书中不是孤立地、简单地阐述一种见解，反映一种历史意识；情况比较复杂，但每一部经书，相对地说，比较集中地表达一种历史见解，一种史学观点。只是从这个意义上，我们完全有理由说《六经》都是史"①。

二、"史义"论与易变观

"史义"论探讨的是历史编纂的旨趣问题，而易变观则是通过对《周易》变易思想的阐发，强调史学变革的必要性，二者体现了章学诚对历史学本质与历史发展特点的认识。

（一）"史义"论

自孔子作《春秋》重视"史义"以来，不少史家也在他们的历史著述中重视对"史义"的阐发，但是，历代史家却没有注意过对它进行理论总结。隋唐以后的历史著述不重"史义"，久而久之，这种没有"史义"的史学已经大大影响了史家的理论思维与创造性。章学诚大倡"六经皆史"说，其目的主要是为其宣扬经世致用史学思想提供理论依据；而史学要经世致用，就必

---

① 吴怀祺：《中国史学思想史》，15页，合肥，安徽人民出版社，1996。

须要推明史学的意蕴，要从史学理论与观点的高度来认识史学。因此，重视阐发"史义"，便成为章学诚历史理论的又一重要内涵，而且是最富哲理的内涵。

章学诚的史学理论著作取名《文史通义》，顾名思义，其意在于"义"。他说："郑樵有史识而未有史学，曾巩具史学而不具史法，刘知幾得史法而不得史意，此予《文史通义》所为作也。"①这就清楚地告诉人们，他之所以要作《文史通义》，是要阐明"史意"，即史学的真义。章学诚还视其注重阐发"史义"为发凡起例、为后世开山之工作，这是与刘知幾史学评论异趣之所在。他说："吾于史学，盖有天授，自信发凡起例，多为后世开山，而人乃拟吾于刘知幾。不知刘言史法，吾言史意；刘议馆局纂修，吾议一家著述：截然两途，不相入也。"②这里寥寥数语，便交代了他与刘知幾史学批评旨趣的不同。不过，章学诚说自己与刘知幾的史学批评旨趣"截然两途"，未免过于绝对，其实他也是很重视"史法"的，这在他的历史编纂思想当中有着明确的表现。

那么，章学诚又是怎样论述"史义"的呢？通观《文史通义》一书，章学诚关于"史义"的论述很多，其基本思想：一是认为阐明"史义"是孔子作《春秋》的本意。章学诚说："孔子作《春秋》，盖曰其事则齐桓、晋文，其文则史，其义则孔子自谓有取乎尔。夫事即后世考据家之所尚也，文即后世词章家之所重也，然夫子所取，不在彼而在此。则史家著述之道，岂可不求义意所归乎？"③这里所谓"不在彼而在此"，非常明确地肯定了孔子作《春秋》以取"义意"的撰述旨趣。二是认为后世史家"作史贵知其意"。前已述及，章学诚认为史之源在于《春秋》。既然《春秋》主在"史义"，那么，后世之人作史，自当效法《春秋》，以取"义"为务。章学诚说："载笔之士，有志《春秋》之业，固将惟义之求，其事与文，所以藉为存义之资也。……作史贵知其意，非同于掌故，仅求事文之末也。"④在此，章学承明确认为"事"与"文"都是用以表现"义"的，也就是说，具体的史事与文词都是为了反映史学思

---

① 《章学诚遗书·外编》卷十六《和州志·志隅自叙》，552页，北京，文物出版社，1985。
② 《章学诚遗书》卷九《家书二》，92页，北京，文物出版社，1985。
③ 章学诚：《文史通义》卷五《申郑》，464页，叶瑛校注本，北京，中华书局，1994。
④ 章学诚：《文史通义》卷二《言公上》，171～172页，叶瑛校注本，北京，中华书局，1994。

想的，它们只是一种表现形式，而"义"才是其实质。主张有志于《春秋》之业而作史者，应该发扬《春秋》求"义"的传统。三是主张"史文""史事""史义"三者要有机地结合在一起。章学诚强调"史义"，并不是无视"史文""史事"的重要性，而是认为三者应当相结合，才是一种完整的史学。所以章学诚说："史所贵者义也，而所具者事也，所凭者文也。"①他认为作为一方之史的方志亦是如此，"志者，志也。其事其文之外，必有义焉，史家著作之微旨也"②。

章学诚所谓"史义"，是有着精深意旨的，是彰显其历史编纂的一种思想理论。对于"史义"的本质内涵，章学诚有一个明确的表述，他说：

> 史之大原，本乎《春秋》。《春秋》之义，昭乎笔削。笔削之义，不仅事具始末，文成规矩已也。以夫子"义则窃取"之旨观之，固将纲纪天人，推明大道。所以通古今之变，而成一家之言者，必有详人之所略，异人之所同，重人之所轻，而忽人之所谨，绳墨之所不可得而拘，类例之所不可得而泥，而后微茫杪忽之际，有以独断于一心。及其书之成也，自然可以参天地而质鬼神，契前修而俟后圣，此家学之所以可贵也。③

这里所谓"家学"，当然是指自孔子作《春秋》以来能成"一家著述"的史学传统。这段话清楚地告诉人们，章学诚所谓"史义"，其本质内涵是"纲纪天人，推明大道"和"通古今之变"，并对此"独断于一心"，以"成一家之言"。也就是说，章学诚的"史义"论，所强调的是要明大道、主通变、贵独断、成家学。

（二）易变观

《文史通义》以《易教》上、中、下三篇开章，其中上篇论说《易》为政典，

---

① 章学诚：《文史通义》卷三《史德》，219 页，叶瑛校注本，北京，中华书局，1994。

② 章学诚：《文史通义》卷八《为张吉甫司马撰大名县志序》，882 页，叶瑛校注本，北京，中华书局，1994。

③ 章学诚：《文史通义》卷五《答客问上》，470～471 页，叶瑛校注本，北京，中华书局，1994。

中篇揭示《易》的变易本质，下篇肯定《易》与其他六经"殊途同归，一致百虑"。《文史通义》以论说《周易》作为开篇，显然是将其史学理论建立在易学的哲理基础上的，而贯穿其中的核心思想则是强调《周易》的变易特性。《易教上》在论说"六经皆史"命题时，肯定《周易》乃先王政典之一。接着章学诚提出了三《易》之法与三《易》所本，他说："《周官》太卜掌三《易》之法，夏曰《连山》，殷曰《归藏》，周曰《周易》，各有其象与数，各殊其变与占，不相袭也。然三《易》各有所本，《大传》所谓庖羲、神农与黄帝、尧、舜，是也。由所本而观之，不特三王不相袭，三皇、五帝亦不相沿矣。"①这段话从易法改制的角度，肯定了伴随着历史的变化，典章制度也必然相应变化的历史变易规律，进而成为章学诚史学变革论的思想基础。《易教中》开篇即说："孔仲达曰：'夫《易》者，变化之总名，改换之殊称。'先儒之释《易》义，未有明通若孔氏者也。"在章学诚看来，先贤关于《周易》本质属性的解说，只有孔颖达最为明确、透彻。接着章学诚说："得其说而进推之，《易》为王者改制之钜典，事与治历明时相表里，其义昭然若揭矣。"②这就是说，正是由于《易》的本质属性是讲变易，故而其成为先王改制的"巨典"。

从这种《易》的变易特性来解说史学，章学诚肯定了史学变革的必要性。例如，《书教下》论说纪传体的变革，即是以《易》的通变思想为指导的。章学诚以《系辞上》"蓍之德圆而神，卦之德方以智"来论说古今史学撰述类别，认为司马迁、班固作为纪传之祖，《史记》"体圆用神"，《汉书》虽然"体方用智"，"仍有圆且神者"。然而此后的历代纪传体撰述，却只是按照"科举之程式"延续而已，缺乏创新，"纪传行之千有余年，学者相承，殆如夏葛冬裘，渴饮饥食，无更易矣"。因此，他以"《易》穷则变"的道理，肯定变革纪传体的必要性："《易》曰：'穷则变，变则通，通则久。'纪传实为三代以后之良法，而演习既久，先王之大经大法，转为末世拘守之纪传所蒙，曷可不思所以变通之道欤？"③值得注意的是，章学诚评述纪传体，是将纪传体千余年的发展史作为考察对象的，因而在贯通中看到了纪传体变革的必要性。

---

① 章学诚：《文史通义》卷一《易教上》，1页，叶瑛校注本，北京，中华书局，1994。
② 章学诚：《文史通义》卷一《易教中》，11页，叶瑛校注本，北京，中华书局，1994。
③ 章学诚：《文史通义》卷一《书教下》，49、51页，叶瑛校注本，北京，中华书局，1994。

三、"史德"论：对史家主体修养论的发展

"史德"论是章学诚在前人关于史家修养理论，特别是刘知幾的"史家三长"论的基础上提出来的。《文史通义》专立《史德》一篇，对这一史家修养理论作了系统阐发。章学诚说：

> 才、学、识三者，得一不易，而兼三尤难，千古多文人而少良史，职是故也。……非识无以断其义，非才无以善其文，非学无以练其事，三者固各有所近也，其中固有似之而非者也。记诵以为学也，辞采以为才也，击断以为识也，非良史之才、学、识也。虽刘氏之所谓才、学、识，犹未足以尽其理也。夫刘氏以谓有学无识，如愚估操金，不解贸化。推此说以证刘氏之指，不过欲于记诵之间，知所决择，以成文理耳。①

这段话有三层含义：一是认为才、学、识"三长"乃史家一种很高的修养，人们难以兼备，所以才会"千古多文人而少良史"；二是论述了才、学、识三者之间的关系，从而肯定"史识"比起才、学更为重要；三是指出刘知幾所谓才、学、识"三长"，"犹未足以尽其理"。这一句"犹未足以尽其理"，说明在章学诚看来，刘知幾的"史家三长"论还不是一种全面的史家修养论。章学诚认为，作为良史，除去具备才、学、识"三长"外，还应该具有"史德"。故而章学诚进一步说道：

> 能具史识者，必知史德。德者何？谓著书者之心术也。夫秽史者所以自秽，谤书者所以自谤，素行为人所羞，文辞何足取重。魏收之矫诬，沈约之阴恶，读其书者，先不信其人，其患未至于甚也。所患夫心术者，谓其有君子之心，而所养未底于粹也。夫有君子之心，而所养未粹，大贤以下，所不能免也。此而犹患于心术，自非夫子之《春

---

① 章学诚：《文史通义》卷三《史德》，219 页，叶瑛校注本，北京，中华书局，1994。

秋》，不足以当也。①

这段话首先回答了"史德"是什么，"史德"就是"著书者之心术"；其次告诫人们应该充分认识到"史德"的重要性，因为作为修史者，即使是有着"君子之心"的人，其修养也很难达到纯粹的地步，只有像孔子这样的圣人"心术"才养得纯粹，才真正具备"史德"。那么，既然"史德"修养如此之难，是否还有必要标立呢？章学诚的回答当然是肯定的。他接着说：

> 盖欲为良史者，当慎辨于天人之际，尽其天而不益以人也。尽其天而不益以人，虽未能至，苟允知之，亦足以称著述者之心术矣。而文史之儒，竞言才、学、识，而不知辨心术以议史德，乌乎可哉？②

在章学诚看来，要想成为良史，就应该要"慎辨于天人之际"，即要辨明主客观的关系，在治史的过程中，要忠于客观事实，而不掺杂自己的主观偏见。认为史家如果这样努力去做了，即使不能完全做到客观，也"足以称著述者之心术"了。章学诚这段关于史学主体与客体之关系的论述，无疑是非常理性和进步的。他很清楚，历史撰述要想完全做到"尽其天而不益以人"，实际上是不可能的。然而他却希望人们修养心术，培育史德，以"慎辨于天人之际"，这实际上就是希望人们能够通过主观的努力，尽量真实地去解读客观历史，至少不至于随心所欲地去杜撰客观历史。

应该说，刘知幾的"史识"论中，就已经包含了直书不隐的思想。章学诚在刘知幾"史家三长"之外，又单独提出了"史德"论，其意义在于：第一，将史家之"德"与史家之"才、学、识"并立，从而更加突出了"史德"在史学主体修养中的重要地位。第二，章学诚"史德"论的内涵要比刘知幾所谓"据事直书"丰富得多，具体得多，明确得多。他强调作史者要修养心术，培育"史德"，并将"慎辨于天人之际，尽其天而不益以人"作为良史的标准，这不但是对中国古代直书理论的发展，更是对中国古代史家修养论的发展。

---

① 章学诚：《文史通义》卷三《史德》，219～220页，叶瑛校注本，北京，中华书局，1994。
② 同上书，220页。

四、历史编纂思想

章学诚一再表明自己与刘知幾史学的区别，在于刘知幾言"史法"，而他重"史意"。而实际上虽然历史编纂问题不是他论述的重点，但他同样给予了重视，并且提出了不少真知灼见。因此，对于章学诚的历史编纂思想，我们也应该认真加以总结。

（一）提倡通史撰述

章学诚的"史义"论强调以"纲纪天人，推明大道，所以通古今之变而成一家之言"为其"家学"之内蕴；同时，这种"通古今之变"的思想又是章氏历史编纂思想的重要组成部分。《文史通义》除了求"义"，还重"通"。章学诚盛赞郑樵的"会通"思想，《文史通义》专辟《申郑》一篇，不但对人们非议郑樵进行辩护，说"学者少见多怪，不究其发凡起例，绝识旷论，所以斟酌群言，为史学要删；而徒摘其援据之疏略，裁剪之未定者，纷纷攻击，势若不共戴天"，而且对郑樵一反当时以词采为文、考据为学的风气，而别识心裁、发凡起例，给予了充分的肯定，说"郑樵生千载而后，慨然有见于古人著述之源，而知作者之旨，不徒以词采为文，考据为学也。……而独取三千年来，遗文故册，运以别识心裁，盖承通史家风，而自为经纬，成一家言者也"。[1]

章学诚在评述郑樵"会通"思想的同时，其实已经将他自己的通史撰述思想作了表述，那就是通史的撰述，不但要"通古今之变"，而且要发凡起例、别识心裁。也就是说，通史撰述不是简单地将各朝代的历史拼凑在一起，而是要寓独断之学于其中，只有这样，才能承继通史家风。

《文史通义》的《释通》篇还对通史撰述的优点和长处作了论述，具体来讲，有"六便""二长"，这"六便"是："一曰免重复，二曰均类例，三曰便诠配，四曰平是非，五曰去抵牾，六曰详邻事。""二长"是："一曰具剪裁，二曰立家法。"[2]在章学诚看来，只有这种寓独断之学于其中的通史撰述，才能真正"成一家之言"。

---

① 章学诚：《文史通义》卷五《申郑》，463页，叶瑛校注本，北京，中华书局，1994。
② 章学诚：《文史通义》卷四《释通》，375页，叶瑛校注本，北京，中华书局，1994。

（二）以"撰述""记注"定史书二类

史籍分类早已有之，然而以往的史籍分类多是依据史体而定，章学诚则别出心裁，按照史籍的内容与功用进行分类，由此别出"撰述"与"记注"两类，或称"著述"和"比类"，前者是一种历史著述，后者则是史料汇编。

章学诚以过往史书为例，对史书之"撰述"与"记注"作了说明。他说："古人一事必具数家之学，著述与比类两家，其大要也。班氏撰《汉书》，为一家著述矣，刘歆、贾护之《汉记》，其比类也；司马撰《通鉴》，为一家著述矣，二刘、范氏之《长编》，其比类也。"[①]这就是说，"撰述"是贯彻"史义"于其中的，而"记注"只是一种资料汇编。

为了进一步论述"撰述"与"记注"的不同特点，章学诚又以"圆神"和"方智"作比，《书教下》说：

> 《易》曰："蓍之德圆而神，卦之德方以智。"间尝窃取其义，以概古今之载籍，撰述欲其圆而神，记注欲其方以智也。夫智以藏往，神以知来，记注欲往事之不忘，撰述欲来者之兴起，故记注藏往似智，而撰述知来拟神也。藏往欲其赅备无遗，故体有一定，而其德为方；知来欲其决择去取，故例不拘常，而其德为圆。[②]

在这段话中，章学诚以"圆神"和"方智"作比"撰述"与"记注"，说明了两类史书的不同特点：从功用来说，"撰述"用以知来，而"记注"则用以藏往；从编纂特点来说，"撰述"不拘常例，而"记注"则"赅备无遗"；从难易而言，"撰述"要有观点、有分析、有组织，因而较难，"记注"则主要是资料的整理与汇编，因而较易。

由上可知，"撰述"与"记注"确实是判若分明的，前者是知来之学，后者是藏往之学。但是，二者又是相互依存的，特别是知来之学要以藏往之学为基础。章学诚对二者的关系形象地作了比喻，他说，"著述譬之韩信用兵，而比类譬之萧何转饷"[③]，因而二者都很重要，缺一不可。也正因此，

---

① 《章学诚遗书》卷九《报黄大俞先生》，77 页，北京，文物出版社，1985。
② 章学诚：《文史通义》卷一《书教下》，49 页，叶瑛校注本，北京，中华书局，1994。
③ 《章学诚遗书》卷九《报黄大俞先生》，77 页，北京，文物出版社，1985。

章学诚不但对"撰述"提出了很高的要求，而且对"记注"也提出了具体要求。在他看来，"撰述"需独断，"记注"需考索，"独断之学，非是不为取裁；考索之功，非是不为按据"①。具体而言，章学承认为"记注"之作，需要"详略去取，精于条理"，"辨同考异，慎于覈核"，"钩玄提要，达于大体"②；"撰述"则需要在"记注"的基础上别出心裁，变通独断，贯通史义，而成一种创作。

（三）史体评述

关于史书体裁，章学诚从服务于"史义"的需要出发，也作了具体评述，其中既有对旧史体的评论，也有自己创立新史体的设想。

首先，章学诚肯定史书体裁的演变，是历史编纂学进步的体现。他说："历法久则必差，推步后而愈密，前人所以论司天也；而史学亦复类此。"在此，章学诚以历法年久就会不精确来类比，以说明史体不断发展与更新的必要性。所以他说："《尚书》一变而为左氏之《春秋》，《尚书》无成法而左氏有定例，以纬经也。左氏一变而为史迁之纪传，左氏依年月而迁书分类例，以搜逸也。迁书一变而为班氏之断代，迁书通变化，而班氏守绳墨，以示包括也。"③这就对《尚书》以来至班固作《汉书》，历代史书体裁的发展变化作了具体论述，突出了史书体裁变化的规律和特点，一言以蔽之，就是知变通。然而，在章学诚看来，后人作史，只知道一味地效仿，而不懂得变通之道，从而使史学的发展受到了很大的限制。

其次，章学诚对传统史学纪传、编年和纪事本末三大体裁进行了评述。对于纪传体，章学诚说："纪传之书，类例易求而大势难贯。刘知幾谓一事分书，或著事详某传，或标互见某篇，不胜繁琐，以为弊也。不知马班创例，已不能周，后史相沿，皆其显而易见者耳。"④这里一句"类例易求而大势难贯"，已经将纪传体的优缺点都作了概括。章学诚是赞成刘知幾关于纪传体体裁的批评的，在他看来，当初马、班创立纪传体时，它就不是一种周全的史体，而后世纪传体史书作者只知效仿，不知变通，则更是积重难

① 章学诚：《文史通义》卷五《答客问中》，477页，叶瑛校注本，北京，中华书局，1994。
② 章学诚：《文史通义》卷五《答客问下》，482页，叶瑛校注本，北京，中华书局，1994。
③ 章学诚：《文史通义》卷一《书教下》，50、49页，叶瑛校注本，北京，中华书局，1994。
④ 《章学诚遗书》卷七《史篇别录例议》，65页，北京，文物出版社，1985。

返了。对于编年体，章学诚说："编年之史，能径而不能曲，凡人与事之有年可纪有事相触者，虽细如芥子必书；其无言可纪与无事相值者，虽钜如泰山不得载也。"①也就是说，由于受到按年月记事的体例所限，编年体多有遗漏史实的弊端。也正因此，章学诚认为这就是后起之纪传体胜过编年体的原因。就编年与纪传二体来说，章学诚是倾向于纪传体的，他认为司马迁创立纪传体"实为三代以后之良法"，只可惜后代继者不知通变，遂将它变成一种科举之程式。对于纪事本末体，章学诚最为赞赏，认为袁枢创立这一新史体，有化腐朽为神奇之功，实为历史编纂开创了一条新的途径。他说该书"按本末之为体也，因事命篇，不为常格；非深知古今大体，天下经纶，不能网罗隐括，无遗无滥"。认为这种体裁的优点是"文省于纪传，事豁于编年，决断去取，体圆用神，斯真《尚书》之遗也"。②

最后，章学诚提出了自己关于新史体的构想。章学诚关于新史体的构想，主要分为三个部分。其一是"本纪"，即按照年代编写大事纪要。章学诚认为，司马迁初创本纪的意图，是要"绍法《春秋》"，另外再"著书、表、列传以为之纬"③。这就是说，"本纪"与纪传体其他各体例的关系，是一种经与纬的关系。因此，他作"本纪"，就是要贯彻这种"本纪为经，而诸体为纬"④的做法。其二是"传"以"因事命篇"，即是说要按照纪事本末体之法作"传"。在章学诚看来，只有因事命篇、不为常例所拘，才能够记事无遗无滥。至于因事命篇的具体做法，则可以是"或考典章制作，或叙人事终始，或究一人之行，或合同类之事，或录一时之言，或著一代之文"⑤。其三是"图""表"。在章学诚的新史体中，图、表是其重要组成部分。章学诚认为，"图象为无言之史，谱牒为无文之书，相辅而行，虽欲阙一而不可者也"⑥。章学诚对自己勾画的这一新史体是颇为自信的，他自我评价说：此体"较之

---

①　《章学诚遗书》卷七《史篇别录例议》，66页，北京，文物出版社，1985。

②　章学诚：《文史通义》卷一《书教下》，51～52页，叶瑛校注本，北京，中华书局，1994。

③　章学诚：《文史通义》卷七《永清县志皇言纪序例》，703页，叶瑛校注本，北京，中华书局，1994。

④　章学诚：《文史通义》卷七《永清县志舆地图序例》，731页，叶瑛校注本，北京，中华书局，1994。

⑤　章学诚：《文史通义》卷一《书教下》，52页，叶瑛校注本，北京，中华书局，1994。

⑥　章学诚：《文史通义》卷六《和州志舆地图序例》，635页，叶瑛校注本，北京，中华书局，1994。

左氏翼经，可无局于年月后先之累；较之迁《史》之分列，可无歧出互见之烦。文省而事益加明，例简而义益加精"①。据说章学诚曾经想用这种新史体来改编《宋史》，可惜未成。不过，章学诚这种大胆进行新史体创作的尝试，无疑是其独断之学、创新精神的一种体现。

五、方志学理论

我国方志的编纂源远流长，但是，构建起一套系统的方志学理论与方法的，则是章学诚。章学诚一生除了论史、讲学之外，很大一部分精力用在了编修方志和探讨方志学理论上。他对方志的性质、作用、义例和体裁等诸多问题，都提出了自己的看法，形成了一套系统的方志学理论。

（一）关于方志的性质与作用

长期以来，人们一直将方志归于地理类。正如章学诚所说，"方志一家，宋元仅有存者，率皆误为地理专书"②。宋人郑兴裔在所修《广陵志》的序文中最早提出了"郡国有志，犹国之有史"的观点，然而并未引起人们的注意。明代以后，视方志为史的观点开始屡见于一些方志的序、跋和凡例之中，但是这些论述都很零碎。一直到章学诚，才对方志的性质问题作了系统阐述。

章学诚认为，"志承为一县之书，即古者一国之史也，而世人忽之；则以家学不立，师法失传，文不雅驯，难垂典则故也"③。这就是说，方志的性质在古代就相当于国别史，只是后来"师法失传"了。章学诚进而又对地方志与国史之间的关系作了说明，他说："夫家有谱，州县有志，国有史，其义一也。"④又说："有天下之史，有一国之史，有一家之史，有一人之史。传状志述，一人之史也；家乘谱牒，一家之史也；部府县志，一国之史也；

---

① 章学诚：《文史通义》卷一《书教下》，52～53页，叶瑛校注本，北京，中华书局，1994。

② 《章学诚遗书》卷九《报黄大俞先生》，77页，北京，文物出版社，1985。

③ 章学诚：《文史通义》卷七《永清县志前志列传序例》，782页，叶瑛校注本，北京，中华书局，1994。

④ 章学诚：《文史通义》卷八《为张吉甫司马撰大名县志序》，882页，叶瑛校注本，北京，中华书局，1994。

综纪一朝，天下之史也。"①由此可见，在章学诚看来，州府县志与一国之史"其义一也"，它们都是史；所不同的，仅仅是一个记载地方之事，一个记载全国之事，它们的范围有狭与广之分而已。

既然方志的性质是史书，那么方志的作用也应该等同于史书。具体来讲，方志的作用有以下数端：其一，史书的功能在于经世致用，因而方志也必须要体现经世致用之旨。具体来讲，就是要宣扬忠孝节义等纲常伦理道德，以有益于风教。章学诚说："史志之书，有裨风教者，原因传述忠孝节义，凛凛烈烈，有声有色，使百世而下，怯者勇生，贪者廉立。"②其二，志为"一方全史"，要备国史取材。如前所述，既然方志与国史之间的差别仅仅是叙述的范围有小大之分，那么方志也应该无所不载，成为"一方全史"，从而为国史的修撰提供史料。章学诚说："方州虽小，其所承奉而施布者，吏、户、礼、兵、刑、工，无所不备，是则所谓具体而微矣。国史于是取材，方将如《春秋》之藉资于百国宝书也，又何可忽欤？"③

（二）"方志立三书"——修志义例论

创立方志义例，这是章学诚方志学理论的精义所在。章学诚批评当时的方志编纂只是"纂类家言"，是"记注"，而不是"著述"；更有甚者，则是"猥琐庸陋，求于史家义例，似志非志，似掌故而又非掌故，盖无以讥为也"④。而章学诚所定方志义例，旨在分立"志""掌故""文征"三书，一方面是希望能"义例清而体要得"，一方面是为了解决"不失著述之体"与保存史料的矛盾。章学诚说："凡欲经纪一方之文献，必立三家之学，而始可以通古人之遗意也。仿纪传正史之体而作志，仿律令典例之体而作掌故，仿《文选》《文苑》之体而作文征。三书相辅而行，阙一不可；合而为一，尤不可也。"⑤

---

① 章学诚：《文史通义》卷六《州县请立志科议》，588页，叶瑛校注本，北京，中华书局，1994。

② 章学诚：《文史通义》卷八《答甄秀才论修志第一书》，821页，叶瑛校注本，北京，中华书局，1994。

③ 章学诚：《文史通义》卷六《方志立三书议》，573页，叶瑛校注本，北京，中华书局，1994。

④ 章学诚：《文史通义》卷七《亳州志掌故例议下》，817页，叶瑛校注本，北京，中华书局，1994。

⑤ 章学诚：《文史通义》卷六《方志立三书议》，571页，叶瑛校注本，北京，中华书局，1994。

在章学诚所立"志""掌故""文征"三书中，"志"是主体。按照章学诚最初的设想，"志"的做法是"仿纪传正史之体"，因为志书相对于国史而言，只是"具体而微"罢了，故而"邑志虽小，体例无所不备"①。不过，为了避免"僭史之嫌"，章学诚主张对其中有些名目要加以改变，如"志"的编写应该由外纪、年谱、考（书）、传以及图、表等部分组成。他说："皇恩庆典，当录为外纪；官师铨除，当画为年谱；典籍法制，则为考以著之；人物名宦，则为传以列之。变易名色，既无僭史之嫌；纲举目张，又无遗漏之患。"②不过，章学诚的这一"变易名色，既无僭史之嫌"的做法，后来在其方志撰述实践和理论探索中有所变化。我们通观章学诚后来所撰各部志书，"志"的撰写实际上仍然采用了他最初提出的"仿纪传正史之体"的做法，而由纪、传、考（书）和图、表构成"志"的基本体例。从具体撰写内容来讲，"纪"是按年编写大事记，要求要把这个地区"古今理乱"之重大事件都纳入编年纪中。"传"是补充本纪未尽之事，它既可以写人，也可以书事，章学诚认为这符合司马迁当初立"传"的本意。章学诚对"传"的撰写很重视，提出了一些具体传书原则，如"详近略古"、详叙人物、谨慎立传、考实资料等。"考"（书）则仿照正史"志"的做法，以"典制法度"为内容，应该"综核典章，包涵甚广"。章学诚认为，要做好"考"，必须充分领会《史记》"八书"与《汉书》"十志"的精神和书法。最后是"图""表"，章学诚对"图""表"极为重视，认为它是"志"不可或缺的部分。在《亳州志人物表例议》中，章学诚特别强调了志书列人物表的重要性。对于"图"，章学诚认为它有时比"表"还重要，"史不立表，而世次年月，犹可补缀于文辞；史不立图，而形状名象，必不可旁求于文字。此耳治目治之所以不同，而图之要义，所以更甚于表也"③。

"掌故"与"文征"是志书"三书"的另两个组成部分。其中"掌故"如同典制，主要是将地方政府的章程条例和重要文件，按照类别加以选编，勒成专书，以使地方政府颁布的各种重要典章制度得以保存，从而起到与"志"

---

① 章学诚：《文史通义》卷八《修志十议》，843页，叶瑛校注本，北京，中华书局，1994。

② 章学诚：《文史通义》卷八《答甄秀才论修志第一书》，819页，叶瑛校注本，北京，中华书局，1994。

③ 章学诚：《文史通义》卷七《永清县志舆地图序例》，731～732页，叶瑛校注本，北京，中华书局，1994。

相辅相成的作用。章学诚说："为史学计其长策，纪、表、志、传，率由旧章；再推周典遗意，就其官司簿籍，删取名物器数，略有条贯，以存一时掌故，与史相辅而不相侵，虽为百世不易之规，可也。"①"文征"则相当于文选，它主要选择那些足以反映一方之地的民情风俗、诗文等加以汇编而成，其"大旨在于证史"。关于这一撰述旨意，章学诚在《答甄秀才论修志第二书》中作了说明，即"略仿《国风》遗意，取其有关民风流俗，参乎质证，可资考校，分列诗文记序诸体，勒为一邑之书，与志相辅"。② 综上所述可知，"掌故"与"文征"二书的设立，旨在保存一方可信之史料，以为后人著述采用。因此，此二书的性质实为资料汇编，与"志"不同。

第六节　龚自珍史学思想的时代特征

龚自珍是清代嘉庆、道光年间的思想家、文学家和史学评论家。此时的中国正处在由古代封建社会向半殖民地半封建的近代社会过渡的历史时期，社会危机与民族危机交织在一起。这种时代社会特点，反映到史学思想上，也形成了与以往不同的鲜明的时代特征，集中为一点，就是传统进步的经世致用史学思想被注入了御侮图强的爱国主义思想内涵。龚自珍便是这样一位进步而清醒的史学评论家。

一、社会变革史观

龚自珍是一位具有时代敏感和危机意识的史论家，他的社会变革史观的形成，是与嘉道年间社会危机联系在一起的。这一时期，统治集团腐朽，封建君王昏庸愚昧，不知天下形势，还总是以天朝大国自居；士大夫们则"未尝道政事谈文艺"，"未尝各陈设施谈利弊"③，只是一味地追求财富，寡

① 章学诚：《文史通义》卷七《亳州志掌故例议中》，815页，叶瑛校注本，北京，中华书局，1994。

② 章学诚：《文史通义》卷八《答甄秀才论修志第二书》，828～829页，叶瑛校注本，北京，中华书局，1994。

③ 龚自珍：《明良论一》，见《龚自珍全集》第一辑，30页，上海，上海古籍出版社，1999。

廉鲜耻。土地兼并日益严重，社会阶级矛盾异常激烈。与此同时，外国资本主义加紧对中国进行侵略。很显然，嘉道年间的清朝已是"大乱将起的衰世"。

作为积极入世的进步思想家和史评家，龚自珍以其敏锐的社会观察力观察到了封建社会"衰世"的到来。在《乙丙之际箸议》中，他对当时的"衰世"作了这样的描述：

> 衰世者，文类治世，名类治世，声音笑貌类治世。黑白杂而五色可废也，似治世之太素；宫羽淆而五声可铄也，似治世之希声；道路荒而畔岸堕也，似治世之荡荡便便；人心混混而无口过也，似治世之不议。左无才相，右无才史，阃无才将，庠序无才士，陇无才民，廛无才工，衢无才商，抑巷无才偷，市无才驵，薮泽无才盗，则非但鲜君子也，抑小人甚鲜。当彼其世也，而才士与才民出，则百不才督之、缚之，以至于戮之。戮之非刀、非锯、非水火；文亦戮之，名亦戮之，声音笑貌亦戮之。戮之权不告于君，不告于大夫，不宣于司市，君大夫亦不任受。其法亦不及要领，徒戮其心，戮其能忧心、能愤心、能思虑心、能作为心、能有廉耻心、能无渣滓心。又非一日而戮之，乃以渐，或三岁而戮之，十年而戮之，百年而戮之。才者自度将见戮，则蚤夜号以求治，求治而不得，悻悻者则蚤夜号以求乱。夫悻且悻，且瞑然瞒然以思世之一便已，才不可问矣，向之伦牉有辞矣。然而起视其世，乱亦竟不远矣。[①]

龚自珍通过描绘封建衰世，对封建官吏只顾贪污中饱，不顾国家前途和人民疾苦，以及不知廉耻、献媚图荣成为风尚等吏治腐败现象，作了淋漓尽致的揭露。在龚自珍看来，当时的社会已经是一个全身长满了疥癣的病体，周身痛痒难忍，已是无药可救。而当时的社会风气，则是整个国家"官吏士民，狼艰狈蹶，不士、不农、不工、不商之人，十将五六；又或飧烟草，

---

① 龚自珍：《乙丙之际箸议第九》，见《龚自珍全集》第一辑，6～7页，上海，上海古籍出版社，1999。

习邪教，取诛戮，或冻绥以死，终不肯治一寸之丝、一粒之饭以益人"①。很显然，这是一个已经到了崩溃边缘，大乱将起的"衰世"。"衰世"之论的提出，"既是龚自珍对当时社会形势的性质判断，又是他批判各种痈疽、黑暗的基点。'衰世'这一概念，是龚自珍对近代社会史、政治史、文化史研究所作的贡献，一经出现，就为同时代人和后代人们所首肯，影响深远"②。

龚自珍在揭露与批判之余，又为救治这样一个"衰世"社会而积极寻求良方。通过反思历史，总结历代治乱兴衰经验，他提出挽救社会危机的唯一办法就是改革。龚自珍说："一祖之法无不敝，千夫之议无不靡，与其赠来者以劲改革，孰若自改革？抑思我祖所以兴，岂非革前代之败耶？前代所以兴，又非革前代之败耶？何莽然其不一姓也？天何必不乐一姓耶？鬼何必不享一姓耶？奋之，奋之！"③在此，龚自珍饱含激情地叙说了改革对于革除弊政、兴旺国家的重要性。

龚自珍社会改革论的思想武器是公羊"三世"说。以东汉公羊家何休为代表的传统公羊"三世"说，其本质特征是肯定历史的变易和进化，认为社会历史是按照"衰乱世——升平世——太平世"向前发展的。作为近代前夕特定时代的思想家，龚自珍深刻领会了公羊哲学"变"的精髓，却又不拘泥于公羊陈说，而提出了以"治世——乱世——衰世"（或蚤时——午时——昏时）来描述历史进程和观察封建社会没落的新"三世"说。龚自珍说："吾闻深于《春秋》者，其论史也，曰：书契以降，世有三等，三等之世，皆观其才；才之差，治世为一等，乱世为一等，衰世别为一等。"④又说："岁有三时：一曰发时，二曰怒时，三曰威时；日有三时：一曰蚤时，二曰午时，三曰昏时。"⑤认为"蚤时"政权强大，政在"京师"，"鄙夫、皂隶"不足以受到重视；至"午时"，封建政权仍能控制局面，"京师"仍是全国的中心，在野

① 龚自珍：《西域置行省议》，见《龚自珍全集》第一辑，106页，上海，上海古籍出版社，1999。
② 陈铭：《龚自珍评传》，132～133页，南京，南京大学出版社，1998。
③ 龚自珍：《乙丙之际箸议第七》，见《龚自珍全集》第一辑，6页，上海，上海古籍出版社，1999。
④ 龚自珍：《乙丙之际箸议第九》，见《龚自珍全集》第一辑，6页，上海，上海古籍出版社，1999。
⑤ 龚自珍：《尊隐》，见《龚自珍全集》第一辑，87页，上海，上海古籍出版社，1999。

势力仍然不能构成对中央政权的威胁；到了"昏时"封建统治已是穷途末路，社会的是非、善恶、美丑等都颠倒了，"京师"与"山中"的力量也发生了变化，天崩地塌的时代也就到来了。龚自珍的"三世"循环理论所谓"衰世"，不只是指历史上曾经出现过的现象，更主要的是针对当时政治局势而论，是对现实政治有感而发。历史不幸被龚自珍言中了，在他去世后不过十年，"山中之民"——太平军真的掀起了一场规模宏大的起义。

如果说传统的公羊"三世"说体现的是一种乐观主义，那么，经过龚自珍改造之后的新"三世"说则主要体现的是一种忧患意识和危机意识，它反映了这一时期民族危机的紧迫感。从目的论来说，龚自珍对传统公羊"三世"说的改造是革命性的，其中凸显了一种社会变革思想：既然这是一个大乱将起的"衰世""昏时"，要想度过危机，答案只有一个，唯有进行变革。道理很简单，因为"自古及今，法无不改，势无不积，事例无不变迁，风气无不移易"[①]，只有变法革新，才能使社会由衰而盛，重新步入"治世"时代。

二、重视考察边疆史地的思想

龚自珍也是嘉道年间最早关注中国边防、重视考察边疆史地的思想家和史评家。面对这一时期日益严重的边患，龚自珍曾经撰写了《西域置行省议》《御试安边绥远疏》《上镇守吐鲁番领队大臣宝公书》等文，一方面对清朝前中期巩固边防的举措给予很高的评价；另一方面指出应该改变过去对新疆所采取的"羁縻"政策，提出了加强对西北地区统治的一些合理建议，如改新疆为行省，迁徙内地之民定居屯田，加强民族之间的和睦等。龚自珍的这些加强塞防的建议，被后来的历史证明是非常有远见卓识的。

此外，龚自珍在担任《大清一统志》校对官时，订正了旧志疏漏之处 18 条，其中《最录平定罗刹方略》一条证明了尼布楚、雅克萨本是中国的领土；还撰写了《蒙古图志》一书，虽然此书后来遭火烧毁而未成，但从留存的《拟进上〈蒙古图志〉表文》可知，龚自珍对西北塞外风土人情、山川河流及宗教民族等都颇为了解，可见他对西北形势是非常关注的。

在关注塞防的同时，龚自珍也没有忘记海防。他曾经告诫担任两广总

---

① 龚自珍：《上大学士书》，见《龚自珍全集》第五辑，319 页，上海，上海古籍出版社，1999。

督的阮元，要关注英国的动向，及早做好防御准备。在代阮元所作的《涿州卢公神道碑铭》中，龚自珍力陈海防危机的严重性和加强防备的必要性。当林则徐到广州禁烟时，龚自珍又写了《送钦差大臣侯官林公序》，不但坚决支持林则徐禁烟，而且提醒他要加强武备。

毫无疑问，龚自珍如此关注塞防与海防，不但表现出了他的远见卓识，而且饱含了爱国之情。

龚自珍重视考察边疆史地，确实起到了开风气之先的作用。在龚自珍之后，随着边防危机的不断加深，一批先进的中国人，为了反对外国资本主义的侵略，御侮图强，开始普遍关注对中国边疆史地的考察。他们著书立说，宣传巩固海防、塞防的重要性，以此加强国人的国防观念，像姚莹的《康輶纪行》、张穆的《蒙古游牧记》和何秋涛的《朔方备乘》便是其中的重要代表，由此也掀起了一股重视边疆史地考察的史学思潮。

三、"尊史"论

"尊史"论，谈的是史学的地位和价值问题。在中国古代，史家们谈论史学的地位，便无法回避经与史的关系问题。纵观中国古代的经史关系论，其基本观点或主经先史后，或主经史并重，或主"六经皆史"，可谓不一而足。龚自珍的经史观，基本上承继了"六经皆史"说，却又在前人的基础上作了重要发挥。龚自珍说："六经者，周室之宗子也。"由于"六经"在流传过程中《乐经》已经失传，实际仅存"五经"。此"五经者，周史之大宗也"，至于"诸子也者，周史之小宗也"。这就明确无误地告诉人们，五经学与诸子学都是史学，只是相比较而言，"五经"是史之大宗，诸子是史之小宗，前者比后者地位要高。在此，龚自珍将诸子学也纳入史学的范围，这是对前人"六经皆史"说的重大发展。不但如此，龚自珍又说："周之世官，大者史。史之外无有语言焉；史之外无有文字焉；史之外无人伦品目焉。"[1]龚自珍的这一说法，更是将一切中国古代的学问都囊括在史学的范围内了。上述龚自珍关于史学的认识，不但大大扩展了史料的范围，也开阔了人们的

---

① 龚自珍：《古史钩沈论二》，见《龚自珍全集》第一辑，21 页，上海，上海古籍出版社，1999。

视野，更将史学的地位提到了前所未有的高度。

史学既然是一切学问之源，因而也是治理国家所必须研习的，所以龚自珍说"欲知大道，必先为史"①。在龚自珍看来，史书中包含着天下山川形势，人心风气，地方物产，以及礼俗、军事、政法、文化等内容，而这些内容都是治理国家所必须知晓的知识。人们要想知晓社会历史变化的大道理，就必须要研究史学，舍此别无他途。龚自珍认为，治国需要治史，换一个角度来看，灭人之国，也往往先要去人之史。龚自珍说："灭人之国，必先去其史；隳人之枋，败人之纲纪，必先去其史；绝人之材，湮塞人之教，必先去其史；夷人之祖宗，必先去其史。"②由此可见，在龚自珍看来，"史"既是治理国家的宝典，同时又是民族文化的传统，是维系宗族的纽带，因而它具有崇高的社会价值，人们必须"尊史"。

龚自珍从肯定史学的重要性，进而论到史家的素质。在龚自珍看来，既然史学如此重要，因而对修史者的素质就必须提出要求。龚自珍着重论述了史家的才德问题，他说："史之材，识其大掌故，主其记载，不吝其情，上不欺其所委赞，下不鄙夷其贵游，不自卑所闻，不自易所守，不自反所学。上以荣其国家，以华其祖宗，以教训其王公大人，下亦以崇高其身，真宾之所处矣。"③这就是说，作为一名称职的史家，不仅要有熟悉掌故、善于记事之史才，而且应该具备不吝私情、坚持操守之史德。此外，龚自珍还提到了作为一名良史的历史与社会责任感问题。他说："智者受三千年史氏之书，则能以良史之忧忧天下。"④结合龚自珍一生行事，我们不难看出，他就是一个忧国忧天下的良史。

---

① 龚自珍：《尊史》，见《龚自珍全集》第一辑，81页，上海，上海古籍出版社，1999。

② 龚自珍：《古史钩沈论二》，见《龚自珍全集》第一辑，22页，上海，上海古籍出版社，1999。

③ 龚自珍：《古史钩沈论四》，见《龚自珍全集》第一辑，28页，上海，上海古籍出版社，1999。

④ 龚自珍：《乙丙之际箸议第九》，见《龚自珍全集》第一辑，7页，上海，上海古籍出版社，1999。

第七章　近代史学思想

绪　言

这里所谓近代，起止时间是 1840 年鸦片战争至 1949 年中华人民共和国成立之前。嘉道年间的晚清政府，封建专制统治日益腐朽，社会矛盾异常激化，农民起义不断发生，是一个"大乱将起的衰世"。与此同时，世界主要资本主义国家开始进入工业化时代，其中英国已经完成了工业革命，法、美、德、俄、日等国开始进行工业革命。为了将中国变成原料产地和商品倾销市场，英国于 1840 年悍然发动了第一次鸦片战争，这是一场"旨在维护鸦片贸易而发动和进行的对华战争"[①]。鸦片战争的爆发和清政府战败之后签订的《南京条约》，标志着中国开始沦为半殖民地半封建社会。从此以后，世界主要资本主义国家不断加紧对中国的侵略。它们通过强迫清政府签订一系列不平等的条约，对中国的领土与财富进行大肆掠夺。1901 年《辛丑条约》的签订，标志着中国半殖民地半封建社会完全形成。与此同时，一批又一批先进的中国人，不断掀起救亡运动：从林则徐"睁眼看世界"、魏源"师夷长技以制夷"，到洋务运动兴起；从资产阶级维新派掀起戊戌变法政治运动，到孙中山领导辛亥革命推翻帝制，最终建立起了中华民国。然而，民国政府依然是一个弱势、无能和腐败的政府。袁世凯的篡权和北洋军阀的

---

① ［德］马克思：《鸦片贸易史》，见《马克思恩格斯选集》第二卷，28 页，北京，人民出版社，1972。

反动统治，激起了人民的反军阀斗争，1915年开始的新文化运动和1919年掀起的五四爱国运动，便是针对北洋军阀的复古思潮以及巴黎和会上的外交失败而发起的；1921年成立的中国共产党，则是经过新文化运动、五四爱国运动以及马克思主义思想运动、现代工人运动的锻炼，在俄国十月革命的影响和第三国际的帮助下建立起来的，它的成立给黑暗中的旧中国带来了曙光。1928年底"东北易帜"，标志着国民党蒋介石新军阀在全国统治的建立。国民党政权对内实行一党专制和独裁统治，面对日本帝国主义的侵略则实行不抵抗政策，导致1931年"九一八"事变后东三省沦陷。1937年全民族抗战爆发后，蒋介石集团实行消极抗战、积极反共的政策；抗战胜利之后，又主动挑起内战。这一系列倒行逆施，不但遭到中国共产党人的坚决抵抗，也激起了全国各界民主人士的坚决反对。中国共产党领导的人民军队，经过三年解放战争，推翻了国民党独裁统治，于1949年10月1日成立了中华人民共和国。

由上可知，近代中国社会的变迁可谓跌宕起伏，表现在这一时期史学思想的发展上，也体现出了"嬗变"的特点。纵观近代史学思想的发展，大致包含晚清以爱国主义为特征的经世致用史学思潮、20世纪初资产阶级"新史学"思潮、20世纪20年代近代新历史考据学思潮，以及五四运动开始兴起、在民国时期得到持续发展的马克思主义史学思潮四个阶段。

晚清以爱国主义为特征的经世致用史学思潮的兴起，是以鸦片战争后中国社会出现严重危机、救亡图存成为时代主题为背景的。随着鸦片战争后外国资本主义加紧对中国的侵略，中国的边防与海防都出现了严重危机。出于巩固边防的需要，晚清史学掀起了边疆史地学研究的热潮，姚莹的《康輶纪行》、张穆的《蒙古游牧记》和何秋涛的《朔方备乘》便是其中的代表作。这些史地学著作重视记述西藏、内外蒙古等边区的历史与地理状况，重视记述企图染指我国边疆地区的俄、英等国史地情况以及中外交往的历史与现状，旨在"辨方纪事"以"考古镜今"，经世致用色彩非常浓厚。为了"师夷长技"以巩固海防，晚清史学掀起了外国史地研究的热潮，魏源的《海国图志》和徐继畲的《瀛寰志略》是其中的代表作。这些史地学著作表达了了解夷情的迫切心情，对世界地理知识特别是西方主要国家的历史地理作出了系统介绍；指出夷之"长技"主要是军事武器和养兵、练兵之法，同时也对欧美民主制度有了初步认识；揭露了欧美特别是英国能富甲天下、称雄世界，是其进行世界殖民掠夺的结果，对资本主义的侵略性特征有了一定的认识。19世纪后期，随着维新运动的广泛开展，出现了以介绍西方资本主义政治制度为主要内容的维新史学，主要代表作有王韬的《法国志略》和黄遵宪的《日本国志》。这两部著作分别介绍了法国和日本的历史，特别详细地介绍了两国的政治制度。《法国志略》认为法国的强大在于具有"上下一心"的政治制度，以及以商业贸易为立国之本；《日本国志》则详细介绍了日本明治维新建立资本主义制度，进行全面改革，由此步入近代化的历程。

　　20世纪初资产阶级"新史学"思潮的兴起，是以中华民族危机的空前加深与思想解放潮流迅猛发展为背景的。"新史学"思潮积极引进西方史学理论与方法，在对传统史学进行大力批判的同时，努力构建适应时代需要的资产阶级"新史学"。"新史学"史家批判传统史学是君史而非民史，认为历史应该是"叙述一群一族进化"[①]，从这个角度而言，认为过去的中国其实无史；对"新史学"的构建主要是强调以进化史观为指导，以民史为记述对象。梁启超是"新史学"思潮的旗手，所撰《中国史叙论》和《新史学》二文是20世纪初"新史学"兴起的标志。前者指出传统与近代历史记述的不同，提出新的历史划分方法，肯定地理环境对历史发展的影响，呈现出的史学观点别开生面；后者旨在号召史界革命，不但对过往两千年中国旧史学各种积弊进行清算，而且对建立资产阶级"新史学"提出了构想。在"新史学"思潮下诞生了新史学历史教科书，以夏曾佑《中国古代史》和刘师培《中国历史教科书》最具代表性。二书在编撰形式上采用章节体，呈现出"新史学"的特征；在思想内容上关心民族前途与命运，重视运用进化史观解说中国历史，对中国旧史学叙述内容进行批判，对传统史学向近代"新史学"的转向作出了巨大贡献。

　　20世纪20年代兴起的近代新历史考据学思潮，是以民国社会危机、近代西方科学主义与进化论思想的传入以及19世纪末20世纪初新史料大发现为其背景的。新历史考据学是对乾嘉考据学的继承和发展，它以科学主义和进化论为指导思想，突破了传统考据学以经学为指导思想的局面；重视

---

　　① 邓实：《史学通论一》，载《政艺通报》，1902(12)。

以历史考据为史学的根基；崇尚"求真"而不刻意于"致用"；重视史料，理论方法紧紧围绕史料展开；具有反思理论的自觉精神和重视方法论的自觉意识。新历史考据思潮对史学的具体贡献，一是真正把考据学从经学传统中解放出来，从而为史学乃至整个人文学科的发展提供了现代性基础；二是其理论与方法促进了现代历史学科的建立；三是开辟了历史学研究的诸多新领域，形成了较为系统的史学研究领域与研究方法的理论观点。

中国马克思主义史学理论产生于五四运动时期，民国时期是中国马克思主义史学理论的初步发展阶段。纵观民国时期中国马克思主义史学理论的发展，大致经历了三个主要阶段：一是五四运动至 20 世纪 20 年代后期。俄国十月革命的爆发和五四运动的兴起，推动了马克思主义唯物史观的传播，是为中国马克思主义史学理论的产生时期。二是 20 世纪 20 年代末至30 年代。大革命的失败促使人们反思中国社会的性质以及中国革命的对象、任务、前途等问题，由此兴起了关于中国社会性质、中国社会史和中国农村社会性质诸问题的大讨论，即所谓三次大论战，其中关于中国社会史问题的大论战是对中国史学影响最为深刻的，马克思主义史学理论在大论战中得到了发展。三是 1937 年全民族抗战爆发到 1949 年中华人民共和国成立。在民族危机空前加深的历史背景下，马克思主义史家群体自觉运用马克思主义唯物史观进行历史研究，自觉将历史研究与抗战和革命事业紧密结合，促进了中国马克思主义史学理论的新发展。纵观民国时期中国马克思主义史学理论的发展，呈现出以下两个鲜明的特征：一是科学性。马克思主义唯物史观是科学的历史观，它重视整体、联系地而非片面、割裂地把握历史，肯定历史的发展呈现螺旋循环中的进步性特点，揭示物质生产力在社会历史发展中的决定性作用，重视运用马克思主义五种社会形态理论解说中国历史，肯定人民群众是历史的真正创造者。马克思主义史学以求真为理念，肯定历史学的主要目的在于求真，重视历史学的实证功夫，强调史观与史料的统一性。二是实践性。马克思主义史学对历史学的实践性特征有着深刻的理论认识，强调历史学必须以科学性为基础，将马克思主义史学理论与中国社会和革命的具体实践相结合，积极服务于中国的现实社会和革命事业，为中国民主革命的斗争实践提供重要理论支撑。

第一节 19世纪中后期的经世致用史学思潮

这里所谓19世纪中后期，指1840年鸦片战争至19世纪末。在这一时期，随着清朝统治的衰落和外国资本主义的入侵，"中国一步一步地变成了一个半殖民地半封建的社会"①，救亡图存成为时代主题。伴随着时代巨变与民族危机的强烈刺激，史学界掀起了一股以爱国主义为特征的经世致用史学思潮。为了巩固边防和"师夷长技"的需要，出现了边疆史地研究与外国史地研究的热潮，具有近代意义的史地学思想得以阐发；为了政治变革的需要，出现了资产阶级维新史学与史学思想。

一、经世致用史学思潮形成的背景

19世纪中后期具有近代意义的经世致用史学思潮的形成，既有现实社会政治因素，也有学术思想传承因素。从现实社会政治而言，与清王朝的腐朽和外国资本主义的侵略造成严重的民族危机密切相关；从学术思想传承因素而言，晚清经世致用史学思潮与清初实学思潮，特别是乾嘉后期常州学派和章学诚经世致用史学思想具有一脉相传性。

首先是挽救民族危机的现实需要。嘉道时期的清朝，一方面商品经济较之前有了明显的发展：农产品的商品化有了提高，手工业门类产生了程度不同的专业化细致分工，典当、钱庄、票号等金融行业得到发展；另一方面依然是一个自给自足自然经济占主导的社会，社会生产的主要形式依旧是男耕女织，生产工具依然原始落后，主要生产资料——土地依然高度集中在少数人手里。这一时期的政治统治日益腐朽，社会危机不断加深。所谓"三年清知府，十万雪花银"，虽出自吴敬梓的小说《儒林外史》，却是对这一时期吏治腐败的真实写照。吏治腐败加上土地兼并严重，嘉道时期百姓生活困苦，社会矛盾激化，导致各族人民的反抗斗争此起彼伏。其中

---

① 毛泽东：《中国革命和中国共产党》，见《毛泽东选集》第二卷，626页，北京，人民出版社，1991。

有广大佃农的抗租斗争，这与土地高度集中、租佃矛盾尖锐有着密切的关系；有少数民族人民的起义，以湘黔苗民起义为代表；还有秘密会社起义，实为农民利用秘密组织所进行的起义，以白莲教起义规模最大。

面对嘉道年间社会矛盾的激化和封建统治的衰败，时代思想家已经敏锐地观察到了封建"衰世"的到来。前述龚自珍就对这个"大乱将起的衰世"作了详细描绘，并提出了自己的变革方案。与龚自珍同时代的魏源，对于这一衰世的到来也有同样的感受。魏源在鸦片战争前夕撰写的《默觚》一书中，对道光年间的政局衰败已有认识。魏源认为"荒者乱之萌也"，时局存在"六荒"："堂陛玩愒，其一荒；政令丛脞，其二荒；物力耗匮，其三荒；人才嵬茶，其四荒；谣俗浇酗，其五荒；边圉弛警，其六荒；大荒之萌未有不由此六荒者也。"①也正因为荒为乱之萌，魏源进而警告统治者易姓亡国的危险已经来临："稽其籍，陈其器，考其数，诹诸百执事之人，厄何以漏？根何以蠹？高岸何以谷？荃茅何以莸？堂询诸庭，庭询诸户，户询诸国门，国门询诸郊野，郊野问诸四荒，无相复者；及其复之，则已非子、姬之氏矣。"②1842 年撰成的《圣武记》，对清皇朝由盛转衰的整个过程作了描述。如果说《默觚》是魏源关于时局的政论式的衰世论，那么《圣武记》则是从史实角度反映了清朝衰世的到来。

清政府的衰败，为西方列强的侵略提供了机会。与嘉道年间的衰局形成鲜明对比，这一时期的西方列强中，英国完成了工业革命，很快步入近代工业化强国；法、美、德以及俄、日等国也开始技术革新，世界主要资本主义国家开始进入工业化时代。1840 年英国发动的对中国的鸦片战争，正是在这一背景下发生的。鸦片战争的失败和《南京条约》的签订，使中国开始沦为半殖民地半封建社会。此后 1860 年第二次鸦片战争的失败和一系列不平等条约的签订，加速了中国半殖民地半封建化程度；1894 年中日甲午战争和战败之后签订的《马关条约》，使中国半殖民地半封建化程度进一步加深；1900 年八国联军入侵和战败之后《辛丑条约》的签订，标志着中国半殖民地半封建社会完全形成。

---

① 魏源：《默觚下·治篇十一》，见《魏源集》，65～66 页，北京，中华书局，1976。
② 同上书，65 页。

随着近代中国民族危机的不断加深，救亡图存成为时代的主题。19 世纪中叶以后的晚清史学，也必须要服务于救亡图存的时代主题，具有近代色彩的以爱国主义为特征的经世致用史学思潮由此兴起。

其次是经世致用学术思想的传承。清代经世致用学术思潮最早兴起于清初。明清易鼎这一"天崩地解"的历史巨变，深深刺痛了清初士大夫的心灵。他们经过深刻的历史反思，对宋明理学脱离现实的空疏学风进行了批判，积极倡导经世致用的新学风，由此开启了清初实学思潮，黄宗羲、顾炎武、王夫之即是其中的代表人物。黄宗羲继承了浙东学术"言性命者必究于史"①的尊经重史传统，"穷经""究史"以经世致用；顾炎武强调为学当"以明道也，以救世也"②，治史在于"引古酬今"③；王夫之强调历史的借鉴作用，"述往以为来者师"④。

然而，清初的经世致用实学思潮并没有延续下去。随之而来的乾嘉考据学的兴起，虽然在学术研究上为整理古代经典作出了重要贡献，在学术思想上引领了人们对宋学的怀疑之风，却没有领会和把握清初实学经世致用的精神实质，学术研究只是局限于对古代经典的考据、注疏、章句、训诂和辑佚等狭窄的范围之中，并不关心现实的社会政治，缺乏清初实学人士的爱国热情。乾嘉后期，一部分怀有忧患意识的士人开始起来打破这种风气。他们或从经学上提倡今文经学，试图通过今文经学擅长微言大义和援经议政的特点，来关注和议论现实政治，常州学派即是其代表；或从史学上倡导经世致用，章学诚是其中的代表人物。章学诚之所以大力倡导"六经皆史"说，肯定"六经皆先王之政典"⑤，是"切人事"的学术，其目的就是希望人们不要把"六经"或经学当作空谈义理，或者专务考索之学，是要从源头上去论证史学的经世致用价值。

到了鸦片战争前后，以龚自珍、魏源为代表的学者，将乾嘉后期重新

---

① 章学诚：《文史通义》卷五《浙东学术》，523 页，叶瑛校注本，北京，中华书局，1994。
② 顾炎武：《亭林文集》卷四《与人书二十五》，见黄珅等主编：《顾炎武全集》第 21 册，148 页，上海，上海古籍出版社，2011。
③ 顾炎武：《亭林文集》卷四《与人书八》，见黄珅等主编：《顾炎武全集》第 21 册，141 页，上海，上海古籍出版社，2011。
④ 王夫之：《读通鉴论》卷六《光武》，350 页，北京，中华书局，1975。
⑤ 章学诚：《文史通义》卷一《易教上》，1 页，叶瑛校注本，北京，中华书局，1994。

兴起的经世致用思想推向了新的高度。一方面，从经学而言，他们"以经术为治术"①。龚自珍作为鸦片战争前夕一代公羊大家，推崇《公羊》"三世"学说和因革损益思想，注重发挥今文经学援经议政的传统，抨击现实腐朽的政治，积极倡言社会变革。魏源推崇今文经学讲究微言大义和通经致用的思想，强调变法以救弊。他批评汉学"毕生治经，无一言益己，无一事可验诸治者"②，宋学也是"上不足制国用，外不足靖疆圉，下不足苏民困"③的无用之学。另一方面，从史学而言，他们都重视史学的致用功能。前已述及，龚自珍认为"欲知大道，必先为史"④，史书中包含了天下山川形势，人心风俗，地方物产以及军事、政法、文化等内容，是民族文化的传统、维系宗族的纽带，更是治理国家的宝典，有着崇高的社会价值。魏源更是撰写了晚清第一部系统研究外国史地的名著《海国图志》，提出了"师夷长技以制夷"的思想。

二、巩固边防与边疆史地学的兴起

鸦片战争以后，随着一系列不平等条约的签订，边疆地区危机不断加深，一批具有爱国主义情怀的史家开始关注边疆史地的研究，姚莹的《康輶纪行》、张穆的《蒙古游牧记》和何秋涛的《朔方备乘》便是其中的代表。

姚莹为晚清思想家兼史学家。曾亲身参加鸦片战争时期的反侵略战争，后于1844—1846年先后入川"效用"，两度入藏"抚谕"，《康輶纪行》一书即为期间所作札记汇编而成。该书记述的内容，姚莹自谓有"六端"："一、乍雅使事始末；二、剌麻及诸异教源流；三、外夷山川形势风土；四、入藏诸路道里远近；五、泛论古今学术事实；六、沿途感触杂撰诗文。"⑤

《康輶纪行》所记"六端"涵盖了以下三个方面的思想内容：一是关于西藏历史、地理、宗教、政治与戍守等的记述。这部分记述，为全书分量最重者。姚莹详细记述西藏史地，考察西藏的历史与现状，旨在揭露英国觊觎

---

① 魏源：《默觚上·学篇九》，见《魏源集》，24页，北京，中华书局，1976。
② 同上书，24页。
③ 魏源：《默觚下·治篇一》，见《魏源集》，36页，北京，中华书局，1976。
④ 龚自珍：《尊史》，见《龚自珍全集》第一辑，81页，上海，上海古籍出版社，1999。
⑤ 姚莹：《康輶纪行》卷首《自叙》，1页，清代史料笔记丛刊本，北京，中华书局，2014。

西藏的野心，期望清政府能重视西藏防务，以有效抗击英国的侵略。二是
关于外国史地与政治的记述。《康輶纪行》重视"外夷山川形势风土"，重点记
述的"外夷"是俄、英、法等西方国家以及与西藏接壤的印度，这显然与西
藏地区的防卫有着密切的关联。从相关记述来看，姚莹对"外夷"已经有了
比较详细的了解，其中尤以对构成西藏最大威胁的英国了解最详。例如，
他认为英国是一个以航海贸易立国的国家，肯定英人技艺先进，对英国政
治制度也有描述。三是强调了解"夷情"的重要性。姚莹指出，外国人普遍
重视了解中国与世界。像西方英、德等国就很重视翻译中国古籍，记述中
国史地，西传雕版印刷术等中国技术。日本也重视"考求天下各国，诸事皆
甚留神"。相反，中国人却并不关心"夷情"，"骄傲自足，轻慢各种蛮夷，
不加考究"。对于这种现象，姚莹十分担忧，他说："若坐井观天，视四裔
如魑魅，暗昧无知，怀柔乏术，坐致侵陵，曾不知所忧虑，可乎？甚矣，
拘迁之见误天下国家也！"姚莹醉心于研究"夷情"，故而感叹道："余于外夷
之事不敢惮烦，今老矣，愿有志君子，为中国一雪此言也。"①他多么希望时
人能成为他口中的"有志君子"啊！

　　张穆为晚清史学家，他一生专心于西北边疆史地研究，《蒙古游牧记》
即是其"致力十年，稿草屡易"而成的代表作。关于张穆《蒙古游牧记》的撰
述起因，祁寯藻说，其父祁韵士《藩部要略》成书后，"平定张石州（张
穆——引者注）复为校补讹脱，乃墨诸版。石州又以先大夫之创为各传也，
先辨其地界方向，译出山水地名以为提纲。而是编疆域未具，读者眩之。
爰以《会典》《一统志》为本，旁采各书，别纂为《蒙古游牧记》若干卷，它日
卒业，将附梓以行。"②张穆本意是要为祁韵士的《藩部要略》一书编撰一个地
理纲要，旨在方便阅读，却因此成就了《蒙古游牧记》一书。在《蒙古游牧记
序》中，祁寯藻重申了张穆的撰述起因，并对该书的撰述过程作了交代：
"今《要略》，编年书也。穆请为地志，以错综而发明之。余亟怂恿，俾就其
事。杀青未竟，而石州疾，卒以其稿属何愿船（何秋涛——引者注）比部整

　　① 姚莹：《康輶纪行》卷十二《外夷留心中国文字》，清代史料笔记丛刊本，326～327页，北京，中华书局，2014。
　　② 祁寯藻：《藩部要略后跋》，见《续修四库全书》第740册，521页，上海，上海古籍出版社，1996。

理。愿船为补其未备。又十年，始克成编。"①张穆何以会错综祁韵士的《藩部要略》而成《蒙古游牧记》一书？对此，他本人有具体说明：

> 内地各行省、府、厅、州、县皆有志乘，所以辨方纪事，考古镜今……独内外蒙古，隶版图且二百余载而未有专书。钦定《一统志》《会典》虽亦兼及藩部，而卷帙重大，流传匪易，学古之士尚多懵其方隅，疲于考索。②

如果说校订《藩部要略》而错综之是张穆《蒙古游牧记》撰述的直接起因，那么长期留心西北史地、有志弥补清朝独于内外蒙古没有志书的缺憾，则是该书撰述的根本动因。

关于该书的编撰方法、记述内容与撰述目的，张穆在《蒙古游牧记自序》中作如是说：

> 今之所述，因其部落而分纪之。首叙封爵、功勋，尊宠命也；继陈山川、城堡，志形胜也；终言会盟、贡道，贵朝宗也。详于四至、八到以及前代建置，所以缀古通今，稽史籍，明边防，成一家之言也。③

从序文可知，《蒙古游牧记》记述内容涉及内外蒙古各部的历史地理、与清朝政府的交往、方域与建置沿革等，而撰述目的则是"稽史籍，明边防"，经世致用的意图非常明确。对张穆撰成《蒙古游牧记》有"怂恿"之功的祁寯藻，给予该书很高的评价，他说："海内博学异才之士，尝不乏矣。然其著述卓然不朽者，厥有二端：陈古义之书，则贵乎实事求是；论今事之书，则贵乎经世致用。二者不可兼得，而张子石州《蒙古游牧记》独能兼之。"又

---

① 祁寯藻：《蒙古游牧记序》，见张穆：《蒙古游牧记》卷首，《续修四库全书》第731册，1页，上海，上海古籍出版社，1996。
② 张穆：《䏓斋文集》卷三《蒙古游牧记自序》，见《续修四库全书》第1532册，280页，上海，上海古籍出版社，2002。
③ 同上书，280页。

说："是书之成，读史者得实事求是之资，临政者收经世致用之益，岂非不朽之盛业哉！"从学术上而言，该书"结构则详而有体也，征引则赡而不秽也，考订则精而不浮、确而有据也。拟诸古人地志，当与郦亭之笺《水经》、赞皇之志《郡县》并驾齐驱，乐史、祝穆以下无论已"。[1] 从经世致用而言，蒙古地区与清朝的兴起、发展有着密切的关系，张穆自谓其《蒙古游牧记》的撰述，旨在"辨方纪事，考古镜今""稽史籍，明边防"，正是出于经世致用的需要。

何秋涛为晚清史学家，他对中俄关系特别关注，曾撰《北徼汇编》，关注沙俄史地以及中俄边疆情况，1858 年扩写成《朔方备乘》一书。何秋涛之所以重视考察中俄边疆，是基于沙俄对中国北部和西北部侵略历史的担忧。何秋涛在谈及《北徼汇编》编纂动机时说："益究经世之务，尝谓俄罗斯地居北徼，与我朝边卡相近，而诸家论述，未有专书，乃采官私载籍，为《北徼汇编》六卷。"[2]简言之，即出于"经世之务"的社会责任。《北徼汇编》编成后，秋涛将此书增益为八十卷，进呈朝廷，咸丰帝认为"此书于制度沿革、山川地理，考据详明，具见学有根柢"，特"赐名《朔方备乘》"[3]。该书取材主要有四个部分："一曰本钦定之书，以正传讹；二曰据历代正史，以证古迹；三曰汇中外舆图，以订山川；四曰搜稗官外纪，以资考核。""备用之处"主要有八个方面："一曰宣圣德以服远人，二曰述武功以著韬略，三曰明曲直以示威信，四曰志险要以昭边禁，五曰列中国镇戍以固封圉，六曰详遐荒地理以备出奇，七曰征前事以具法戒，八曰集夷务以烛情伪。"[4]

《朔方备乘》系统考察了中俄边疆地区的历史与现状。例如，关于中俄交往历史："康熙年间设界碑于额尔古纳河、格尔必齐河诸地，此北徼界碑之始；钦命大臣至尼布楚会议，定约七条，此北徼条例之始；雍正年间，

---

[1]　祁寯藻：《蒙古游牧记序》，见张穆：《蒙古游牧记》卷首，《续修四库全书》第 731 册，1～2 页，上海，上海古籍出版社，1996。

[2]　黄彭年：《刑部员外郎何君墓表》，见缪荃孙编，王兴康整理：《续碑传集》卷二十，709 页，上海，上海人民出版社，2019。

[3]　何秋涛：《朔方备乘》卷首《上谕》，见《续修四库全书》第 740 册，587 页，上海，上海古籍出版社，1996。

[4]　何秋涛：《朔方备乘》卷首《凡例》，见《续修四库全书》第 740 册，589 页，上海，上海古籍出版社，1996。

设喀伦于呼伦贝尔及楚库河诸地，此北徼喀伦之始。皆宜详考，以备掌故。"关于中俄接壤之中国北部重镇："东海诸部，今属吉林省；索伦诸部，今属黑龙江省；喀部，今为漠北雄藩；准部，今为新疆全境；以及乌梁海之附于游牧哈萨克之关系边防，皆接壤俄国之要地也。"关于中俄边界形势："自古言形势者，于朔漠多未详备，盖疆域狭，故记载略也。钦惟我朝，天弧远震，版章式廓。北方镇戍，东起库叶岛，西至伊犁，皆入版图，表里山河，控扼边塞。允宜胪列形胜，以昭中国边备至俄罗斯国情形，古今不同，亦附论焉。"①如此等等。《朔方备乘》为鸦片战争后研究中俄边疆史地的集大成之作。何秋涛如此重视中俄边界史地研究，是出于防范俄罗斯对北部边疆的蚕食、肩负起"经世之务"的需要。诚如白寿彝先生所说："何秋涛于咸丰初年着重记载这些史实，正是为了昭示历史的鉴戒……何秋涛的记载正表明中国是正义者、受威胁者，唤起人们警惕俄罗斯挑起新的纠纷。同时，书中对中俄在经济上、文化上的友好往来也如实记载，反映了历史家全面的观点，史料价值很高。"②不幸的是，何秋涛对北部边疆的担忧，在第二次鸦片战争之后成为现实，中国东北和西北大量国土被沙俄割占去。

三、"师夷长技"与外国史地学的兴起

1840 年鸦片战争的炮声，打破了中国长期的封闭状态，也警醒了一部分先进的中国人。面对清政府的腐败无能和外国资本主义的坚船利炮，一些先进的中国人出于"师夷长技"的自觉，开始有了认识世界的冲动，由此产生了一批研究外国史地的史著，魏源的《海国图志》和徐继畬的《瀛寰志略》堪为代表。

魏源是与龚自珍齐名的思想家兼史学家。前已述及，魏源对嘉道时局的衰败有着深刻的认识。在亲身经历鸦片战争后，魏源的反侵略斗争思想逐渐形成。早在 1842 年《南京条约》签订后，魏源就撰写了《道光洋艘征抚记》上下篇。该长文的主旨思想是阐述鸦片贸易对中国的危害性，肯定禁烟运动的正义性。长文的结尾提出了反侵略战争思想：一是要善守，建议要

---

① 何秋涛：《朔方备乘》卷首《凡例》，见《续修四库全书》第 740 册，590 页，上海，上海古籍出版社，1996。

② 白寿彝主编：《中国史学史教本》，365 页，北京，北京师范大学出版社，2000。

"择地利，守内河，坚垣垒，练精卒，备火攻，设奇伏，如林、邓（林则徐、邓廷桢——引者注）之守虎门、厦门，先为不可胜以待敌之可胜，则能以守为战，以守为款。"二是要"转外国之长技为中国之长技"，对"师夷长技以制夷"思想作出了最初的表述。三是要吸取教训，这是对清朝统治者的劝勉。①

1842年底，魏源完成了《海国图志》的初稿撰写工作。1842年底初成五十卷，后来几经扩充，至1852年增为一百卷，这是中国近代第一部系统研究外国历史的史著。关于《海国图志》的编撰，魏源在《原叙》②中回答了该书"何所据"与"何以作"的问题。魏源说："《海国图志》六十卷，何所据？一据前两广总督林尚书所译西夷之《四洲志》，再据历代史志及明以来岛志，及近日夷图、夷语，钩稽贯串，创榛辟莽，前驱先路。"很显然，《海国图志》是魏源在《四洲志》的基础上，结合历代史志、明代以来的岛志，特别是当时所见西人图录、著述等，撰成的一部系统反映外国史地的著作。"是书何以作？曰：为以夷攻夷而作，为以夷款夷而作，为师夷长技以制夷而作。"③可见，"师夷长技以制夷"即该书撰述的中心旨趣。

如何"师夷长技以制夷"？《海国图志》提出了具体的见解。其一，"悉夷情"。魏源认为，鸦片战争中国的失败，原因之一是中国人不了解西方情况。当时的清朝统治者，"苟有议翻夷书、刺夷事者，则必曰多事。（嘉庆间，广东有将汉字夷字对音刊成一书者，甚便于华人之译字，而粤吏禁之。）则一旦有事，即或询英夷国都与俄罗斯国都相去远近，或询英夷何路可通回部……以通市二百年之国，竟莫知其方向，莫悉其离合，尚可谓留心边事者乎？"④相反，英国等"外夷"却非常重视搜集中国情报，英国人"建英华书院，延华人为师，教汉文汉语，刊中国经史子集图经地志，更无语言文字之隔。故洞悉中国情形虚实，而中国反无一人了彼情伪，无一事师彼长技"⑤。中英对对方的了解形成鲜明对比。对敌情一无所知，其实已经注定了战争的必然失败。正因此，魏源说："欲制外夷者，必先悉夷情

① 魏源：《道光洋艘征抚记》"后论"，见《魏源集》，206页，北京，中华书局，1976。
② 《原叙》为道光二十七年（1847年）《海国图志》增扩为六十卷本时所作。
③ 魏源：《海国图志》卷首《海国图志原叙》，1页，长沙，岳麓书社，1998。
④ 魏源：《海国图志》卷二《筹海篇三》，26页，长沙，岳麓书社，1998。
⑤ 魏源：《海国图志》卷九《暹罗东南属国今为英吉利新嘉坡沿革三》，449页，长沙，岳麓书社，1998。

始；欲悉夷情者，必先立译馆翻夷书始；欲造就边才者，必先用留心边事之督抚始。"魏源不但强调"悉夷情"的重要性，而且指出了如何做才能真正"悉夷情"。其二，何为"夷之长技"，如何"师夷长技"？魏源认为，"夷之长技三：一、战舰，二、火器，三、养兵、练兵之法"。魏源说："广东互市二百年，始则奇技淫巧受之；继则邪教毒烟受之，独于行军利器则不一师其长技。"魏源进一步指出，"西夷长技"还不只是船坚炮利，更有养兵、练兵之法，他们对待士兵"赡之厚故选之精，练之勤故御之整"。为了学习"西夷长技"，一是要发展民用工业，"凡有益于民用者"，诸如量天尺、千里镜、龙尾车、风锯、水锯、火轮机、火轮舟、自来火、自转碓、千斤秤等，"皆可于此造之"。二是要重用有"长技"的人才。为此，魏源建议改革科举制度，"今宜于闽、粤二省武试，增水师一科。有能造西洋战舰、火轮舟，造飞炮、火箭、水雷、奇器者，为科甲出身；能驾驶飓涛，能熟风云沙线，能枪炮有准的者，为行伍出身。皆由水师提督考取，会同总督拔取送京验试，分发沿海水师教习技艺"。[1] 毫无疑问，《海国图志》不仅是一部系统研究外国史地的史著，所提出的"师夷长技以制夷"的口号，更是"成为近代先进的中国人向西方寻找真理的起点"[2]。

徐继畲的《瀛寰志略》撰成于 1848 年，为其任职于广东布政使、福建布政使期间，是鸦片战争刺激下的产物。该书向人们展示了一幅真实的世界图画，代表了鸦片战争后中国人认识世界的最高水平。徐继畲为撰写此书，可谓煞费苦心。当时的中国人缺乏对世界地理的了解，也没有描述世界地理的基本资料，为了搜求到相关资料，徐继畲结识了美国传教士雅裨理、英国领事李太郭等人，向他们了解外国史地概况，借阅外国史地资料。徐继畲在该书《自序》中说自己很珍惜这些资料，"荟萃采择，得片纸亦存录勿弃，每晤泰西人，辄披册子考证之，于域外诸国地形时势，稍稍得其涯略，乃依图立说，采诸书之可信者，衍之为篇，久之积成卷帙。每得一书，或有新闻，辄窜改增补，稿凡数十易。自癸卯至今，五阅寒暑，公事之余，惟以此为消遣，未尝一日辍也"[3]。正是如此数年不辍地殚精竭虑、孜孜以

---

① 魏源：《海国图志》卷二《筹海篇三》，26～32 页，长沙，岳麓书社，1998。
② 白寿彝主编：《中国史学史教本》，356 页，北京，北京师范大学出版社，2000。
③ 徐继畲：《瀛寰志略》卷首《自序》，6 页，上海，上海书店出版社，2001。

求去搜求外国史地资料，徐继畬才最终成就了这部介绍外国史地的名著。

该书记述的对象包括地球知识以及亚洲、欧洲、非洲、美洲各国史地，以欧美国家为主。首先，肯定欧人"长于制器"。徐继畬说，欧人"性情缜密，善于运思，长于制器，金木之工，精巧不可思议，运用水火犹为奇妙。火器创自中国，彼土仿而为之，益加精妙，铸造之工、施放之敏，殆所独擅。造舟尤极奥妙，篷索器具，无一不精，测量海道，处处志其浅深，不失尺寸，越七万里而通于中土，非偶然也"①。欧人之所以能"越七万里而通于中国"，纵横四海"无所不到"，正是因为他们"工于制器"②。徐继畬特别提到英、法等国"长于制器"，如说英国擅长器械制造，"枪、炮、刀、剑、钟表以及日用各项器皿之工，约三十万人"；又说其国尤重军工器械，"兵船大小六百余只，火轮船百余只。……专恃枪炮，不工技击，刀剑之外无别械"。③ 说法国"其人心思精敏，工于制器，自来火之枪、火轮之车船，大半皆其所创"④。其次，揭露了欧人殖民历史。徐继畬叙述了欧人向东方殖民的历史过程，指出葡萄牙、英国等西方殖民主义者正是通过不断向东方进行殖民，从而得以聚敛财富和走向富强的。徐继畬特别指出英国之所以能富甲天下、称雄世界，也是殖民掠夺的结果。他说："英吉利本国境土止三大岛，其藩属埔头皆在数千万里之外。"又说："其骤致富强，纵横于数万里外者，由于西得亚墨利加，东得印度诸部也。"这就是说，英国虽然是一个岛国，然而其势力却在"数千万里之外"，在世界各地有着众多的藩属国和通商口岸。而英国之所以能纵横于数万里之外，是因为其"商船四海之中无处不到"，"盖四海之内，其帆樯无所不到，凡有土有人之处，无不睥睨相度，思瞰削其精华"。正是通过对世界各地的殖民活动，"英人遍设埔头，帆樯云集，百货流通，富饶遂为西国之最"。⑤ 西国之最，当然也就是世界之最；而英国的富饶与强大，都是殖民掠夺的结果。最后，对欧美的民主制度作了描述。例如，描述英国制度，说："英国之制，相二人，一专司国

① 徐继畬：《瀛寰志略》卷四《欧罗巴》，112～113页，上海，上海书店出版社，2001。
② 徐继畬：《瀛寰志略》卷一《地球》，5页，上海，上海书店出版社，2001。
③ 徐继畬：《瀛寰志略》卷七《英吉利国》，235、237页，上海，上海书店出版社，2001。
④ 徐继畬：《瀛寰志略》卷七《佛郎西国》，206页，上海，上海书店出版社，2001。
⑤ 徐继畬：《瀛寰志略》卷七《英吉利国》，235～237、232页，上海，上海书店出版社，2001。

内之政，一专司外国之务。……都城有公会所，内分两所，一曰爵房、一曰乡绅房。爵房者，有爵位贵人及西教师处之；乡绅房者，由庶民推择有才识学术者处之。国有大事，王谕相，相告爵房众公议，参以条例，决其可否，复转告乡绅房，必乡绅大众允诺而后行，否则寝其事勿论。"①这是对英国议会制度议事过程的描述。又如法国："国有大政，如刑赏、征伐之类则令公所筹议，事关税饷则令公局筹办，相无权，宣传王命而已。"②对法国"筹议"制度作了描述。再如美国，徐继畬对华盛顿开创的美国总统任期制度大为赞赏。这种制度规定总统任期四年，四年任期满后，可以"集部众议之，众皆曰贤，则再留四年(八年之后，不准再留)"③。毫无疑问，《瀛寰志略》已经对资本主义国家一些重要现象有了全新的认识，对当时人们了解西方与世界大有裨益。

四、变法图强与维新史学的兴起

19世纪后期，随着维新运动的广泛开展，晚清史学也开始转向宣传资产阶级政治维新。晚清维新史学的主要特点，是通过记述西方历史、介绍西方资本主义政治制度，以为晚清中国寻找政治出路，王韬、黄遵宪便是其中的代表。

（一）晚清史学家、早期维新思想家王韬

王韬的主要史学著作有《法国志略》《普法战记》《扶桑游记》，以及政论集《弢园文录外编》等。其中《普法战记》记述1870—1871年普法战争事，为近代中国人记述外国战争第一部著作。《扶桑游记》乃王韬游历日本之时所作日记，《自序》说："日所游历，悉纪于篇，并汇录所作诗文附焉。"④《弢园文录外编》为王韬晚年对之前在《循环日报》上发表的政论文章编辑而成，反映了王韬的政治思想和变法主张。

最能代表王韬史学成就的当数《法国志略》一书。王韬为何要撰写《法国

---

① 徐继畬：《瀛寰志略》卷七《英吉利国》，235页，上海，上海书店出版社，2001。
② 徐继畬：《瀛寰志略》卷七《佛郎西国》，209~210页，上海，上海书店出版社，2001。
③ 徐继畬：《瀛寰志略》卷九《北亚墨利加米利坚合众国》，276页，上海，上海书店出版社，2001。
④ 王韬：《扶桑游记·自序》，小方壶斋舆地丛抄本。

志略》一书，按照他自己的说法，主要原因有三：一是介绍法国的富强。王韬说："法兰西素以文明称，制度文物之备、宫室衣食之美，诸国莫能及焉。拿破仑出，更定法律，其精审为欧洲冠。"①他对近代中国与泰西各国之间存在的巨大差距感到担忧："方今泰西诸国，智术日开，穷理尽性，务以富强其国。而我民人固陋自安，曾不知天壤间有瑰伟绝特之事，则人何以自奋?! 国何以自立哉?!"②二是以法国历史兴衰作借鉴。法国是欧洲传统强国，普法战争被后起的普鲁士打败，这种历史盛衰之变，具有重要的殷鉴价值。对于法国为何会极盛而衰，王韬作出了自己的解说：一则侈靡风气盛行，"锦衣玉食，穷极奢侈"③；二则教会势力过大，"其国政权，亦半为主教所把持"④；三则穷兵黩武，"拿破仑第一、第三穷兵黩武，窃位逊位，以至身为俘虏，两代如出一辙，尤足以为后世殷鉴"⑤。三是欧美列强独法国没有史志。王韬说："近时英人慕维廉译《英吉利志》，美人裨治文译《联邦志略》，即以其国之人，译其国之史。谈远略者，皆以先睹为快。而法志仍复阙如，亦一憾事。幸冈君千仞、高君二桥为先路之导，余得以踵事增华，藉成是书，是则余之深幸也夫。"⑥

　　纵观《法国志略》的史学思想，除了继承魏源、徐继畬等人的"师夷长技"思想之外，开始意识到仅仅依靠"师夷长技"，并不能解决中国的出路问题，关键还在于重视商业贸易的经济政策和实行"上下一心"的政治制度。

　　首先，《法国志略》视商业贸易为富国根本。王韬认为英国的强盛得益于商业贸易，在政论集《弢园文录外编》中，王韬专辟"英重通商"一目，说英国"民间贸易转输，远至数万里以外，以贱征贵，以贵征贱，取利于异邦，而纳税于本国，国富兵强，率由乎此"⑦。《法国志略》所列税务、银肆、商务等志目，对欧洲各国发展资本主义的商业贸易作了论述。例如，认为"欧洲诸邦之立国，皆以商贾为本"，其税务"于贸易船只，但科入口而不征

---

① 王韬：《法国志略》卷首《凡例》，光绪庚寅仲春淞隐庐刊本。
② 王韬：《法国志略》卷首《序言》，光绪庚寅仲春淞隐庐刊本。
③ 同上书。
④ 王韬：《法国志略》卷首《法国志略原序》，光绪庚寅仲春淞隐庐刊本。
⑤ 王韬：《法国志略》卷首《凡例》，光绪庚寅仲春淞隐庐刊本。
⑥ 同上书。
⑦ 王韬：《弢园文录外编》卷四《英重通商》，159页，沈阳，辽宁人民出版社，1994。

出口，以入口则贩他国之货以售我，是耗损我也；出口则载我国之物以鬻人，是饶益我也"。税务成了鼓励海外贸易和增加国家收入的重要手段。银行可以"通有无，济缓急，便取携，盛贸易"。海外贸易是欧洲各国富强的主要途径，"欧洲列国皆习航海之术，积资为雄以致富强，四民中尤以通商为急务。故问其国之富，则数船以对"。[①]

其次，王韬所谓"上下一心"的政治制度，即君民共主的君主立宪制度。《法国志略》对欧洲政治制度作了更加系统的介绍与评述。一是对君主专制制度的批判。王韬认为，法国波旁王朝的路易十四是一个极端专制的君主，"常曰政府则我也，我则政府也"[②]。路易十五"奢侈败度，淫荡成风，举朝相率轻儇，不以政事为念，以是国用益穷，赋课愈重"[③]。路易十六成为法国历史上唯一被处死的国王，"顾及其祸之由来，不能和众而得民心。自恃居民之上，而好恶不与民同，怨之所及，足以亡身"[④]。二是对议会制度的肯定。王韬对法国国会制度加以推崇。他说："法国政治，其权不归统领而归国会，分为上下两议院。"又说："国会之设，惟其有公而无私，故民无不服也。欧洲诸国，类无不如是，即有雄才大略之主，崛起于其间，亦不能少有所更易新制、变乱旧章也。偶或强行于一时，亦必反正于后日。拿破仑一朝，即可援为殷鉴。夫如是则上下相安，君臣共治，用克垂之于久远，而不至于苛虐殃民，贪暴失众。"[⑤]在王韬看来，国会制度的好处，主要体现在它是议会民主制，君臣民共同治理国家，因而政治稳定。

（二）晚清维新人士黄遵宪

黄遵宪之所以要编纂《日本国志》，首先是基于外交官的使命感。黄遵宪说："《周礼》小行人之职，使适四方，以其万民之利害为一书，礼俗政事教治刑禁之顺逆为一书，以反命于王。其春官之外史氏，则掌四方之志。"黄遵宪是驻日公使参赞，他自比参赞职守与古代外史氏、小行人职守相仿，"窃伏自念今之参赞官，即古之小行人、外史氏之职也"，认为作为出使日

---

① 王韬：《法国志略》卷十六《广志上》，光绪庚寅仲春淞隐庐刊本。
② 王韬：《法国志略》卷五《路易十四咀》，光绪庚寅仲春淞隐庐刊本。
③ 王韬：《法国志略》卷五《路易十六新政》，光绪庚寅仲春淞隐庐刊本。
④ 王韬：《法国志略》卷五"后论"，光绪庚寅仲春淞隐庐刊本。
⑤ 王韬：《法国志略》卷十六《志国会》，光绪庚寅仲春淞隐庐刊本。

本的参赞，有义务"掌四方之志"，将出使之国情况著为一书，"以反命于
王"。其次是不满于中国人对日本的无知。黄遵宪说："昔契丹主有言：我
于宋国之事纤悉皆知，而宋人视我国事如隔十重云雾。以余观日本士夫，
类能读中国之书，考中国之事。而中国士夫好谈古义，足己自封，于外事
不屑措意，无论泰西，即日本与我仅隔一衣带水，击柝相闻，朝发可以夕
至，亦视之若海外三神山，可望而不可即。"①认为中国人这种眼光向内、故
步自封的做法，是导致近代中国落后的重要原因。再次是对日本军事威胁
的警觉。黄遵宪警觉到"日本维新以来，颇汲汲于武事"②，指出日本"颇有
以小生巨、遂霸天下之志"③。最后是对明治维新认知的改变。黄遵宪最初
对于日本明治维新之事"微言刺讥，咨嗟太息"，甚至作诗加以讥讽。"及阅
历日深，闻见日拓，颇悉穷变通久之理，乃信其改从西法，革故取新，卓
然能自树立……久而游美洲，见欧人，其政治学术，竟与日本无大异。今
年日本已开议院矣，进步之速，为古今万国所未有。"④正是由于认识到了这
种"古今万国所未有"的巨变，黄遵宪觉得有必要将日本明治维新的成功经
验介绍给国人。

　　《日本国志》"为类十二"，即是从十二个方面系统介绍日本。其中《国统
志》具有总纲作用，是对日本政治制度演进的总论述。在《国统志》中，黄遵
宪将日本政治制度的发展总结为四个阶段："一在外戚擅权，移太政于关
白"；"一在将门擅权，变郡县为封建"；"一在处士衡议，变封建为郡县"；
"一在庶人议政，倡国主为共和"⑤。其中第四个阶段即明治维新时期，记述
详细到逐年逐月的程度，旨在详细介绍日本明治维新后走向近代化的历程。
《日本国志》的其他志，则是对日本社会的全面介绍，重点依然是明治维新
时期。例如《邻交志》，主旨思想是肯定日本近代以后学习西方，文明开化，
得以能"与诸大争衡"⑥。《天文志》记述了日本历法演进过程：从使用中国历

①　黄遵宪：《日本国志》卷首《日本国志叙》，3～4 页，天津，天津人民出版社，2005。
②　黄遵宪：《日本国志》卷二十一《兵志一》，534 页，天津，天津人民出版社，2005。
③　黄遵宪：《日本国志》卷十《地理志一》，211 页，天津，天津人民出版社，2005。
④　黄遵宪：《人境庐诗草》附录一《日本杂事诗自序》，1095 页，钱仲联笺注本，上海，上海古
籍出版社，1981。
⑤　黄遵宪：《日本国志》卷三《国统志三》，87～93 页，天津，天津人民出版社，2005。
⑥　黄遵宪：《日本国志》卷四《邻交志上一》，95 页，天津，天津人民出版社，2005。

法到中西兼用到专用西历。《地理志》介绍日本地理位置、地形地貌和郡县设置情况，由此意识到日本国土狭小、资源匮乏，会助长其向往扩张的野心。《职官志》重点记述明治维新以来的职官改革情况，用意在为中国改革官职提供借鉴。《食货志》肯定了日本明治维新以来重视向西方学习，积极实行"殖物产、兴商务"[①]的经济发展策略。《兵志》指出"日本维新以来，颇汲汲于武事，而其兵制多取法于德，陆军则取法于佛（法国——引者注），海军则取法于英"[②]。《刑法志》指出中西（日）法律观念不同，肯定了西方法律的精密与公平公正原则。《学术志》肯定日本明治维新以来引进西学，进行学制改革，开启了日本近代西式教育。《物产志》重点记述明治维新以来的"殖产兴业"改革。《工艺志》指出日本明治维新以后普遍重视工艺，设立专门学校培养工艺人才，鼓励技术发明与技术革新，由此促进了日本工业发展。

《日本国志》堪为近代中国记述日本最为详尽的著作，薛福成称其为"奇作"，并说："他日者家置一编，验日本之兴衰，以卜公度（黄遵宪字公度——引者注）之言之当否可也。"[③]黄遵宪的担忧，薛福成的验卜，随着数年之后甲午战争的爆发和中国的战败，不幸而成为事实。

第二节　20世纪初"新史学"思潮

戊戌变法失败以后的19世纪末20世纪初，中华民族危机空前加深。与此同时，思想解放潮流也势不可挡，当时的思想界掀起了一股积极输入西方新思想、运用西方新思想来分析中国社会问题的潮流。20世纪初的"新史学"思潮，便是在这样一种背景下兴起的。"新史学"的倡导者们积极传播西方近代史学理论与方法，对传统旧史学展开猛烈的批判，呼吁建立适应时代需要的"新史学"。

---

① 黄遵宪：《日本国志》卷二十《食货志六》，497页，天津，天津人民出版社，2005。
② 黄遵宪：《日本国志》卷二十一《兵志一》，534页，天津，天津人民出版社，2005。
③ 薛福成：《日本国志序》，见黄遵宪：《日本国志》卷首，2页，天津，天津人民出版社，2005。

一、"新史学"思潮的兴起

（一）传播西方近代史学理论与方法

20世纪初"新史学"思潮的兴起，是从大量译介西方史学著作、传播西方近代史学理论与方法开始的。"新史学"的倡导者们通过运用西方史学理论与方法，对传统史学进行批判，从而提出了"新史学"的构想。

20世纪初国人最早译介日本近代史学理论著作的，当属留日学生汪荣宝。他于1902年在留日学生创办的《译书汇编》"历史"专栏上，发表了译介的《史学概论》一书。汪荣宝自称该书"以坪井九马山《史学研究法》为粉本，复参以浮田和民、久米邦武诸氏之著述及其他杂志论文辑译而成，所采皆最近史学界之界说，与本邦从来之习惯大异其趣，绍介于吾同嗜者，以为他日新史学界之先河"①。这里被称作"粉本"的坪井九马山的《史学研究法》，其实在1903年才正式出版，汪氏翻译的《史学概论》显然依据的是讲义印本。坪井九马山早年留学日本，深受兰克学派史学观点的影响，被学者誉为"日本近代史学理论的奠基者"②。

汪氏提到的参考著述者之一浮田和民，则是对20世纪初"新史学"影响更大的一位日本史家。浮田和民的《史学原论》（亦译《史学通论》），是一部更为系统介绍西方史学理论与方法的著作。该书问世之后，受到留日学生的追捧，被竞相译介，在1902年至1903年，先后出现了六个译本：（1）侯士绾译《新史学》，1903年2月上海文明书局代印发行；（2）李浩生译《史学通论》，1903年2月杭州合众译书局发行；（3）罗大维译《史学通论》，1903年10月上海进化译社发行；（4）《史学原论》，1902年11月东新译社同人编译；（5）刘崇杰译《史学原论》，1903年2月作为"闽学会丛书"之一由闽学会出版；（6）杨毓麟译《史学原论》，1903年2月湖南编译社发行。其中，前三种已于1903年印行，后三种仅见于当时书刊出版广告。浮田和民《史学原论》成书于1897年③，该书的基本内容包括历史的特质、范围、定义、价

---

① 汪荣宝：《史学概论》"编者识"，载《译书汇编》，1902(9)。
② 严绍璗：《日本中国学史》第一卷，244页，南昌，江西人民出版社，1991。
③ 据俞旦初考证，1897年成书的只是讲义。参见俞旦初：《二十世纪初年中国的新史学思潮初考》，载《史学史研究》，1982(3)。

值，历史与国家、地理、人种，历史上之大势，以及历史研究法等。该书对中国史学的影响，其实在上述六种译介著作出现之前就已经开始了。例如，梁启超早在 1899 年于《清议报》第 27 册上发表《英雄与时势》一文，即取材于《史学原论》第三章"历史上之价值"。而章太炎在 1902 年 7 月《新民丛报》上与梁启超讨论史学及史书编纂等问题时，也特别提到了浮田和民《史学原论》一书"于修史有益"①。由此可见，在留日学生争先译介该书之前，梁启超、章太炎等人已经阅读过该书，并且受到该书的启发和影响。当然，大量译介著作出现以后，浮田和民的史学理论与方法对 20 世纪初中国史学产生了更大范围的影响。

20 世纪初译介的西方史学著作，主要是输入西方文明史学思想，以对法国基佐《欧洲文明史》和英国巴克尔的《英国文明史》的译介为代表。基佐的《欧洲文明史》撰写于 1828 年，该书的主要内容包括欧洲文明的起源与发展、欧洲文明的多元性特征、法国在欧洲文明中的中心地位、英国革命对欧洲文明进程的影响等，是研究欧洲历史与文明的重要著作。《欧洲文明史》书成之后，在西方史学界影响很大。梁启超说："基氏为文明史学家第一人。此书在欧洲，其声价几与孟德斯鸠之《万法精理》、卢梭之《民约论》相埒。近世作者，大率取材于彼者居多。"②日本明治维新之后，开始大量译介西方近代史学著作，《欧洲文明史》自然受到关注。1877 年日本就出现了永峰秀树的译介本，以后又出现多种译本。而中国人关于该书的最早译介，则是 1900 年由留日学生从日文转译而来的。③ 1902 年，广智书局刊印日人杉山藤次郎编纂、署名"中国广东青年"译述的《泰西政治学者列传》一书，其中的《基率特传》不但对基佐的生平与学术作了叙述，而且包含了对《欧洲文明史》的评述，认为"有历史而无史理学，则国家治乱兴废之原因，文明进步之本故，不可得而知"，"基率特氏者，实为史理学之嚆矢"，肯定了《欧洲文明史》的"史理"价值。

巴克尔所著《英国文明史》于 20 世纪初传入中国后可谓风靡一时，一时

---

① 章太炎：《章太炎来简》，载《新民丛报》，1902(13)。

② 梁启超：《东籍月旦》，载《新民丛报》，1902(11)。

③ 据 1900 年留日学生所办《译书汇编》第 2 期载，基佐的《欧洲文明史》"已译待印"，译介者为尼骚。

间出现了四种不同的译本：(1)1903年南洋公学译书院刊印的《英国文明史》；(2)1903年《政艺通报》新书广告所刊印的《文明史论》，系为日文译本转译；(3)1904年王建祖所译的《英国文明史》，见于作新出版社出版的《美国留学报告》中"留学生著述"报道；(4)1906—1907年魏易所译的《文明史》，由清末学部主办的《学部官报》连载。《英国文明史》在欧洲流行很广，"近日耳曼、法兰西亦已有译本，其书行世，可望致昌盛也"。在当时中国人的认识中，巴克尔的《英国文明史》甚至优于基佐的《欧洲文明史》，"遨克尔总论二卷，已倍于基率特《文明史》全书……而至于史理，则以基率特为嚆矢，遨克尔次之；若比较其议论之高下优劣，则又非同日而论，遨克尔应处以高度，基率特应处以低度也"①，肯定了《英国文明史》的"议论"价值。从对20世纪初"新史学"的影响而言，诚如学者所言，"二十世纪初年中国出现的新史学思潮中，强调要注意文明史的研究，反对'君史'，重视'民史'，要讨论历史中的因果关系，求证历史发展的'公理'或'公例'，开始提到历史和科学的关系问题，这些显然是直接或间接地受有巴克尔文明史学思想的影响"②。

（二）大力宣传"新史学"思想

20世纪初"新史学"思想的宣传，包含了对传统旧史学的批判和对资产阶级"新史学"的构想两个方面。在这个过程中，涌现出了一批具有资产阶级"新史学"思想的史家。

1. 对传统旧史学的批判

邓实在《史学通论》中指出，中国传统史学乃"专制政治史"。他认为："史者，叙述一群一族进化之现象者也，非为陈人塑偶像也，非为一姓作家谱也，盖史必有史之精神焉。异哉！中国三千年而无一精神史也，其所有则朝史耳，而非国史；君史耳，而非民史；贵族史耳，而非社会史。统而言之，则一历朝之专制政治史耳。"③指出这种专制政治史是君史而非民史，而所谓君史，乃"一代之君，即一代之史也"。这种君史，"其脑坏中所有仅

① ［日］杉山藤次郎编，"中国广东青年"述译：《泰西政治学者列传》，17页，上海，广智书局，1902。

② 俞旦初：《二十世纪初年中国的新史学思潮初考》，载《史学史研究》，1982(3)。

③ 邓实：《史学通论一》，载《政艺通报》，1902(12)。

一帝王耳，舍帝王以外无日月，舍帝王以外无风云"。①在邓实看来，这种专制政治史、君史否定了其他史的存在，其实就是无史："史岂若是邪？中国果有史邪？呜呼！中国无史矣。非无史，无史家也；非无史家，无史识也。司马氏父子而后，中国之史盖中绝矣。虽然其先固未尝无史。"②马叙伦认同邓实的三代以上有史、三代以下无史的观点，他说："是故三代以上无史之名，而有史之实；三代以下，有史之名，而亡史之实。六经皆古人之史，《春秋》《易》《诗》《书》《礼》《乐》各有专门，各抱绝艺，参三王之精心，为百代之掌故，故政体也，教育也，学术也，皆于世界有绝大之关系。秦汉以来，法家大张，禁纲日酷，唯司马一书独拔荆棘……班、范而下，史体全非，表也，志也，名为经世大学，而实剿袭一代之文牍也。本纪也，列传也，名为全部通史，而实一家一氏之谱牒也，史学之不亡也几何。"③曾鲲化曾作《中国历史出世辞》一文，一方面批评过往的中国其实是无史，"其尚得曰中国有历史乎？何配谭有中国历史乎？余一人朕天子之世系谱车载斗量，而中国历代社会文明史归无何有之乡；飞将军大元帅之相斫书汗牛充栋，而中国历代国民进步史在乌有子之数。举空间、时间所有之奇耻巨憾，畴甚于斯者乎"；另一方面肯定所谓历史，应该是"记录过去现在人群所表现于社会之生活运动，及其起原、发达、变迁之大势，而纪念国民之美德，指点批判帝王官吏之罪恶，使后人龟鉴之，圭臬之，而损益，而调剂，而破坏，而改造，而进化者"。④汪荣宝的《史学概论》则对传统史学的单一道德教化属性作了批判，认为"其所谓历史者，不过撮录自国数千年之故实，以之应用于劝善惩恶之教育"，指出"历史者，记录过去、现在、人间社会之陈迹也。人间社会为最复杂之现象，故历史有种种之方面，若政治，若法律，若宗教者，若产业，若学校技能，无一非人间社会之产物，即无一非历史之要素"⑤。

　　值得注意的是，"新史学"史家批判传统史学，其批判矛头主要是对准

---

① 邓实：《史学通论三》，载《政艺通报》，1902(12)。
② 邓实：《史学通论一》，载《政艺通报》，1902(12)。
③ 马叙伦：《史学总论》，载《新世界学报》，1902(1)。
④ 曾鲲化：《中国历史出世辞》，载《政艺通报》，1903(9)。
⑤ 汪荣宝：《史学概论》，载《译书汇编》，1902(9)。

以"二十四史"为代表的历代正史，而对于历代野史、杂史则没有一概否定。邓实就曾为野史之遭遇鸣不平，他说："私其史于一家之朝廷，则朝廷尊；朝廷尊，则草野之文贱矣。草野之文贱，号为正史则传，号为野史则废。"①陈黻宸则发出"明堂太室之留传，不若野史之所详为可贵"②的感叹。刘师培甚至提出以野史材料著成中国史的构想："今中国之史，阨于建祸，无三百年，傥能仿所南修北史之例，而参以野史之见闻，则信史之成，必有计日可待者。"③

2. 对"新史学"的构建

"新史学"史家在批判传统史学的同时，也对"新史学"的构建提出了自己的方案。纵观"新史学"史家对"新史学"的构想，主要体现了以下思想。

其一，以进化史观为指导。20世纪初年，"新史学"史家普遍重视宣扬进化史观。邓实以进化的观点，将古往今来的中国史学分为三个时期："余谓史亦有三等：上世一等为神权时代史，曰神史；中世一等为君权时代史，曰君史；近世一等为民权时代史，曰民史。"④邓实划分史学分期的依据是时代政体，这在一定程度上揭示了史学发展与社会性质之间的内在关系。汪荣宝则说，"抑人间社会者，进化之物也。进化无极，历史亦无尽"，肯定社会历史发展具有不断进化的特点，既然进化没有极限，历史书写也就没有穷尽。又说："史学者，研究社会之分子之动作之发展之科学也。""此发展之名词，于史学上占最重之位置，不可不察也。"很显然，这种发展的观点，即是进化的观点。汪氏指出："夫社会之知识，常随世运至健行，由蒙到明，不容有一息之退步，吾人眼前所睹生物之显象，亦无不然。此谓自然力之制裁，苟反戾此自然力者，则其物皆已朽废而为历史之锈，史学之必要即在去其锈而发其荧，以速吾人之进步者也。"⑤"不容有一息退步"，即肯定社会进化的绝对性与必然性，而史学正是要以进化观念为指导，服务于人类社会进化之需要。

---

① 邓实：《史学通论三》，载《政艺通报》，1902(12)。
② 陈黻宸：《京师大学堂中国史讲义·社会之原理》，见陈德溥编：《陈黻宸集》，683页，北京，中华书局，1995。
③ 刘师培：《新史篇》，见李妙根编：《刘师培辛亥前文选》，171页，上海，中西书局，2012。
④ 邓实：《史学通论二》，载《政艺通报》，1902(12)。
⑤ 汪荣宝：《史学概论》，载《译书汇编》，1902(9)。

其二，以民史为记述对象。在"新史学"史家们看来，真正的历史记述，应该涵盖社会各方面和社会人群的历史，即民史。邓实认为中国过去的历史只是"一姓一家之谱"的"专制政治史"，而非人群进化全史，"若所谓学术史、种族史、教育史、风俗史、技艺史、财业史、外交史，则遍寻乙库数十万卷充栋之著作而无一焉也"①。邓实指出民史的最大特点，是叙述人群进化。"夫世界之日进文明也，非一二人之进，而一群之进也。非一小群之进，而一大群之进也。……历史者，即其一大群之现象影响也。既往之文明现象，惟历史能留之，未来之文明影响，惟历史能胎之。夫民者何？群物也。以群生，以群强，以群治，以群昌。群之中必有其内群之经营焉，其经营之成绩，则历史之材料也。……是故舍人群不能成历史，舍历史亦不能造人群。"②汪荣宝说："人间社会为最复杂之现象，故历史有种种之方面，若政治，若法律，若宗教者，若产业，若学校技能，无一非人间社会之产物，即无一非历史之要素。"③这就是说，历史记述应该对社会作出整体反映。陈黻宸则肯定西方历史记述"于民事独详"的特点，他说："我观于东西邻之史，于民事独详。……平民之事，纤悉必闻于上。"④陈氏认为史学是一门科学，同时又涵盖了一切科学。他说："盖史一科学也，而史学又合一切科学而自为一科者也。"⑤

二、梁启超与"新史学"思潮

梁启超是20世纪初"新史学"的旗手。1901年和1902年，梁启超先后发表《中国史叙论》和《新史学》二文，对中国传统史学进行了系统批判，对近代"新史学"提出了自己的构想，这标志着20世纪初"新史学"思潮的正式兴起。

早在1901年，梁启超就在《清议报》上发表《中国史叙论》⑥一文，集中

---

① 邓实：《史学通论一》，载《政艺通报》，1902(12)。
② 邓实：《史学通论四》，载《政艺通报》，1902(12)。
③ 汪荣宝：《史学概论》，载《译书汇编》，1902(9)。
④ 陈黻宸：《独史》，见陈德溥编：《陈黻宸集》，562~563页，北京，中华书局，1995。
⑤ 陈黻宸：《京师大学堂中国史讲义·读史总论》，见陈德溥编：《陈黻宸集》，677页，北京，中华书局，1995。
⑥ 收入《饮冰室合集·文集》第3册，北京，中华书局，2015。

谈论了史之界说、中国史之范围、中国史之命名、地势、人种、纪年、有史以前之时代和时代之区分八个问题，所提出的史学观点可谓别开生面，对 20 世纪初"新史学"思潮的兴起产生了很大的影响。其一，认为传统与近代历史记述不同。一则，"前者史家不过记载事实，近世史家必说明其事实之关系与其原因结果"；二则，"前者史家不过记述人间一二有权力者兴亡隆替之事，虽名为史，实不过一人一家之谱牒。近世史家，必探察人间全体之运动进步，即国民全部之经历，及其相互之关系"。梁氏所谓近世史家的历史记述特点，也就是"新史学"的历史记述特点。其二，提出了新的历史划分方法。该文将整个中国历史划分为"上世史"、"中世史"和"近世史"三大阶段，亦即"中国之中国"、"亚洲之中国"和"世界之中国"，"封建"、"帝制"和"立宪"之相互对应的三大阶段。梁氏新历史划分方法显然是借鉴了近代西方史学，"西人之著世界史，常分为上世史、中世史、近世史等名"。其三，肯定地理环境对历史发展的影响。例如，论文明起源："中国何以能占世界文明五祖之一，则以黄河、扬子江之二大川横于温带、灌于平原故也。"论南北何以常有分治："则长江为之天堑，而黄河沿岸与扬子江沿岸之民族各各发生也。"论政权何以起于北则强，起于南则弱："以寒带之人常悍烈，温带之人常文弱也。"论游牧民族何以常能入主中原："以其长于猎牧之地，常与天气及野兽战，仅得生存，故其性好战狠斗。又惯游牧，逐水草而居，故不喜土著而好侵略。"论中国之民何以会长期受制于专制统治："亦以地太大，团体太散，交通不便，联结甚难。"论古代中国何以不向外征讨："则以平原膏腴，足以自给。"如此等等。其四，对民族起源问题的认识。梁启超认为中国境内民族不下数十种之多，"而最著明有关系者，盖六种"：苗族、汉族、图伯特族、蒙古族、匈奴族和通古斯族。认为中国古代民族并非单一血缘，而是长期混合而成。虽然民族起源不同，却都属于中华民族大家庭，故"号称四万万同胞，谁曰不宜"。[①]

1902 年，梁启超写成《新史学》[②]。该文是在《中国史叙论》的基础上，对史学基本理论问题所作的进一步阐发。《新史学》是以进化史观为指导，建

① 梁启超：《中国史叙论》，《饮冰室合集·文集》第 3 册，461～471 页，北京，中华书局，2015。

② 收入《饮冰室合集·文集》第 4 册，北京，中华书局，2015。

立近代新史学体系的宣言书。

首先，对过往两千年中国之旧史学各种积弊作出清算。《新史学》通过总结旧史学的弊病，提出了旧史学有"四弊""二病"。这"四弊"，其一是"知有朝廷而不知有国家"。梁启超说："盖从来作史者，皆为朝廷上之君臣而作，曾无有一书为国民而作者也，其大蔽在不知朝廷与国家之分别，以为舍朝廷外无国家。""二十四史"只是一部记述朝廷君臣之史，而不是书写国民之史。其二是"知有个人而不知有群体"。梁启超认为中国历代正史只是"合无数之墓志铭而成者"，而不是"叙一群人"进化之历史。其三是"知有陈述而不知有今务"。"今务"是什么？是"将使今世之人鉴之裁之，以为经世之用也"。为了达到史学经世的作用，历史记述必须要"愈近世而记载愈详"，而不能"舍朝廷外无可记载"。其四是"知有事实而不知有理想"。梁启超认为，"史同于人，亦有精神"，中国传统史学虽然有"汗牛充栋之史书，皆如蜡人院之偶像，毫无生气，读之徒费脑力。是中国之史，非益民智之具，而耗民智之具也"。梁启超认为"四弊"又"复生二病"，这"二病"，其一是"能铺叙而不能别裁"。所谓"铺叙"，是指传统史学大量的历史记述内容毫无意义。"铺叙"的后果则是历史记述繁杂而无法尽读，更谈不上"足用"。梁启超无不感叹地说："人寿几何，何以堪此！故吾中国史学知识之不能普及，皆由无一善别裁之良史故也。"其二是"能因袭而不能创作"。梁启超认为：《史记》以后，而二十一部皆刻画《史记》；《通典》以后，而八部皆摹仿《通典》；何其奴隶性至于此甚耶！"传统史学"稍有创作之才者，惟六人"：司马迁、杜佑、郑樵、司马光、袁枢和黄宗羲。司马迁"其书亦常有国民思想"；杜佑《通典》"不纪事而纪制度。制度于国民全体之关系，有重于事焉者也"；郑樵《通志·二十略》"以论断为主，以记述为辅，实为中国史界放一光明也"；司马光《资治通鉴》"亦天地一大文也"；袁枢创立纪事本末体，当今西人历史记述"大率皆纪事本末之体也"；黄宗羲《明儒学案》是"史家未曾有之盛业也"。除此之外，只是"公等碌碌，因人成事"，毫无生气，毫无思想。此"四弊""二病"给读者带来了三个恶果：其一是"难读"，传统史籍浩如烟海，毕其一生也难以穷尽；其二是"难别择"，传统历史记述多为铺陈，很难从中选择出"有用"的东西；其三是"无感触"，读遍史书，"无有足以激厉其爱国之心，团结其合群之力，以应今日之时势而立于万国者"。①

其次，提出"新史学"构想。梁启超关于"新史学"的构想，主要表现在如下三个方面。一则，"历史者，叙述进化之现象也"。梁启超说："宇宙间之现象有二种：一曰为循环之状者，二曰为进化之状者。……循环者，去而复来者也，止而不进者也；凡学问之属于此类者，谓之'天然学'。进化者，往而不返者也，进而无极者也；凡学问之属于此类者，谓之'历史学'。"认为以"天然界"视角观察宇宙，其发展轨迹如圆圈；以"历史界"视角观察宇宙，其发展轨迹既不是圆圈，也不是简单的直线，而是一条"螺线"，即肯定历史发展的螺旋式特点，这已经揭示出了历史发展的本质特点。梁启超认为："吾中国所以数千年无良史者，以其于进化之现象，见之未明也。"二则，"历史者，叙述人群进化之现象也"。梁启超认为，历史所叙述之进化，乃"一群之进也，非一人之进也"。如果论个人进化，则无论体魄、质点血轮、性灵等，"今人必无以远过于古人"。今日乳臭小儿之所以能够做到古代"周、孔、柏（柏拉图——引者注）、阿（亚里士多德——引者注）所不能知之理，不能行之事"，是借助了今人群体进化之力。三则，"历史者，叙述人群进化之现象而求得其公理公例者也"。梁启超认为，历史研究的目的，是要寻求一种理性的认识。这种理性认识的具体表现，一是认为历史学是一种主客观相结合的学术，"史学之客体，则过去现在之事实是也；其主体，则作史、读史者心识中所怀之哲理是也"，二者是一个有机整体；二是与"良史"问题结合起来，"是故善为史者，必研究人群进化之现象，而求其公理公例之所在，于是有所谓历史哲学者出焉"；三是与史学功能问题结合起来，史家要"求得前此进化之公理公例，而使后人循其理、率其例以增幸福于无疆也"。梁启超批评旧史学"知有一局部之史，而不知自有人类以来全体之史也"，认为"新史学"则重视从人类总背景中去求得人群进化之真相；批评旧史学"徒知有史学，而不知史学与他学之关系也"，认为"新史学"重视史学与其他学科之间的关系，即要用多学科视野来研究中国历史。②

毫无疑问，在《新史学》一文中，梁氏批判旧史学的激烈言辞多有偏颇

---

① 梁启超：《新史学》，《饮冰室合集·文集》第4册，753～756页，北京，中华书局，2015。
② 同上书，757～761页。

失当之处，具体论断也过于武断，明显带有一种感情色彩，而且将"新史学"与"旧史学"截然对立起来，这种割裂古今的做法也并非一种科学的方法（梁氏后来对此也有察觉，并且作了修正和补充）。梁启超以进化史观作为"新史学"的指导思想，然而在将优胜劣败的生物进化原理直接运用到人类历史发展的解释当中时，并没有区别自然与人类社会的公理公例的不同，没有触及人的物质生产活动与人类进化之间的关系，这说明其运用进化论尚有生吞活剥之嫌。然而，梁启超通过发表《新史学》，高举史界革命、"新史学"的大旗，大力宣扬进化史观，猛烈抨击封建史学，从历史理论、历史编纂、史学性质和史学功用等多方面勾画出"新史学"的总体面貌与特征，对于近代中国史学的转型，起到了开山辟路的作用。学者认为《新史学》的发表，"标志了中国古典史学的终结，标志中国史学开始走上近代化的历程"[1]。

三、"新史学"历史教科书的编纂思想

20 世纪初，历史撰述的一个重要现象是重视历史教科书的编纂，出版了一批新式历史教科书。新式历史教科书的编纂，与清末废除科举、实行新式学堂教育有着密切的关系，更与"新史学"思潮的兴起密不可分。"在新史学思潮的影响和推动下，一些学者纷纷提出新的修史方案，发表自己独特的史例，有些且着手重新编写中国历史的工作。"[2]夏曾佑的《中国古代史》和刘师培的《中国历史教科书》堪为新式历史教科书的代表，二书体现了"新史学"历史教科书的编纂思想。

（一）夏曾佑《中国古代史》的编纂思想

夏曾佑撰述的《中国古代史》，最初名为《最新中学中国历史教科书》，简称《中国历史教科书》，1933 年再版时改名为《中国古代史》。该书原计划写作五册，实际完成三册，至隋代为止。《中国古代史》是夏曾佑留下的唯一一部著作，而正是这部著作，确定了夏曾佑作为近代中国"新史学"重要开创者的历史地位，人们赞誉该书为近代中国"第一部有名的新式通史"[3]。

---

① 刘新成主编：《历史学百年》，8 页，北京，北京出版社，1999。
② 俞旦初：《二十世纪初年中国的新史学思潮初考（续）》，载《史学史研究》，1982(4)。
③ 齐思和：《近百年来中国史学的发展》，载《燕京社会科学》，1949(2)。

首先，《中国古代史》以关心民族前途与命运为撰述旨趣。夏曾佑将自己对国家与民族前途的关心融入自己的历史撰述当中，希望借助于对历史的探讨，来观察民族的前途和命运。他在该书自序中说：

> 智莫大于知来，来何以能知，据往事以为推而已矣。故史学者，人所不可无之学也。……洎乎今日，学科日侈，日不暇给，既无日力以读全史，而运会所遭，人事将变，目前所食之果，非一一于古人证其因，即无以知前途之夷险，又不能不亟读史，若是者将奈之何哉？是必有一书焉，文简于古人，而理富于往籍，其足以供社会之需乎！①

众所周知，戊戌变法失败后的中国，可谓是危机重重，险象环生。作为一位忧国忧民的经史学家，夏曾佑希望通过撰述一部"文简于古人，而理富于往籍"的史书，让人们认识到眼下虽然命运多舛，却也正处在一个转化的关头，要让"识者知其运之将转矣，又未始无无穷之望也"②，以此鼓舞人们的信心。

其次，《中国古代史》重视运用进化史观来解说中国历史。《中国古代史》最突出的特点，是采用进化史观来解说中国的历史。该书进化史观的具体表现：一是以世运之说，将中国历史的进化过程分为三个大时期，"自草昧以至周末，为上古之世；自秦至唐，为中古之世；自宋至今，为近古之世"，肯定近代中国处于"更化之期"。二是在具体历史评述上体现了进化的思想。例如，关于伏羲、神农时代的历史，认为伏羲时代历史已经离开渔猎社会而进入游牧社会，婚姻关系上已经由乱婚进入"嫁娶"时代；神农时代的历史已经由游牧社会进入耕稼社会，也就是农业时代。认为中国上古历史的这种进化，乃"万国各族所必历"，所不同的只是"为时有迟速"。又如，关于清朝261年"更化期"历史的评述，认为它的前半段历史，是"学问、政治集秦以来之大成"；而后半段历史，则无论世局还是人心，皆"开秦以来所未有。此盖处秦人成局之已穷，而将转入他局者"。三是明确以西方进

---

① 夏曾佑：《中国古代史·叙》，3页，石家庄，河北教育出版社，2000。
② 夏曾佑：《中国古代史》，13页，石家庄，河北教育出版社，2000。

化论之核心观点——优胜劣败来解说历史与社会的发展。夏曾佑说："循夫优胜劣败之理，服从强权，遂为世界之公例，威力所及，举世风靡，弱肉强食，视为公义。于是有具智、仁、勇者出，发明一种反抗强权之学说，以扶弱而抑强，此宗教之所以兴，而人之所以异于禽兽也。"①在此，夏曾佑以为宗教可以反抗强权，其认识显然是不正确的，但他强调优胜劣败、弱肉强食乃世界之公例，希望发明一种学说以抵抗帝国主义的强权，其拯救危局之用心是好的。

最后，《中国古代史》历史编纂上呈现出"新史学"的特征。一是史书体裁上，该书采用章节体裁，全书由篇、章、节组成；每册正文之前皆有《叙》《凡例》或者按语；所作的注文，旨在交代引用材料的来源。二是通史撰述上，与中国传统史学"通史"含义不同，传统"通史"是与"断代史"相对应的"贯通古今"的历史撰述，而该书则接受了西方史学的影响，其"通史"是相对于"专史"而言的，是对政治、经济、学术、宗教等内容的贯通。例如宗教方面，该书具体叙述了孔子以前的原始宗教、秦汉的方士、汉代道教的产生与佛教的输入情况；又如学术及其与宗教的关系，该书对老、孔、墨三家之"道"，周、秦之际的学派，西汉今文学与方士的关系，东汉古文学与方术的分离等问题，都设立了专题来进行讨论。这样一种新型的通史撰述，一般认为是经由西方传入日本，再由日本传入中国的。周予同对夏曾佑《中国古代史》所受到的学术思想影响作了这样的总结："夏氏《中国古代史》一书，在内容或本质方面是中国经今文学与西洋进化论思想的糅合……在形式或体裁方面，实受日本东洋史编著者的影响。"②这一说法是很有见地的。

《中国古代史》出版时，就受到当时出版界的高度评价，称该书"叙述古今，以十三经、二十四史为主，而纬以群籍。其体裁则兼用编年、纪事二体。其宗旨则在发明今日社会之原，故于宗教、政治、学术、风俗，古今嬗变之所以然，志之独详。此为从前编中国历史教科书所未有而为本篇之

---

① 夏曾佑：《中国古代史》，12、15、404页，石家庄，河北教育出版社，2000。
② 周予同：《五十年来中国之新史学》，见朱维铮编：《周予同经学史论著选集》，534～535页，上海，上海人民出版社，1983。

特色"①，从史料来源、史书体裁、撰述旨趣诸方面揭示了该书的编撰特色与思想。诚如学者所言，"二十世纪初年编写的新的中国历史书，能够历久而不衰，一直被史学界所推崇并流行五十年以上者，唯独有夏曾佑的这一种，说明它影响的深远，并有它发生影响的主客观原因"②。

（二）刘师培《中国历史教科书》的编纂思想

刘师培于近代史学贡献最大者，莫过于《中国历史教科书》的撰述。该书撰述于 1905 年至 1906 年间，共分三册，第一册为原始社会到殷周时期的历史，第二、三册为西周时期的历史。它是 20 世纪初"新史学"的代表作之一，系统反映了刘师培的"新史学"历史编纂思想。

第一，对中国旧史学叙述内容进行批判，提出了关于历史教科书的叙述对象。刘师培认为："读中国史书有二难：上古之史多荒渺，而记事互相歧；后世之史咸浩繁，而记事多相袭。中国廿四史，既不合于教科，《通鉴》《通典》《通考》亦卷帙繁多。"又说："中国史书之叙事，详于君臣而略于人民，详于事迹而略于典制，详于后代而略于古代。"他认为这样一种历史叙述，体现了重视君臣与事迹、忽视人民与典制的特点。刘师培指出他所编写的《中国历史教科书》，"用意则与旧史稍殊"，叙事主要涵盖了五个方面，即"一、历代政体之异同。二、种族分合之始末。三、制度改革之大纲。四、社会进化之阶级。五、学术进退之大势"。③《中国历史教科书》正是按照这样一个目标去努力实践的，该书涉及的内容包括上古到西周的田制、官制、兵制、礼制、刑法、学术、风俗、学校、文字、商业、农器、工艺、宫室、衣服、饮食等社会各方面的演化过程。

第二，强调要以进化论作为观察和研究历史的指导思想。《中国历史教科书》是刘师培运用西方社会学的进化观点来研究中国历史的代表之作。刘师培明确指出：

西国史书多区分时代，而所作文明史复多分析事类。盖区分时代

---

① 《东方杂志》新广告介绍，第 3 卷，第 7 期，1905。
② 俞旦初：《二十世纪初年中国的新史学思潮初考（续）》，载《史学史研究》，1982(4)。
③ 刘师培：《中国历史教科书》第 1 册《凡例》，见《仪征刘申叔遗书》第 14 册，6303～6304 页，扬州，广陵书社，2014。

近于中史编年体；而分析事类则近于中国"三通"体也。今所编各课，咸以时代区先后，即偶涉制度文物于分类之中，亦隐寓分时之意，庶观者易于了然。①

他要以西方社会进化的观点来揭示中国社会历史的演进与典章制度的演变。《中国历史教科书》试图以甄克思《社会通诠》关于图腾社会到宗法社会的一般描述，来具体勾勒中国上古时期历史的进化过程。该书将上古图腾社会分为三个阶段：伏羲之世的渔猎时代、神农之世的游牧耕稼并行时代、夏禹之世以耕稼为主的时代。并具体分析了图腾社会的社会组织结构，认为耕稼时代以前的历史是母系社会，人们"知有母不知有父，血乳相续，咸以女不以男"；到了虞夏时代，"由女统易为男统"，家族制度由此形成；伴随着家族制度的形成，自然也就出现了重视宗子的宗法制度和世袭制度，而"世袭制度之起原，亦即君主政体之起原也"，这种君主政体"萌芽于唐虞，至夏殷而渐备"。② 此外，该书还对上古至西周的官制、礼制、田制、兵制、商业、学校、文字、工艺、风俗、饮食、宫室等的进化历程都作了具体论述，向人们展现了一幅上古至西周社会全面进化的图景。

第三，提出了新史学的史料观。《中国历史教科书》的新史料观主要表现在两个方面：其一是不分经史子集，皆广泛加以征引。在刘师培看来，旧史学以叙述王朝政治为中心，而新史学重视人民、社会、典制、民族的历史，这就要求新史学撰述必须重视发掘新史料，举凡经史子集，都应该加以征引。同时，作为宗古文经的史学家，刘师培本来就肯定"六经皆史"的说法。正因此，刘师培能够充分认识到经史子集特别是经书的史料价值和考史功能，故而该书在叙述西周历史时，"取裁以六经为最多，又以三礼为最"③。刘师培甚至关注到中国古代文献之外的各种文物的史料价值，他曾专门研究过古代的石刻和镂金，自觉地将古代各种文物作为史料来加以

---

① 刘师培：《中国历史教科书》第1册《凡例》，见《仪征刘申叔遗书》第14册，6303页，扬州，广陵书社，2014。

② 刘师培：《中国历史教科书》第1册，见《仪征刘申叔遗书》第14册，6353～6358页，扬州，广陵书社，2014。

③ 刘师培：《中国历史教科书》第2册《序例》，见《仪征刘申叔遗书》第14册，6413页，扬州，广陵书社，2014。

运用。其二是重视参考和征引西人典籍。刘师培说："今日治史，不专赖中国典籍。西人作中国史者，详述太古事迹，颇足补中史之遗。今所编各课，于征引中国典籍外，复参考西籍兼及宗教社会之书，庶人群进化之理可以稍明。"①在《中国历史教科书》中，刘师培参考并征引了西方社会学、政治学、哲学和法学等方面的大量著作，包括甄克思的《社会通诠》、赫胥黎的《天演论》、鲁索的《民约论》（即卢梭《社会契约论》）、孟德斯鸠的《法意》和日人白河氏的《支那文明论说》等。这些西人著作，直接影响了刘师培关于中国古史的史实解说与体系构建。

第三节　新历史考据学思潮

20 世纪 20 年代，中国出现了一股重视历史考据的思潮。白寿彝先生认为这股历史考据思潮"在史料考订上的成绩，继承了乾嘉考据学的传统，而又大大发展了这个传统，是远非乾嘉考据学所能比的。我们可以称之为新考据学"②，明示了新历史考据学与乾嘉考据学之间所存在着的继承与发展的关系。新历史考据学的兴起，与晚清民初社会危机、近代以科学主义和进化论思想为主要特征的西方学术思想的传入，以及新史料大发现等时代背景密不可分。新历史考据学的代表性史家有王国维、胡适、陈垣、陈寅恪、顾颉刚、傅斯年、钱穆等。新历史考据学的主要特征是以科学思想为指导，以考据服从于历史研究为目的，尊崇史学求真而不刻意于致用，高度重视史料和理论方法，促成了历史考据学的变革与新生。

一、新历史考据学兴起的主要因素

20 世纪 20 年代兴起的新历史考据学，既有乾嘉考据学与晚清社会危机的影响，更有晚清特别是五四运动以来文化与思想变迁等诸多因素的影响。具体来说，影响新历史考据学兴起的主要因素有如下几个方面。

---

① 刘师培：《中国历史教科书》第 1 册《凡例》，见《仪征刘申叔遗书》第 14 册，6304 页，扬州，广陵书社，2014。

② 白寿彝：《史学概论》，299 页，银川，宁夏人民出版社，1983。

第一，乾嘉考据学的传统。胡适曾总结"过去三百年"的学术传统为新学术奠定的基础，说："我便把过去三百年——那汉学复兴为最佳代表的国学研究时期——的成绩，做个总结。他们的成绩可以分为三方面：第一是'整理古书'；第二是训诂，也就是一种合乎科学的归纳法，来找出古辞、古字的原始意义；第三是逐渐发展出来的一种中国的'高级批判学'（Higher Criticism），换言之便是版本校勘学，以确定古籍的真伪。"[①]新历史考据学确是在继承传统学术的基础上发展起来的。像新历史考据学的代表人物陈垣便说过："从前专重考证，服膺嘉定钱氏；事变后，颇趋重实用，推尊昆山顾氏。"[②]他也重视赵翼的考据学，他教授史源学时就明确提出"教科书本年拟用赵翼《廿二史札记》。参考书即用《廿二史札记》所引之书"[③]。新历史考据学的兴起与乾嘉传统有重要关系，这是一个明显的事实。

如果将乾嘉考据学与新历史考据学加以对比，还是能明显看出二者之间的不同的。一则，乾嘉考据学虽然包含了经学考据与史学考据，却是以经学为重点的，学者较多趋向于治经而相对轻视治史。陈寅恪对造成这种现象的原因有过分析，他认为这与经学和史学的材料状况及社会地位有关。史学的材料相较而言"大都完整而较备具"，因此难以提出惊动学界的观点；而经学材料"往往残阙而又寡少"，其解释的不确定性使得学者容易提出有影响力的观点。二者治学成效有显著区别，社会收益也大为不同，从而导致"往昔经学盛时，为其学者，可不读唐以后书，以求速效。声誉既易致，而利禄亦随之"。同时从社会地位而言，经学可以速成而获得利禄，自然受到追捧；反观史学，"大抵于宦成以后休退之时，始以余力肆及，殆视为文儒老病销愁送日之具"。[④]也就是说，一般在已经获得利禄之后，学者才会涉猎史学领域。因此，从乾嘉考据学到新历史考据学，实际上存在一个从

---

① 胡适英文口述，唐德刚译注：《胡适口述自传》，见欧阳哲生编：《胡适文集》第1册，372页，北京，北京大学出版社，1998。

② 陈垣：《致方豪（一九四三年十一月二十四日）》，见吴泽主编：《陈垣史学论著选》，624页，上海，上海人民出版社，1981。

③ 陈垣：《史源学实习课程说明》，见陈智超编：《史源学实习及清代史学考证法》，1页，北京，商务印书馆，2014。

④ 陈寅恪：《陈垣元西域人华化考序》，见陈美延编：《陈寅恪集·金明馆丛稿二编》，269～271页，北京，生活·读书·新知三联书店，2001。

经学到史学的转向问题。这一转向的存在本身，也就天然地划定出了两种不同的考据学。二则，在新历史考据学者看来，传统考据学有很多"严重的缺点"①。例如，胡适就认为传统的乾嘉考据学存在三个方面问题：一是"研究的范围太狭窄了"；二是"太注重功力而忽略了理解"；三是"缺乏参考比较的材料"。②回过头来说，突破了旧问题，自然会形成新的学术形态，而这一转向的背景仍在于学术分科的变化。

当然，考据学出现从经学到史学的转向并非始于新历史考据学，而是始于乾嘉考据学内部。虽然乾嘉考据学重视经学考据，但它毕竟也包含了史学考据，并且在历史考据上取得了非凡的成就。而乾嘉考据学中的历史考据学思想与方法，正是新历史考据学理论的真正源头。在乾嘉学者中，钱大昕、王鸣盛和赵翼等人都重视史学的考据，以之为实学。钱大昕就认为要正确审视道学诸儒关于经尊而史卑的说法，明确反对"经精而史粗也，经正而史杂"的观念，认为："经以明伦，虚灵元妙之论，似精实非精也。经以致用，迂阔刻深之谈，似正实非正也。"③因此，从中国史学的内部发展演变而言，从乾嘉到近代乃是考据学自身发展理路的一种展开。然而，却又不能简单地说这是一种必然结果，因为新历史考据学的兴起还有其他因素。

第二，时代政治与社会危机。晚清严重的社会危机，救亡图存已经成为时代主题，使得一些进步史家看到琐碎考据已经不能应对新的时代问题。像晚清边疆史地与外国史地研究、维新史学的兴起等，就代表了传统学术超脱既有范围而寻求社会价值的一种发展动向。这种现实牵引下的发展动向，在传统学术上表现为从古文经学到今文经学的一种转向，援经议政与主张改革，成为这一时期学术思想的主流。19世纪末20世纪初的社会急剧变革，产生了资产阶级"新史学"。1901年梁启超发表《中国史叙论》，次年又发表《新史学》，这两篇文章代表了当时中国学界对传统史学进行批判的

---

① 胡适英文口述，唐德刚译注：《胡适口述自传》，见欧阳哲生编：《胡适文集》第1册，373～374页，北京，北京大学出版社，1998。

② 胡适：《〈国学季刊〉发刊宣言》，见欧阳哲生编：《胡适文集》第3册，7～9页，北京，北京大学出版社，1998。

③ 赵翼：《廿二史札记》附录二《钱大昕序》，885页，王树民校证本，北京，中华书局，1984。

鲜明态度，以及建立新的史学形态的迫切希望。梁启超倡导进行"史学革命"，希望能够改变长期形成的关注帝王将相的传统史学，进而把更为广阔的社会生活置于历史考察范围，从中去求得公理。以此为重要标志，中国史学开始在西方学科划分的意义上要求进行整顿，而这一整顿的重要出发点就是近代持续不断的政治和社会危机。

20世纪初"新史学"思潮的史学革命倡议，与之后兴起的五四运动，都处在相同的社会与文化变革潮流之中，成为20世纪20年代新历史考据学兴起的重要背景。当社会和开明思想界已经提出较为明确的思想主张来拯救民族危机，那么下一步的任务，自然是按新的思想主张进行实际而具体的研究，并通过新的研究支持和探索更为进步的思想主张。虽然五四运动远不是中国社会思想探索的终点，此后的思想探索依旧兴盛，但此时已经有不少学者尤其是具备深厚学养的学者对进行新型研究跃跃欲试了。因此，新历史考据学的重要学者们虽然重视"求真"而并不张扬"致用"，但其研究往往与时政背景相关，这在当时的政治与社会背景中很好理解。可以说，近代政治与社会现实是传统考据学嬗变的重要引导，是新历史考据学兴起的重要外因。

第三，西方科学主义和进化论思想。五四时期的学术思想界出现了新变化。这一时期，中国近代思想史上影响最大的几位人物，如严复、康有为、章炳麟、梁启超等，虽然都还健在，但胡适等一批从西方学成归来的学者很快便吸引了学术界乃至社会的注意力，成为新的学术指导思想的传播者。

当时中国学术界所推崇的西方思想主要有两个互相联系的突出方面，即科学与进化论。"科学"概念起源于古希腊，主要是指具有专门研究方法的一门系统学问。近代以后则向着以实证观察和实验方法为特征的方向发展。这两种"科学"范畴对当时的中国思想界都有影响，尤其后一种更是成为当时中国思想界所普遍向往的科学模型。像胡适提倡的"实验主义"考据方式属于后者，它是有一个自然科学式的理想背景存在的；而陈垣这样更偏向传统，也更纯粹的历史考据学家，虽然也受到自然科学的重要影响，但他们对科学的理解可能会更宽泛一些，应该属于前者。陈垣早年谈论新旧历史考据学的划分问题时，曾提出过一个重要观点，即认为不能以是否科学来划分新旧考据学。也就是说，传统的"旧考据"也有科学性。① 这就是说，如果要以是否科学为标准来评判考据学本身，其实是无法划分出一条新旧界限的。当然，以是否科学为标准来划分新旧考据学固然有所偏颇，但这种思路本身却代表了近代以来从西方传入的科学主义的思维方式。陈垣指出了在考据学的历史考察中这种思路有所偏差，但是包括陈垣在内的20世纪20年代的重要史学家，尤其是历史考据学家，却几乎都受到了西方科学观念的重要影响。

进化论思想在西方也不是近代才有的观念。恩格斯指出："在希腊哲学的多种多样的形式中，几乎可以发现以后的所有看法的胚胎、萌芽。因此，理论自然科学要想追溯它的今天的各种一般原理的形成史和发展史，也不得不回到希腊人那里去。"②古希腊早期的哲学家阿那克西曼德已经提出人是由鱼进化而来的。但是古希腊哲学家用以证明自己观点的科学方法还很有限。到实证科学兴起以后，达尔文等人用归纳和推理的方法真正形成了进化论。进化论的提出和发展，本身就有一个从假设到求证的过程，反映了实证科学的研究方式。进化论"整个改变了国人对于历史的观念"③。新历史考据学和当时的众多学术思潮与流派一样，都以进化论为人类社会发展的公理，而希望以实证的方式来进行研究。像胡适、王国维与傅斯年等人有留学经历，所受西学影响自不待言。即使像陈垣这样自学成名的学者，也有早年学习西医的西方科学背景。这种直接或间接的影响，是新历史考据学兴起的重要原因。

第四，新史料大发现。新史料是新历史考据学兴起的材料条件。考据学以文献材料为研究对象，因此，当时大量出现的新材料为新历史考据学的兴起提供了重要的机遇与条件。陈寅恪说："一时代之学术，必有其新材料与新问题。取用此材料，以研求问题，则为此时代学术之新潮流。治学

---

① 陈垣：《〈论科学的考据与旧考据的不同〉一文审查意见》，见《陈垣学术论文集》第二集，471～472页，北京，中华书局，1982。

② ［德］恩格斯：《自然辩证法》，45页，北京，人民出版社，2018。

③ 顾颉刚：《当代中国史学·引论》，3页，上海，上海古籍出版社，2002。

之士，得预于此潮流者，谓之预流(借用佛教初果之名)。其未得预者，谓之未入流。此古今学术史之通义，非彼闭门造车之徒，所能同喻者也。"①陈寅恪明确指出"新材料"与"新问题"是"学术之新潮流"兴起的必要条件，这是"古今学术史之通义"。他这番话是针对陈垣学术所发，也就是把当时陈垣所代表的新历史考据学放在整体学术发展历史的背景中进行考察，认为这种当时正在兴起的新学术是一种以新材料为基础的新潮流。他甚至从反面批评不能利用新材料进而研究新问题的学术是"闭门造车"，从而突出了"新材料"对于学术研究的重大意义。陈寅恪这里主要是针对敦煌文书材料而言，实际上当时还有殷墟甲骨文、汉晋木简和明清内库档案的相继被发现。此外，还有诸多青铜器等文物，以及包括梵文、回鹘文与西夏文在内的少数民族史料也被发掘出来。众多新史料为历史考据学提供了传世文献之外的众多研究对象，仅仅是材料的整理工作就已经不得不推进考据学的进一步发展了。如果将新历史考据学放到 20 世纪初期的整个史学思潮中去考察，还会看到众多史料的大发现不仅仅是出于一定的巧合，在一定程度上还受到了梁启超所代表的拓展史学领域主张和胡适所代表的科学方法主张的促进。

二、新历史考据学的思想方法

第一，以科学为指导思想。新历史考据学突破了传统考据以经学为指导思想的局限，而坚持以科学为指导思想。顾颉刚说："过去的乾嘉汉学，诚然已具有科学精神，但是终不免为经学观念所范围，同时其方法还嫌传统，不能算是严格的科学方法。要到'五四'运动以后，西洋的科学的治史方法才算真正输入，于是中国才有科学的史学可言。"②乾嘉考据因为"实事求是"的主张而具备一定的科学精神，但是其指导思想还是传统经学。乾嘉以后，经学逐渐丧失了学术活力，终至 20 世纪初失去了思想统治地位，史学研究转而开始以科学为指导思想。

---

① 陈寅恪：《陈垣敦煌劫余录序》，见陈寅恪：《金明馆丛稿二编》，266 页，北京，生活·读书·新知三联书店，2001。

② 顾颉刚：《当代中国史学·引论》，2~3 页，上海，上海古籍出版社，2002。

新历史考据学的重要学者，都自觉以科学为指导思想。梁启超不仅倡导"新史学"，而且后来也推崇科学的治史方法。梁启超觉察到了19世纪兰克等人掀起的实证史学的浪潮，他说："近百年来欧美史学之进步，则彼辈能用科学的方法以审查史料，实其发轫也。"[①]兰克注重史料批判，建立起了一套史料方法，开启了近现代史学的科学化道路。在胡适的年代，欧美的科学主义史学越发向着自然科学的方向发展，胡适对此非常了解并且刻意朝此方向用力。他说："这三十年来，有一个名词在国内几乎做到了无上尊严的地位；无论懂与不懂的人，无论守旧和维新的人，都不敢公然对他表示轻视或戏侮的态度。那个名词就是'科学'。这样几乎全国一致的崇信，究竟有无价值，那是另一个问题。我们至少可以说，自从中国讲变法维新以来，没有一个自命为新人物的人敢公然毁谤'科学'的。"[②]胡适那个时代的中国人文学者未必能够真正完全洞悉科学，但至少科学被很多学者视作治学的必需。胡适提倡科学，因而倡导与科学关系密切的杜威的"实验主义"，进而提倡其"历史的方法"与"实验的方法"。[③] 胡适所谓科学的方法，简单地讲，就是以"科学的方法"考证史料，进而进行归纳和推理，从而最终获得历史"真面目"。从方法论的角度而言，这正是在模仿自然科学的做法。陈垣的史学研究也颇具科学的眼光，他曾自谦说："有人谓我懂科学方法，其实我何尝懂科学方法，不过用这些医学方法参用乾嘉清儒考证方法而已。"[④]陈垣谦称不懂"科学方法"，只是说没有专门学习过当时史学领域流行的科学方法，实则科学方法普遍蕴含于一切科学乃至现代学科中，因此"医学方法"实则就是科学方法，并且被陈垣迁移到了考据学研究中。

第二，以考据为史学根基。新历史考据学重视考据，不是以考据为目的，而是将考据作为史学根基，使之成为历史研究的关键。在传统的乾嘉

---

① 梁启超：《中国历史研究法》，119页，北京，东方出版社，1996。

② 胡适：《科学与人生观序》，见张君劢、丁文江等：《科学与人生观》卷首，2~3页，上海，上海亚东图书馆，1923。

③ 葛懋春、李兴芝编：《胡适哲学思想资料选》上册，181~182页，上海，华东师范大学出版社，1981；亦见欧阳哲生编：《胡适文集》第2册，279~280页，北京，北京大学出版社，1998。

④ 陈智超：《陈垣早年著作初探》，见暨南大学编：《陈垣教授诞生一百一十周年纪念文集》，129页，广州，暨南大学出版社，1994。

学术中，考据是主要的形态。虽然乾嘉考据学并非不重视义理，但问题是考据家往往认为义理可以通过考据而自明，如戴震就说："故训明则古经明，古经明则贤人圣人之理义明，而我心之所同然者，乃因之而明。贤人圣人之理义非它，存乎典章制度者是也。"[①]经学考据的这种观点延伸到史学考据上，自然会造成史学本身的缺失。如果从考据的角度来看，乾嘉时期考据的地位非常高，但是这是以整个史学的形态缺失和编纂低潮为代价的。这种单纯的考据在研究类型上偏向于文献研究而弱化了历史研究，在历史研究中偏向细节研究而弱化了系统研究，实际上无法真正支撑起史学。到了清末，考据学无法真正提供有思想指导意义的系统理论，由此导致今文经学和通论性史学研究的兴起。出于救亡图存的需要，史家为了求得社会演进的公理，以探索国家、民族的发展道路，就势必要搁置细节而纵论古今或贯通某一领域。梁启超的研究颇有代表性，他的《论中国学术思想变迁之大势》就在有限的篇幅内阐发了跨越时代的学术发展形势，将中国传统学术分为"胚胎时代""全盛时代""儒学统一时代""老学时代""佛学时代""近世之学术"的不同阶段，并且这种阶段论又带有理论归纳的类型论特征。这类研究兴起的重要原因就是梁启超所代表的早期"新史学"的学术对传统学术的一种反思。梁启超说："吾不患外国学术思想之不输入，吾惟患本国学术思想之不发明。"[②]这里所谓"学术思想之不发明"，便是与着眼于细节的传统学术风格直接相关，要发明学术思想，就需要通论性的研究。这类研究在20世纪前二十年不仅多见，而且可以算作是史学的主流。

取代梁启超式的通论性研究而起的，便是新历史考据学。因为新历史考据学推崇科学，自然就使得考据在历史研究中的地位获得了提升。在自然科学中，研究对象都是可以直接实证观察的，而历史学只能通过史料来了解作为研究对象的客观历史。于是，科学主义历史学所要施展的种种科学方法便都集中到了史料上来。通论性研究虽然能够较快地对重大历史问题作出说明从而起到现实作用，但是其研究类型决定了其不可能汇聚大量

---

① 《戴震集·文集》卷十一《题惠定宇先生授经图》，214 页，上海，上海古籍出版社，2009。
② 梁启超：《论中国学术思想变迁之大势》，见《饮冰室合集·文集》第 3 册，579 页，北京，中华书局，2015。

史料进行细致的考据。可以说，要阐发大的规律就需要牺牲考据，要聚焦史料就必然重视考据。但是，新历史考据学不是简单地回到乾嘉。乾嘉考据学的考证本身就可以作为目的而存在，其考证的重要性更多是文献学上的；而新历史考据学的考证则必须服从于历史研究的目的，不管新历史考据学家的工作如何细致精密，他们都没有把研究停留在考据本身的意思，而是希望通过考据来整理材料，进而了解各个领域的历史真相。所以顾颉刚说："研究历史，第一步工作是审查史料。有了正确的史料做基础，方可希望有正确的历史著作出现。"①可见新历史考据学家认为考据之"审查史料"是"正确的历史著作"的基础，但并不是其本身。也就是说，在新历史考据学的研究蓝图中，考据是整个史学大厦应当夯实的基础，但考证本身却不能成为史学大厦。

第三，崇尚求真而不刻意于致用。自然科学最重要的价值即是求真，一旦致用则开始转为技术。新历史考据学者普遍尊崇科学，因此在价值观方面偏向求真而非致用。这在当时的历史背景中，可以说是新历史考据学的一个重要理论特征。然而，通观晚清史学，虽然普遍强调致用，但以科学眼光审视，则不能不说偏离了真正的学术研究。所以钱穆说："康廖之弊颇似西汉，其意皆欲本世用奴经术。"②

新历史考据学兴起后，用科学眼光纠正致用的偏差，自然会转向科学的求真理念。新历史考据学家大都尊崇求真，而不会刻意要求致用。傅斯年就明确主张把科学求真理念赋予史学，他说："史学的对象是史料，不是文词，不是伦理，不是神学，并且不是社会学。史学的工作是整理史料，不是作艺术的建设，不是做疏通的事业，不是去扶持或推倒这个运动，或那个主义。"③又说："使用史料时第一要注意的事，是我们但要问某种史料给我们多少知识，这知识有多少可信，一件史料的价值便以这一层为断，

①　顾颉刚：《战国秦汉间人的造伪与辨伪》，见《汉代学术史略》附录，141页，北京，东方出版社，1996。

②　钱穆：《经学与史学》，见杜维运、黄进兴编：《中国史学史论文选集(一)》，136页，台北，华世出版社，1976。

③　傅斯年：《史学方法导论·史料略论》，见欧阳哲生主编：《傅斯年全集》第二卷，308页，长沙，湖南教育出版社，2003。

此外断断不可把我们的主观价值论放进去。"①这种观念与欧洲的科学主义史学观念极为相近，至少在理论上明确了求真重于致用的史学基本原则。顾颉刚还对求真与致用作了历史考察，认为："我们该得知道，所谓'历史观念'，在现在看来虽是很平常的一种心理，但其发展的艰难却远过于我们的想象。'致用观念'在石器时代已有了，否则人类就不会制造出这些器具。这个观念从此发达下去，成就了今日的精致和奇伟的物质文明。但历史观念超出现实，它的利益不是一般人所能了解，所以非文化开展到了相当程度，决不会存在于人们的头脑里。"②这里所谓"历史观念"，就是一种求真的观念，顾颉刚认为它是超现实、超功利的。王国维也说："今之言学者，有新旧之争，有中西之争，有有用之学与无用之学之争。余正告天下曰：学无新旧也，无中西也，无有用无用也。"他所阐发的"学之义"的核心在于："凡事物必尽其真，而道理必求其是，此科学之所有事也。而欲求知识之真与道理之是者，不可不知事物道理之所以存在之由与其变迁之故，此史学之所有事也。"③

很显然，历史研究完全做到价值中立而保持客观是不大可能的。尤其在政治与社会剧烈变动之际，有益于当时的学问往往需要着眼于现实社会问题。法国的年鉴派提倡"问题史学"，陈垣也指出要做"有意义的史学"，都是科学的史学要自觉地从理论上指导实践所前行的方向。但这并不是说新历史考据学的观点是虚妄的。新历史考据学家重视求真的理论从史学研究的实践角度来说是可以成立的，是为了求得历史真实而尽量摆脱功利与主观束缚的一种必需的方式，并不是与致用完全割裂。一种自主的史学研究，总是既要坚持求真的本位，又兼顾时代需要，新历史考据学只是在二者之间有所偏重而已。

第四，高度重视史料。新历史考据学的史学理论与科学方法主要都是围绕史料展开的，这是其呈现出考据学形态的关键原因，也是其理论和方

---

① 傅斯年：《中国古代文学史讲义·史料略论》，见欧阳哲生主编：《傅斯年全集》第二卷，42页，长沙，湖南教育出版社，2003。

② 顾颉刚：《战国秦汉间人的造伪与辨伪》，见《汉代学术史略》附录，142页，北京，东方出版社，1996。

③ 王国维：《观堂别集》卷四《〈国学丛刊〉序》，见《观堂集林（外二种）》，877页，石家庄，河北教育出版社，2001。

法的重要特点。郭沫若说："我们要说殷虚的发现是新史学的开端，王国维的业绩是新史学的开山，那样评价是不算过分的。"①这种观点具有代表性，指出了史料的新发现本身对于史学所具有的重要作用。王国维的"二重证据法"正是基于新史料的发现而提出的。

新历史考据学的起点便是对史料的充分处理。针对"传说"与"史实"不分之古史研究难题，王国维认为解决的途径在于材料。他说："吾辈生于今日，幸于纸上之材料外，更得地下之新材料。由此种材料，我辈固得据以补正纸上之材料，亦得证明古书之某部分全为实录，即百家不雅驯之言亦不无表示一面之事实。此二重证据法，惟在今日始得为之。"②用"地下之新材料"来补正"纸上之材料"，这是王国维考据方法的基本出发点与显著特点。顾颉刚也有类似思路，他以疑古著称，同样要求首先在史料层面上区分历史与传说，认为"凡是没有史料做基础的历史，当然只得收容许多传说"③。按新历史考据学的思路，围绕史料展开研究，则"古书"所载便不仅可以怀疑和批判，还可以据新史料而加以判断和实证。与王国维等人的思想路径不同，胡适则主张从科学出发之重视史料的研究。他曾提出要做到"述学"，须有具体的步骤："第一步须搜集史料。第二步须审定史料的真假。第三步须把一切不可信的史料全行除去不用。第四步须把可靠的史料仔细整理一番。"④这种"科学方法"的使用，决定了胡适的《中国哲学史大纲》非常重视史料，全书中对材料的审定与分析占了很大比重，以至于考据的文字约占了三分之一的篇幅。蔡元培对这种重视审查史料的方法非常赞赏，称赞这种做法"不但可以表示个人的苦心，并且为后来的学者开无数法门"⑤。新历史考据学确实为当时的历史学研究开辟了很多研究方法，不仅有王国维的"二重证据法"、胡适的实验主义方法，还有陈垣的史源学与校

---

　　①　郭沫若：《十批判书·古代研究的自我批判》，见《郭沫若全集·历史编》第二卷，6 页，北京，人民出版社，1982。

　　②　王国维：《古史新证》，见谢维扬、房鑫亮主编：《王国维全集》第十一卷，241～242 页，杭州，浙江教育出版社，2009。

　　③　顾颉刚：《战国秦汉间人的造伪与辨伪》，见《汉代学术史略》附录，144 页，北京，东方出版社，1996。

　　④　胡适：《中国哲学史大纲》，22～23 页，上海，上海古籍出版社，1997。

　　⑤　蔡元培：《中国哲学史大纲序》，见胡适：《中国哲学史大纲》卷首，2 页，上海，上海古籍出版社，1997。

勘学等方法、陈寅恪的以史论"与旧史互证"方法、顾颉刚的"层累地造成的中国古史"的古史研究方法、傅斯年的"夷夏东西说"古史方法等，所有这些方法都是以史料为中心的。

第五，高度重视理论方法。提及考据学，提及重视史料，人们往往会感觉这类研究与理论关系不大，甚至认为考据与理论是对立的。实际上任何一种史学研究，如果离开了自觉的理论与方法论意识，都是无法引领时代史学的发展的。新历史考据学能够成为一种重要思潮甚而成为史学研究的一种新趋势，是以其领军人物自觉的理论反思和方法论意识为基础的。

陈垣治学始终都保持着自觉的方法论意识。他"自言少年治学并未得到什么大师指引，只是由《书目答问》入手，自《书目答问》而《四库提要》，以此为阶梯而去读他所要读的书。……他自己治学从目录入手而走上成功之路，所以教学生也要他们由目录入手，希望每个人都有把钥匙"[1]。学术上的"钥匙"即方法论。陈垣从目录学的线索入手，进而在校勘过程中探求通例，从而归纳出可供重复利用的方法。陈垣的考据学，不是不重视方法，而是"从不空谈史学方法，只教人追寻史源，比对史书，其用意即在于使学生通过实践去了解治历史的各种途径与方法"[2]。陈垣治学普遍注重方法论。他研习史讳，则进行理论总结，所著《史讳举例》重视史讳研究的史学理论价值，从方法论的角度希望为史学研究作出理性和方法的贡献。如果仅就材料而言，史讳研究就是处理大量零星而散乱的材料；提升一步而求其例，则具有了归纳方法意识；再将此通例置于中西比较视域中，则将其上升到了历史研究辅助学科的高度。因此陈垣著《史讳举例》并不是从传统的考据学立场出发，而是要为现代历史研究提供具有理论意义和实践价值的"辅助学科"。他研究史源学，也是从理论高度对史源学进行定位："历史研究法的史源学大概分四项：一见闻，二传说，三记载，四遗迹。"即把史源学定位为历史研究法，因为"空言不能举例，讲授不便，贵乎实习"。[3]

---

① 牟润孙：《励耘书屋问学回忆——陈援庵先生诞生百年纪念感言》，见陈智超编：《励耘书屋问学记：史学家陈垣的治学》，73 页，北京，生活·读书·新知三联书店，2006。

② 同上书，74 页。

③ 陈垣：《史源学实习课程说明》，见陈智超编：《史源学实习及清代史学考证法》，1~2 页，北京，商务印书馆，2014。

　　傅斯年即使在新历史考据学家中，也以关注史料为突出特色，但他对史料的关注是与历史研究的科学方法相结合的，实际上是基于一种以史料为中心的实证史学理论。在《历史语言研究所工作之旨趣》这篇史料学派的"宣言"中，他说："历史学不是著史：著史每多多少少带点古世中世的意味，且每取伦理家的手段，作文章家的本事。近代的历史学只是史料学，利用自然科学供给我们的一切工具，整理一切可逢着的史料，所以近代史学所达到的范域，自地质学以至目下新闻纸，而史学外的达尔文论正是历史方法之大成。"①这里很明确地宣称"历史方法"所对应的是包括了从古到今、从自然科学到社会资料的广阔范围的"一切可逢着的史料"。这段话并不是只有"史料"这一个重点，还有"方法"之另一个重点。而这篇"宣言"中所说的"历史方法"，并非某些具体的方法，而是历史研究的一种"方法论"。

　　综上所述，20 世纪 20 年代兴起的新历史考据学是中国史学走向现代化过程中出现的重要史学思潮与现象。其自身既发扬了乾嘉考据学的优良传统，又自觉运用科学观念与现代史学理论加以指导，从而实现了中国的历史考据学在现代的重生，并通过这一重大变革有力促进了中国现代历史学科的发展。

第四节　中国马克思主义史学理论的发展

　　20 世纪中国史学思想最突出的成就是中国马克思主义史学理论的建立。自五四运动时期马克思主义传入以后，一些史家开始自觉运用马克思主义史学理论与方法进行史学研究。民国时期作为中国马克思主义史学理论的初步发展阶段，在构建中国马克思主义史学理论与方法，运用马克思主义唯物史观研究中国历史问题，以及以马克思主义为指导探索解决中国革命诸多重要实践问题等方面，都取得了重大成就。

---

　　①　傅斯年：《历史语言研究所工作之旨趣》，见欧阳哲生主编：《傅斯年全集》第三卷，3 页，长沙，湖南教育出版社，2003。

一、中国马克思主义史学理论的发展过程

民国时期中国马克思主义史学理论的发展，大致经历了唯物史观的传播与中国马克思主义史学理论的产生、社会史大论战与中国马克思主义史学理论的发展、民族危机的加深与中国马克思主义史学理论的新发展三个阶段。

（一）唯物史观的传播与中国马克思主义史学理论的产生

俄国十月革命的爆发和五四运动的兴起，推动了中国唯物史观的传播。一些先进的知识分子为了寻求救亡之路，纷纷走上了宣传马克思主义的道路，特别是对马克思主义唯物史观进行了广泛的传播。自五四运动前后到大革命失败期间，李大钊、李达、蔡和森、瞿秋白等人成为早期传播马克思主义唯物史观的重要代表。他们积极著书立说，初步构建起了中国马克思主义史学理论体系。

李大钊是中国共产主义运动的先驱，也是最早传播马克思主义、将马克思主义引入中国史学领域的学者。李大钊于 1919 年发表《我的马克思主义观》，1920 年发表《由经济上解释中国近代思想变动的原因》《唯物史观在现代史学上的价值》等文章，对马克思主义理论进行了介绍。1924 年由商务印书馆出版的《史学要论》，是我国第一部马克思主义史学理论专著。作为中国马克思主义史学的开拓者和奠基人，李大钊对中国马克思主义史学理论的构建所作出的贡献，主要表现在如下几个方面：第一，系统阐释了马克思主义唯物史观的基本原理。其原理概括为两点："其一是关于人类文化的经验［济］的说明；其二即社会组织进化论。"唯物史观的另一重要认识，是肯定阶级竞争："历史的唯物论者，既把种种社会现象不同的原因，总约为经济的原因，更依社会学上竞争的法则……他们所以牵入这竞争中的缘故，全由于他们自己特殊经济上的动机。"[①]第二，对唯物史观与唯心史观的本质区别作了阐述。这种区别在于，"一则看社会上的一切活动与（变）迁全为天

---

① 李大钊：《我的马克思主义观》，见《李大钊全集》第三卷，14、15 页，北京，人民出版社，2013。

意所存；一则看社会上的一切活动和变迁全为人力所造"①。这就是说，唯物史观肯定物质和人力因素的决定作用。第三，将唯物史观与中国历史研究相结合。李大钊主张从经济变动来看思想变动，他说："凡一时代，经济上若发生了变动，思想上也必发生变动。换句话说，就是经济的变动，是思想变动的重要原因。现在只把中国现代思想变动的原因，由经济上解释解释。"②第四，构建马克思主义史学理论基本框架。一是解说"什么是历史"。李大钊认为各类史籍只是历史记录，我们所研究的历史"是人类生活的行程，是人类生活的联续，是人类生活的变迁，是人类生活的传演，是有生命的东西，是活的东西，是进步的东西，是发展的东西，是周流变动的东西。"③二是论述史学研究的对象和目的。对象"即是整个的人类生活，即是社会的变革，即是在不断的变革中的人类生活及为其产物的文化"，目的"本在专取历史的事实而整理之，记述之，嗣又更进一步，而为一般关于史的事实之理论的研究，于已有的记述历史以外，建立历史的一般理论"④。三是论述史学的价值。一是"能陶炼吾人于科学的态度"⑤；二是能够激发爱国情感。

这一时期李达、蔡和森、瞿秋白等人也为中国马克思主义史学的发展作出了卓越的贡献。

李达曾翻译《唯物史观解说》《马克思经济学说》等著作，发表了《什么是社会主义》《社会主义的目的》《马克思还原》《无政府主义之剖析》《讨论社会主义并质梁任公》等多篇文章。代表作《现代社会学》是"中国人自己写的最早的一部联系中国革命实际系统论述唯物史观的专著"⑥。该书论证了中国革命的动力、对象、领导权等关键问题，成为当时中国人民认识社会、改造社会的重要理论依据。

---

① 李大钊：《唯物史观在现代史学上的价值》，见《李大钊全集》第三卷，279 页，北京，人民出版社，2013。

② 李大钊：《由经济上解释中国近代思想变动的原因》，见《李大钊全集》第三卷，185 页，北京，人民出版社，2013。

③ 李大钊：《史学要论》，见《李大钊全集》第四卷，518 页，北京，人民出版社，2013。

④ 同上书，527、528 页。

⑤ 同上书，565 页。

⑥ 江明：《展读遗篇泪满襟——记李达和吕振羽的交往》，载《文献》，1981(4)。

蔡和森是早期卓越的无产阶级革命家，也是中国马克思主义史学的奠基人之一。1924 年撰写的《社会进化史》，是中国第一部运用马克思主义唯物史观写成的社会发展史著作。该书肯定了物质生产是社会发展的终极动力，认为"人类进化的主要动因有二：一是生产，一是生殖"。对国家的实质及其与阶级斗争的关系作了揭示："国家是由于控制阶级争斗的需要产生的；但他的内部又产生一些阶级斗争。"肯定私有财产对于社会进化的重要影响："私有财产不仅使政治组织变化，而且使主权的性质根本变化。……有产阶级居于支配和统治的地位；而无产阶级完全居于被压制的地位。"[1]该书"是马克思主义唯物史观在中国民族化、通俗化的最早尝试"[2]。

瞿秋白在 1923—1924 年先后撰写了《社会哲学概论》《现代社会学》和《社会科学概论》三部重要著作，对马克思主义辩证唯物主义和历史唯物主义作出了系统论述。其一，论述了唯物论与唯心论问题。肯定唯物论是科学，唯心论是根源于万物有灵论的迷信，唯心论之所以能够流行，与科学智识进步缓慢、"万物有灵的观念"[3]有密切关系。其二，肯定物质第一性、精神第二性。认为"精神不能外乎物质而存在；物质却能外乎精神而存在，物质先于精神"[4]。其三，肯定生产力决定生产关系，经济基础决定上层建筑。"生产力的状态变，经济关系也就变。""经济的流变可以生出政治、法律、道德、宗教、哲学等，可是亦能消灭政治、法律、道德、宗教、哲学等；经济的流变能生长社会制度、风俗、艺术、科学，更能变更社会制度、风俗、艺术、科学。""政治、思想等当然能返其影响于经济。"[5]

综上所述，以李大钊、李达、蔡和森、瞿秋白等人为代表的早期中国马克思主义学者，通过积极传播和宣传马克思主义，自觉以唯物史观作指导来研究社会和历史，为中国马克思主义史学理论的形成作出了开拓性的贡献，为中国马克思主义史学理论的发展奠定了坚实的基础。

---

① 蔡和森：《社会进化论》，见《蔡和森文集》，463、631、635 页，北京，人民出版社，2013。
② 张杰：《蔡和森对中国马克思主义史学的奠基性理论贡献》，载《史学理论研究》，2018(3)。
③ 瞿秋白：《社会哲学概论》，见《瞿秋白文集》第二卷，312 页，北京，人民出版社，2013。
④ 瞿秋白：《现代社会学》，见《瞿秋白文集》第二卷，435 页，北京，人民出版社，2013。
⑤ 瞿秋白：《社会科学概论》，见《瞿秋白文集》第二卷，546、583、584 页，北京，人民出版社，2013。

（二）社会史大论战与中国马克思主义史学理论的发展

1927 年大革命的失败，促使人们开始反思中国社会的性质以及中国革命的对象、任务、前途等一系列问题。为了回答这些问题，先后兴起了关于中国社会性质、中国社会史和中国农村社会性质诸问题的大讨论，即所谓三次大论战。其中关于中国社会史问题的大论战，是对中国史学影响最为深刻的论战。

中国社会史大论战持续的时间是 1928 年至 20 世纪 30 年代，1932—1933 年形成高潮，1935 年以后转入低潮。中国社会史大论战的本质，就是要论证马克思主义社会发展规律论是不是具有普遍性，以及怎样运用马克思主义史学理论来解决中国历史和现实问题。参加论战的学者政治立场与思想观点十分复杂，其中反马克思主义流派对马克思主义发起挑战："综观他们这些五花八门的'历史见解'，根本目的在于：第一，否认中国历史上存在过奴隶制社会，从而否认马克思主义是普遍真理；第二，否认鸦片战争前的中国社会是封建社会，从而否认西方殖民主义对中国的入侵；第三，否认鸦片战争后的中国社会是半殖民地半封建社会，从而否定近百年来、特别是中国共产党成立以来中国人民反帝反封建革命斗争的必要性。"[①]马克思主义史家则运用马克思主义唯物史观研究中国社会形态，解释中国历史发展进程，探索中国历史发展规律，有力地驳斥了中国"国情特殊论"，论证了中国半殖民地半封建的性质，从根本上肯定了中国进行反帝反封建斗争、争取民族独立的必要性。

大论战过程中涌现出了一批具有开拓性的马克思主义史学名著。郭沫若的《中国古代社会研究》是中国第一部运用马克思主义唯物史观来系统阐释中国古代社会的历史著作，也是这次大论战中影响力最大的马克思主义史学著作。该书以恩格斯的《家庭、私有制和国家的起源》为理论依据，结合《易》《书》《诗经》等纸上材料和甲骨卜辞、金文等地下材料，从生产工具和生产关系入手研究中国古代社会，将中国从远古到近代的历史划分为原始公社制、奴隶制、封建制、资本制四种社会形态。《中国古代社会研究》在马克思主义史学发展史上具有里程碑式的地位，"是中国史学史上第一部

---

① 白寿彝主编：《中国史学史教本》，442 页，北京，北京师范大学出版社，2000。

试图以马克思主义解释中国历史发展全过程的著作"①。吕振羽是中国社会史论战的重要参与者,在论战中先后撰写了《史前期中国社会研究》《殷周时代的中国社会》《中国政治思想史》等论著,首次提出了殷商奴隶说、西周封建说,开创了运用马克思主义理论研究中国古代思想史的先河,并对中国古代社会史的研究作出了突出贡献。其中,《史前期中国社会研究》(1934年)依据马克思主义历史唯物主义的基本原理和方法,利用风俗学、神话学以及当时出土的地下文物作相互印证,对文献中全部上古神话传说作了科学的系统考察,对史前历史作了系统的论证,基本厘清了中国史前历史的发展脉络。《殷周时代的中国社会》(1936年)最突出的贡献是创立了殷商奴隶制社会论和西周封建说。《中国政治思想史》完成于1936年,1937年由上海黎明书局初版发行。该书将中国古代思想史按照中国社会经济形态发展规律依次作出划分,系统地论述了从先秦到鸦片战争时期各个重要发展时期的思想流派及思想家的政治思想,突破了以往研究思想史以形式主义划分社会思想流派的方式,从各种社会思想存在的根基之阶级角度进行分析,开创了运用马克思主义理论研究中国思想史的先河。

参加中国社会史大论战的马克思主义史家还有翦伯赞、何干之等人。翦伯赞在20世纪30年代初陆续发表了《中国农村社会之本质及其历史发展阶段之划分》《前封建时期之中国农村社会》《关于"亚细亚的生产方法"问题》《关于历史发展中之"奴隶所有者社会"问题》等论文,围绕着中国农村社会问题、亚细亚生产方式、中国奴隶制社会问题进行了探讨。1938年翦伯赞撰写了《历史哲学教程》,这是继李大钊《史学要论》后又一部重要的马克思主义史学理论专著。该书系统地阐发了唯物史观的基本理论和研究方法,批判性地总结了社会史大论战中对中国历史形式发展之各种不同的见解,在马克思主义理论发展史上无疑具有重要的地位。何干之的《中国经济读本》(1934年),是运用马克思主义唯物史观理论进行经济分析研究中国社会的杰出代表作品。此后何干之又出版了《中国社会性质问题论战》(1937年)和《中国社会史问题论战》(1937年),客观总结了两大论战的基本情况,并运用马克思主义观点对两大论战进行了学术分析。

---

① 白寿彝主编:《中国史学史教本》,433~434页,北京,北京师范大学出版社,2000。

　　除去中国社会史大论战外，这一时期马克思主义史学理论的发展也还体现在历史研究的其他领域。例如，华岗的《中国大革命史》(1931 年)，以亲历者的身份对 1925—1927 年的大革命进行了记述，该书"以革命史观来诠释近代以来的中国历史，建立了以革命为分析模式的中国近代史研究体系，将中国革命史的研究向前推进了一大步，对中国马克思主义史学发展有着重要的意义"[①]。李平心的《中国近代史》(1933 年)，则是以马克思主义唯物史观为指导研究中国近代史的第一部学术著作。该书重视运用历史学与社会学相结合的方法，认为"中国近代史的主要的任务，就是要说明国际资本主义侵入中国以来，中国社会、经济、政治所引起的重大变化，中国民族的殖民地化的过程，以及在此过程中所发生的社会阶级之分化与革命斗争的发展起落"[②]。这些革命史、近代史等领域的史学研究，反映了马克思主义唯物史观理论广泛适用于中国历史研究，适应于解说人类历史的普遍发展规律。

（三）民族危机的加深与中国马克思主义史学理论的新发展

　　1937 年全民族抗日战争爆发后，在民族危机空前严重的形势下，中国人民争取民族独立和国家解放的意识不断得到加强。当时延安是中国共产党抗日根据地的革命中心，吸引了一批马克思主义史学家前往延安；还有一些革命史学家前往大西南，"以重庆为中心，在西南地区形成了一支掌握马克思主义世界观与方法论的史家队伍"[③]。

　　1. 全民族抗战时期延安地区马克思主义史家群体的史学理论成就

　　延安地区马克思主义史家群体的主要代表人物有吕振羽、范文澜、何干之、尹达、杨松、吴玉章、叶蠖生、陈伯达、金灿然、杨绍萱等，他们的历史研究侧重于中国近现代史、中国革命史、中共党史和民族史等领域，为当时的抗日战争和解放战争提供了理论支持。一是中国近现代史研究，以范文澜《中国近代史(上编)》(1946 年初版)为代表。该书以革命史范式论

---

　　① 吴汉全：《中国马克思主义学术史概论(1919～1949)》，689 页，长春，吉林人民出版社，2010。

　　② 李平心：《中国近代史·绪论》，见罗竹风主编：《平心文集》第一卷，108 页，上海，华东师范大学出版社，1985。

　　③ 洪认清：《中国共产党与马克思主义史学理论创新》，177 页，厦门，厦门大学出版社，2013。

述了从鸦片战争到义和团运动的社会变迁，分析了中国沦为半殖民地半封建社会的原因，阐释了毛泽东在《中国革命和中国共产党》一文提出的"两个过程"说，即"帝国主义和中国封建主义相结合，把中国变为半殖民地和殖民地的过程，也就是中国人民反抗帝国主义及其走狗的过程"①。该书还突出了人民群众的反抗斗争和反帝爱国精神，强调了史学为现实革命斗争服务的精神。二是中国革命史研究，以张闻天主持编写的《中国现代革命运动史》(1937年)为代表。该书是中国马克思主义史家研究中国革命史的开拓之作，运用马克思主义唯物史观系统考察了中国近代以来的社会变革运动，"理出了中国革命史研究的基本线索：太平天国革命运动——戊戌政变——义和团运动——辛亥革命——五四运动——中国共产党诞生——中国工人运动发展——国共合作——一九二五至二七年大革命。……它是中国马克思主义的革命史研究中首次形成的比较系统、完整的科学体系。"②三是中共党史研究。中共中央对中共党史资料进行全面系统整理，编辑了《六大以来——党内秘密文件》《六大以前——党的历史材料》和《两条路线》三部文集，为以后学习和研究中国共产党的历史保存了珍贵的历史资料，为中共党史的研究作出了重要贡献。1942年3月30日，毛泽东发表《如何研究中共党史》讲话，对中共党史研究的必要性、研究对象、研究方法、发展阶段的分期问题以及对待党史研究的态度等进行了详细论述，为建设中共党史的研究体系奠定了理论基础。

2. 全民族抗战时期重庆地区马克思主义史家群体的史学理论成就

重庆作为全民族抗战时期中华民国的战时首都及陪都，由于其独特的地位，汇聚了全国各地的大量知识分子，其中也包括一些马克思主义史学家。日后并称为"五老"的马克思主义史家中，郭沫若、吕振羽(1941年3月以后到延安)、翦伯赞和侯外庐当时都在重庆，外加杜国庠、华岗、胡绳、嵇文甫、赵纪彬、吴泽、陈家康等人，形成了一个较大的马克思主义史家群体。纵观重庆地区马克思主义史家的史学理论研究，主要集中在以下方面：一是思想史研究，郭沫若、侯外庐、吕振羽等建树颇多。郭沫若的研

---

① 毛泽东：《中国革命和中国共产党》，见《毛泽东选集》第二卷，632页，北京，人民出版社，1991。

② 杜遵义：《马克思主义史学在中国》，363～364页，北京，人民出版社，2020。

究侧重于先秦思想史，代表作是《青铜时代》和《十批判书》（均于 1945 年出版），前者偏重于考证，而后者偏重于批评。二书全面考证和评论了先秦儒、墨、道、法、名、阴阳诸家的学说和思想，并对各家内部派别进行了深入探讨，还对各家进行了分期研究，可谓自成体系。侯外庐于 1944 年与 1945 年先后出版了《中国古代思想学说史》和《中国近世思想学说史》，奠定了其在中国思想学术史研究领域的地位，二书也成为他后来主编《中国思想通史》的基础。《中国古代思想学说史》试图用马克思主义观点来深入探究先秦思想学说史，《中国近世思想学说史》则试图用马克思主义观点、方法研究明清之际思想的发展。吕振羽的《中国政治思想史》是中国第一部运用马克思主义理论论述中国政治思想和哲学思想的力作。该书"首先把中国史全部过程划分为各个阶段，各个阶段又划分为其发展过程的各个时期；从各个社会阶段和时期的阶级阶层的构成上及其相互关系的变化上去论究政治思想的各流派，又把每个派别中各思想家的思想，作为其自己的一个体系去论究"①。另外，杜国庠的先秦诸子哲学思想研究和嵇文甫的先秦诸子思想与晚明思想史研究也都取得了重要成就。二是古代社会史研究。郭沫若于 20 世纪 40 年代撰写的《由周代农事诗论到周代社会》《古代研究的自我批判》等，论证了殷代是奴隶社会，确立了西周奴隶社会说，基本形成了战国封建论。侯外庐于抗战后期撰写的《中国古典社会史论》（1947 年再版时更名为《中国古代社会史》，1955 年修订再版时定名为《中国古代社会史论》），体现了其社会史研究成就。该书运用亚细亚生产方式的理论，指出殷代社会是奴隶社会的初级阶段，西周初年中国进入奴隶社会。吕振羽先后发表了《关于中国社会史诸问题》《亚细亚生产方式和所谓中国社会的"停滞性"问题》《中国社会史上的奴隶制问题》等文章，探讨了中国古代社会史的诸多重要问题。

抗战胜利后，延安的史学家转战南北，仍然继续着中国历史的研究与编著；重庆的史学家向上海、南京、香港等地转移，积极投入反对内战的民主运动中，共同为建设中国马克思主义史学作出了许多富有独创性的实践和贡献。纵观这一时期马克思主义史家的历史研究成果，一是中国通史

---

① 吕振羽：《中国政治思想史·初版序》，上海，上海黎明书局，1937。

方面，翦伯赞于 1946 年出版了《中国史纲》第二卷，该书显示了其中国通史研究的世界史视野，重视传世文献与考古材料的结合；吕振羽于 1948 年完成了《简明中国通史》下册的撰写工作，在序、跋中提出了关于编纂中国通史的一些基本原则。二是中国思想史方面，侯外庐等执笔的《中国思想通史》第一卷于 1947 年由新知书店出版，侯外庐在序言中指出，该书"一方面要全般地说明中国思想在世界文化中所扮演的角色，有时不能不做对称比较的研究，他方面更要具体指出中国思想发展的特别传统与其运行的特别路向，以期掘发出我国数千年来智识宝藏的真面目，进而凭藉这一遗产，以为所应批判地接受与发扬之明鉴"[①]。三是专史方面，胡绳的《帝国主义与中国政治》（1948 年）堪为代表。作者在初版序言中说明了该书的主旨思想是阐明"帝国主义侵略者怎样在中国寻找和制造他们的政治工具，他们从中国统治者与中国人民中遇到了怎样的不同的待遇，并且说明一切政治改良主义者对于帝国主义者的幻想曾怎样地损害了中国人民的革命事业"[②]。四是中国民族史方面，1947 年大连大众书店出版了吕振羽的《中国民族简史》，这是马克思主义指导下的我国第一部民族史专著。该书明确指出中国是个统一的多民族国家，强调维护民族团结的重要性，对党的民族政策的制定起了重要作用。从全民族抗战到新中国成立之前这段时期的中国马克思主义史学，在我国马克思主义史学发展过程中具有重要的地位，在整个马克思主义史学发展谱系中起着承上启下的作用。

二、中国马克思主义史学理论的基本特征

（一）科学性特征

首先，马克思主义唯物史观是科学的历史观。民国时期中国马克思主义史家自觉运用唯物史观指导历史研究，分析历史和社会发展问题，构建起中国马克思主义史学的重要理论框架，使历史学成为一门科学。具体来讲有以下表现：第一，整体、联系地而非片面、割裂地把握历史。李大钊说："马克思述他的历史观，常把历史和社会关联在一起，纵着看人间的变

---

① 侯外庐：《中国学术研究所序》，见侯外庐等：《中国思想通史》第一卷，卷首，上海，新知书店，1947。

② 胡绳：《帝国主义与中国政治·序言》，1 页，香港，生活书店，1948。

迁，便是历史，横着看人间的现在，便是社会。"李大钊以马克思主义唯物史观作指导来认识与研究历史，认为"历史既是整个的人类生活，既是整个的社会的变革，那么凡是社会生活所表现的各体相，均为历史的内容所涵括。因为文化是一个整个的，不容片片断断的割裂。文化生活的各体态、各方面，都有相互结附的关系，不得一部分一部分的割裂着看，亦不得以一部分的生活为历史内容的全体"。① 第二，肯定历史呈螺旋循环进步的特点。李大钊就说："社会进化，是循环的，历史的演进，常是一盛一衰，一治一乱，一起一落。……而且一盛一衰，一起一落之中，已经含着进步，如螺旋式的循环。"②翦伯赞从唯物辩证法角度肯定历史具有进步性特点，他说："阶级社会是对历史的第一个否定，因为它否定了无阶级社会；然而社会主义社会又要否定阶级社会，这便是历史之否定之否定。但是这种作为否定之否定的社会主义并不是原始的氏族社会之复归，而是更高级的无阶级的共有的社会经济形态之建立。"③第三，揭示了物质生产力在社会历史发展中的决定性作用。李大钊说，马克思的唯物史"以为社会上、历史上种种现象之所以发生，其原动力皆在于经济，所以以经济为主点，可以解释此种现象"④。李达说："社会生活之历程，即物质的生产历程……社会之进步，亦即生产力之进步。"⑤蔡和森则肯定"人类进化的主要动因有二：一是生产，一是生殖"⑥。翦伯赞也指出"史的唯物论者以为人类历史发展的基础是物质生活的生产以及这生产的诸条件——物质的生产力"⑦。第四，运用马克思主义五种社会形态理论解说中国历史。郭沫若的《中国古代社会研究》一书，"揭示了中国从远古到近代的社会经历过原始共产制、奴隶制、封建制和资本制几种生产方式的更替，从而在中国史学发展史上第一次以生产力与生产关系的发展阐明了中国历史演进的规律性"⑧。邓初民的《社会

---

① 李大钊：《史学要论》，见《李大钊全集》第四卷，519～520页，北京，人民出版社，2013。
② 李大钊：《今与古》，见《李大钊全集》第四卷，13页，北京，人民出版社，2013。
③ 翦伯赞：《历史哲学教程》，88页，石家庄，河北教育出版社，2000。
④ 李大钊：《史学与哲学》，见《李大钊全集》第四卷，201页，北京，人民出版社，2013。
⑤ 李达：《两种对立的社会说》，见《李达文集》第一卷，243页，北京，人民出版社，1980。
⑥ 蔡和森：《社会进化史》，见《蔡和森文集》，463页，北京，人民出版社，2013。
⑦ 翦伯赞：《历史哲学教程》，128页，石家庄，河北教育出版社，2008。
⑧ 吴汉全：《中国马克思主义学术史概论（1919～1949）》，663页，长春，吉林人民出版社，2010。

史简明教程》(1940 年)"在竖的分期，是把社会进化分为原始共产社会、古代社会、封建社会、资本主义社会、社会主义社会各阶段，而叙述了由原始公社到社会主义时代的全系列；在横的内容，是把人类主要的社会生活分为经济的、政治的、精神的，由社会的经济结构，进而考察政治的形式、精神的意识形态，以探求各个社会阶段的特征"①。范文澜的《中国通史简编》肯定中国古代历史经历了原始公社时代、奴隶占有制时代和封建时代；鸦片战争前，中国历史进入西洋资本主义侵略的时代。第五，肯定人民群众是历史的真正创造者。李大钊指出："我们要晓得一切过去的历史，都是靠我们本身具有的人力创造出来的，不是那个伟人、圣人给我们造的，亦不是上帝赐予我们，将来的历史，亦还是如此。"②翦伯赞在《历史哲学教程》再版代序《群众、领袖与历史》(1939 年)中也指出："旧的唯物论的理论最主要的缺点之一，就是没有把握群众行动的规律及其对历史的创造作用。史的唯物论者他不仅承认群众对历史的创造作用，并且从其生活诸条件上研究领导群众行动的规律。"③

其次，中国马克思主义史学以求真为理念。马克思主义史学的求真是以唯物史观作指导，因而能够真正揭示社会发展的本质及其规律。第一，肯定历史学的主要目的在于求真。李大钊指出，所谓历史记录，"原是现实发生的各个情形的记述，故其本来的性质，不在就某种事实或对象而为一般的研究，明其性质，究其法理，而在就一一实际的情形，详其颠末，明其来历"。又说："史学的主要目的，本在专取历史的事实而整理之。"④很显然，史学的第一要义便是求史实之真。翦伯赞说："历史首先是现实的人类生活之发展。而这种历史的实在性，是离开人类意识而客观地存在着的，不是人类的主观观念决定他的发展倾向，而是他的发展倾向决定人类的主观观念。"⑤这从哲学的高度肯定了历史的客观实在性。华岗说："我们所需要的是真实的过去，即真实的历史，而不是伪造和歪曲的历史。"如果历史

---

① 邓初民：《社会史简明教程·自序》，2 页，重庆，生活书店，1940。

② 李大钊：《唯物史观在现代史学上的价值》，见《李大钊全集》第三卷，280 页，北京，人民出版社，2013。

③ 翦伯赞：《历史哲学教程》，9 页，石家庄，河北教育出版社，2000。

④ 李大钊：《史学要论》，见《李大钊全集》第四卷，526、528 页，北京，人民出版社，2013。

⑤ 翦伯赞：《历史哲学教程》，246 页，石家庄，河北教育出版社，2000。

事实是歪曲和捏造的，"那么前提既经落空或错谬，论据必然丧失客观真理的意义，要想不把事情弄糟，已经很少可能，那里还谈得到鼓舞和推动解放斗争呢"。① 第二，重视历史学的实证功夫。李大钊说："我们研究历史的任务是：一、整理事实，寻找它的真确的证据。二、理解事实，寻出它的进步的真理。"②翦伯赞也强调历史研究搜集史料的重要性，他说："为了要使中国的历史获得更具体、更正确之说明，我们必须从中国的文献中，进行史料之广泛地搜求，从正史中，从正史以外之诸史中，从史部以外之群书中，去发掘史料，提炼史料。"③吕振羽也意识到史料的重要性，他指出："没有充分的材料，便不能说明历史活的具体的内容。"④充分占有史料只是前提和基础，还必须要进行审慎的考证。郭沫若说："无论作任何研究，材料的鉴别是最必要的基础阶段。材料不够固然大成问题，而材料的真伪或时代性如未规定清楚，那比缺乏材料还要更加危险。因为材料缺乏，顶多得不出结论而已，而材料不正确便会得出错误的结论。这样的结论比没有更要有害。"⑤吕振羽也指出："若是我们不注重历史材料的真伪，无条件的去应用，则依此所作出的结论，仍不过是观念的结论，不可能依以认识历史自身的规律和复现其本来面貌。"⑥可见，中国马克思主义史学家们特别重视史料的考证，肯定史料的真伪直接影响对历史发展的认识。第三，强调史观与史料的统一性。李大钊认为，历史研究不仅要求得史实，还必须要"为一般关于史的事实之理论的研究"⑦，只有这样才能建立起历史理论，历史学才能成为历史科学；而李大钊所谓"事实之理论"，当然就是马克思主义唯物史观。郭沫若也认为研究历史，"掌握正确的科学的历史观点非常必

① 华岗：《中国历史的翻案》，3、5页，上海，作家书屋，1946。
② 李大钊：《史学概论》，见《李大钊全集》第四卷，466页，北京，人民出版社，2013。
③ 翦伯赞：《中国史论集》，见《翦伯赞全集》第三卷，298页，石家庄，河北教育出版社，2008。
④ 吕振羽：《中国民族解放运动史教程》，见《吕振羽全集》第二卷，290页，北京，人民出版社，2014。
⑤ 郭沫若：《十批判书·古代研究的自我批判》，见《郭沫若全集·历史编》第二卷，3～4页，北京，人民出版社，1982。
⑥ 吕振羽：《殷周时代的中国社会》，见《史前期中国社会研究（外一种）》，369页，石家庄，河北教育出版社，2000。
⑦ 李大钊：《史学要论》，见《李大钊全集》第四卷，528页，北京，人民出版社，2013。

要，这是先决问题。但有了正确的历史观点，假使没有丰富的正确的材料，材料的时代性不明确，那也得不出正确的结论"①。翦伯赞阐明了观点与材料如何统一的问题，他说："要做到观点与材料的统一，应该是把史料融解在理论之中，或者说把理论体现在史料之中，而不是在其外。"翦伯赞还具体论述了马克思主义史学对待史料问题的态度，他说："资产阶级的史学家站在资产阶级的立场，用唯心论的观点和形而上学的方法对待史料；我们则是站在无产阶级的立场，用唯物论的观点和辩证唯物主义与历史唯物主义的方法来对待史料。这就是我们和资产阶级在对待史料问题上的区别。"②从以上所述可知，民国时期马克思主义史家充分肯定了观点与史料的统一性。

（二）实践性特征

中国马克思主义史学坚持以唯物史观为指导，在"科学性"的基础上重视于"实践性"。民国时期中国马克思主义史学理论的发展过程，是与这一时期中国社会和革命的实践紧密结合在一起的。这种高度重视史学实践性的特点，将中国传统史学的经世致用功能发展到了一个新的阶段。

首先，对于历史学实践性特征的理论认识。前文已述，李大钊认为历史是人类生活的"行程"、"联续"、"变迁"和"传演"，是"活的东西"，故而"历史学就是研究社会的变革的学问，即是研究在不断的变革中的人生及为其产物的文化的学问"。而历史理论与历史记述的研究对象"原非异物"，"故历史理论适应记述史的个人史、氏族史、社团史、国民史、民族史、人类史，亦分为个人经历论、氏族经历论、社团经历论、国民经历论、民族经历论、人类经历论等"。在此认识基础上，李大钊肯定马克思主义史学的实践性特点，认为这是一门"于人生有用"的科学，他说："历史学是研究人类生活及其产物的文化的学问，自然与人生有密切的关系。史学既能成为一种学问，一种知识，自然亦要于人生有用才是。"③

翦伯赞在《历史哲学教程》一书中，专门对"历史的实践性"问题从历史

---

① 郭沫若：《中国古代社会研究·新版引言》，2 页，北京，人民出版社，1954。

② 翦伯赞：《历史哲学教程》，377、378 页，石家庄，河北教育出版社，2000。

③ 李大钊：《史学要论》，见《李大钊全集》第四卷，527、535～536、565 页，北京，人民出版社，2013。

哲学的角度作出了系统阐述。他说："历史科学最基本的任务，就是从那作为人类总体的生活相续的实践活动中，亦即历史上各种对立的阶级关系之相互代起的具体的历史事实中，抽象出一个历史发展的法则，以这一法则，去说明人类在其过去所经历之历史的生活实践的总体，并指明人类向前发展之历史的合法则的前程。"这就是说，历史科学研究是要从过往历史的实践中总结出历史发展的基本法则。在翦伯赞看来，马克思主义唯物史观便是这样一种重视对历史实践进行总结，进而发现历史发展规律的史学理论。他说："史的唯物主义者彻底地指出作为历史出发的诸前提，不是抽象的原则，或永恒不变的理性，更不是'神的预启'，而是现实的诸前提。这些前提包括真实的人类的存在以及他们的行为，他们生存的物质诸条件。历史不是'美的个性之姿态'的表现，而是人类实践生活之发展。一切历史的研究，必须从这些基础的实在的东西在历史发展中的变化上去加以全面的考察。"这就指明了马克思主义唯物史观研究历史的基本方法，凸显了马克思主义史学理论的实践性特点。翦伯赞还对历史与现实之间的关系作了论述，他说："历史决不是抽象的概念或形式的范畴的产物，恰恰相反，它是人类社会发展的最规律最具体的现实。我们欲了解人类社会发展的规律，不当求之于抽象的概念和范畴，而当求之于历史。"肯定历史即人类社会发展规律的现实。又说："我们研究历史，不是为了宣扬我们的祖先，而是为了启示我们正在被压抑中的活着的人类；不是为了说明历史而研究历史，反之，而是为了改变历史而研究历史。"①翦伯赞将"改变历史"作为研究历史的目的，旨在强调史学的经世致用功能。吕振羽也注重强调历史学的实践性品格，认为"历史是人类生活的实践过程。历史科学的研究，也是充满着实践的内容的"②。

吕振羽肯定历史与现实具有统一性，他说："历史并不是一种学究的工作，而是一种和实践不能分离的理论的探究。我们在严重的当前情势下，为着解决现实，不能不彻底的正确无误的把握现实，所以我们应该从历史的追究上来把握现阶段，确证现阶段之唯一的动向；现阶段不是能和过去

---

① 翦伯赞：《历史哲学教程》，118、124、36、38页，石家庄，河北教育出版社，2000。
② 吕振羽：《中国民族解放运动史教程》，见《吕振羽全集》第二卷，290页，北京，人民出版社，2014。

历史的诸阶段相对立，而能把它截断下来的。但是那些提倡先探明历史再来解决实际问题的议论，却包藏着一个绝大的骗局。我们已经把握着现实，我们只须从历史的探究上来更强调现实的动向；我们要积极地去探究历史，但我们要更积极地去解决现实，这而且有其不可分离的统一性。"①这就是说，研究历史不但要从现实出发，而且要以现实为目的，积极服务于现实。

其次，强调马克思主义史学必须为现实社会和革命事业服务。民国时期中国马克思主义史学的产生和发展过程，是与民国社会变迁和中国革命事业紧密联系在一起的。

五四运动的兴起、中国共产党的成立以及第一次国内革命战争时期，是民国时期中国马克思主义史学理论的产生时期。俄国十月革命的爆发和五四运动的兴起，推动了马克思主义和马克思主义唯物史观在中国的传播。李大钊、李达、蔡和森、瞿秋白等一批先进的中国人为寻求救亡图存的道路，积极宣传马克思主义，传播马克思主义唯物史观，为中国马克思主义史学理论的构建作出了卓越的贡献。这一时期马克思主义史家，自觉以唯物史观作指导，他们不但用唯物史观解释中国历史与社会，而且自觉总结中国革命的历史经验，将马克思主义史学与中国社会历史与革命事业紧密结合。他们以唯物史观解说中国历史，肯定物质生产或经济因素对社会发展与变动的决定性作用，重视探讨生产力与生产关系、经济基础与上层建筑之间的关系，对社会发展的动因作出了符合马克思主义唯物史观的科学的解释。与此同时，他们大多是中国共产党的早期领导人，他们的史学研究往往成为其革命事业的重要组成部分。大革命失败之后的第二次国内革命战争时期，中国史学界开展了著名的关于中国社会性质、中国社会史和中国农村社会性质的三次大论战。马克思主义史家以各种形式积极参加这次大论战的起因，其实也是出于解决中国革命的需要，从而表现出鲜明的实践性特征。大革命的失败，使得马克思主义史家认识到中国革命的复杂性和艰巨性，从而重视对中国社会性质的探讨。他们需要明确中国社会性质，弄清中国革命的历史前提和条件，进而对党的领导、革命政权、土地革命、武装斗争等理论问题作出解答，用以指导当时的革命实践。纵观三

---

① 吕振羽：《史学新论》，见《吕振羽全集》第八卷，246～247页，北京，人民出版社，2014。

次大论战，讨论的中心问题就是中国社会性质问题。马克思主义史家从中国近代以来社会与经济的变动入手，对"半殖民地半封建"概念作出了集中的阐发，从解决中国社会性质问题到论述中国革命性质问题，进而强调无产阶级与中国共产党领导权等，为这一时期的中国革命在理论上作出了解说。其中，马克思主义史家关于中国社会史的讨论，实际上是将社会性质问题的讨论延伸到中国社会历史当中去，旨在解决中国历史发展规律问题。而研究历史上的中国，当然又是为着现实中的中国。马克思主义史家根据马克思主义五种社会形态理论阐述中国社会历史发展规律，不但揭示了过往中国社会发展规律，而且说明了当时中国的社会性质与革命性质，从而为中国共产党领导中国革命的必然性提供了理论论证。全民族抗日战争爆发后，民族危机空前严重。在这一历史背景下，马克思主义史家不约而同地将历史研究的方向转移到反对帝国主义侵略和维护民族独立上来。如前所述，翦伯赞在《历史哲学教程》再版代序中就对人民群众史观作了特别的补充论述。之所以如此，既源于经典作家理论，也源于抗战时期中国和世界人民反对帝国主义、殖民主义的伟大革命实践。吕振羽在抗战初期就写了大量时事政论，"这些文章注意从国际形势发展的大局来看中国的抗日战争，从国内民众动员、统一战线发展、军事形势变动展望抗战前景，表达对日寇践踏中华大地的无限愤慨和赤诚爱国之心"[①]。《简明中国通史》上册撰述的目的，即是"以宣传爱国主义，坚持团结抗战，反对妥协投降为主要任务"[②]。范文澜在1941年写成的《中国通史简编》上编的序言中，详细说明了研究中国历史对现实的作用，他说："我们要了解整个人类社会的前途，我们必需了解整个人类社会过去的历史；我们要了解中华民族的前途，我们必需了解中华民族过去的历史；我们要了解中华民族与整个人类社会共同的前途，我们必需了解这两个历史的共同性与其特殊性。"[③]郭沫若1944年撰写的《甲申三百年祭》，"是为了一方面揭露反动统治者的腐败，一方面

---

① 《吕振羽全集》编委会：《吕振羽全集前言》，见《吕振羽全集》第一卷，8页，北京，人民出版社，2014。

② 吕振羽：《简明中国通史·后记》，见《吕振羽全集》第五卷，716页，北京，人民出版社，2014。

③ 范文澜：《中国通史简编·序》，1页，沈阳，东北新华书店，1949。

以李自成所领导的农民起义从胜利走向失败的史实为一面历史的镜子，提醒革命者在胜利的关头不要'纷纷然，昏昏然'，骄傲起来。毛泽东同志称这篇文章是大有益于中国人民的史论"①。抗日战争胜利后，国民党继续实行反共反人民的反动政策，并和美帝国主义勾结，发动内战。适应新时期革命斗争的需要，争取民主、反对独裁成为这一时期中国马克思主义史家史学研究的目的和任务。

综上所述，民国时期中国马克思主义史家的历史研究高度重视历史学的科学性，他们的历史研究以迄今为止最先进的唯物史观作指导，以求真实证为理念，对建立科学的历史学作出了重要贡献。与此同时，中国马克思主义史家高度重视历史学的实践性，他们满怀爱国主义的热情，从历史中寻求中华民族生存的力量和精神，以史学积极服务于民主革命的伟大事业，为民主革命的胜利作出了重大贡献。

---

① 白寿彝：《史学概论》，337 页，银川，宁夏人民出版社，1983。

主要参考文献

一、经典作家著作

［德］马克思、［德］恩格斯：《马克思恩格斯选集》，北京，人民出版社，1972。

［德］恩格斯：《自然辩证法》，北京，人民出版社，2018。

毛泽东：《毛泽东选集》，北京，人民出版社，1991。

二、新编诸子集成

《老子校释》，新编诸子集成本，中华书局，2018。

《论语集解》，新编诸子集成本，中华书局，2018。

《墨子校注》，新编诸子集成本，中华书局，2018。

《庄子集释》，新编诸子集成本，中华书局，2018。

《孟子正义》，新编诸子集成本，中华书局，2018。

《荀子集解》，新编诸子集成本，中华书局，2018。

《韩非子集解》，新编诸子集成本，中华书局，2018。

《吕氏春秋集解》，新编诸子集成本，中华书局，2018。

《新语校注》，新编诸子集成本，北京，中华书局，2018。

《淮南鸿烈集解》，新编诸子集成本，中华书局，2018。

《春秋繁露义证》，新编诸子集成本，北京，中华书局，2018。

《法言义疏》，新编诸子集成本，北京，中华书局，2018。

《白虎通疏证》，新编诸子集成本，北京，中华书局，2018。

《论衡校释》，新编诸子集成本，北京，中华书局，2018。

《太玄集注》，新编诸子集成本，北京，中华书局，2018。

《四书章句集注》，新编诸子集成本，北京，中华书局，2018。

三、历代古籍

"二十四史"，中华书局点校本。

《十三经注疏》，上海，上海古籍出版社，1997。

《左传》，杨伯峻注本，北京，中华书局，2016。

《国语》，韦昭注本，上海，上海古籍出版社，2015。

贾谊：《贾谊集》，王洲明、徐超校注本，北京，人民文学出版社，1996。

荀悦：《汉纪》，见《两汉纪》上册，北京，中华书局，2002。

杜预：《春秋经传集解》，四部丛刊本。

杨衒之：《洛阳伽蓝记》，范祥雍校注本，上海，上海古籍出版社，1958。

袁宏：《后汉纪》，见《两汉纪》下册，北京，中华书局，2002。

刘勰：《文心雕龙》，王志彬译注本，北京，中华书局，2005。

刘勰：《文心雕龙》，范文澜注本，北京，人民出版社，1958。

刘勰：《文心雕龙》，周振甫注释本，北京，人民文学出版社，1981。

王通：《文中子中说》，阮逸注本，南京，凤凰出版社，2017。

刘知幾：《史通》，浦起龙通释本，上海，上海古籍出版社，2009。

杜佑：《通典》，北京，中华书局，1988。

陆淳：《春秋啖赵集传纂例》，丛书集成初编本，上海，商务印书馆，1936。

陆淳：《春秋集传辨疑》，文渊阁四库全书本。

柳宗元：《柳宗元全集》，上海，上海古籍出版社，1997。

韩愈：《韩愈全集》，上海，上海古籍出版社，1997。

李吉甫：《元和郡县图志》，北京，中华书局，1983。

王钦若编：《册府元龟》，北京，中华书局，1975。

张载：《张载集》，北京，中华书局，1978。

宋敏求编：《唐大诏令集》，北京，中华书局，2008。

司马光：《温公易说》，上海，上海古籍出版社，1989。

司马光：《稽古录》，北京，北京师范大学出版社，1988。

司马光：《资治通鉴》，北京，中华书局，1956。

司马光：《司马文正公传家集》，文渊阁四库全书本。

司马光：《温国文正司马公文集》，四部丛刊本。

范祖禹：《唐鉴》，西安，三秦出版社，2003。

朱熹：《朱熹集》，成都，四川教育出版社，1996。

朱熹：《四书或问》，上海，上海古籍出版社，2001。

朱熹：《资治通鉴纲目》，文渊阁四库全书本。

郑樵：《通志》，北京，中华书局，1987。

郑樵：《夹漈遗稿》，文渊阁四库全书本。

郑樵：《尔雅注》，文渊阁四库全书本。

陈傅良：《止斋先生文集》，四部丛刊本。

陈振孙：《直斋书录解题》，上海，上海古籍出版社，1987。

黎靖德编：《朱子语类》，长沙，岳麓书社，1997。

马端临：《文献通考》，杭州，浙江古籍出版社，1988。

胡应麟：《少室山房笔丛》，上海，上海书店出版社，2009。

胡应麟：《少室山房集》，文渊阁四库全书本。

王阳明：《王阳明全集》，上海，上海古籍出版社，1992。

王世贞：《弇州山人四部稿》，明万历刻本。

王世贞：《纲鉴会纂》，明刊本。

李贽著，张建业主编：《李贽文集》，北京，社会科学文献出版社，2000。

黄宗羲著，吴光主编：《黄宗羲全集》，杭州，浙江古籍出版社，2012。

黄宗羲：《明儒学案》，北京，中华书局，1985。

顾炎武著，黄珅、严佐之、刘永翔主编：《顾炎武全集》，上海，上海古籍出版社，2011。

王夫之：《读通鉴论》，北京，中华书局，1975。

王夫之：《船山全书》，长沙，岳麓书社，2011。

全祖望：《全祖望集》，朱铸禹汇校集注本，上海，上海古籍出版社，2018。

戴震：《戴震集》，上海，上海古籍出版社，2009。

王鸣盛：《十七史商榷》，上海，上海古籍出版社，2013。

钱大昕：《廿二史考异》，上海，上海古籍出版社，2014。

赵翼：《廿二史札记》，王树民校证本，北京，中华书局，1984。

章学诚：《章学诚遗书》，北京，文物出版社，1985。

章学诚：《文史通义》，叶瑛校注本，北京，中华书局，1994。

崔述著，顾颉刚编订：《崔东壁遗书》，上海，上海古籍出版社，1983。

严可均编：《全汉文》，石家庄，河北教育出版社，1997。

董诰等编：《全唐文》，上海，上海古籍出版社，1990。

江藩：《国朝汉学师承记》，北京，中华书局，1983。

姚莹：《康輶纪行》，清代史料笔记丛刊本，北京，中华书局，2014。

龚自珍：《龚自珍全集》，上海，上海古籍出版社，1999。

祁寯藻：《藩部要略》，续修四库全书本，上海，上海古籍出版社，1996。

魏源：《魏源集》，北京，中华书局，1976。

魏源：《海国图志》，长沙，岳麓书社，1998。

徐继畬：《瀛寰志略》，上海，上海书店出版社，2001。

张穆：《㐆斋文集》，续修四库全书本，上海，上海古籍出版社，2002。

何秋涛：《朔方备乘》，续修四库全书本，上海，上海古籍出版社，1996。

王韬：《扶桑游记》，小方壶斋舆地丛抄本。

王韬：《法国志略》，光绪庚寅仲春淞隐庐刊本。

黄遵宪：《人境庐诗草》，钱仲联笺注本，上海，上海古籍出版社，1981。

黄遵宪：《日本国志》，天津，天津人民出版社，2005。

缪荃孙编，王兴康整理：《续碑传集》，上海，上海人民出版社，2019。

皮锡瑞：《经学通论》，北京，中华书局，1954。

皮锡瑞：《经学历史》，北京，中华书局，2008。

陈黻宸著，陈德溥编：《陈黻宸集》，北京，中华书局，1995。

梁启超：《中国历史研究法》，北京，东方出版社，1996。

梁启超：《中国近三百年学术史》，北京，东方出版社，1996。

梁启超：《饮冰室合集》，北京，中华书局，2015。

夏曾佑：《中国古代史》，石家庄，河北教育出版社，2000。

刘师培：《仪征刘申叔遗书》，扬州，广陵书社，2014。

刘师培：《刘师培辛亥前文选》，上海，中西书局，2012。

四、近现代著作

张君劢、丁文江等：《科学与人生观》，上海，上海亚东图书馆，1923。

吕振羽：《中国政治思想史》，上海，上海黎明书局，1937。

邓初民：《社会史简明教程》，重庆，生活书店，1940。

华岗：《中国历史的翻案》，上海，作家书屋，1946。

郭沫若：《中国古代社会研究》，北京，人民出版社，1954。

侯外庐：《中国早期启蒙思想史——十七世纪至十九世纪四十年代》，北京，人民出版社，1956。

侯外庐：《中国思想通史》，北京，人民出版社，1957。

范文澜：《中国通史简编》（修订本），北京，人民出版社，1958。

杜维运、黄进兴编：《中国史学史论文选集（一）》，台北，华世出版社，1976。

李达：《李达文集》，北京，人民出版社，1980。

陈垣著，吴泽主编：《陈垣史学论著选》，上海，上海人民出版社，1981。

葛懋春、李兴芝编：《胡适哲学思想资料选》，上海，华东师范大学出版社，1981。

陈垣：《陈垣学术论文集》，北京，中华书局，1982。

顾颉刚编著：《古史辨》，上海，上海古籍出版社，1982。

郭沫若：《郭沫若全集》，北京，人民出版社，1982。

白寿彝：《史学概论》，银川，宁夏人民出版社，1983。

杨尚奎：《绎史斋学术文集》，上海，上海人民出版社，1983。

周予同著，朱维铮编：《周予同经学史论著选集》，上海，上海人民出版社，1983。

李平心著，罗竹风主编：《平心文集》，上海，华东师范大学出版社，1985。

张振珮：《史通笺注》，贵阳，贵州人民出版社，1985。

白寿彝：《中国史学史》，上海，上海人民出版社，1986。

白寿彝主编：《中国通史》，上海，上海人民出版社，1989。

张家璠、黄宝权：《中国历史文献学》，桂林，广西师范大学出版社，1989。

仓修良主编：《中国史学名著评介》，济南，山东教育出版社，1990。

严绍璗：《日本中国学史》，南昌，江西人民出版社，1991。

白寿彝：《白寿彝史学论集》，北京，北京师范大学出版社，1994。

张大可：《司马迁评传》，南京，南京大学出版社，1994。

朱伯崑：《易学哲学史》，北京，华夏出版社，1995。

仓修良、叶建华：《章学诚评传》，南京，南京大学出版社，1996。

顾颉刚：《汉代学术史略》，北京，东方出版社，1996。

吴怀祺：《中国史学思想史》，合肥，安徽人民出版社，1996。

张岱年：《张岱年全集》，石家庄，河北人民出版社，1996。

胡适：《中国哲学史大纲》，上海，上海古籍出版社，1997。

王葆玹：《今古文经学新论》，北京，中国社会科学出版社，1997。

陈铭：《龚自珍评传》，南京，南京大学出版社，1998。

胡适著，欧阳哲生编：《胡适文集》，北京，北京大学出版社，1998。

白寿彝：《中国史学史论集》，北京，中华书局，1999。

傅修延：《先秦叙事研究：关于中国叙事传统的形成》，北京，东方出版社，1999。

刘新成主编：《历史学百年》，北京，北京出版社，1999。

白寿彝主编：《中国史学史教本》，北京，北京师范大学出版社，2000。

翦伯赞：《历史哲学教程》，石家庄，河北教育出版社，2000。

吕振羽：《史前期中国社会研究（外一种）》，石家庄，河北教育出版社，2000。

周桂钿：《秦汉思想史》，石家庄，河北人民出版社，2000。

陈寅恪：《金明馆丛稿二编》，北京，生活·读书·新知三联书店，2001。

王国维:《观堂集林(外二种)》,石家庄,河北教育出版社,2001。

范文澜:《范文澜全集》,石家庄,河北教育出版社,2002。

顾颉刚:《当代中国史学》,上海,上海古籍出版社,2002。

林庆彰、蒋秋华主编:《啖助新〈春秋〉学派研究论集》,台北,"中研院"中国文哲研究所,2002。

向燕南:《中国史学思想通史·明代卷》,合肥,黄山书社,2002。

傅斯年著,欧阳哲生主编:《傅斯年全集》,长沙,湖南教育出版社,2003。

杨庆中:《周易经传研究》,北京,商务印书馆,2005。

朱崇先主编:《中国少数民族古典文献学》,北京,民族出版社,2005。

陈智超编:《励耘书屋问学记:史学家陈垣的治学》,北京,生活·读书·新知三联书店,2006。

郭孔延:《史通评释》,上海,上海古籍出版社,2006。

谢保成:《隋唐五代史学》,北京,商务印书馆,2007。

翦伯赞:《翦伯赞全集》,石家庄,河北教育出版社,2008。

王国维著,谢维扬、房鑫亮主编:《王国维全集》,杭州,浙江教育出版社,2009。

吴汉全:《中国马克思主义学术史概论(1919～1949)》,长春,吉林人民出版社,2010。

吴怀祺:《中国史学思想通论·总论卷 历史思维卷》,福州,福建人民出版社,2011。

蔡和森:《蔡和森文集》,北京,人民出版社,2013。

洪认清:《中国共产党与马克思主义史学理论创新》,厦门,厦门大学出版社,2013。

李大钊:《李大钊全集》,北京,人民出版社,2013。

瞿秋白:《瞿秋白文集》,北京,人民出版社,2013。

陈垣著,陈智超编:《史源学实习及清代史学考证法》,北京,商务印书馆,2014。

吕振羽:《吕振羽全集》,北京,人民出版社,2014。

汪高鑫：《中国经史关系史》，合肥，黄山书社，2017。

杜遵义：《马克思主义史学在中国》，北京，人民出版社，2020。

［日］杉山藤次郎编，"中国广东青年"述译：《泰西政治学者列传》，上海，广智书局，1902。

［美］路易斯·亨利·摩尔根著，杨东莼等译：《古代社会》，北京，商务印书馆，1977。

后 记

　　史学思想史是史学史的分支学科，也是高等学校历史教学新兴的一门学科。《中国史学思想史教程》的编写目的，是帮助学生正确地认识中国史学思想的发生、发展及其规律，认清史学思想的发展与社会政治、经济、思想文化以及哲学思潮等诸多因素之间的关系，批判地继承史学思想的优秀文化遗产，从而提高广大学生的历史思维能力和辩证思维能力，为其进一步学习和研究历史学各门学科打下坚实的基础。

　　本教程的编写按照历史时期划分章节，每章之下有"绪言"，各节目即为专题。每章"绪言"部分概述这一时期社会政治状况及其对史学与史学思想的影响，重在把握时代史学思想的基本特点；每章所设的若干专题主要论述这一时期具有代表性的史学家、思想家以及官修史书的历史思想与史学思想。"绪言"与专题之间，既是面与点的关系，前者简略却全面，后者具体却有选择性；同时又是互补关系，专题集中论述史学思想，而"绪言"却兼论时代的政治、经济、思想文化以及哲学思潮，还有历史撰述。因此，二者是相辅相成的关系，结合起来观照，才能更好地把握中国史学思想发展的走向与特点。

　　本教程的编纂原则，是力求系统性、思想性、精确性和实用性相结合。系统性是就教程知识的连贯性和覆盖面而论；思想性是就教程知识的逻辑性和学术性而论；精确性是从取材和叙事角度上说的；实用性是强调必须从教学实际出发，要根据教学的目的、任务、内容以及课时安排等来进行编写。

　　本教程在编写过程中，对学术界关于中国史学思想史的研究成果多有吸取,其中参考的著作部分已经在书尾的"主要参考文献"中列出,参考的论文部分则不再注明(参见书中相关注释)。邓锐副教授、程源源助理研究员、马新月博士分别参与了第七章第三节、第四章第一节和第四章第五节初稿的撰写,博士生方美美为第七章第四节搜集了部分资料,在此一并致谢!

最后要感谢北京师范大学出版社对本教程出版给予的大力支持,感谢编辑岳蕾老师和刘东明老师为本教程的编写、校对和出版付出的辛劳。

中国史学思想史是一门兼具中国史学史、学术史和思想史等学科知识的课程,涉及的知识领域较广,由于学识素养的局限性,本教程的编写难免会有不足甚至错误之处,敬请专家学者和广大师生批评指正。

汪高鑫
2023 年 5 月记于京师园寓居

图书在版编目（CIP）数据

中国史学思想史教程/汪高鑫著. —北京：北京师范
大学出版社，2023.6
新时代历史学研究生教材
ISBN 978-7-303-28904-2

Ⅰ. ①中… Ⅱ. ①汪… Ⅲ. ①史学史－中国－
古代－研究生－教材 Ⅳ. ①K092.2

中国国家版本馆 CIP 数据核字（2023）第 031162 号

教 材 意 见 反 馈　gaozhifk@bnupg.com　010‐58805079
营 销 中 心 电 话　010-58807651
北师大出版社高等教育分社微信公众号　新外大街拾玖号

ZHONGGUO SHIXUE SIXIANGSHI JIAOCHENG
出版发行：北京师范大学出版社 www.bnup.com
　　　　　北京市西城区新街口外大街 12-3 号
　　　　　邮政编码：100088
印　　刷：北京虎彩文化传播有限公司
经　　销：全国新华书店
开　　本：730 mm×980 mm　1/16
印　　张：27.25
字　　数：446 千字
版　　次：2023 年 6 月第 1 版
印　　次：2023 年 6 月第 1 次印刷
定　　价：68.00 元

策划编辑：刘东明　　　　　　责任编辑：岳　蕾
美术编辑：李向昕　　　　　　装帧设计：李向昕
责任校对：段立超　　　　　　责任印制：马　洁